国家社科基金
GUOJIA SHEKE JIJIN HOUQI ZIZHU XIANGMU
后期资助项目

环境与社会：清代晋北地区土地利用及其驱动机制研究

Environment and Society: Research on Land Use and Its Driving Mechanism in Northern Shanxi Province during the Qing Dynasty

张青瑶 著

陕西新华出版传媒集团
陕 西 人 民 出 版 社

图书在版编目（CIP）数据

环境与社会：清代晋北地区土地利用及其驱动机制研究 / 张青瑶著. — 西安：陕西人民出版社，2021.11
ISBN 978-7-224-14168-9

Ⅰ.①环… Ⅱ.①张… Ⅲ.①土地利用—史料—研究—山西—清代 Ⅳ.①F329

中国版本图书馆 CIP 数据核字(2021)第 230170 号

责任编辑：关　宁　晏　藜
封面设计：蒲梦雅

环境与社会：清代晋北地区土地利用及其驱动机制研究

作　　者　张青瑶
出版发行　陕西新华出版传媒集团　陕西人民出版社
（西安市北大街 147 号　邮编：710003）
印　　刷　广东虎彩云印刷有限公司
开　　本　787 毫米×1092 毫米　1/16
印　　张　24 印张
字　　数　380 千字
版　　次　2021 年 11 月第 1 版
印　　次　2021 年 11 月第 1 次印刷
书　　号　ISBN 978-7-224-14168-9
定　　价　78.00 元

国家社科基金后期资助项目出版说明

后期资助项目是国家社科基金设立的一类重要项目，旨在鼓励广大社科研究者潜心治学，支持基础研究多出优秀成果。它是经过严格评审，从接近完成的科研成果中遴选立项的。为扩大后期资助项目的影响，更好地推动学术发展，促进成果转化，全国哲学社会科学工作办公室按照“统一设计、统一标识、统一版式，形成系列”的总体要求，组织出版国家社科基金后期资助项目成果。

全国哲学社会科学工作办公室

序

张青瑶同志的《环境与社会:清代晋北地区土地利用及其驱动机制研究》出版在即,这是一件令人欣慰的事情。这部著作是在她2012年博士毕业论文的基础上修改而成的。青瑶同志在2012年以此论文顺利通过博士论文答辩,获得外审专家和答辩委员会的好评,并于2016年以博士论文为基础申请国家社科基金后期资助项目,顺利获批。青瑶同志持续修改和完善毕业论文,曾多次就论文答辩外审专家和答辩委员及社科基金外审专家提出的问题和我讨论,历经多年打磨,终将付梓,我深感欣慰。

历史地理学是研究历史时期地理环境变化及其与人类活动之间关系的科学,自20世纪五六十年代起就以其独有的研究理论和研究内容、其研究的学术价值和现实参考价值日益受到重视。在长期的学科发展过程中,历史地理学日渐走向成熟,其中一个很重要的标志就是历史地理学的研究领域不断扩展,研究成果日益丰富,积极加入国内外学界前沿热点问题的研究与讨论,并坚持"有用于世"的学科发展理念,为国家经济社会的可持续发展作出自己的学术贡献。

土地利用及其相关问题的研究,即是在日益严峻的环境问题下,成为目前全球变化研究的前沿和热点,尤其对生态环境脆弱区的土地利用变化研究具有重要的理论和实践意义。土地利用是全球变化最直接、最重要的表现,是研究人地关系的理想平台,而历史地理学的研究任务除了复原历史时期各种地理现象外,更主要的是要在复原的基础上,寻找地理环境发展演变的规律,特别是要运用本学科独特的视角和理论,从哲学或文化层面回答环境变化与人类社会发展相互关系这一核心问题。所以,从研究主旨来讲,历史地理学加入全球变化的讨论,合情合理,并且具有一定的学科优势。这是因为,长期以来,作为历史地理学的一个重要分支学科,历史农业地理在史念海先生的倡导及指导下,取得了重大而辉煌的发展,成果斐然。而历史农业地理一个很重要的工作就是在复原历史时期农业生产面貌的基础上探寻农业发展与地理环境的关系,这在很大程度上与研究历史时期土地利用问题具有相同的研究内容,尽管二者的研究初衷及研究目的略有不同。同时,历史地理学的另一个重要分支学科——区域历史地理学,以研究历史时期某一特定区域地理环境的特征、结构、发展变化,以及区域分异和区际联系为主要特征,具有高度的综合性和系统性。因此,以区域历史地理学的视角考察历史时期土地利用问题,对于其形成、变化及区域特点能够敏锐把握,并且对于其成因及驱动机制问题能够给予深入分析和讨论,特别是在驱动力系统的阐释及研究方面,具有一定的学科优势,也是一种积极的探索。相信这本书的出版,会加深读者对于历史地理学的认识,会引发读者更多的关于人地关系的思考,这对于北方农牧交错区经济社会的和谐与可持续发展具有重要的借鉴意义。

通过研究,作者复原了清代晋北地区土地利用的状态及变化过程,对其驱动机制进行了深入分析和讨论,得出了若干有意义的认识和结论,其中不乏一些新的见解。例如,作者积极探讨了历史时期土地利用研究中的数据确定等重点难点问题,复原明清山西折亩的主要形式,并对山西册载田赋数据进行评估,以确定清代晋北地区土地利用变化研究的具体办法;在相关土地关系讨论中,利用土地契约、习惯调查等资料对清代晋北地区的土地产权交易形式等问题讨论得较为详细,对于丰富学界关于北方地区土地关系问题的研究颇为有益。通过研究,作者将清代晋北地区的土地垦殖过程总体分为明末清初的土地抛荒期、清初至乾隆时期的土地复垦期、乾隆以后的土地垦殖下降期等三个阶段;对于清代晋北地区作物种植结构的调整方面用力颇多,细致考察出马铃薯在晋北的引种时间、空间分布及社会经济影响。在驱动机制的考察中,运用系统论的相关理论,采取先分级再讨论的方法,认为自然环境因素层级在整个土地利用变化驱动力系统中表现为较强的制约作用,而在自然、人文等各种驱动因素的相互关系中,制约机制表现也较为突出,这种制约机制主要体现在环境层级对制度、技术等部分层级的产生、发展所起的制约作用,对部分层级要素发挥驱动作用时具有一定制约作用,以及制度层级、社会层级对于技术层级的制约等方面。认为反馈机制在各驱动因素之间的关系上表现得也较为明显,不仅在各驱动因素的互动关系上,还表现在驱动力系统参与外部环境系统的运行过程中,以此来认识人地关系也颇为有益。认为驱动力系统是在各驱动因素之间非线性相互作用的基础上构成的系统整体,系统运行中的竞争与协同机制,体现了各因素之间既相互区别、相互分离,又相互协调、相互转化的复杂互动关系,如自然环境因素对于制度、技术、风俗习惯等诸多驱动因素具有制约作用,同时又与制度、人口等因素相互协调、相互组合,形成一种非线性相互作用关系,参与驱动力形成过程。最后作者认为自然驱动力的影响较大,制约作用突出,对清代晋北地区土地利用格局及其变化影响深远,普遍表现为制约机制下的相互促进、相互协调及相互作用,明显占有主导地位。制度因素、人口因素、战争和社会动乱等部分人为因素在短时段上具有一定活跃性，但持续作用时间不长，所以在相对较短的时期内，人为因素起到一定的主导作用，但作用有限，且未能持续，主从驱动力发生转换。时空尺度对于讨论驱动系统运行机制问题非常重要。各驱动因素在这种非线性相互作用、主从驱动力的相对转换下，形成驱动力系统合力，参与到外界其他系统的运行中，驱动力系统得以保持稳定和不断发展。因为这些看法和结论是建立在对前人相关研究成果的认真学习和思考、对历史文献资料的系统整理和归纳、对研究问题的细致复原和考察、对多学科理论的严谨分析和总结基础之上，所以显得很厚实，具有一定的研究深度。

青瑶同志自 2001 年 9 月起一直随我读书，硕士毕业后留所工作，后又随我读博，毕业后也一直在西北历史环境与经济社会发展研究院工作。读书期间，青瑶同志踏实肯干，吃苦耐劳，一步一步走来，逐渐具备做学术研究所必需的基本素质要求。博士毕业后，青瑶同志以博士论文为基础申请获得国家社科基金后期资助项目资助，得到诸多同行认可，我深感欣慰。青瑶同志于 2018 年至 2019 年获国家留学基金委公派出国留学项目资助，赴美国加州大学伯克利分校访学，其间也多与我交流讨论，知其所获亦多。希望青瑶同志继续努力，再接再厉，更进一步。

王社教

2021 年 10 月于陕西师范大学不悔斋

目　录

中篇 清代晋北地区土地利用状况及变化

下篇 土地利用驱动机制与环境变化生态响应

图表目录

绪 论

土地博大，野不可以无吏。

——《管子·权修》

溥天之下，莫非王土；率土之滨，莫非王臣。

——《诗经·小雅·北山》

乃经土地，而井牧其田野。

——《周礼·地官司徒·小司徒》

一、题解、主旨与概念界定

土地，如引文所示，自古就有国土、疆界、土壤、耕地等多种含义。英国经济学家马歇尔认为“土地是指大自然赐予人类的和有助于人类的在陆地、海洋、空气、光和热各方面的物质及力量”①，现代学科划分中管理学下土地资源管理学普遍认同“土地，是由气候、地貌、岩石、土壤、植被、水文、基础地质以及人类活动的种种结果组成的自然经济综合体”②的这种理解，“土地的概念不会是一成不变的，它随着人类认识的深化和对自然控制能力的增强而变化。土地的概念应该包括如下几个方面：土地的自然属性，土地的人为属性，土地的社会经济属性，土地的景观与环境属性”③。土地既是资源，又是资产，既有自然属性，也有社会经济属性，土地既反映生产力，又体现生产关系。自从有了人类历史以来，人类都在不断地改造和利用土地，人类发展的历史也是一部土地利用与管理的历史。本书认同这种概念理解，并在此基础上开展工作。

土地利用，是人类为满足自身不同需要，采用科学、技术和文化的手段，利用和开发土地的功能，提供产品和服务的行为和活动，土地利用是一项主动的、有目的的人类活动，因此土地利用包括土地开发、整治、利用和

① [英]阿弗里德·马歇尔著，廉运杰译：《经济学原理》，北京：华夏出版社，2004年，第121页。

② 朱道林主编：《土地管理学》，北京：中国农业大学出版社，2007年，第1页。

③ 郝晋珉主编：《土地利用规划学》，北京：中国农业大学出版社，2007年，第2页。

保护的全部活动①。国际地圈—生物圈计划(IGBP)和国际全球环境变化人文因素计划(IHDP)联合提出的“土地利用/土地覆被变化(LUCC)”研究计划把土地利用定义为:人类对土地自然属性的利用方式、目的和意图,是土地的经济和社会属性,也就是人类为经济社会目的而对土地进行长期或周期性经营的过程,所以土地利用既受自然条件的作用和制约,又受经济、技术、社会条件的影响,土地利用状况是在一个特定区域内的自然、经济、技术和社会条件共同影响的产物②。因此,土地利用这个问题本身就体现了土地的自然属性、社会经济属性等多种属性的综合,关于土地利用过程、变化及驱动因素等问题的研究更是一项多学科交叉的综合研究。实际上,有关土地管理、政策、制度、环境等问题是土地利用研究过程中的伴生、衍生问题。

本着古为今用的原则,研究历史时期土地利用,对于解决今天的土地问题有一定借鉴意义。传统社会土地利用主要是关乎农地的利用,就像美国经济学家伊利认知的那样,“将土地问题几乎完全认为是农业问题是不正确的,但是不可否认,农业比其他任何一种土地利用都需要更大的土地面积”③,而在中国传统社会,“20 世纪以前,实际上整个中国经济全部都是农业部门,其他部门不是为农业部门服务,就是从它那里取得原料”④,所以本书讨论的重点在于有关农业土地利用及其驱动机制的分析上,对于土地利用的其他类型,诸如林地、牧地、矿地利用等因为和农地利用相关,稍做篇幅涉及,不做重点讨论。

明清时期全球气候正进入一个寒冷时期,通称“小冰期”,这一时期各类自然灾害频发,影响作用于整个生态系统,清代的土地利用与土地覆被变化演化为并影响着今天的土地利用及土地覆被,并将继续成为未来人地关系的历史背景,LUCC 研究就将过去 300 年土地利用变化作为重要研究方向,已取得一定的研究成果。因此,选择研究时段为历史时期尤其是距今较近的清代,即是对 LUCC 研究的积极响应。除此之外,清王朝在处理边疆问题、社会问题、经济问题等诸多方面都显示出与明朝统治者的很大

① 郝晋珉主编:《土地利用规划学》,北京:中国农业大学出版社,2007 年,第 8 页。

② 陈百明、张凤荣:《我国土地利用研究的发展态势与重点领域》,《地理研究》,2011 年第 30 卷第 1 期,第 1—9 页。

③ [美]伊利、莫尔豪斯著,滕维藻译:《土地经济学原理》,北京:商务印书馆,1982 年,第 96 页。

④ [美]德·希·珀金斯著,宋海文等译:《中国农业的发展(1368—1968 年)》,上海:上海译文出版社,1984 年,第 1—3 页。

不同，清朝末期又面临着中国历史上的重大变革，这些都使清代的土地利用变化及其驱动机制问题显得更为重要。

英国人文地理学家约翰斯顿曾说："我们不需要区域的地理学，但我们需要地理学中的区域。"①科学研究需要科学性，就目前学科发展和研究状况而言，无论客观还是主观因素，都决定了现在几乎每一项研究都是区域研究。20 世纪 30 年代，经过哈特向的极力阐述，区域差异成为传统区域地理学的基本主张，按照这种观点，地理学研究的主要目的是综合，即将有关联的特征加以汇合，以提供关于一个地方即一个区域的完整描述，该地方或区域是可以根据这些特征的独特组合予以辨认的。第二次世界大战之前和战争刚结束不久的一段时间内，区域地理学一直是地理学的前沿。20 世纪 60 年代以来，不少学者开始对区域地理学的经验主义哲学提出质疑，区域地理学陷入沉寂。八十年代出现的地域体的提法，也引起了学界广泛的争论，很多学者此时都呼吁区域地理学的复苏和重建。重建的区域地理学被称为新区域地理学，此前的区域地理学则被称为旧区域地理学或传统区域地理学。新区域地理学也是在不断地深化认识中形成的，约翰斯顿等一些学者认识到各个社会进程运行在历史和地理的特定环境中，而社会的再创造点是因时因地多变的，所出现的区域并不是固定的地域划分，而是变化着的社会构成。普杜普则进一步分析了区域地理学的新、旧区别，认为新区域地理学的根本点就是把澄清了的区域问题当成自己的研究对象——简而言之，就是地理学家为什么费心地把区域研究放在第一位，她自己回答说，因为区域是地域实体，人类的作用使它们形成、重新形成和变革。吉尔伯特进一步阐述新旧区域地理学的区别，认为新区域地理学的研究是建立在结构论基础上的，对区域演变过程的认识是辩证的而不是自然主义的，并且要认识到在区域形成、重建和变革过程中人类作用的重要性②。

事实上新区域地理学并不完全抹杀区域差异，只是新区域地理学更关注区域形成、变动的机制和原因，更愿意将区域问题作为研究对象，也更关注人类活动的作用。区域地理学的转变和世界社会经济大环境的变化分不开，克拉瓦尔就指出区域研究的复苏以不同形式出现，就某种程度而言，

---

① [英]R. J. 约翰斯顿著，唐晓峰等译：《地理学与地理学家：1945 年以来的英美人文地理学》，北京：商务印书馆，2010 年，第 391 页。

② [英]R. J. 约翰斯顿著，唐晓峰等译：《地理学与地理学家：1945 年以来的英美人文地理学》，北京：商务印书馆（第四版），2010 年，第 390—392 页。

是受当代世界经济因技术进步引发区域重组所形成的①。后现代主义强调异质性、特殊性以及唯一性，这种提法又为研究区域差异提供了理论背景。而后现代主义也使区域地理学更注重辩证地看待区域，同时也强调区域的不固定性和主观性，更为关注社会结构、社会实践对于区域形成、变动的作用和影响。学者们提倡将区域视为空间社会关系的构成，以及对空间社会关系的叙述，有的学者又将区域构想为一系列开放的、不连续的空间，这些空间是由以不同方式延展于空间中的社会关系所构成，认为区域研究总是有目的而为的研究，具有一种特殊的被考虑目标，存在着认识“一个”区域的多种方法②，帕西认为“区域”越来越被地理学家理解为一个在大量实践与叙述中，不断得到表达、界定、符号化和制度化的过程，而并不一定被限定在具体的范围内③。

许多学者都认识到区域研究的重要性，“随着学科发展日益多元化，社会经济史的区域研究逐渐形成了潮流，不少部门史和专题史的研究也以地区为单位进行，研究的区域遍及全国”④。“区域”是地理学的基本范畴，地理学考察的主要特征就在于它是“区域”的，研究区域性是地理学的根本任务之一，而区域地理研究是地理学的核心组成部分⑤。面对理论和实践的问题，许多学者都是在完成若干区域研究的基础上，形成对区域地理学的反思，继而指导随后的区域研究实践。

国际土地利用/土地覆被变化、全球土地计划（GLP）等研究重点之一就在于区域土地利用/土地覆被变化过去和现状的调查及由此得到的土地利用/覆被变化的格局和过程，以及有关驱动机制和生态效应的考察，并且随着研究的深入，区域范围的地方尺度研究越来越被研究者所重视。土地利用研究的目的是为全球变化服务，设定此研究计划的初衷来自日益严峻的环境问题，最终目的是为了实现人类的可持续发展，所以目前土地利用研究多集中在人类活动影响比较显著的区域、社会经济快速发展的区域、

---

① ［法］克拉瓦尔著，郑胜华等译：《地理学思想史》，北京：北京大学出版社（第三版），2007年，第196页。

② ［英］阿兰·R. H. 贝克著，阙维民译：《地理学与历史学：跨越楚河汉界》，北京：商务印书馆，2008年，第166页。

③ ［英］汤森·克莱尔著，张青瑶译：《郡与区域——1700—1830年中英格兰东部地区的移民关联》，《历史地理》，第24辑，上海：上海人民出版社，2010年，第371页。

④ 李根蟠：《二十世纪的中国古代经济史研究》，《历史研究》，1999年第3期，第126—150页。

⑤ 鲁西奇：《区域历史地理研究：对象与方法——汉水流域的个案考察》，南宁：广西人民出版社，1999年，第26页。

典型区域、生态环境脆弱区等，这其中对于生态脆弱区土地利用的考察，也是 LUCC 研究的重点内容之一。通过对生态脆弱区土地利用/土地覆盖变化的研究，有利于加深人们对于脆弱性的认识，用以揭示脆弱区的形成演变机制，揭示自然、人文等因素对土地利用可持续性的影响，建立一种土地利用与土地覆盖变化的预警机制。山西北部地区位于黄土高原东北部，地处农牧交错带，生态环境脆弱，高寒干旱、风沙肆虐、土地盐碱沙化、水土流失严重，自然环境恶劣。农牧交错带就是指以种植业与舍饲畜牧业为主过渡到以放牧业为主的地带，大体集中在长城沿线至黄土高原的区域，是中国北方农区与天然草地牧区接壤的过渡地带。农牧交错带位于季风区和非季风区的结合带，属于气候敏感带，土地的自然属性和社会属性都极具特点。农牧交错带土地利用过程中社会效益、生态效益、经济效益更容易发生矛盾，而此时如何协调、如何有效、合理以及可持续利用土地资源，土地利用问题就显得非常重要。

本书具体研究区域为现代行政区划意义上山西省北部地区，主要包括大同市、朔州市、忻州市，其中大同市包括大同市、天镇县、阳高县、大同县、左云县、浑源县、广灵县和灵丘县共 1 市 7 县，朔州市包括朔州市、右玉县、怀仁县、山阴县和应县共 1 市 4 县，忻州市所辖忻州市、偏关县、河曲县、保德县、神池县、五寨县、岢岚县、宁武县、静乐县、原平市、定襄县、代县、繁峙县和五台县共 2 市 12 县，以及太原市的娄烦县（在清代属静乐县），吕梁市兴县、岚县。在 1644—1911 这近 270 年里，晋北地区行政区划出现过一定变化，都会有交代。本研究区域与清代行政区划意义上晋北范围还是有一定差别，主要区别在于长城以北口外七厅的归属①。

晋北地区坐落在山西高原，与蒙古高原相连接，是内迁的北方民族进入中原地区的要路，历来军事地位比较重要。尤其清朝之前，明朝统治者迫于边境压力，在北方边界地区设九边重镇进行防守，晋北地区属于明王朝和北方蒙古贵族对峙的前沿地带。而当清朝统治者建立统一政权之后，清政府对于北方边界地区的管理与明代统治者差别较大。历史上著名的“走西口”就主要发生在晋北地区，这种人口的机械变动与区域土地利用

---

① 清代所谓晋北地区，主要指太原、阳曲以北地区，包括临县、方山的一部分（中北部），也称作山西北路，它由永宁州、忻州、代州、岢岚州、宁武府、大同府、朔平府及口外七厅——清水河、丰镇、托克托、萨拉齐、和林格尔、归化城（今呼和浩特）、宁远组成，“七厅”现为内蒙古自治区辖地。见李三谋：《清代晋北农业概述》，《古今农业》，1998 年第 1 期，第 10—16 页。本文研究区域的这种选择，一个是由于土地利用研究要与现代数据相衔接，另外也是出于区域一致性的考虑，并且田砚宇等对口外热察绥地区近 300 年耕地变化已有具体探讨。

问题密切相关。在以农为本的传统社会，区域民众生活状态，土地利用状况，自然环境与人类活动之间的互动关系等诸多问题，都是促使笔者研究该区域土地利用、生态环境变迁及驱动机制的理由和动因。宏观上讲，如何在促进本区域经济发展的同时，改善当地的生态环境，实现经济、社会和自然的协调发展，是我们面临的一个重大问题。

本研究是从历史地理学的角度对土地利用/土地覆盖变化这一前沿、热点问题进行的讨论，主要包括复原清代晋北地区的土地利用（主要是农地利用）过程和变化，多角度对土地利用变化的驱动因素进行分析，深入探讨环境变化的社会响应及土地利用驱动机制等问题，是对 LUCC 研究的积极响应，属于从历史地理学角度进行土地利用问题的研究，属于前沿和热点问题的讨论。要想更好地开展这项研究，需要深入认识和发挥历史地理学科特性①，如此才能做出有学科特点的研究工作。史学虽不长于定量，但长于解释，历史地理应该长于史学解释上的空间分析及规律探讨，其中的解释显得尤为重要。并且“历史地理学研究的核心是人地关系问题，认识问题的角度是地理环境和人类社会的相互作用，表述问题的方法是人地关系在时空二维上的发展过程”②，所以充分发挥历史地理学的长处，在解释的基础上对历史时期土地利用问题进行研究，有助于深入探讨历史时期人地关系问题。“研究过去可以更好地理解现在并不是什么新鲜的提法，只是随着基于结构/背景论的方法论的发展，从历史的角度透视显得日益重要”③，面对历史地理学的原始资料和理论都是未定的，希望通过研究过去而更好地理解现在这一设想在实证过程中就变得极具挑战性，“一位历史地理学家所面临的双重挑战是，既要认识他的原始资料和他的理论的不确定性，又要说服其他学者接受他自己提出的对某些往日地理的解释”④。书中通过对土地关系、垦殖政策、土地制度、田赋制度等的讨论，显示了区域内社会经济关系的特征及其复杂性，对于土地数字的修订，既是对史实

① 侯甬坚教授提出历史地理学的学科特性，即在于按照约定俗成的学术研究规则，分区分级分时段分要素直至综合地、真实地展现人类时空发展全景，同时提出历史地理学需要做的三项工作：研究历史时期地理环境及其演变规律；研究历史上不同地域人群的社会生产和生活；逐步复原地理环境的基础上，探索社会历史发展同地理环境的关系，以便尽可能真实展现人类时空发展全景。见侯甬坚：《历史地理学探索（第二集）》，北京：中国社会科学出版社，2011 年，第 18 页。

② 王社教：《作为研究方法的历史地理学》，《陕西师范大学学报》（哲学社会科学版），2010 年第 39 卷第 6 期，第 35—39 页。

③ ［英］R. J. 约翰斯顿，唐晓峰等译：《地理学与地理学家：1945 年以来的英美人文地理学》，北京：商务印书馆，2010 年，第 389 页。

④ ［英］A. R. H. 贝克著，阙维民译：《论历史地理学的实践与原理》，《历史地理》，第 14 辑，上海：上海人民出版社，1998 年，第 342 页。

的尊重,也是在自然科学研究框架下进行土地利用研究的实际需要,对于农业种植的讨论则体现了要素空间格局问题,从生计多样性探讨土地利用差异,是对区域内人文、自然等多种因素的综合考量,最后对于驱动因素的分析以及驱动机制的探讨,从驱动力系统的整体性、层次性及开放性等方面,全面综合讨论了区域内自然驱动因素与人为驱动因素等各项驱动因素之间的相互关系及运行机制问题,区域内环境与社会的关系问题得以充分体现,从而进一步加深对于区域人地关系的认识。

自然科学工作者和社会科学工作者对于土地问题研究的出发点是不同的,各自开展了不同的研究工作,但是研究历史时期的土地利用,从学科性质与研究需要出发,有必要做到兼顾土地的双重属性。本书针对所选研究主题,对晋北地区土地利用问题展开讨论,其中对土地的自然属性和社会属性都有深入分析,在此基础上,切实研究人类对于土地自然属性的利用过程,深入分析土地利用变化的驱动机制等问题。实际上,关注土地利用变化及其驱动力的研究,需要放置到地方尺度的范围内进行考察,只有加强区域范围的研究,才有可能得到代表性的结论,然后再展开全球尺度的讨论,这也是近期国际土地利用/土地覆被变化研究的一个主导思想,学术界也是这样开展工作的①。而关于历史时期土地利用变化及其驱动因素的分析一直处于一种摸索状态,尤其对于若干驱动因素是如何运作、相互作用,从而对土地利用变化产生作用的驱动机制问题,学界讨论较少,略显薄弱。人们期望通过政策、制度等人文机制的考虑将二者有机联系起来,已经有了一定的研究成果,但是目前看来工作还需要继续深入,对于本研究而言,就是期望从土地的自然、社会经济双重属性这一根本问题入手,能够把区域土地利用变化、生态环境变迁、环境变化生态响应等问题有机结合在一起,深入讨论土地利用变化情况,认真分析各驱动因素内容,讨论诸因素是如何作用、互动,对土地利用产生驱动作用的驱动机制问题,以期对这一问题的研究有所推进。

本书旨在结合晋北地区明清社会发展历史,在新区域地理学和新史学以及系统论的理论指导下探讨人地关系演变规律,体现农牧交错带人地关系特征。新区域地理学更关注区域形成、变动的机制和原因,更愿意将区域问题作为研究对象,也更关注人类活动的作用。1929 年《经济社会史年

---

① 参考李家洋等:《区域研究:全球变化研究的重要途径》,《地理科学进展》,2006 年第 21 卷第 5 期,第 441 页。谭少华、倪绍祥:《20 世纪以来土地利用研究综述》,《地域研究与开发》,2006 年第 25 卷第 5 期,第 84—89 页。满志敏:《小区域研究的信息化:数据架构及模型》,《中国历史地理论丛》,2008 年第 23 卷第 2 辑,第 5—11 页。

鉴》杂志的创刊和年鉴学派的成立,正式宣告了新史学范型的确立和法国当代史学主流的形成。年鉴学派认为“历史学是关于人的科学,是关于人类过去的科学”①,这一认定划清了史学新潮流与传统史学的界限。“问题史学”是年鉴学派史学方法论的核心,跨学科、跨专业研究成为年鉴派最重要的研究新方法和新倾向。计量史学是在历史的描述和分析中系统地使用各类资料及计量方法,利用各种现代数学、统计理论和手段在研究意识上对传统史学模式的一种革新。计量史学主要以年鉴学派为中心展开,但是计量史学如何和传统叙事相结合仍需要继续讨论。系统论则是将研究对象视为一个整体系统进行综合考察,关注系统及其构成要素之间的结构、功能、行为、原则、联系等,对于土地利用变化驱动力的探讨具有较大的指导意义。本书对土地利用及驱动因素的关注就是对于人类活动、环境变迁、经济文化等综合因素的思考,这也缘于研究主题——土地利用本身就是一项综合性的研究。实际上土地利用研究本身就强调了人类活动和自然环境之间的互动关系,在研究过程中,强调人类社会和自然环境之间的互动关系,考察过程中不仅要关注环境因素对于人类活动的影响及制约,也要看到在人类活动影响下所发生的环境变化,进而深入探讨一定时空尺度下的人地关系问题。

研究历史时期土地利用,缺乏进行计量分析的基础资料,需要我们坚持走多学科交叉的研究道路。注意把握区域环境特征,包括对自然环境特征和人文环境特征的考察。强调地理环境的制约作用,但要放到系统中去整体讨论。关注区域差异,这既是地理学、历史地理学的方法论,也是土地利用研究的本质所归。我们还需要关注人物和事件,如此才能深刻认识历史时期土地利用及各项驱动因素。要认识到时空尺度对于土地利用研究的重要性,强调进行一定时空尺度下的系统性的研究。

本书涉及的概念主要有土地,土地利用,驱动因素,环境,生态响应,驱动机制等,上文已对土地、土地利用、驱动因素等概念有所界定,这里对其他概念进行阐述。

环境。这里主要指自然环境,是环绕人们周围的各种自然因素的总和,如大气、水、植物、动物、土壤、岩石矿物、太阳辐射等。生态响应,是指来自资源、自然和生态系统的反应,包含了资源、自然和生态系统等多个有着相互交叉关系的子领域。学界也多以区域响应的尺度予以观察。环境

① 姚蒙:《法国当代史学主流——从年鉴派到新史学》,台北:远流出版事业股份有限公司,1988年,第40页。

变化生态响应包括自然和社会两个反应系统。前者是自然环境对人类活动的反作用力,后者是指社会系统应对环境变化的种种手段、方法、制度等,即人们通常提到的社会应对。本书下篇部分着力探讨清代晋北地区土地利用变化的驱动机制及驱动因子运行过程中所引发的社会响应问题,包括对自然驱动因素和人为驱动因素的探讨,环境变化下社会应对的情况,以及区域环境下农业技术的选择与应用。

机制。机制是指有机体的构造、功能及其相互关系,社会学内涵表述为在正视事物各个部分存在的前提下,协调各个部分之间关系以更好地发挥作用的具体运行方式。主要包括两方面,一是事物各个部分的存在是机制存在的前提,二是协调各个部分之间的关系一定是一种具体的运行方式,机制是以一定的运作方式把事物的各个部分联系起来,使它们协调运行而发挥作用。所谓土地利用变化的驱动机制,就是指土地利用变化驱动力系统中的若干驱动因素,在驱动过程中各自起到何种作用,各驱动因素之间又是以何种相互作用关系产生驱动力合力的,即本书除了要探讨土地利用变化的驱动因素有哪些,各驱动因素在驱动系统中的位置和作用,更要弄清楚驱动力系统中各驱动因素相互作用的运行方式问题。通过对土地利用驱动机制和环境变化社会响应的考察,是探讨人地关系演变规律、环境与社会互动关系的重要内容。

制度。制度是要求大家共同遵守的办事规程或行动准则,是实现某种功能和特定目标的社会组织乃至整个社会的一系列规范体系。制度一般是指在特定社会范围内统一的、调节人与人之间社会关系的一系列习惯、道德、法律、戒律、规章(包括政府制定的条例)等的总和。本书所指的制度,是指清王朝统治下所实施的一系列相关规章制度、政策,具体讨论的有土地垦殖政策、田赋制度、土地登记制度、耕作制度、行政区划制度、移民管理政策、边疆政策、民族政策、宗教政策等问题。

系统。系统是由相互作用、相互依赖的若干组成部分结合而成的,具有特定功能的有机整体,这个有机整体又是它从属的更大系统的组成部分。系统概念的引入,对于探讨驱动力系统的运行机制有着非常重要的指导作用。

二、相关学术成果回顾

本书注重从土地的自然、社会经济双重属性来考察历史时期土地利用变化及驱动因素运行机制问题,需分类对论文中涉及的研究主题进行学术成果回顾。

(一)总说

自然科学领域和社会科学领域对于土地利用问题都有过深入调查和研究。

在自然科学领域,国外早期土地利用研究主要针对土地利用调查而展开,20 世纪 40 年代起土地利用研究进入一个新阶段,土地利用调查与研究在全球广泛开展。二战后,由于土地资源问题日益突出,国际上逐步展开土地利用规划工作,而从 20 世纪 70 年代开始,随着更广泛的资源调查与遥感等技术手段在资源调查中的应用,以及土地利用规划需求的发展,从土地调查到土地评价的综合研究逐渐开展①。国内土地利用工作与国际土地利用研究相关联,目前看来,很大程度受到欧美研究的影响。1949 年以前,我国土地科学研究主要集中于土地利用的调查与制图,20 世纪 50 年代初期,由于全国开展自然区划工作,自上而下的土地类型分区研究逐渐展开。从 20 世纪 50 年代中期到 70 年代中期,中国科学院与有关产业部门先后开展了黑龙江、新疆、甘肃等地的自然资源调查与开发的综合考察研究。20 世纪 80 年代中后期以来,土地科学研究更注重服务于资源开发、国土整治、区域治理等方面的需要,如配合黄土高原综合治理、“三北”防护林建设等。这一时期土地研究从定性为主发展到半定量和定量,遥感技术的应用更为深入广泛,信息系统的理论与方法开始应用于土地研究。

20 世纪 90 年代以来,随着全球气候变暖和环境变迁的研究需要,地理科学和有关气象与气候组织日益重视全球变化的多学科综合研究,土地利用/土地覆被变化(LUCC)作为考察人类利用土地各种活动的综合反映,已经成为全球变化和可持续发展的重要研究对象。在 1990—1999 年“国际地圈生物圈计划”(IGBP)研究的第一阶段,IGBP 与 IHDP(全球变化人类因素计划)共同倡导了 LUCC 核心计划,认为土地利用/土地覆盖变化是一个多学科研究领域,其主要目的在于了解和预测对全球变化和可持续发展具有重要影响的土地利用和土地覆盖变化动态。在 1999—2003 年进行全球变化与陆地生态系统(GCTE)和土地利用/土地覆盖变化(LUCC)集成研究之后,新的研究框架 IGBP Ⅱ 诞生。该框架中,GCTE 和 LUCC 被合成为全球土地计划(GLP)。伴随着 IGBP Ⅱ 的构建以及地球系统科学联盟(ESSP)的四个主要计划的制定,人地关系的

① 谭少华、倪绍祥:《20 世纪以来土地利用研究综述》,《地域研究与开发》,2006 年第 25 卷第 5 期,第 84—89 页。

研究进入一个新的阶段。以上国际重大科学研究计划，倡导开展多时空尺度的 LUCC 过程研究，强调利用各种手段恢复历史时期土地利用与土地覆被变化的详细过程，以深入理解过去数百年乃至几千年人类活动对地表景观变化的影响，并为模拟过去气候变化过程、诊断气候形成机制提供历史认识与基础数据①。

作为对国际 LUCC 研究的响应，国内相应开展了大量的土地利用/土地覆盖变化研究，研究领域主要包括利用遥感影像对土地利用与土地覆盖变化的监测分析、土地利用与土地覆盖变化研究数据库的构建、土地利用与土地覆盖变化对农业生态系统及全球变化的影响、土地利用与土地覆盖变化驱动力研究及土地利用与土地覆盖变化建模等方面。研究区域主要集中在人地关系矛盾尖锐、生态环境脆弱或者经济与人口快速发展的地区。研究内容以揭示土地利用变化对 CO_2 的排放、全球气候变化、生物多样性、水土流失等影响为重点。通过研究，人们逐渐认识到人类的土地利用活动通过改变土地覆被类型的分布状况而影响到地表水文—气候等基本生态过程、生物地球化学循环及微观区域的辐射特性，直接造成局部区域的气候状况与不同尺度的气候条件的改变②。

生态环境脆弱地区的土地利用/土地覆盖变化研究取得了深入进展。傅伯杰等对黄土丘陵沟壑区土地利用结构和生态过程进行了分析③。任志远等对西部典型生态环境脆弱区土地利用变化与生态安全进行了定量分析，并对生态环境脆弱区和人类活动影响较为强烈的城郊区土地利用和生态安全进行研究④。刘彦随等以陕西榆林地区为例研究农牧交错区土地资源退化的时空格局及生态效应，揭示土地类型转化的机制及其主导的人文驱动力等问题⑤。颉耀文等重建民勤盆地过去 2000 年来的土地利

① 何凡能等：《近 70 年来中国历史时期土地利用覆被变化研究的主要进展》，《中国历史地理论丛》，2019 年第 34 卷第 4 辑，第 5—16 页。

② 谭少华、倪绍祥：《20 世纪以来土地利用研究综述》，《地域研究与开发》，2006 年第 5 期，第 84—89 页。还可参考史培军等著：《土地利用/土地覆盖变化研究的方法与实践》，北京：科学出版社，2000 年，及 http://www.igbp.net/ , http://www.ihdp-cnc.cn/, http://www.globallandproject.org/ 等相关网站。

③ 傅伯杰、陈利顶、丘杨等著：《黄土丘陵沟壑区土地利用结构与生态过程》，北京：商务印书馆，2002 年。还可参考傅伯杰有关陕北黄土高原土地评价的研究，详见傅伯杰著：《土地评价的理论与实践》，北京：中国科学技术出版社，1991 年。

④ 任志远、张艳芳等著：《土地利用变化与生态安全评价》，北京：科学出版社，2003 年。任志远、李晶、王晓峰著：《城郊土地利用变化与区域生态安全动态》，北京：科学出版社，2006 年。

⑤ 刘彦随、杨沭河、查勇等著：《农牧交错区土地退化机制与优化配置：陕西榆林典型区实证研究》，北京：中国科学技术出版社，2005 年。

用/土地覆盖变化过程，其中对明代以来的土地利用/土地覆盖变化进行较为准确的恢复，并探讨2000年来土地利用/土地覆盖变化的成因①。史培军等分析了中国北方农牧交错带土地利用变化的驱动力，开展生态安全条件下土地利用格局的优化模拟研究，展开各种自然和生态灾害的脆弱性/危险度评价②。

以葛全胜、方修琦、郑景云、何凡能等为代表的自然科学工作团队基于多种土地利用变化模拟模型，重建历史以来（尤其是过去300年）LUCC的状况，注重土地利用理论研究，并对过去300年土地利用/覆盖变化的驱动因素等问题展开细致讨论，在近十年的研究中，已经取得了一定的研究成果。③ 作为中国科学院知识创新工程重大项目“中国陆地和近海生态系统碳收支研究”成果之一，《过去三百年中国土地利用变化与陆地碳收支》④一书介绍了清代、民国时期和新中国成立以来各时期的耕地、林地、草地、城市建设用地等主要土地利用类型的变化，重建了过去300年以来各主要土地利用类型之间的转换关系和转换比例，简要分析了土地利用变化的驱动机制和主要驱动因素，并采用模型方法推算了土地利用与覆被变化对陆地生态系统碳收支的影响，研究了近300年中国陆地生态系统碳收支的时空变化特征。除此之外，也有研究者从城镇聚落的角度探讨区域土地垦殖，主要利用地名志进行研究⑤。

---

① 颉耀文、陈发虎：《民勤绿洲的开发与演变：近2000年来土地利用/土地覆盖变化研究》，北京：科学出版社，2008年。

② 史培军、李晓兵、杨劼等：《中国北方农牧交错带土地利用时空格局与优化模拟》，北京：科学出版社，2009年。

③ 葛全胜等：《20世纪中国土地利用变化研究》，《地理学报》，2000年55卷6期，第698—706页。葛全胜等：《过去300年中国土地利用、土地覆被变化与碳循环研究》，《中国科学D辑：地球科学》，2008年38卷2期，第197—210页。何凡能等：《从康雍乾垦殖政策看中国清前期垦荒发展趋势》，《地理研究》，2005年24卷6期，第878—888页。刘纪远等：《20世纪90年代中国土地利用变化时空特征及其成因分析》，《地理研究》，2003年第22卷第1期，第1—12页。刘纪远等：《LUCC时空过程研究的方法进展》，《科学通报》，2009年54卷21期，第3251—3258页。田砚宇：《热察绥地区过去300年土地利用/覆被变化》，中国科学院研究生院硕士学位论文，2005年。Yu Ye, Xiuqi Fang, Land use change in Northeast China in the twentieth century: a note on sources, methods and patterns, Journal of Historical Geography, 35 (2009) 311-329. 叶瑜等：《东北地区过去300年耕地覆盖变化》，《中国科学D辑：地球科学》，2009年39卷3期，第340—350页。

④ 葛全胜等著：《过去三百年中国土地利用变化与陆地碳收支》，北京：科学出版社，2008年。

⑤ 方修琦、叶瑜、葛全胜等：《从城镇体系的演变看清代东北地区的土地开发》，《地理科学》，2005年第25卷第2期，第129—134页。韩茂莉、张一、方晨等：《全新世以来西辽河流域聚落环境选择与人地关系》，《地理研究》，2008年第27卷第5期，第1118—1128页。吕妍、张树文、杨久春：《基于地名志的东北历史时期土地利用变化研究——以吉林省镇赉县为例》，《地球信息科学学报》，2010年第12卷第2期，第174—179页。曾早早、方修琦、叶瑜：《基于聚落地名记录的过去300年吉林省土地开垦过程》，《地理学报》，2011年第66期第7期，第985—993页。

牛俊杰、赵景波以全球变化为背景,研究了山西人工植被的土壤水分特征,探讨土壤干层的发生过程、形成机理,认为山西人工植被土壤干化具有普遍性,其中晋北重半干旱黄土丘陵区人工植被的土壤存在严重干层,大同等雁北重半干旱地区人工植被下出现严重干层;山西农田深部存在土壤干层,其中晋北玉米地轻度干层分布深度超过600㎝,季节性干层的存在是该地区农作物易于发生干旱灾害的主要原因①。王晗运用地貌学和人口统计学等相关方法,选取陕北黄土高原典型地貌条件下的典型区域进行研究,认为清至民国时期陕北黄土高原由于区域气候的特殊性,降水、霜期等自然因素的季节变化和区域变化明显,在人为影响下的土地利用过程中土壤侵蚀问题突出②。

还有一些学者从生计多样性角度探讨了土地利用变化问题,这样讨论的基础是认为居民为了维持和改善生计,不断响应经济机会,调整土地利用行为,驱动土地覆被变化③。阎建忠等在野外考察、农户调查的基础上,利用遥感等手段,研究了大渡河上游1950—2000年生计方式的时空格局和1967—2000年的土地利用/覆被变化过程,认为居民生计方式的演变在河谷区、中山区、林区、牧区等具有不同特点,生态脆弱区社会经济发展和生态重建的关键在于改变居民的生计方式④。张丽萍等采用分层随机抽样、参与式农村评估(PRA)、地块调查等方法,对青藏高原东部山地农牧区生计与耕地利用模式进行研究,生计多样化是当地生计策略的发展趋势,不利的自然环境和社会条件以及农户素质共同影响了生计和土地利用的可持续性,各种生计策略对土地利用影响不同,主要影响土地利用类型和土地利用集约化水平等⑤。朱利凯等以鄂尔多斯乌审旗为例,对农牧交错区农牧户生计与土地利用进行研究,认为不同类型农牧户生计策略存在差异,农牧民生计策略与土地利用类型和集约度存

---

① 牛俊杰、赵景波:《山西土壤水环境与植被建设》,北京:中国科学出版社,2008年。

② 王晗:《人口变动、土地利用和环境变化关系研究——以清至民国陕北黄土高原为例》,陕西师范大学博士学位论文,2008年。

③ 阎建忠、张镱锂、朱会义等:《生计方式演变——土地利用/覆被变化综合研究的新视角》,《中国地理学会2004年学术年会暨海峡两岸地理学术研讨会论文摘要集》,2004年,第58—59页。

④ 阎建忠、张镱锂、摆万奇等:《大渡河上游生计方式的时空格局与土地利用/覆被变化》,《农业工程学报》,2005年第21卷第3期,第83—89页。

⑤ 张丽萍、张镱锂、阎建忠等:《青藏高原东部山地农牧区生计与耕地利用模式》,《地理学报》,2008年第63卷第4期,第377—385页。

在密切关系①。

以上研究进展显示，我国 LUCC 研究注重理论的研究，在方法和技术上注重 3S 的应用，并借鉴了国际通用的一些 LUCC 模型，研究尺度以宏观研究为主，目前逐渐向微观尺度研究发展，研究区域主要集中在社会经济快速发展的地区、生态环境脆弱区、典型区、城市化进程影响显著区等地区，并逐步与社会科学领域产生交叉研究，使研究角度和深度都有一定程度的扩展。这些工作对于进行历史时期土地利用研究具有一定指导意义，这些意义体现在研究方法的创新和研究导向的确立，但毕竟学科背景不同，两类研究无论从研究方法抑或是研究内容方面都有较大的不同。

社会科学领域（主要是史学领域）的相关研究。社会科学领域虽然没有冠以“土地利用”研究之名，但其实有很多研究内容都和土地利用相关。只是由于研究目的、方法、研究所用资料等都和自然科学领域所提出的土地利用研究大不相同，所以这里需要与自然科学领域分开进行回顾。

20 世纪 20 年代末到 30 年代中期，吴晗、汤象龙、罗尔纲、梁方仲、孙毓棠等学者活跃在经济史研究领域，这一时期尤以农业和土地问题研究的成果最为丰富，如梁方仲对明代户口、田地和田赋的统计，第一次把统计学的方法运用于经济史资料的整理和研究，以及万国鼎的《中国田制史》、陈登原的《中国田赋史》等。② 新中国成立后到“文化大革命”前，傅衣凌、梁方仲、王毓铨、韦庆远等学者对于明清时期进行了深入研究。傅衣凌《明清农村社会经济》③一书主要汇集了六份论著，内容有关明清时期徽州、福建、长江下游等地的农村社会经济考察，其中对在福建永安村发现的契约进行深入讨论。梁方仲系统论述了粮长制度的产生、演变和破坏过程，分析了粮长的职务、特权和经济掠夺方式④，有助于我们对明代田赋制度的理解。王毓铨关于明代军屯的研究与本文的研究颇为密切，如认为明代大同镇军屯分地是每分 50 亩左右，1550 年达到 94.7 亩，地近百亩；北边各镇的卫分屯地主要来源是闲田和荒田；山西行都司的屯田数字；对于大同镇等处牛

① 朱利凯、蒙吉军、刘洋等：《农牧交错区农牧户生计与土地利用——以内蒙古鄂尔多斯市乌审旗为例》，《北京大学学报（自然科学版）》，2011 年第 47 卷第 1 期，第 133—140 页。

② 李根蟠：《二十世纪的中国古代经济史研究》，《历史研究》，1999 年第 3 期。

③ 傅衣凌：《明清农村社会经济》，北京：生活·读书·新知三联书店，1961 年。

④ 梁方仲：《明代粮长制度》，上海：上海人民出版社，1957 年。

具地、牛具银的解释等。[①] 韦庆远则对明朝黄册制度的渊源及其建立、演变至最后败坏进行了深入讨论[②]。同时期,著名历史地理学家史念海先生《河山集》[③]出版,成为我国第一部正式出版的历史经济地理论文集。论文集收录了史先生有关历史地理的论文十二篇,其中对北方农牧分界线变迁进行研究,指出龙门、碣石一线以北的上谷和代郡地区从事畜牧事业并不是由于邻近匈奴而受了影响,实际因为这里的水草丰富正给畜牧业带来了良好环境。

“文化大革命”以后,经济史的研究更加欣欣向荣。首先是整理出版了大批经济史的文献档案资料,与本研究相关的有《清实录经济史资料农业编》(北京大学出版社,1990 年),许道夫的《中国近代农业生产及贸易统计资料》(上海人民出版社,1983 年),彭雨新《清代土地开垦史资料》(武汉大学出版社,1992 年),梁方仲《中国历代户口、田地、田赋统计》(上海人民出版社,1980 年)等等,这些资料在本书的研究中多有参考。这一时期土地制度、土地关系等问题仍然为研究者所关注,有关明清时期的著作主要有傅衣凌的《明清封建土地所有制论纲》(上海人民出版社,1992 年)、李文治的《明清封建土地关系的松解》(中国社会科学出版社,1993 年)和杨国桢的《明清土地契约文书研究》(人民出版社,1988 年)等[④]。其中杨国桢先生对于明清土地契约文书的研究对本文契约的解读及明清生产关系、土地所有权制度的把握很有帮助。珀金斯所著《中国农业的发展(1368—1968)》[⑤]一书探讨了明代以来的中国传统农业发展的状况、原因和历史前景,是国际学术界中第一部从经济学的角度来研究中国传统农业及其发展情况的英文专著,在西方经济学界与经济史学界中,享有很高的声誉,书中对于土地分配与租佃制度对生产发展的影响等问题的讨论对笔者多有启发。二十世纪六七十年代,何炳棣对于人口及资本积累、土地数字、农业及农作物等方面做了深入研究[⑥],著述宏伟,虽然其中一些观点被后学所质疑,但这并不能抹杀何先生对明清土地问题研究所做出的贡献。黄宗智以

① 王毓铨:《明代的军屯》,北京:中华书局,1965 年。

② 韦庆远:《明代黄册制度》,北京:中华书局,1961 年。

③ 史念海:《河山集》,北京:生活·读书·新知三联书店,1963 年。

④ 李根蟠:《二十世纪的中国古代经济史研究》,《历史研究》,1999 年第 3 期。

⑤ [美]德·希·珀金斯著,宋海文等译:《中国农业的发展(1368—1968 年)》,上海:上海译文出版社,1984 年。

⑥ 何炳棣:《黄土与中国农业的起源》,香港:香港中文大学出版社,2001 年。何炳棣:《中国古今土地数字的考释和评价》,北京:中国社会科学出版社,1988 年。何炳棣著,葛剑雄译:《明初以降人口及其相关问题 1368—1953》,北京:生活·读书·新知三联书店,2000 年。

华北地区为核心,对清初至20世纪40年代中国农村演变的形式问题进行研究,提出用"内卷化"概念刻画中国小农农业的经济逻辑①。秦晖致力于"农民学"的研究,利用关中地区的土改资料以及原始的关中地册,提出封建社会的"关中模式",认为清初至民国关中地区的经济社会状况和土改前一致,租佃率较低,"关中无地主"、"关中无租佃"、"关中有封建",在学界产生比较大的影响②。

另外,日本学术界对中国明清社会经济史的研究也有悠久传统,成果丰硕,可以分为20世纪40年代后期至50年代、20世纪60至70年代、20世纪80年代等三大阶段,其中名古屋大学森正夫教授提倡从地域社会角度看地域社会与领导权,强调社会秩序,岸本美绪、寺田浩明等研究者积极响应,并展开热烈讨论,代表了日本明清史研究进入了一个新阶段。③ 关于中国契约文书的研究,日本东京大学东洋文化研究所所做的工作比较突出,该所持续近30年的"契约文书研究会"对东洋文化研究所所藏的清代文书进行了细致的整理和研读④。

20世纪80年代,史念海先生对50年代所讨论的北方农牧分界线问题继之以深入讨论,对战国时期龙门以西的农牧分界线做了确定,并对黄土高原农林牧分布格局的变迁状况进行深入研究⑤,提出黄土高原由牧转农先后经过了三次,其中隋唐时期和明清以来农业地区和游牧地区参差并存,但游牧地区仍稍逊于农业地区⑥,提出了在某些地方要实行退耕还牧,利用河谷川道以及其他一些平坦的地方经营农业,较高的缓坡地方则经营牧业,再高的陡坡就可以植树造林等诸多有用于世的积极建议。虽然目前

---

① [美]黄宗智:《华北的小农经济与社会变迁》,北京:中华书局,1986年。

② 秦晖、苏文著:《田园诗与狂想曲:关中模式与前近代社会的再认识》,北京:中央编译出版社,1996年。

③ 高寿仙:《关于日本明清社会经济史研究的学术回顾——以理论模式和问题意识嬗变为中心》,《中国经济史研究》,2002年第1期,第68—77页。有关地域社会论的发展及研究,还可参看常建华:《日本八十年代以来的明清地域社会研究述评》,《中国社会经济史研究》,1998年第2期,第72—83页。日本史学界地域社会史的研究理念对中国史学界的研究思路及研究方法也多有影响。

④ [日]岸本美绪:《东京大学东洋文化研究所契约文书研究会的30年》(栾成显译),《史学月刊》,2005年第12期,第12—14页。

⑤ 史念海:《论两周时期农牧业地区的分界线》,《中国历史地理论丛》,1987年第1期,第19—57页。

⑥ 史念海:《黄土高原及其农林牧分布地区的变迁》,《河山集(三集)》,北京:人民出版社,1988年。

也有学者认为土壤的自然侵蚀对于水土流失问题影响因素较大①，但是关于处理好农林牧的合理布局等具体的措施和设计，对当前黄土高原的经济建设和环境保护工作还是具有一定借鉴意义的。史先生还对鄂尔多斯高原和河套平原的农林牧布局的演变情况进行了专门研究，认为清中、后期以来，垦辟日盛，明长城这条长期存在的人为分界线终究被冲毁了，尤其是河套平原，完全演变为农业地区②。侯仁之先生在60年代开始参加乌兰布和沙漠与毛乌素沙漠的科学考察工作，认为这两大沙漠的扩大原因和人类的垦殖活动有关系③。李并成先生对我国河西走廊历史时期形成的沙漠化区域做了全面细致的调查研究，复原了古绿洲自然和人文景观概貌，探讨了河西地区数千年来在人类活动作用和影响下绿洲生态环境的变迁，揭示了沙漠化过程的形成机制和原因④。

社会科学工作者的工作对于研究历史时期土地利用问题意义重大，某些方面他们所做的工作是自然科学工作者进行历史时期土地利用研究的基础，社会科学工作者的研究在拓展研究视野、充实研究内容等方面显得尤为重要。

综合以上研究现状分析，自然科学领域是进行土地利用/土地覆被变化研究的主导力量，主要工作方法及手段为通过3S技术手段对土地利用/覆盖数据进行空间数据管理、分析及可视化，同时，LUCC研究的关键在于

---

① 谭其骧先生在20世纪60年代对古代黄土高原环境变迁进行探讨，认为该地区土壤侵蚀的加剧源于西汉时期开始的大规模屯垦，其后多有争论，近年来山西太原师范学院王尚义、任世芳等学者则应用历史资料与现代考察、观测资料相结合的方法，进行定量分析后，提出不同观点，认为西汉、北宋黄河中游的农垦，全部或绝大部分是在土壤侵蚀轻微的范围之内，即河滩地和河谷川地，这两个朝代的严重水患可能是由于原始游牧对草坡的压力越来越大。任世芳等学者提出从西汉到明中叶，农垦并非该区土壤侵蚀的主因，直到明弘治年代以后开始垦种坡地，土壤产生轻微侵蚀，而清代到20世纪90年代的350年，人口急剧增长，陡坡地大量开垦，是土壤侵蚀加速时期。王尚义等学者认为在明代以前，汾河上游地区农垦不是土壤侵蚀的主要原因，坡地的开垦时代在清乾隆至光绪朝之间，土壤侵蚀量比明代之前略有增加，但仍不在侵蚀总量中占主要成分，清光绪朝到现代的一百三十余年间自然力导致的沟蚀仍然占总侵蚀量的70%左右，农垦只在土壤侵蚀因素中占次要地位。相关论文有谭其骧：《何以黄河在东汉以后会出现一个长期安流的局面》，《学术月刊》，1962年第2期，第23—35页；王尚义：《两汉时期黄河水患与中游土地利用之关系》，《地理学报》，2003年第58卷第1期，第73—82页；王尚义、任世芳：《唐至北宋黄河下游水患加剧的人文背景》，《地理研究》，2004年第23卷第3期，第385—394页；任世芳、孟万忠、赵淑贞：《历史时期三川河湫水河流域的土地利用》，《中国历史地理论丛》，2004年第19卷第4期，第17—35页；王尚义、任世芳、孟万忠：《六百年来汾河上游人口压力增长与环境状态演变之关系》，《地理研究》，2007年第26卷第3期，第452—460页。

② 史念海：《两千三百年来鄂尔多斯高原和河套平原农林牧地区的分布及其变迁》，《河山集（三集）》，北京：人民出版社，1988年。

③ 侯仁之：《侯仁之文集》第三部分“沙漠历史地理考察”，北京：北京大学出版社，1998年。

④ 李并成：《河西走廊历史时期沙漠化研究》，北京：科学出版社，2003年。

弄清驱动力及驱动机制问题,目前广泛应用多种系统分析与数理统计方法多角度开展驱动力研究,也有助于土地覆盖变化模型的建立和模拟,并且形成了较为一致的意见,即自然因素在长时间尺度范围内对改变土地利用变化起重要作用,在很大程度上决定了高原、山地等自然条件复杂地区的土地利用状况,人口发展、社会经济、政策等因素在短时间尺度内对土地利用变化起重要作用,是影响人类扰动强烈、开发历史悠久而较少受自然条件约束地区土地利用的主要因素①。对于历史时期土地利用的研究,主要集中在东南经济快速发展地区,生态环境脆弱区,热察绥地区以及东北地区等受人类活动影响比较明显的地区等。但是,从研究现状来看,土地利用/土地覆盖变化研究以及全球环境变化的研究队伍仍以自然科学家为主,人文领域的学者介入较少,并且二者研究成果交流不够,在研究方法上缺乏自然科学和社会科学的相互交叉与融合,在 IHDP 核心计划及可持续联合计划中,我国均处于弱势地位②。所以社会科学工作者加入 LUCC 计划研究,是一种时代的需要。并且,对于历史时期土地利用过程、变化及其驱动因素的考察还有待加强,所需解决的难题还很多③,尤其在扩充区域案例研究方面,还需要有更多的工作投入,特别是对人文因素的驱动机理方面还需要深入分析,并且如何分析也是需要研究不断推进的,从而能够为全球化研究提供区域资料和讨论基础,以便更利于探讨对全球变化所产生的累计效应的评估。当然经过一段时间的努力,目前我国历史 LUCC 重建的研究成果已经得到国际学术界的关注和引用,在未来的研究中需要更加系统、深入挖掘史料,深化历史时期土地利用与土地覆被变化过程、时空特征及驱动机制研究。④ 所以总体来看,本研究是对 LUCC 研究的积极响应,是对历史时期土地利用研究的有益探索。

(二)关于历史时期土地数字修订的研究

20 世纪 80 年代以来,计量史学的发展,在经济史的研究中表现较为

---

① 参见刘新卫、陈百明、汪权方:《国内 LUCC 研究进展综述》,《21 世纪中国土地科学与经济社会发展——中国土地学会 2003 年学术年会论文集》,2003 年,第 538—542 页。谭少华、倪绍祥:《20 世纪以来土地利用研究综述》,《地域研究与开发》,2006 年第 25 卷第 5 期,第 84—89 页。

② 刘燕华等:《关于中国全球环境变化人文因素研究发展方向的思考》,《地球科学进展》,2004 年第 19 卷第 6 期,第 889—895 页。

③ 杨伟兵教授曾总结过目前历史时期土地利用研究中亟待解决的四个科学问题:册载土地纳税单位到面积单位的科学转换;数据统计范围的科学重建;历史时期土地利用分类目标和系统;驱动力分析中的人文变化综合因素。见杨伟兵:《云贵高原的土地利用与生态变迁(1659—1912)》,上海:上海人民出版社,2008 年,第 18 页。

④ 何凡能等:《近 70 年来中国历史时期土地利用覆被变化研究的主要进展》,《中国历史地理论丛》,2019 年第 34 卷第 4 辑,第 5—16 页。

突出,中国经济史研究也越来越关注对生产力的考察。古代经济问题的量化研究,虽然很难得出确凿的数据,但是接近实际的合理推算使经济史的研究不断走向深入。这一时期,明清全国耕地数字的研究以顾诚、万红、江太新等人研究较多。顾诚提出明帝国的整个疆土分别隶属行政和军事两大系统,全国土地是由行政系统和军事系统分别管辖的①,这对于研究明清耕地数字具有划时代的意义②。史志宏指出清代官书土地数字不实主要有两个原因,一个是有大量不起科土地和"欺隐"瞒报土地未被统计进去,另一个是所登录的土地系征税折亩数,而非实际耕地数;雍正时期的《实录》数字为实际地亩,而《会典》、《通考》等为折亩后统计数字;清后期的数字由民国时期统计数推算;在亩产量方面指出晋北一些贫困山乡亩产不过二斗等③。江太新对于清代前期的耕地数字予以研究,文中提出了以往研究忽视有小亩,将山、塘、湖、荡化作耕地亩数,忽视了民宅、自然灾害侵田等方面的影响,并不主张推算耕地数据④。万红则通过明清数字比较,重申了顾诚的观点,并得出清初全国耕地面积较明代大幅下降的结论⑤。

对于如何进行历史时期土地利用问题研究,不少学者为此进行了努力探索。如何认识历史资料中的土地数据,如何将史料中提供的大量田赋数据转变为土地数字,许多学者都对此进行了探讨。关于这个问题,应该从梁方仲先生谈起。梁先生指出了历代史籍中记载的土地顷亩只是纳税单位,而非面积单位⑥,何炳棣先生将这一认识进一步强调推广⑦,随后学者

---

① 顾诚:《明前期耕地数新探》,《中国社会科学》,1986 年第 4 期,第 198—213 页。顾诚:《明帝国的疆土管理体制》,《历史研究》,1989 年第 3 期,第 135—150 页。

② 在此之前,学界关于明代耕地数字的问题也多有研究,日本学者清水泰次先生认为《明实录》所记为田、地数,而《大明会典》所记为田、地、山、荡四类土地数;藤井宏先生提出誊写错误,并肯定《明太祖实录》记载耕地数较为可靠;梁方仲先生提出亩法不同是明代册籍登记数字分歧的主要原因;吴晗先生认为数字都是可信的,增长的原因在于垦辟荒地和全面丈量;樊树志实际从万历清丈中已经发现数字极高,但也认为原因是誊写错误,何炳棣亦支持藤井宏说。顾诚先生追本溯源,从数字记载源头找依据,开启了明代土地数字研究的新门路。

③ 史志宏:《清代前期的耕地面积及粮食产量估计》,《中国经济史研究》,1989 年第 2 期,第 47—62 页。

④ 江太新:《关于清代前期耕地面积之我见》,《中国经济史研究》,1995 年第 1 期,第 45—49 页。

⑤ 万红:《明代与清初全国耕地数的历史比较》,《中国农史》,2000 年第 19 卷第 4 期,第 34—40 页。

⑥ 梁方仲:《中国历代户口、田地、田赋统计》,上海:上海人民出版社,1980 年,第 338 页。

⑦ 何炳棣:《中国古今土地数字的考释和评价》,北京:中国社会科学出版社,1988 年,第二、三章的论述。关于梁与何谁最先提出纳税单位这一概念的论述,可参见赵赟《苏皖地区土地利用及其驱动力机制(1500—1937)》(复旦大学 2005 年博士学位论文)第一章。

对于历史时期土地数字给予热烈关注，尤其反映在明清时期的土地数字讨论上，这一点上文已经简要介绍过。在确定了史籍所载为田赋纳税数据以后，有很多学者又对实际田亩数与田赋数据之间的关系进行探讨，使明清田赋数据的性质进一步明朗化。何炳棣先生在翻阅明清全国大量方志的基础上，认为折亩在中国最大的两个农业区域——华北平原和黄淮平原较为普遍，折亩必须认为是我国传统土地数字过低的主要原因之一，其他诸如免科、隐匿等因素也是土地数字不实的主要原因，并且认为册载田亩数字都是根据各地习惯和各种不同单位粗估而成的赋税单位，并不反映实际的耕地面积，所以无法根据册载田亩数确定实际面积①。陈锋主要讨论了安徽折亩的情况，认为折亩是为了赋税的划一，方便了赋税的征收②。郭声波对何炳棣的看法提出质疑，深入研究清代四川的地亩数情况，认为在四川，估产法和估种法得到的顷亩数也有一定的估算规律，不会导致亩制极度紊乱，清代四川也有相当一部分州县有过实测，清代三百年间四川新辟土地并未折亩，不能完全否定折亩地亩数的统计价值③。李令福认为如果弄清折隐与浮增的大致比率，能够得到明末山地耕地的真实数据，并对山东各地折亩比率进行考察计算，推算出山东明末的实际耕地数，又根据清初沿用明末耕地原额，以及没能重丈土地等原因，认为清代山东折亩现象依然存在，但是偏离比率有所不同④。王社教对苏皖浙赣地区明代土地数字进行考释及评价，该工作是建立在对土地丈量、隐匿、折亩等土地登记制度认真分析的基础上，并最终对研究区域内洪武和万历时期府级土地数字进行复原⑤。

耿占军对陕西各地折田具体分析之后，提出了延安、榆林等地的折田比例，对复原当时土地状况有很大帮助，是一种积极的修订尝试⑥。侯甬坚对雍正末年陕西黄土高原的民地、屯地数字进行考释⑦，是一种有益的科学探索。葛全胜等通过对清代文献资料中的田亩数据进行初步分析处

① 何炳棣：《中国古今土地数字的考释和评价》，北京：中国社会科学出版社，1988年。

② 陈锋：《清代亩额初探——对省区"折亩"的考察》，《武汉大学学报（社会科学版）》，1987年第5期，第76—83页。

③ 郭声波：《明清四川地亩数的评价及其它》，《中国史研究》，1990年第2期，第34—42页。

④ 李令福：《明清山东农业地理》，台北：五南图书出版有限公司，2000年。

⑤ 王社教：《苏皖浙赣地区明代农业地理研究》，西安：陕西师范大学出版社，1999年。

⑥ 耿占军：《试析清代陕西的折丁、折田问题》，《中国农史》，2000年第19卷第1期，第67—71页。

⑦ 侯甬坚：《雍正末年陕境黄土高原民、屯土地数字试解》，《土地覆被变化及其环境效应学术会议论文集》，2002年。

理,对过去300年我国内地18省耕地资源时空变化进行讨论,并得到近300年来耕地资源数量总体趋于增加、新中国成立后开始持续下降的结论①。何凡能等对清代关中地区册载田亩数字进行考释,认为册载田亩数字与实际耕地数据有差距,不能准确反映土地垦殖状况②。赵赟总结了历史土地数据存在的系统、区划、技术、感觉等四大误差,提出了将纳税单位修订为可信赖的地亩面积的可行性途径,并完成了明清苏皖地区分县耕地面积的重建和修订③。傅辉则系统论证了基层土地登记制度、登记程序等之间相互关系,重新审视历史时期土地数据的性质及演变过程和统计体系,具体以河南为例尝试了县级土地数据的重建④。

葛全胜等利用清代田亩数据和近现代耕地调查统计数据,通过构建耕地面积指数,重建了过去300年中国省域尺度耕地面积数据集,并据此估算了过去300年中国土地利用变化对陆地生态系统碳储量的影响⑤。田砚宇等对清代热察绥地区的耕地数字性质进行考释,认为该区土地数字较少受到"原额"的束缚,亩制相对简单,所以可以在一定程度上反映真实的耕地面积⑥。叶瑜等对清代东北地区耕地数字进行修订,具体方法为先将不同计量单位统一转换为清亩,将不同亩制转换为标准清亩,认为大、中、小亩相当于标准清亩的1.5、1.2和1倍,并将瞒田比例估计为20%,同时认为东北地区采用等则法对不同土地征收不同税额,不存在折亩现象,完成了清代东北三省重要时间断面分省耕地面积和垦殖率序列的重建⑦。曹雪等在前人研究基础上,提出因素修正、引力替换、垦殖趋势检验等方

① 葛全胜等:《过去300年中国部分省区耕地资源数量变化及驱动因素分析》,《自然科学进展》,2003年13卷8期,第825—832页。

② 何凡能等:《清代关中地区土地垦殖时空特征分析》,《地理研究》,2003年22卷6期,第687—697页。

③ 赵赟:《苏皖地区土地利用及其驱动力机制(1500—1937)》,复旦大学博士学位论文,2005年。

④ 傅辉:《河南土地数据初步研究——以1368—1953年数据为中心》,《中国历史地理论丛》,2005年20卷1期,第105—114页。傅辉:《明以来河南土地利用变化与人文机制研究》,复旦大学博士学位论文,2008年。

⑤ 葛全胜等:《过去300年中国土地利用、土地覆被变化与碳循环研究》,《中国科学:地球科学》,2008年第2期,第197—210页。

⑥ 田砚宇等:《清代漠南蒙古耕地数字性质考释——以热察绥地区为例》,《中国历史地理论丛》,2009年第24卷第2期,第144—151页。

⑦ 叶瑜等:《东北地区过去300年耕地覆盖变化》,《中国科学D辑:地球科学》,2009年39卷3期,第340—350页。Yu Ye, Xiuqi Fang, Land use change in Northeast China in the twentieth century: a note on sources, methods and patterns, *Journal of Historical Geography*, 35 (2009):311—329.

法，重建了全国近300年分省耕地面积。① He等利用北宋全国及路域册载田亩数据，通过构建路域耕地面积订正方法及分配模型，重建了北宋四个时点路域耕地面积。② 研究涉及全国耕地面积重建以及区域耕地数据重建，主要有东南、中原地区，长城以外边疆地区及东北地区等。其中具体的修订方法、涉及的主要修订考察因素等基本被学术界所认可。还有一些研究者对不同区域历史时期土地利用/土地覆盖变化做过研究，包括对土地数字的考释和修订，这些研究增加了区域研究个案，对于不同区域的土地利用研究及人地关系探讨等方面的研究是一种推进③。

除此之外，还有学者承认册载数字的价值，倡导谨慎利用，探讨册载数字的变化趋势，从中得出土地利用的变化情况，如王社教教授对于光绪《山西通志》中清代山西田地数字的考察，主张从数字变动中找寻土地垦殖变化的依据④，杨伟兵教授从田赋数据探讨云南土地开发，并分析云贵高原的土地利用及生态变迁⑤等。在前辈学者的努力下，历史时期土地利用研究得以顺利开展，并取得了一系列引人注目的研究成果。

（三）关于清代山西土地关系的研究

土地所有权方面。卫所制度与土地权属关系密切，卫所制度在清代的研究，以郭松义和顾诚讨论较多。郭松义对明代军屯田的民地化进行过研究，其中对于屯地的科则、典卖等情况多有讨论⑥。顾诚对于卫所制度在清代的变革予以关注⑦，其中涉及卫所辖地行政化等问题的探讨对本文多

① 曹雪等：《近300年中国耕地数据集重建与耕地变化分析》，《地理学报》，2014年第7期，第896—906页。

② He Fanneng, Li Meijiao, Li Shicheng. Reconstruction of Lu - level cropland areas in the Northern Song Dynasty (AD 976—1078). *Journal of Geographical Sciences*, 2017 (5): 606—618.

③ 主要有乌敦：《20世纪科尔沁地区的土地利用变化研究》，内蒙古师范大学硕士学位论文，2005年。霍岳飞：《明代汾河上游土地利用变化及其对环境的影响》，山西大学硕士学位论文，2007年。张洁、陈星：《中国东部地区土地利用和植被覆盖的历史演变》，《南京大学学报（自然科学）》，2007年第43卷第5期，第544—555页。赵云：《清至民国时期固原地区土地利用及其环境效应》，西北师范大学硕士学位论文，2010年。朱永超、李晶、任志远：《近300年来黄土高原地区耕地与人口变化趋势及相关分析》，《陕西师范大学学报（自然科学版）》，2011年第39卷第3期，第84—89页。

④ 王社教：《清代山西的田地数字及其变动》，《中国农史》，2007年1期，第42—49页。

⑤ 杨伟兵：《云贵高原的土地利用与生态变迁（1659—1912）》，上海：上海人民出版社，2008年。

⑥ 郭松义：《清朝政府对明军屯田的处置和屯地的民地化》，《社会科学辑刊》，1986年第4期，第45—53页。

⑦ 顾诚：《卫所制度在清代的变革》，《北京师范大学学报（社会科学版）》，1988年第2期，第15—22页。

有启发。通过二位学者的研究，基本廓清明代卫所制度在清代的演变趋势①。邓庆平将都司卫所的变迁和地方社会变迁相联系，通过蔚州卫裁改的调整过程，讨论了改卫设县究竟给地方社会带来了怎样的影响，以及清政府是如何在地方中推行裁撤卫所的举措等问题，带来了卫所制度研究的新视野②。王建革对清代蒙地的土地所有情况进行了认真讨论，认为蒙地所有结构是一种层层分割的结构，提出占有权分割的概念，主要涉及国家、蒙旗、蒙民和汉民的分割占有关系，并认为中蒙土默特地区占有权形态多样化③。

有关土地所有权、永佃权方面的讨论。租佃契约关系在明清时期出现了田面权与田底权的分割④，杨国桢先生指出永佃和一田二主是两个概念，永佃权和田面权有本质区别，永佃权属于租佃制度的变化，而田面权属于所有权制度的变化⑤；梁治平先生从法律概念的角度明确指出永佃权和永佃的含义不同，倡导永佃只是一种关系，永佃与一田二主指代内容并不相同⑥；赵冈先生认为永佃权发展有三种形态，一田二主可以看作永佃权的最终形态⑦；黄宗智先生则明确认为“典”是保留回赎权的转让，田面权即一田二主，明确区分了“田底”与“田面”两层权利分化⑧；曹树基先生认为当“田皮权”具有了独立的产权后就不再是“永佃权”了⑨，并对传统中国乡村地权变动做了深入的探讨并进行了理论总结，将所有权分割为处置权、收益权和使用权，又对中国传统乡村产业买卖、信贷及租佃的类型与性质进行了详细划分⑩，其后总结认为关于中国传统地权中的两个核心问题

---

① 明清卫所制度的研究成果非常丰富，除了前面也曾提到的一些前辈学者的研究外，相关论述还可参见邓庆平：《明清卫所制度研究述评》，《中国史研究动态》，2008 年第 4 期。因为我研究中关注的程度只在政区层面，所以对于其他研究成果不做详细讨论。

② 邓庆平：《州县与卫所：政区演变与华北边地的社会变迁——以明清蔚州为中心》，北京师范大学博士学位论文，2006 年。

③ 王建革：《农牧生态与传统蒙古社会》，济南：山东人民出版社，2006 年。

④ 樊树志：《明清租佃契约关系的发展》，《复旦学报（社会科学版）》，1983 年第 1 期，第 61—67 页。

⑤ 杨国桢：《明清土地契约文书研究》，北京：人民出版社，1988 年。

⑥ 梁治平：《清代习惯法：社会与国家》，北京：中国政法大学出版社，1996 年。

⑦ 赵冈：《永佃制研究》，北京：中国农业出版社，2005 年。

⑧ 黄宗智：《中国历史上的典权》，《清华法律评论》第 1 卷第 1 辑，北京：清华大学出版社，2006 年，第 1 页。黄宗智：《法典、习俗与司法实践——清代与民国的比较》，上海：上海书店出版社，2003 年。

⑨ 曹树基：《苏南地区“田面田”的性质》，《清华大学学报（哲学社会科学版）》，2007 年第 6 期，第 59—71 页。

⑩ 曹树基：《传统中国乡村地权变动的一般理论》，《学术月刊》，2012 年第 44 卷第 12 期，第 117—125 页。

已经达成共识:其一,保留赎回权的土地转让——典——是中国传统社会特有的土地制度,其二,所有权可以分割,“田面权”是土地所有权的一部分,与“田底权”构成完整的土地所有权。① 关于北方租佃制度,有研究者认为永佃制中土地所有权与使用权的分离是相对的,而不是绝对的②,并且认为清代北方地区永佃制很少③。张闻天于 1942 年在晋陕等地做调查期间认为,山西兴县很少有永佃权④。史建云先生认为在华北地区,租佃制度在近代来讲属于不发达的地区⑤,华北农村近代的租佃期限大致可以分为论年租佃、短期租佃、长期租佃、无定期租佃和永佃,其中华北地区的永佃权大部分是一种不完整的永佃权。⑥ 那么到底清代晋北地区永佃情况如何,笔者下文将详细分析,提出自己的看法。

租佃形式、形态方面,郭松义对清代刑科题本中出现的伙种关系予以研究,并指出南方少伙种的原因,大概与南方地区商品经济及独立的佃农经济较发达有关⑦,只是文中所涉及的晋北地区的伙种现象并不全面,本书将在此基础上做进一步的材料挖掘和分析。萧正洪对陕南地区种植业的盛衰变化进行梳理,并着重从农业政策和农业垦殖方式两方面探讨种植业盛衰的原因⑧,随后又对清代陕南地区的土地占有关系与农业经营做了详细探讨,文中细致讨论了陕南土地权属关系与生产方式的多样化,指出正是这种权属关系极大影响了陕南的经济发展,为生产经营方式的转型创造了条件,同时这种转型也存在一定困难,并且指出经济与社会环境中制约商业性农业发展的一个更为重要的制度性因素是土地租佃关系,并深入

---

① 曹树基、刘诗古著:《传统中国地权结构及其演变》,上海:上海交通大学出版社,2014 年。

② 李三谋、李震:《清代永佃权性质重探》,《中国农史》,1999 年第 18 卷第 3 期,第 19—25 页。

③ 李三谋、李震:《民国前中期土地租佃关系的变化》,《农业考古》,2000 年第 1 期,第 149—154 页。

④ 《晋西北兴县二区十四个村的土地问题研究(报告大纲)(一九四二年七月二十七日)》,张闻天选集传记组、中共陕西省委党史研究室、中共山西省委党史研究室编:《张闻天晋陕调查文集》,北京:中共党史出版社,1994 年。

⑤ 史建云:《近代华北平原佃农的土地经营及地租负担——近代华北平原租佃关系探索之二》,《近代史研究》,1998 年第 6 期,第 97—117 页。

⑥ 史建云:《近代华北平原地租形态研究——近代华北平原租佃关系探索之一》,《近代史研究》,1997 年第 3 期,第 177 页。

⑦ 郭松义:《清代农村“伙种”关系试探》,《中国社会经济史研究》,1989 年第 2 期,第 13—18 页。

⑧ 萧正洪:《清代陕南种植业的盛衰及其原因》,《中国农史》,1988 年第 4 期,第 69—84 页,续刊《中国农史》,1989 年第 1 期,第 74—82 页。

分析了租佃关系对农业经营的影响①。王建革提出明代包括山西在内的华北主要实行分租制,对于清代的情况,也支持分成租为主的说法,并认为北方地区租制形态与地域生态条件有联系,分租制有利于佃农分担风险②。乌廷玉较早对近代山西的租佃关系进行研究,廓清了新中国成立前山西租佃关系的大概面貌③。李三谋等对清代北方佃农的耕种习惯及晋北地区州县亩产量进行研究,认为北方广种薄收的状况是明清北方赋役偏重的主要原因④。

综上,学界关于土地关系、封建生产关系等的研究多以全国或南方经济发达区讨论居多,而关于清代山西土地权属、租佃关系等土地关系的探讨并不多见,相关研究还有一定的提升空间。

(四)关于历史时期土地利用变化驱动力分析的研究

土地利用变化的驱动力研究是土地利用/土地覆被变化的核心之一,研究目的在于要弄清土地利用变化的内在机制,从而能够预测土地利用未来的变化发展趋势和结果。目前主要从自然驱动力和人类驱动力两方面考虑土地利用变化的驱动力。人类驱动力方面,Kasperson 提出人类方面驱动力因素主要有人口、技术水平、富裕程度、政治经济结构、信任与态度,Ehrlich 指出人口、富裕程度和技术是研究的主要方面,IHDP 计划指出影响土地利用的驱动因素可以分为直接和间接因素,Turner 指出人类驱动力应包括人口、收入、技术、政治经济状况和文化等⑤。国内研究以对社会经济快速发展地区、生态环境脆弱区、人类活动影响显著的地区、热点地区等区域土地利用变化与驱动力的探讨展开工作,方法主要是通过建立大量的统计模型来分析并预测。认为土地利用/覆被变化是自然系统和社会系统中各种驱动因素的综合结果,要将它们看作一个完整的驱动系统来分析⑥。并且在随后的研究中逐渐认识到自然驱动力和人为驱动力的驱动程度不同,在不同的时空尺度上作用不同。那么目前除了对于驱动系统的

---

① 萧正洪:《清代陕南的土地占有关系与农业经营》,《中国经济史研究》,1994 年第 1 期,第 31—41 页。

② 王建革:《人口、生态与地租制度》,《中国农史》,1998 年第 17 卷第 3 期,第 79—87 页。

③ 乌廷玉:《近代山西省的租佃关系》,《晋阳学刊》,1989 年第 6 期,第 80—82 页。

④ 李三谋:《清代晋北农业概述》,《古今农业》,1998 年第 1 期,第 10—16 页。李三谋、曹建强:《清代北方农地使用方式》,《农业考古》,2001 年第 3 期,第 114—122 页。

⑤ 史培军、宫鹏、李晓兵等著:《土地利用/覆盖变化研究的方法与实践》,北京:科学出版社,2000 年。

⑥ 摆万奇、赵士洞:《土地利用变化驱动力系统分析》,《资源科学》,2001 年第 3 期,第 39—41 页。

整体定量分析、系统研究还有待加强外,在定性分析方面也存在一些问题,例如讨论驱动力,多是首先承认驱动而进行的程度讨论,相对缺乏一定的定性分析,再有就是模型的建立方法多样,统计手段本身的误差和统计方法的误差都会给结果带来影响,等等。

对于长时段历史时期土地利用变化驱动力的分析,由于资料的限制,研究方法多以定性分析为主。张晓虹等对清代陕南地区土地利用变化的驱动力进行深入分析,指出除了人口的机械增长外,高产作物的引入、优惠的召垦政策和粗放的耕作习俗等也是重要的驱动因素,文中已经注意到地域差异的影响①。赵赟等对徽州地区土地利用变化驱动力进行分析,主要涉及人口压力与土地利用管理方式、徽商的发展与族田的膨胀、棚民运动、自然灾害等方面的讨论,提出脆弱的生态背景是当地土地利用变化的基础,人口急剧增长带来的社会系统压力是当地土地利用变化的关键,各驱动力之间有关联②。其后许多从事历史时期土地利用变化研究的研究者也多对驱动力问题展开讨论,随着研究的深入发展,越来越多的人文驱动因素被提出考虑。垦殖、赋税制度、政策、地方土地登记体系等驱动因素的考虑丰富了土地利用变化社会驱动力的探讨③。同时也有研究者强调区域社会内部的发展张力,关注区域内部由自然、人文密切联系而产生的内在机制④,这些认识都有助于我们全方位、多角度的探讨社会驱动,重视驱动的复杂性。本研究中也发现这种现象的存在,目前努力在一定程度上强化这种意识,加强定性研究的力度,并积极拓展土地利用驱动因素,注重驱动因素之间互动关系的把握。

总之,对于土地利用驱动因素驱动机制的分析,还需要继续的摸索和探讨,尤其对于历史时期土地利用变化驱动力研究,虽然长于驱动力复杂

---

① 张晓虹、满志敏、葛全胜:《清代陕南土地利用变迁驱动力研究》,《中国历史地理论丛》,2002年第4辑,第114—125页。

② 赵赟、满志敏、葛全胜:《徽州地区土地利用变化驱动力分析(1500—1900)》,《复旦学报(社会科学版)》,2002年第5期,第67—74页。

③ 相关研究可见赵珍:《清代西北地区的农业垦殖政策与生态环境变迁》,《清史研究》,2004年第1期,第76—83页。何凡能、戴君虎、葛全胜:《从康雍乾垦殖政策看中国清前期垦荒发展趋势》,《地理研究》,2005年第24卷第6期,第878—888页。杨红娟、侯甬坚:《清代黄龙山地垦殖的政策效应》,《中国历史地理论丛》,2005年第20卷第1辑。王晗、郭平若:《清代垦殖政策与陕北长城外的生态环境》,《史学月刊》,2007年第4期,第86—93页。葛全胜等:《过去三百年中国土地利用变化与陆地碳收支》,北京:科学出版社,2008年。傅辉:《明以来河南土地利用变化与人文机制研究》,复旦大学博士学位论文,2008年。

④ 李大海:《山地垦荒与社会变迁:清代黄龙山区地方开发史的再考察》,《中国社会经济史研究》,2010年第2期,第38—46页。

性的讨论，能够挖掘内在机制，有助于提供经验累积，却由于缺少定量分析，无法更直观地将成果表达，缺乏一定的说服力。并且，由于驱动力更带有区域特性，如何进一步拓展样带研究，再如何开展全球范围的讨论，这些都需要进一步的努力。

（五）关于山西历史农业地理及山西地方史的相关研究

历史农业地理研究方面，吕卓民教授《明代西北农牧业地理》①以明代西北地区为限，探讨区域农牧业的分布和发展变化。萧正洪教授的《环境与技术选择——清代中国西部地区农业技术地理研究》②就清代黄土高原的环境特征与农业技术选择关系问题从历史地理学、农学、经济学多学科结合的角度进行专门探讨。李辅斌《清代河北山西农业地理研究》③一文，论述了清代河北山西的土地垦殖、作物分布等问题，探索农业发展与自然环境之间的关系，文章特色表现为较全面的反映了清代河北山西的农业地理情况，但是区域性特征不明显，并且也没有对土地管理等方面的问题进行阐述。李心纯《明代山西河北农业地理研究》④则是探讨了明代山西河北地区的生态环境变迁、水利、农业作物等方面的问题，研究区域在山西河北两地。除此之外，同时代李三谋对于晋北地区做了深入研究，不仅探讨了晋北地区的农业垦殖特征⑤，还对赋税制度等方面给予了考察分析⑥，但是没有系统探讨土地利用形成原因以及内在人文机制等问题。王杰瑜探讨了明清时期晋冀蒙地区的土地开发、环境变迁等问题，重点在于环境变迁的分析⑦。以上研究与本研究区域比较相关，但对于土地利用方式、过程、区域差异等讨论并不细致，这也使得本书有了一定的讨论空间。

地方史研究方面，乔志强先生整理点校的《退想斋日记》是研究山西地方史非常重要的资料⑧。行龙教授则在20世纪90年代中期，提出“从社会史到区域社会史”的学术转向和“走向田野与社会”的学术理念，尤以对华北农村、山西区域社会的研究成果突出，逐渐形成“以水为中心”的特

① 吕卓民：《明代西北农牧业地理》，台北：洪叶文化事业有限公司，2000年。

② 萧正洪：《环境与技术选择——清代中国西部地区农业技术地理研究》，北京：中国社会科学出版社，1998年。

③ 李辅斌：《清代河北山西农业地理研究》，陕西师范大学博士学位论文，1992年。

④ 李心纯：《黄河流域与绿色文明——明代山西河北的农业生态环境》，北京：人民出版社，1999年。

⑤ 李三谋：《清代晋北农业概述》，《古今农业》，1998年第1期，第10—16页。

⑥ 李三谋：《清代“摊丁入亩”制度》，《古今农业》，2001年第3期，第51—55页。

⑦ 王杰瑜：《政策与环境：明清时期晋冀蒙接壤地区生态环境变迁》，太原：山西人民出版社，2009年。

⑧ 刘大鹏遗著，乔志强标注：《退想斋日记》，太原：山西人民出版社，1990年。

色区域社会史研究①。并致力于集体化时代基层档案的收集整理，创办"集体化时代的农村社会"学术展览馆②。王尚义教授主要从事黄河流域生态环境变迁与太原盆地古代湖泊的研究、鄂尔多斯高原及毛乌素沙地环境变迁的研究、区域经济与文化的研究等③，并提出创建"历史流域学"的构想④。复旦大学历史地理研究中心安介生教授长期从事历史民族地理和山西地方史的研究，成果丰硕⑤，并不断呼吁"大晋学"研究，将历史地理学方法论用于历史时期区域社会史研究，提出晋学研究的区位论⑥。郝平教授主要从灾荒史的角度，进行区域社会史研究。张俊峰教授主张将社会史与经济学、人类学和历史地理学的理论与方法相结合，主要从事前近代以来中国乡村社会水权问题研究，认为明清两代山西的水资源开发利用已达到封建时代最全面、最发达的程度，境内主要河流及其泉水资源普遍得到程度不同的开发利用⑦。胡英泽教授利用田野调查所得水井碑刻资料对明清以来山西、陕西、河南等北方地区乡村社会用水进行考察⑧，又利用

① 行龙主编：《近代山西社会研究》，北京：中国社会科学出版社，2002年。行龙：《走向田野与社会》，北京：生活·读书·新知三联书店，2007年。行龙：《以水为中心的晋水流域》，太原：山西人民出版社，2007年。

② 行龙、马维强、常利兵著：《阅档读史：北方农村的集体化时代》，北京：北京大学出版社，2011年。

③ 除了前文注释中提到的文章外，还可参见王尚义：《历史时期鄂尔多斯高原农牧业的交替及其对自然环境的影响》，《历史地理》第5辑，上海：上海人民出版社，1987年。王尚义：《晋商贸易活动的历史地理研究》，北京：科学出版社，2004年。

④ 王尚义教授在国内最早提出创建历史流域学的构想，其论文《关于创建"历史流域学"的构想》一文，连续刊载于2009年11月19日、21日、25日的《光明日报》上，《新华文摘》2010年第4期全文转载。此构想一经提出，即在学界引起广泛反响。2011年11月太原师范学院在五台山举办了首届历史流域学学术研讨会。

⑤ 安介生：《历史地理与山西地方史新探》，太原：山西人民出版社，2008年。书中汇集了作者自1996年博士毕业以来在各种刊物发表的论文与学术性文章，分为两大方向，一个是历史地理学与中国古代史，另一个是山西地方史。安介生：《历史民族地理（上、下）》，济南：山东教育出版社，2007年。安介生、邱仲麟主编：《边界、边地与边民——明清时期北方边塞地区部族分布与地理生态基础研究》，济南：齐鲁书社，2009年。

⑥ 安介生：《晋学研究之"三部论"》，《晋阳学刊》，2007年第5期，第23—27页。安介生：《晋学研究之"区位论"》，《晋阳学刊》，2010年第5期，第10—16页。文中对于山西地方的各个区域进行分述，讨论其区位研究价值，具有一定指导意义。

⑦ 张俊峰：《明清以来山西水力加工业的兴衰》，《中国农史》，2005年第4期，第116—124页。

⑧ 胡英泽：《水井碑刻里的近代山西乡村社会》，《山西大学学报（哲学社会科学版）》，2004年第27卷第2期，第40—45页。胡英泽：《水井与北方乡村社会——基于山西、陕西、河南省部分地区乡村水井的田野考察》，《近代史研究》，2006年第1期，第55—78页。

田野调查所得黄河滩地鱼鳞图册对“关中模式”提出再讨论①，尝试探索黄河滩地鱼鳞册研究的新思路，强调将地册放在区域生态环境内加以认识②。

（六）其他相关研究

有关灾害史的研究，起步较早，成绩斐然，主要以历史时期自然灾害的资料整理为研究特点，而作为其较薄弱的研究环节——灾害与社会的研究，目前也受到业界诸多学者的关注，成果丰硕③。各位学者从不同角度阐述灾害与社会的互动关系，如吕卓民教授考量灾害和农业生产关系的研究④、王建革教授从生态角度突出蝗灾与社会控制的个案研究⑤，等等。对于清代山西地区的自然灾害和社会关系进行研究的学者也颇多⑥，学者们

① 胡英泽：《流动的土地与固化的地权——清代至民国关中东部地册研究》，《近代史研究》，2008年第3期，第117—139页。其后秦晖教授又在《田园诗与狂想曲》2010年再版序言中对此有所回应，而胡英泽博士亦再发文阐明自己观点，详可参见胡英泽：《近代地权研究的资料、工具与方法——再论“关中模式”》，《近代史研究》，2011年第4期，第134—148页。

② 胡英泽：《营田庄黄河滩地鱼鳞册及相关地册浅析——一个生态史的视角》，《中国史研究》，2007年第1期。胡英泽：《清代山、陕黄河滩地鱼鳞册研究》，《中国经济史研究》，2010第4期，第37—49页。其中所用资料为作者在山、陕黄河小北干流搜集的40余种民间修造的黄河滩地鱼鳞图册，在此之前，国内外研究者利用较多的有直隶获鹿县康熙四十五年（1706年）至乾隆二十六年（1771年）的编审册，安徽休宁县保留下来从清顺治四年（1647年）至民国时期的鱼鳞图册，浙江兰溪清代鱼鳞册，中国社会科学院经济研究所收藏的安徽休宁县、江苏长洲等地的鱼鳞图册，清代至民国时期关中东部的地册等等，章有义、赵岗、秦晖等学者都对地册所反映的土地所有、土地买卖、租佃等地权问题予以研究。

③ 夏明方：《民国时期自然灾害与乡村社会》，北京：中华书局，2000年；张崇旺：《明清时期自然灾害与江淮地区社会经济的互动研究》，厦门大学博士学位论文，2004年；卜风贤：《周秦汉晋时期农业灾害和农业减灾方略研究》，北京：中国社会科学出版社，2006年。2007年出版了两本有关自然灾害与社会应对的论文集，其一为曹树基主编，上海交通大学出版社出版的《田祖有神：明清以来的自然灾害及其社会应对机制》，另一部为李文海、夏明方主编，生活·读书·新知三联书店出版的《天有凶年：清代灾荒与中国社会》，两书均收录诸多学者所著多篇相关论文。2008年主要有两本以灾害和社会应对为主题的著作问世，其一为陈业新：《明至民国时期皖北地区灾害环境与社会应对研究》，由上海人民出版社出版；其二为段伟：《禳灾与减灾：秦汉社会自然灾害应对制度的形成》，由复旦大学出版社出版。

④ 吕卓民：《自然灾害与农业生产——以明代西北地区为例》，《西北大学学报：自然科学版》，2008年第38卷第2期，第323—328页。

⑤ 王建革：《传统社会末期华北的生态与社会》，北京：生活·读书·新知三联书店，2009年。

⑥ 如郝平对于山西“丁戊奇荒”的研究，郝平：《山西“丁戊奇荒”述略》，《山西大学学报：哲学社会科学版》，1999年第1期；郝平：《山西“丁戊奇荒”的人口亡失情况》，《山西大学学报：哲学社会科学版》，2001年第24卷6期，第10—13页；郝平：《山西“丁戊奇荒”并发灾害述略》，《晋阳学刊》，2003年第1期，等等。张正明、张梅梅：《明清时期山西的旱涝等灾害》，《晋阳学刊》，2003年第1期。前揭2007年出版的《天有凶年：清代灾荒与中国社会》论文集中，收录行龙所著《明清以来晋水流域的环境与灾害》及郝平著《近代太原县的灾害与基层社会——以《退想斋日记》为中心》两篇论文，注重对局部区域内灾害与社会的探讨。郝平：《丁戊奇荒：光绪初年山西灾荒与救济研究》，北京：北京大学出版社，2012年。

从不同角度探讨了灾害与社会之间的关系，涉及灾害史、荒政、生态史等多个方面，尤其对于某种自然灾害的探讨较为详细，对于政府控制方面用力较勤。但从研究区域来说，有关山西北部地区的研究稍嫌薄弱，关于灾害及其影响诸问题尚有讨论空间。

环境史研究也是以阐明人类社会与环境关系为主旨。1995 年出版的《积渐所至：中国环境史论文集》①，收录论文 24 篇，涵盖范围相当广泛。其中《云南省村民的环境史观点》一文充分展示了作者利用田野调查法搜集资料进行深入研究的过程，文中对于常规历史资料优缺点的评析和实际调查中所采用的方法、口述史资料和文献资料的互证等，都引起了笔者认真的思考。《清代中国边疆地区的人口与生态》一文中关于北部边疆政策的生态影响、农地赋税政策的环境影响等方面的论述对本书也多有启发。2005 年 8 月南开大学召开"中国历史上的环境与社会"国际研讨会，会后部分论文集结出版为《中国历史上的环境与社会》②一书。与会同名国际学术会议论文集《明清以来云贵高原的环境与社会》③反映了近年来从事西南研究的中外学者的研究成果。以环境史命名的《荒漠 水系 三角洲——中国环境史的区域研究》④一书，展现了作者关于中国区域环境史问题的探讨，选取三个不同的区域，进行了各有侧重的论述，书中余论部分更是探讨了历史地理学与中国环境史研究的关系。

通过以上相关学术史回顾，可以发现山西地区历史时期土地利用研究还有提升空间。二十世纪三十年代地政学院的土地调查，在三百多份调查报告和研究报告中，关于山西地区的仅有三份。在经济史研究中，诸方家仅对山西的耕地数字、租佃关系、亩产量等做出概述，并没有过多的笔墨。在 LUCC、GLP 等研究框架下，关于历史时期土地利用的探讨，目前主要集中于人类活动影响显著的区域等，虽然对生态脆弱区加以关注，但并没有过多触及晋北地区。这或许与资料的支持度相关。何炳棣先生在对中国古今土地数字考释之时，就曾对山西的资料表示失望，虽然知道山西土地登记应和华北、直隶地区大致相仿，但就是苦于没有资料支撑。这实际上显示出这一地区还有讨论空间、可以深入研究的同时，又向笔者提出了巨

---

① 刘翠溶、伊懋可主编：《积渐所至：中国环境史论文集（上、下）》，台北：中央研究院经济研究所，1995 年、2000 年。

② 王利华主编：《中国历史上的环境与社会》，北京：生活·读书·新知三联书店，2007 年。

③ 杨伟兵主编：《明清以来云贵高原的环境与社会》，上海：东方出版中心，2010 年。

④ 韩昭庆：《荒漠 水系 三角洲——中国环境史的区域研究》，上海：上海科学技术文献出版社，2010 年。

大的研究挑战。

三、研究思路与篇章结构

本研究主要是在LUCC研究框架下,对历史时期农牧交错地区农地利用过程、变化、生态环境变迁及驱动力运行机制的考察。LUCC研究是全球变化研究的前沿和重点,全球变化研究的难点在于区分全球环境变化中的自然因素和人类活动的作用。而对于历史时期、百年尺度土地利用问题的讨论就更具挑战性,具有一定的研究困难,目前虽取得一定的研究成果,但总体来讲还有多项研究内容有待加强,主要包括LUCC模型还需改进;与社会科学等多学科的合作还需加强;驱动力模型建立及因素还需要多方面考虑;对驱动力的分析建立在宏观定性的基础上,这个需要再考虑;对历史时期长时段的研究还需加强;区域样带的选择还需要多样性等六个方面。针对这些问题,就需要拓展驱动力因素分析思路,也更需要加强对历史时期土地利用问题的关注,以及对生态环境脆弱区的考察。

目前历史时期土地利用研究中也存在一些亟待解决的问题:"册载土地纳税单位到面积单位的科学转换;数据统计范围的科学重建;历史时期土地利用分类目标和系统;驱动力分析中的人文变化综合因素。"①在册载土地纳税单位到面积单位的科学转换方面,学界已有一定的探索,但由于田赋征收的复杂性和土地纳税单位的区域差异性,目前并没有建立一套完整的、各区域普遍适用的转换体系,这就需要在各区域研究中有所突破。

对于驱动力分析方面,国内研究以对社会经济快速发展地区、生态环境脆弱区、人类活动影响显著的地区、热点地区等区域土地利用变化与驱动力的探讨展开工作,方法主要是通过建立大量的统计模型来分析并预测。实际上这种研究方式和方法也存在一些质疑,例如讨论驱动力,多是首先承认驱动而进行的程度讨论,相对缺乏一定的定性分析,再者,模型的建立方法多样,统计手段本身的误差和统计方法的误差都会给结果带来影响,等等。

而对于长时段历史时期土地利用变化驱动力的分析,由于资料的限制,研究方法多以定性分析为主。随着研究的深入发展,越来越多的人文驱动因素被提出考虑。垦殖、赋税政策等驱动因素的考虑丰富了土地利用变化驱动力的探讨,但这种讨论模式也被一些研究者提出质疑,其原因很

① 杨伟兵:《云贵高原的土地利用与生态变迁(1659—1912)》,上海:上海人民出版社,2008年,第18页。

大程度上在于目前这种驱动力因素分析讨论模式本身的不完善性。因为我们目前较多关注的是何种驱动因素会对土地利用起作用,而较少分析若干驱动因素是如何运行、相互作用,从而对土地利用产生驱动力的机制问题。所以目前至少有两点需要注意,一是土地利用变化的驱动因素讨论还不完善,需要继续拓展,其二,提出了土地利用变化驱动机制研究的必要性和迫切性。总之,我们对区域土地利用变化的驱动因素需要广泛拓展,认真分析,努力探求若干驱动因素之间的相互关系及驱动力形成机制,这样才能正确解释土地利用变化的驱动问题,才能正确揭示人地关系。

除此之外,目前研究中尚存在其他一些不足,如在区域研究方面,晋北甚至山西地区的土地利用研究、历史农业地理研究等方面都较为薄弱,虽有一定的研究成果,但对于土地利用方式、过程、区域差异等讨论并不细致,对驱动机制的讨论也不深入;山西地区灾害史的研究成果较为丰硕,但对于将灾害视为自然环境组成部分,从而作为土地利用驱动因素之一进行考察的研究较少,在对于灾害的社会应对研究方面,对于各种灾害的社会应对研究还有提升空间。

为此,若要深入讨论,就必须拓展研究思路和研究视野,本研究将在以下五个方面重点着力:

在研究视角上,相较于以往较多关注土地的自然属性的土地利用研究,本研究强调土地的自然和社会双重属性,尝试从土地属性这一根本问题入手,多角度考察围绕土地展开的各种人类活动以及由此形成的人与人、人与地等多方面的关系,希望能够更好地在历史解释的基础上讨论土地利用/覆盖变化、环境变迁及土地利用驱动力问题。在此视角之上,必然会比以往研究较多地关注土地所有权、土地租佃、土地登记制度等社会经济问题,将经济因素引入土地利用驱动因素分析,拓展研究内容,从而能够更深入研究历史时期土地利用问题。

在研究主题上,由于前期研究对清代晋北地区的生态环境变迁问题关注较多,本研究即不再单独讨论区域生态环境变迁问题,而是重点分析与清代晋北地区土地利用变化相关的环境问题,以及环境变迁的社会响应问题,同时关注重点放在探讨历史时期土地利用变化的驱动机制上,力求对清代晋北地区的土地利用变化过程细致复原,对土地利用变化的诸驱动因素之间的运行机制问题研究透彻,从而深刻揭示区域人地关系。

在研究内容上,一是将区域土地关系问题纳入考察范围,对于清代晋北地区出现的卫所行政化、土地所有权变动、土地租佃的区域差异等问题深入探讨,将原有相关研究推向深入,其中对于地区永佃制的讨论提出若干看法。二是通过对明清晋北地区土地登记制度与田赋税额的考察,以及对区域县级土地数据重建的可行性分析,本研究对清代晋北地区耕地数字进行修订,对原有土地利用研究有所增益及创新。三是将以往区域主要农作物种植分布的研究推向深入,更细致复原了清代晋北地区的农地利用变化过程,包括农作物的分布和区域差异的讨论。其中对马铃薯引种山西具体时间提出新观点,对马铃薯在山西的分布与传入路线,清至民国时期山西马铃薯品种的改良与普及等问题的研究推向深入。四是对环境变化的生态响应问题进行详细考察,其中对于环境与农业技术选择问题的讨论,既是对以往山西历史农业地理研究内容的扩充,也是对 LUCC 框架下土地利用变化驱动因素的拓展,加深对土地利用变化驱动机制问题的认识。五是在土地利用驱动因素的讨论中,除了要扩充驱动因素,同时还强调各驱动因素之间的关系如何,具体以何种方式运行,如何对区域土地利用产生作用等机制问题的探讨,将原有土地利用驱动力问题研究推向深入。

在研究方法上,力图运用或借鉴历史学、地理学、农学、生态学、历史人类学等多学科方法。在基础史料的搜集整理方面,综合运用历史学的归纳、比较、综合、分析等方法,重在辨析和解释。在历史时期土地数据的修订及检验方面,借鉴地理学的调查、数理统计等研究方法及地理信息系统(GIS),得出清代晋北地区土地利用变化结果。利用农学、生态学的相关理论及方法深入讨论清代晋北地区农作物种植及农业技术选择等问题。同时借鉴历史人类学的田野调查法对晋北地区开展实地田野调查工作。

在史料运用上,更加重视各类清丈地册、政书、地方志中关于土地数据的记载;更加注重发掘档案、调查资料中关于土地买卖契约等社会经济问题资料的收录;更加重视对碑刻资料选辑、碑刻资料汇编等的利用。

所以,本书的研究思路是要先弄清楚研究区域的土地属性问题,也就是当时当地的自然环境状况和社会经济中的土地关系问题,要对土地登记等相关制度机制进行考察和深入分析,在此工作的基础上,才能够展开对清代晋北地区土地利用过程、变化的讨论;然后再对土地利用状况进行具体分析,主要讨论农作物的种植与分布,体现农地利用的具体状态;除此之外,还要对土地利用方式的区域差异进行讨论,这部分研究笔者选择从生计多样性角度入手;最后,进入环境变化生态响应与土地利用驱动机制的研究探讨,主要讨论自然环境的常态制约作用,自然灾害的影响与社会应对,区域环境变化下的民众营生方式的选择,区域生态环境与农业技术选择等方面来讨论环境与社会的相互关系,以此作为自然驱动因素与环境变化社会响应方面的研究内容;又主要从土地垦殖政策、卫所制度的变革、田赋制度、人口因素、技术因素、战争因素、民族和宗教、民俗因素等方面对人为驱动因素进行探讨；最后从土地利用变化各主要驱动因素的层级划分入手，分析各驱动因素之间的主要关系，进而深入讨论驱动力系统的运行方式问题，整体讨论清代晋北地区土地利用变化的驱动机制。总而言之，本研究以土地利用为视角，讨论清代晋北地区围绕土地所产生的人与地、环境与社会之间的关系问题。

本书写作包括绪论和上、中、下三篇主体内容，以及最后结论部分。绪论部分主要介绍本书进行历史时期土地利用研究的初衷、具体研究内容、研究主旨以及相关概念界定，并对历史时期土地数字修订、土地利用变化驱动力分析及山西地方史等方面的研究现状进行整理和分析，阐明本研究预期解决的一些问题。本书上篇部分主要讨论清代晋北地区的生态环境与社会经济问题，包括两章内容，中篇部分主要讨论清代晋北地区土地利用状况及变化问题，包括四章内容，下篇部分主要讨论土地利用驱动机制与环境变化社会响应问题，包括三章内容。结论部分对全书研究结果进行总结。具体篇章结构如下：

第一章论述区域自然环境特征及开发基础问题。对清代晋北地区的自然环境从常态和自然灾害的角度进行综合分析。对于区域土地的自然属性从地形地貌、气候、水环境、土壤与植被等要素进行宏观把握并指出区域特征，对与农业生产密切相关的旱灾作重点分析，并与现有研究成果比对，得出可靠结论。同时注重清以前社会经济发展状况的回顾，并对清时期的社会经济特征概括总结。

第二章讨论清代晋北地区的土地关系问题。为了加深对区域土地利用社会背景的了解以及拓展土地利用变化驱动因子的需要，本章重点关注土地权属、土地租佃等与农业生产密切相关的土地关系问题，着重弄清楚土地的归属、土地经营方式等问题。深入分析土地所有权与使用权的变化、租佃关系区域差异等方面的问题，进而分析它们与土地利用变化及农业生产之间的关系。

以上章节（第一章至第二章）构成本书上篇部分，重点论述清代晋北地区的生态环境特征与社会经济特征。

第三章讨论明清时期晋北地区土地登记制度演变与田赋税额的确定问题。明代的土地清丈与具体登记制度的确定对于清代的田赋征收具有重要意义，因为清初的赋税原额大多来源于明朝万历年间的土地清丈，并且土地登记制度具有延续性。通过明清土地登记制度演变的分析，最后掌握清代土地登记制度特征，从而能够对册载田赋数字做出评价，并确定进行土地利用变化研究的方式与方法。

第四章展开对清代晋北地区土地利用过程、变化的讨论。这一部分的研究主要包括两个方面，其一是通过对册载田赋数据的分析，复原清代耕地的数量及时空分布，包括对垦殖率和人均耕地的讨论。其二是尝试县级土地数据重建与时空分异研究，并通过考察垦殖率和人均耕地进行验证。首先要明确进行土地数据修订的原因，并进行土地数据修订的可行性分析，在切实可行的基础上进行适当土地数据重建。通过这一部分的研究，掌握清代晋北地区土地利用过程及变化的时空特征。

第五章考察清代晋北地区农作物种植状况及耕作制度。本章主要复原清代晋北地区作物种植的时空分布，讨论农业的常态选择，作物种植结构的调整以及耕作制度特征。其中有关马铃薯部分的讨论反映了明清时期美洲作物的传入对于晋北地区作物种植结构、土地利用的影响。清后期晋北地区作物种植结构调整主要表现在罂粟的种植方面。这部分内容的研究主要体现农业土地利用状态。

第六章全面考察清代晋北地区土地利用的主要方式及类型的空间布局。从生计多样性入手，考察晋北地区各区域土地利用状况，其间涉及农、林、牧、矿等土地利用类型，注重各类型区域差异的分析。对土地利用情况的全面把握，有助于深化对农地利用的理解以及各土地利用方式之间相互关系的认知。

以上章节（第三章至第六章）构成本书中篇部分，主要讨论清代晋北地区土地利用的状况及变化情况。

第七章开始进入土地利用变化驱动机制的讨论，本章主要对自然驱动因素进行考察，同时关注环境变化下的社会响应。自然驱动因素包括自然环境的常态条件和灾变环境，讨论自然环境常态下的制约作用与各类主要自然灾害发生后的社会应对活动，以及区域生态环境下的农业技术选择问题。

第八章着重对若干主要人为驱动因素进行分析，分别对清代土地垦殖政策、行政区划变动、田赋制度、人口、技术、战争和社会动乱、民族、宗教、风俗等驱动因素逐项考察，包括对各项驱动因素主要内容、形成演变、具体变化过程的讨论，分析其与土地利用变化的关系，并且强调各项驱动因素都不是孤立地单独作用，而是在与其他驱动因素相互作用下，参与驱动力的形成过程。

第九章主要讨论土地利用变化的驱动机制问题。对驱动力系统内各驱动因素进行分级，将其分为自然环境、政治制度、人口和战乱、技术、民族、宗教和风俗习惯等五个层级。各层级之间、各驱动因素之间主要表现为制约机制、激励机制和反馈机制。各驱动因素之间以非线性相互作用的方式构成系统整体,各项驱动因素在竞争与协同的相互作用过程中,主从驱动力会发生改变和转换。不断作用过程中,形成驱动力合力,作用于区域土地利用。

以上章节(第七章至第九章),意在从自然驱动因素和人为驱动因素两方面深入探讨清代晋北地区土地利用驱动因素之间的相互作用,进而深入研究清代晋北地区土地利用变化的驱动机制问题。历史时期土地利用变化的驱动因素是复杂多样的,各驱动因素在既相互区别、相互分离,又相互协调、相互转化的过程中形成复杂的驱动机制。

最后是结论部分,整体总结全书所得结论,主要包括两方面内容,一是清代晋北地区土地利用状况及变化,二是清代晋北地区土地利用变化的驱动机制问题。

上篇

清代晋北地区的生态环境与社会经济

第一章　区域自然环境与开发基础

土地利用与土地本身固有的内在属性密切相关,这些自然属性是由构成土地的诸要素,如岩性、坡度、海拔、土壤质地、地表形态、有效土层厚度、盐渍化程度、水文状况、植被等长期相互作用、相互制约而赋予土地的特性。自然灾害将作为生态环境的一部分进行讨论,关注自然灾害对土地利用的影响。进行区域土地利用研究,首先要弄清楚区域土地的自然属性,宏观把握区域自然环境特征,尤其要弄清楚当时当地农业生产的自然条件。

同时,社会、经济、文化、民族、宗教等种种人文因素又使得土地利用问题变得极为复杂,所以在明确区域自然环境特征的同时,需要认真关注区域社会、经济等人文环境特征,并了解这种特征形成的历史背景。

第一节　自然地域分异与生态环境变化

一、地形与地貌

晋北地区位于黄土高原的重要组成部分——山西高原的北部,处于东经110°33′~114°33′,北纬37°51′~40°44′之间,东倚太行山与河北省毗连,南至山西太原、阳曲等地,与晋中、晋南相别,西隔黄河与陕西相望,北界长城与内蒙古接壤,"东以五台山系与直隶毗邻,西隔黄河与鄂尔多斯及陕西相望,北越长城与蒙古草原地带相连"①。境内地形地貌复杂,以山地、丘陵为主,间有断陷盆地展布。这种地形地貌极为显著地制约着本区的土地利用和农业生产,境内农业生产区主要分布在大同盆地、忻定盆地、天镇—阳高盆地、广灵—灵丘、五台盆地等处。

东部山地及高原区,主要以太行山脉为主脊,由北到南,依次分布有采凉山、六棱山、恒山、五台山、系舟山等大小山脉,大多数呈北东—西南向平行排列。山山之间,除了大同、忻定两大断陷盆地外,还构成多个小型盆地渐次分布,如广灵、灵丘、五台等盆地。太行山脉为山西与河北、河南间天然分界,西

① 东亚同文会编纂:《中国分省全志》第17卷《山西省》《第一编 山西省总论》,大正九年(1920年),见于《山西旧志二种》附录中翻译版本。

侧较为平缓,被高原上的山体所肢解,受河流切割,多见横谷。恒山山脉,位于桑干河以南,滹沱河上游谷地与灵丘盆地之间,向东伸入河北省境,为大同盆地与忻定盆地的分界。北岳恒山在浑源县境。恒山北坡陡峭,内长城依山而筑,雄伟壮观。雁门关、广武口和阳方口等或为山口,或河口,形势险要,为历代兵家必争之地与交通要冲。五台山脉的范围,北接滹沱河上游谷地,西以忻定盆地为界,西南与系舟山相接,其东与太行山合为一体。其北坡以断层与滹沱河谷地相接,界线平坦,山高坡陡,山脊线偏于北侧,河流短促,水流湍急。从主峰向西或向南均缓斜降落至2000米以下。系舟山脉,位于忻定盆地南侧,呈北东方向延伸,东北与五台山相接,东与太行山连为一体。

北部山地,统属阴山山脉余支,近东西走向延伸,山顶海拔2000米左右,主要山峰有云门山(1958米)、采凉山(2144米)等。外长城依山而筑,形势险要,得胜口、杀虎口等均为长城要塞,交通要冲。大同盆地东部、五台山脉的南部、西部和东部省界附近等地分布变质岩低山,由太古界变质岩组成,山脊较尖棱,植被不很发育,多灌丛草类或灌木状乔木林。阳高、天镇盆地的南部,主要分布有玄武岩低山。

大同盆地,位于雁门关以北,又称雁北盆地,属桑干河流域。盆地海拔900~1100米,长约220公里,最宽处约40公里,面积5000余平方公里。古人对于盆地地貌也多有认知,如应州,"州之东西,原野夷旷,有茹越以壮其南,桑干以带其北"①,清代大同府长城以内的地区及朔平府朔州的平原部分都在大同盆地内。该盆地又可分为天镇—阳高盆地、大同盆地及浑河谷地三个部分,以桑干河流经的大同盆地为主。西部为口泉—朔县大断层,东部为桑干河大断层。桑干河两侧为冲积平原,盆地边缘为洪积倾斜平原,是山西秋粮春麦的重要产区。洪积扇前缘及扇间洼地有地下水溢出带,形成沼泽,山阴、怀仁、应县间地势低洼,排水不良,土壤盐渍化,有较大面积的盐碱荒地,这也极大影响了区域农业生产,"腴饶难种麦麻,斥卤皆成盐碱,上地仅收十之五六,下地只获十之二三"②。大同盆地黄花梁及大同县阁老山火山群东南部分布由玄武岩喷溢而形成的台地,上覆黄沙土,面积300平方公里。阳高盆地与大同盆地之间为低山丘陵相隔,大同县、阳高及山阴、应县、怀仁之间,有许多火山锥及熔岩岗地分布。其中阳高县境内南、北、西部石山环绕,中部丘陵起伏,大小山头六百余座,土石山区和黄土丘陵区占到全县总面积的60%左右,并且这些地区绝大部分是不长柴

① 田蕙纂辑,王有容校刊:《应州志・序》(万历二十七年),1984年应县县志办公室标点铅印本。
② 乾隆《应州续志》卷3《田赋志》,乾隆三十四年刻本。

蒿草的童山秃岭，水土流失严重①。

忻定盆地，包括滹沱河上游谷地，东北起于繁峙大营一带，南至系舟山前，东、西侧的界线颇不规则，以忻州、定襄一带最为开阔。滹沱河上游谷地海拔 1000～1200 米，地面坡度较陡，至定襄降至 800 米左右，地形较平坦，包括繁峙、代县、原平、忻州及定襄的平原地区。这种陡峭的地形及比较大的落差使得滹沱河上游地区的繁峙县等地无法有效利用滹沱河水，水利落后，滹沱河“自上而下，水势陡泻，遇山水暴涨，一涌辄涸，濒河民田不能设立渠道”②。盆地内地势平坦，中部低洼地区有盐碱地分布。

西部山地区主要为雁北的洪涛山、黑驼山以及左右的低、中山缓坡丘陵，以及吕梁山脉北段的管涔山、云中山、芦芽山和中段的关帝山，由芦芽山、云中山、关帝山围绕而成静乐丘陵盆地。主要高原有晋西黄土高原和晋西北高原。晋西黄土高原，北起偏关，南至乡宁，东起吕梁山西坡，西抵黄河。境内除少数孤立的石质山地外，大都是黄土覆盖的丘陵沟壑，地面异常破碎，是水土流失严重的地区之一，如保德附近，“环保德之境，皆土山联属，屈曲凹凸，绝少平直。自京师而西，车行至沙泉驿，易骑以进，逾山越岭，颠蹶可虞，山沟壑豁，深者数丈，横截道途，迂回始达，故土人有十岭九沟之语”③。1955 年 9 月竺可桢先生等对山西西部和北部地区的水土保持工作视察后，就将晋西北这一地区结合自然条件、人为因素及其与土壤侵蚀的关系等分为了多种类型，石质山岭区分三个类型，黄土丘陵沟壑区分四个类型，黄河丘陵峡谷区分三个类型，并且根据各区不同类型和特点，分别提出水土保持措施原则和农林牧发展方向④。清代这里农业生产不仅受到地面破碎的影响，由于地近黄河，滩地生产在河水的涨退下也变得极不稳定。晋西北高原，分布于晋西北左云、右玉、平鲁等县，地面呈波状起伏，上覆薄层黄土，以缓坡丘陵为主，这里的农业生产，主要受高原寒冷气候影响，无霜期短，农业垦殖困难，“地多荒碛浮砂，种迟霜早，天时地利两无所恃”⑤。

洪涛山脉位于大同盆地西侧，山体东坡陡峻，西坡为黄土覆盖，逐渐过渡为缓坡丘陵。芦芽山脉分布在宁武、五寨、岢岚诸县交界地段。静乐盆

---

① 谢尚：《山西阳高县二年来组织领导群众开展水土保持工作的经验》，《人民黄河》，1958 年第 4 期，第 19—22 页。

② 雍正《山西通志》卷 33《水利》，雍正十二年刻本。

③ 陆耀：《切问斋集》卷 8《保德风土记》，乾隆五十七年刻本，收于四库未收书辑刊编纂委员会编：《四库未收书辑刊》10 辑 19 册，北京：北京出版社，1997 年。

④ 竺可桢：《晋西北地区水土保持工作视察报告》，《科学通报》，1955 年第 12 期，第 4—8 页。

⑤ 雍正《朔平府志》卷 7《赋役》，雍正十一年刻本。

地为汾河上游一个较大的构造堆积盆地,分布较厚的黄土和红色黏土,地面切割破碎,沟壑发育,为峁状、梁状丘陵展布。神池、五寨一带,气候干燥,地表径流不大,河流溯源侵蚀未能深入,地面保持黄土堆积前的基本轮廓,表现出宽谷缓丘的形态,地貌分区上为神池、五寨黄土宽谷缓丘区。内长城及芦芽山西麓地段,为梁状丘陵。这里是高寒山区,主要为产林区,农业生产受限,大多为山区农业,“地界万山中,甚跷瘠,耕稼而外别无生理,举火尤艰”①,“山谷荒寒,石田硗确”②。兴县附近主要分布黄土梁状丘陵,耕作条件尚好,土壤水分条件和肥力不如塬地,为农业低产地区。偏关至临县紫金山以北的近黄河地段,地面土质以沙黄土为主,结构松散,为偏关、临县峁状黄土丘陵区。在吕梁山西侧石质山地与黄土丘陵交接部位、偏关河上游、岢岚北部和五寨县西部等地山地均为覆有黄土的基岩低山,下伏基岩多为灰岩或砂页岩,上覆薄层黄土,与基岩间杂分布,黄土覆盖面积比黄土灰岩丘陵要小,沟谷比较发育,相对高度大于300米,地表切割较为破碎。③

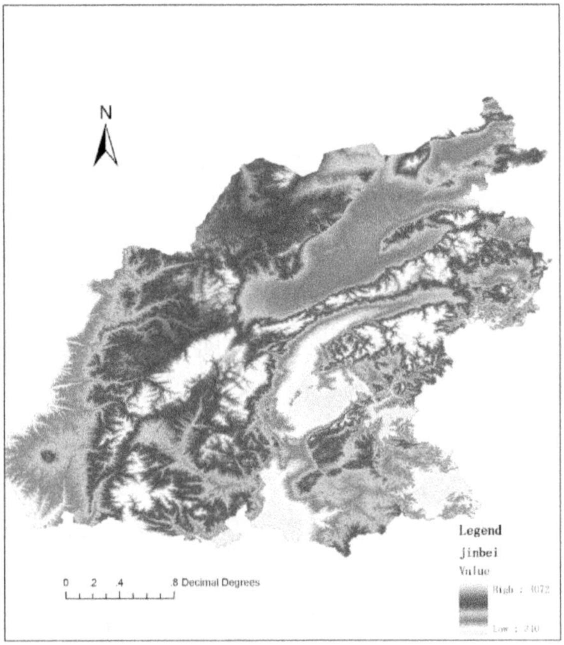

图1-1　研究区域数字高程模型(DEM)

---

① 光绪《岢岚州志》卷10《风土志》,光绪十年刻本。

② 光绪《岢岚州志》卷5《赋役》,光绪十年刻本。

③ 以上有关现代地理描述参山西省史志研究院编:《山西通志·地理志》第二编《自然地理》,中华书局,1999年。山西省水利厅水旱灾害编委会:《山西水旱灾害》第二章《水旱灾害的成因背景》第一节《自然地理》,黄河水利出版社,1996年。郭裕怀、刘贯文主编:《山西农书》第三章《山西地貌特征》,太原:山西经济出版社,1992年。

复杂多样的地形地貌直接影响晋北土地利用，除了上面不同小区域内对农业生产的影响，比较显著、普遍的影响就是造成了晋北土地类型的多样化。比如在晋西北的保德、兴县等地，土地被分为平、塔、梁三种，三种地中又各分为三等①，滹沱河沿岸的代州本州土地被分为水地、平地、坡地、次平地、沙地、碱地、滹沱河淤塌不常未定顷亩地、山沙地等。西北山区的宁武府宁武县则有上地、中地、下地、牛犋下地；沙薄下地、碱薄下地、盘梁山坡下下地等②，这种分类既直接源于地貌类型，同时又依据这种地貌类型下土地生产力的高低。

二、气候

气候是长时间内气象要素和天气现象的平均或统计状态，多以冷、暖、干、湿等特征来衡量。竺可桢先生对我国近五千年气候进行划分，明清时期气候变冷，处于寒冷期，平均温度要比现在低2℃左右③。随后许多学者对我国历史时期气候变化不断进行补充和修改，但总的趋势并没有太大变化。清朝处于小冰期气候期，具体又可分为清前期的短暂气候寒冷期、清中前期的气候相对温暖期和清中后期的漫长气候寒冷期三个阶段④。

温度和降水是气候变化的主要方面。就目前研究结果看，本区历史时期气候变化的研究主要集中在吕梁山区、大同地区，一些有关北方、华北地区的气候变化研究对本区域来讲可以作为参考。如王绍武先生对1380年以来我国华北气温序列进行重建，结果表明1550s—1690s、1800s—1860s为两个寒冷期，10年平均气温在冬季最低达-1.8℃，其他各季节在-1.1～-1.4℃之间⑤。吕梁山北部芦芽山区，1676—1865年夏季温度变化主要表现为“冷强暖弱”，其中1710—1720年为最冷时段⑥；宁武山区在1693—1710年，1720—1764年，1825—1841年，1873—1882年降水量较少，1711—1720年，1765—1824年，1842—1872年，1883—1886年降水量较

① 《杨家坡村历年卖地统计》，山西省档案馆，A88—3—29。

② 光绪《山西通志》卷62—63《田赋》，光绪十八年刻本。

③ 竺可桢：《中国近五千年来气候变迁的初步研究》，见《考古学报》，1972年第1期，第15—38页、《中国科学A辑》，1973年第2期，第168—189页。

④ 葛全胜等著：《中国历朝气候变化》，北京：科学出版社，2010年，第588页。

⑤ 王绍武：《公元1380年以来我国华北气温序列的重建》，《中国科学B辑》，1990年第5期，第553—560页。

⑥ 易亮、刘禹、宋惠明等：《山西芦芽山地区树木年轮记录的1676 AD以来5—7月温度变化》，《冰川冻土》，2006年第28卷第3期，第330—336页。

多[1]。下文利用清代晋北地区的干旱资料对这一时期该地区的干旱灾害进行统计分析，并结合旱涝五级分类法进一步细化旱灾发生等级，以期增加量化的精度，希望能更准确地把握清代晋北地区的干湿变化。

影响气候的主要因素是光照、热量、水分、风等气候条件的时空分布差异。晋北地区地处东亚季风区，季风环流对气候影响很大，同时地形地貌类型多种多样，对气候的影响也很大。境内山地多属中山，降水量随高度增加而增多，其中以五台山最高，也是降水量最多的地方。山地的降水量普遍比盆地多，而且高差越大，降水量增加越多。山地两侧高度大致相同的地方，降水量有明显的差别，迎风(夏季风)面的降水量比背风面的降水量大，而且降水量的差值与山体的高度有关，五台山比中条山高，两侧的差值也较大。

在山西省内而言，晋北气温比晋南低，气温年较差大。降水山区多于盆地，且随海拔高度增高而加多，迎风面多于背风面。太岳山和中条山、往北系舟山和五台山的降水量增多，山地上部可达 700 毫米以上，海拔 2895.8 米的五台山站年降水量 913.3 毫米，为全省之冠。太岳山以西、五台山以西以北降水量减少，忻州盆地为 400 毫米左右，大同盆地多不足 400 毫米，定襄年降水量 372.7 毫米，是降水量最少的区域。西部吕梁山地的降水量增多，南部达 600 毫米，中部和北部多在 500—550 毫米之间，关帝山、芦芽山上部也可达 700 毫米。晋西黄土高原的降水量较吕梁山地少，从南部的 550 毫米往北减少到 450 毫米左右。晋北降水量的年际变化相当大，降水变率以朔县、宁武、原平(崞县)和兴县最大。[2] 民国时期，“……大同夏季平均气温八十五摄氏度，只是冬季气候比太原稍为寒冷。本省因空气干燥，降雨甚少。大同附近以四、五月为雨季，太原以六、七月为雨季。但雨季中也绝少连续降雨一周以上。夏季虽有时猛降骤雨，但时间很短，降雨量亦少。我们一行系七月十二日到达太原，其后用了一个半月的时间，于八月底抵达张家口。在此期间，仅在太原观测到连续两天降雨，在大同观测到连续两天降雨，从未有超过三天者。……降雪的情况是：西部地方降雪虽较东部稍多，但很少积雪至尺余。大同附近自十一月初旬至翌年

① 李强、刘禹、蔡秋芳等：《山西宁武地区 1686 年以来年降水重建》，《第四纪研究》，2006 年第 26 卷第 6 期，第 999—1006 页。

② 参山西省史志研究院编：《山西通志・地理志》第二编《自然地理》，中华书局，1999 年。郭裕怀、刘贯文主编：《山西农书》第三章《山西地貌特征》，太原：山西经济出版社，1992 年。

二月中旬,河水完全结冰,厚度可达三尺,车马可在河道冰上通行无阻”。①寥寥数语充分体现了晋北地区寒冷、干旱、无霜期短等气候特征。

气候变化对农业生产影响深远,主要体现在宜农土地、作物兴废与耕作制度、农作物产量等方面②。宜农土地主要反映了气候变化导致农牧交错带的北进和南退,比如在康熙末期至乾隆中叶的十八世纪,我国北方气候一度转暖,清代农业种植北界越过明长城向北推移③。气候对区域内作物种植影响也比较大,“晋北土质干燥,气候较寒,山田高耸,无川流灌溉,所凭借者雨泽耳,故晴雨稍有失时便成灾歉”④,“气寒而霜早,收获未尝过寒露”⑤,“右玉、平鲁西北临边,寒早暖迟,所种惟莜、荞麦、胡麻”⑥。依据气候条件不同,还可以将晋北划分为几大农业气候区:雁北气候区,主要包括阳高、天镇盆地和大同盆地以及其间的丘陵、低山,属中温带重半干旱气候类型,具有微冷、温凉两种气候;晋西北气候区,包括左云、右玉、平鲁、偏关、神池、五寨、岢岚等县及其邻近县的一部分,本区属中温带,具有轻半干旱和重半干旱两种气候类型;晋东北气候区,包括恒山、五台山、系舟山等山地及山间盆地,区内地形起伏,局地气候差异较大,气候的垂直变化大,且有迎风面与背风面的差别,故有“十里不同天”之说;晋西气候区,吕梁山以西,自河曲至乡宁沿黄河一带,以北属准暖温带,风沙大,土壤沙化严重。

三、水环境

水环境是自然环境的一个重要组成部分,指自然界各类水体在系统中所处的状况。水环境主要由地表水环境和地下水环境两部分组成。地表水环境包括河流、湖泊、水库、海洋、池塘、沼泽、冰川等,地下水环境包括泉水、浅层地下水、深层地下水等。本书所论水环境主要是指以水资源为中心的自然水环境,但由于对人类活动具有使用价值和经济价值的水均可称为水资源,并且与人类活动、土地利用密切相关,所以这里将结合清代水利建设的演变情况反映当时当地的水环境特征。

---

① 东亚同文会编纂:《中国分省全志》第 17 卷《山西省》《第一编 山西省总论》,大正九年(1920 年),见于《山西旧志二种》附录中翻译版本。

② 葛全胜等著:《中国历朝气候变化》,北京:科学出版社,2010 年,第 105 页。

③ 邹逸麟:《明清时期北部农牧过渡带的推移和气候寒暖变化》,《复旦学报(社会科学版)》,1995 年第 1 期,第 25—33 页。

④ 《偏关志》上卷《风土》,《中国地方志丛书·华北地方·第七八号》,据清道光间刊民国四年铅印本影印,成文出版社,1968 年。

⑤ 乾隆《直隶代州志》卷 1《舆地·风俗》,乾隆五十年刻本。

⑥ 雍正《朔平府志》卷 2《节气》,雍正十一年刻本。

总体上山西位于半湿润气候和半干旱气候的过渡地带，蒸发量较强，降水较少且不稳定，这些也都决定了生态环境系统的脆弱性。就河流水系而言，山西位于海河流域和入黄支流的上游，除北部地区有汇水面积不大的少数支流流入外，河流均呈辐射状自内向四周发散。受地理环境和气候条件制约，山西河流兼具山地型和夏雨型双重特征。

较中部、南部地区而言，山西北部地区水资源相对短缺，除了晋陕天然分界线黄河之外，区域内河流主要为属于黄河水系的汾河及属于海河水系的桑干河和滹沱河。“大抵霍山以南，患在田高而川下，蓄泄难施；忻、代而北，患在水劲而沙浮，涸溢无定。而收灌溉之益者，恒舍大川而争经流之清泉，及骤涨之浊潦，其为利概可观矣。”①这是对当地水环境的确切描述。晋北地区地势高亢，为汾河、桑干河、滹沱河等主要河流的发源地，尤其上游地区地表落差大，河流下切严重。河流主要靠大气降水补给，但下垫面、河流形状、集水面积等因素影响，径流变化也更为剧烈，差别明显。河流水源补给主要依赖降水，河流季节性较强。清代晋北水利活动主要是修渠筑堤，引河灌溉或引泉灌溉是当时山西农田水利最为普遍的工程形式。清代晋北地区的水利建设相对比较落后，但随着社会经济的发展，也有一个逐渐变化的过程。

滹沱河发源于繁峙县泰戏山，流经代县、原平、忻州、五台、定襄等县，主要支流有阳武河、云中河、牧马河和清水河等。忻定盆地内主要是倚靠滹沱河及其支流用水。滹沱河，“源出繁峙县泰戏山（即今小孤山），流甚细，涓涓如泻壶，色青黑，西南流数里合玉斗泉水（一名龙泉），又数里合三泉水，至砂涧东合北楼口水，至新兴村合华岩岭水。西入代州，水势渐巨，沈沙浴泥，沿代城南西环如带，三里许合三里河水，又十数里合羊头神河水，又数里合九龙河及西峨河水。遂至崞，绕城之东环抱城，来宣普济二河水，不数里合阳武河水。阳武性湍急，自西入滹沱，而滹沱水益巨，又浅深无定，如黄河以沙为岸，难筑堤防。涝则患崩塌，旱则滋灌溉，所经之地利害各半。又六十里合坂市河水，自虾蟆石东折而过忻口入定襄，横北东流，合云中河水。水性驯顺，土人引以溉田，水利大兴。自河边抵五台，合泉岩、东峪二河水。遂过盂县，经浮石口入原仇北境，合乌河水东流入北直隶正定府平山县”②。资料大致描述了整个滹沱河流域的水文特征。繁峙县源头之处涓涓细流，合诸水之后入代州水势渐巨，夹带泥沙，至崞县所合之

---

① 光绪《山西通志》卷66《水利略一》，光绪十八年刻本。

② 雍正《山西通志》卷33《水利》，雍正十二年刻本。

阳武河水，水性湍急，致滹沱水益巨，且深浅无定，难于筑堤防，由此利害参半，直至定襄，水性温顺致水利大兴。

滹沱河流域相对水利较为发达。忻、代二州多有赖于滹沱河及其支流进行灌溉。忻州共有渠52道，其中引牧马河水开渠36道，溉23村443顷地；引云中河水有渠13道，溉14村60顷地；引滹沱河水开渠3道，溉3村27顷地。定襄县引滹沱河水开渠21道，引牧马河水5渠，共26道渠，康熙时期记有引滹沱河水渠23道，引牧马河水开渠7道，引泉水渠5道，共35道，其中不少渠道为明代万历、天启时所开。代州有渠4道。五台县龙湾泉引渠3道，台山河引渠5道，卢虒河引渠4道，小营河支流引渠5道，共17道，康熙时期只记载河流浇灌，没有渠道记载。繁峙县是滹沱河所出之地，滹沱河"自上而下，水势陡泻，遇山水暴涨，一涌辄涸，濒河民田不能设立渠道"①。崞县主要引用阳武河水，康熙时计开渠11道，雍正时只记共溉19村田。

忻州清中后期主要倚赖牧马河水溉州田400余顷，此时渠道有60道左右，与乾隆之前的旧渠也多有不同，这主要是由于滹沱河、云中河迁徙的缘故，"今云中别徙，滹沱虽行故道，而亦冲决溃溢，不常归壑，惟牧马一水资溉犹昔"②。定襄县，引牧马河水8渠，引泉水6渠，其中同治三年新开上达渠一道，灌溉小霍村稻田，引滹沱河水20渠，共34道。代州共渠7道左右，引用滹沱河水、东峩河、中解河水，以及峪水泉水等，其中嘉庆时期知州孙树新开挖了羊头神水溉阳明堡各村田数千顷，还在城中开渠引泉水，灌田数百亩。五台县渠7道左右，主要引台山河水、小营河水以及龙湾泉、磨山泉等泉水灌溉，其中滹沱河水的摆动对于渠道的兴废、沿岸稻田的种植都多有影响，"沿河诸村皆淤田也，渠非一所，兴废无常"③。崞县13渠左右，主要引用滹沱河、阳武河水及泉水灌溉稻田。繁峙县渠4道左右，引用滹沱河水灌溉的问题也在于"河身迁徙不常，诸村渠道畸零，不能计其顷亩也"④。

发源于宁武管涔山的洑河与发源于左云县的源子河在今朔县马邑村汇合后称桑干河，流经朔县、山阴、应县、怀仁、大同至阳高县尉家小堡村进入河北，所经各县，南北为山区，中部为大同盆地。大同盆地内主要倚靠桑干河及其支流用水。桑干河北岸，怀仁县西北的鹅毛口水、西南的小峪口

---

① 雍正《山西通志》卷33《水利》，雍正十二年刻本。前后文中忻、代二州水利资料均来自于雍正《山西通志》。

②③④ 光绪《山西通志》卷69《水利》，光绪十八年刻本。

水以及源于左云县南入怀仁县东境之大峪口水等，纷纷注入桑干河，还有在怀仁县南部的宋家庄河、薛家庄河东南流入大峪河以达桑干，新庄子河经山阴境入桑干。天镇境内主要为五泉河、石门沟水入于桑干；阳高境之雁门水、大同境之敦水等也都为桑干河支流。除此之外，在天镇的张家河、八里河等都注于南洋河而在直隶境入桑干，广灵、灵丘境之壶流河、丰水、枕头河等也都在直隶境入桑干，沿河诸村多能引水灌溉。桑干河以南地区，主要有黄水河、浑源河等支流。

桑干河流域设有渠道可以溉田。雍正时期比较突出的争水事件来自大同、阳高、天镇这三个县域。天镇县、阳高县、大同县三县共同引用天镇县安定营龙泉沟水，各县依次开有安定营小渠、西坦坡渠和康石庄渠，大同县的康石庄渠，“引水成小渠，溉地四十八顷五十一亩有奇”①，阳高县西坦坡渠，经天镇县入县境，致使天镇、阳高两县居民经常争截渠水，大同县的康石庄渠也经常会与阳高、天镇产生用水争执，于是在雍正七年四月，三方才确定自上而下循次按时引溉的用水法。除此之外，大同县均为旱地，再无渠道，雍正以前在流入桑干河的玉河沿岸能有一些水利灌溉，“御河，在府城西北开山口与得胜河西源合流，经府东门外折而南，民资灌溉”②。阳高县在雍正前有十里河、马邑河可以灌溉，十里河附近居民可以取水运磨并兼资灌溉，马邑河在城西可以灌溉园圃。天镇县有七股泉、水泉、涌泉等可以灌溉园圃。山阴县无渠道记载，有源出新庄子村的新庄子河，“经由黄花岭南，山阴县诸村堡水田皆资灌溉，其利甚多”③。应州、浑源州、灵丘县、广灵县等地没有渠道，依靠附近河水、峪水或泉水以资灌溉以及生活之用。发源于塞外的河流也被沿河居民引为利用，如发源于察哈尔正红旗游牧地葫芦海的如浑水，流经大同县等地合五周川水入桑干河，也被称为玉河或御河。如浑水一支流得胜河，也源出察哈尔正红旗游牧地，经由宁远厅东流入丰镇厅，又东南经得胜口入如浑水，另一支流灵泉出丰镇厅，河水清冽。武周川发源于塞外菱角海，经杀虎口至左云县，又经大同县至合河口与如浑水合，“沿河各村居民开渠引水，资以灌溉”④。

清中期以后，桑干河流域大同县的水利建设有一定程度发展。除了雍正时期与天镇、阳高轮灌的康石庄渠外，道光时期玉河滩渠溉田 5 顷 50 亩，县西的武州川渠沿村多灌溉田亩，这个武州川即十里河，从左云县流

① 雍正《山西通志》卷 31《水利》，雍正十二年刻本。
②③ 康熙《山西通志》卷 12《水利》，康熙二十一年刻本。
④ 乾隆《大同府志》卷 4《山川》，乾隆四十七年刻本。

出，沿河各村均开渠引水，但具体渠道数不清楚。道光前后大同县还开了不少泉水以资利用，有口泉、于家园、大泉、立泉等十泉，其中大多用以运磨，如口泉峪以内专资运磨，峪以外平田千顷，泥河、清水泉、西平泉等专资运磨，磨房依泉而立，镇川泉、立泉、大泉可磨可灌，其余几泉灌溉地亩①。山阴县的情况没有太大变化，依靠县北的新庄河和县南的黄水河并资灌溉，明代刘以守疏浚的黄水河在乾隆年间也由知县叶丕葆开头道河疏导，乾隆三十三年知县常恺也曾经疏浚。应州倚赖嶂川水溉田，州南新旧渠十道左右，新渠都是乾隆年间知州吴炳所开，用以防止山水横流。浑源州内神溪水合嶂川水，以资灌溉，并没有特别渠道记载。阳高县稍稍有所发展，乾隆三十三年，知县疏通小石庄渠，此时共有引桑干河水 2 道渠，引五泉河水、雁门水、马邑水等 4 道渠。天镇县光绪时期引桑干河水 10 道，溉田都不及 10 顷；引五泉河水 4 渠；南阳河和陆沙河溉县东、西田；雁门河沿岸各村开小渠灌溉，溉田四五十亩到七八十亩不等，其余还有如涌泉、七股泉等泉资灌溉。

黄河从偏关老牛湾入境，流经今忻州、吕梁等地，吕梁西侧的偏关河、朱家川、岚漪河、蔚汾河等，多以锐角注入黄河。发源于宁武管涔山的汾河，在本区域主要流经宁武、静乐等地，流经静乐的碾河、流经岚县的岚河等注入汾河。晋西北的岢岚州、岚县、兴县“僻处深山，多系旱地，无设立渠道”②。静乐县位于汾河源头，水势太急，自古多水患而无水利。保德州位于黄河沿岸，两岸夹山，中间为滩地，夏秋多淹没。如西沟在西城下，旧时沟畔灌溉园圃，雍正时已冲没；石梯滩水在明代还能灌溉稻田，雍正时也已冲没；郭家滩水明代可溉田百亩，万历间被水冲决后知州胡楠查得滩地没有尽被冲没，于是重修堤堰引水灌溉。保德州多引黄河水或井泉水灌溉，明代农业生产兴盛，至明末黄河变迁尽被水淹，“自明季河变以后遂成巨漫焉”③，这里提到的河变，应该是指明万历二十六年六月发生的黄河泛滥，“连雨四日后，复雷电交作，通宵达旦，水涨至数十丈，冲没村庄三十四处，水落后仍帖岸流行，遂成荒砂”④。河曲县几乎都为坡地，虽然有黄河流经却无法灌溉，只有镇河口、葬沟、井峪沟、龙门沟等可以灌溉农田。

光绪时期，岢岚州主要利用岚漪河，穿渠引水以供民生用水。兴县仍以筑堤防止河患为主。静乐县的情况和清初差不多，以防止水患为主，并

① 道光《大同县志》卷 4《疆域》，道光十年刻本。
② 雍正《山西通志》卷 29《水利》，雍正十二年刻本。
③ 雍正《山西通志》卷 33《水利》，雍正十二年刻本。
④ 民国《保德州乡土志》第三章《水》，民国五年石印本。

无水利。位于黄河沿岸的保德州,主要是滩地种植,和清初的情况没有太大变化,文献记载大多强调和明代相比变化比较大,“五百年前,河沿地宽,得水灌溉,颇称肥美,民居甚众,农业兴盛,林木畅茂,景象可观”①,经历万历二十六年的河变之后,保德州沿河景象大不如前,这种情况持续到清末,“至今河身仍滚依州岸,不时淘刷,河沿日狭,只见峭壁层崖,络绎不绝,与黄流并行而已。其山既无陡水,固无害亦无利”②。保德州东部的郭家滩,沟中有水,能够灌溉田百亩。河曲县也一如清初,只是利用部分山沟水进行灌溉。

朔平府几乎没有水利设施可言,“右玉沙堉强半,诸河雨则暴涨,旱则涸竭,难以溉地;左云高山峻岭,沙堉强半,虽有数水,不能溉田;平鲁县地处丛山,民田惟藉雨露”③。朔州用水多靠井水,大部分井水苦咸,只有城内东南西北门内四口井水甘甜,居民多引用这四口井水。另有沙塄河流经贾家庄,雍正前居民引水溉田。左云县的头道河原在明代由副总兵赵岢修浚,县中的地亩多赖以灌溉。平鲁县海子窊有水磨,石花井则供附近的迎恩堡二墩村等数村村民饮水之用,在县南有些小泉,雨水多时开始流,遇旱则止。至光绪时期,朔平府的水利建设几乎没有什么变化,甚至从资料面上反映的情况看,还有倒退的迹象。朔州依旧是倚赖沙塄河灌溉,左云县的武州川可以灌溉附近田地。其余井泉资料均未提及,平鲁县也没有涉及。

宁武府大多田在山坡,几乎没有水利设施,“宁武诸属四面层峦峻岭,田在山坡,少渠道”④。宁武县“二马营、三马营田六七十顷,藉汾水之润”,偏关县很少水利,沟壑中若干山泉可以行水,但盈涸无常,有大泉沟、寺儿沟、海子沟、马圈嘴沟等泉水。五寨县田基本在山坡,有神武川发源于神武镇口山,流经城东,这里的一些水磨、灌溉园圃等倚赖于此。清中后期宁武府的情况与朔平府相仿,没有太大变化,宁武县的二马营、三马营二村田藉汾水行灌溉之利,对于恢河主要是筑堤防水害。五寨县此时倚赖源于芦芽山的清涟河灌溉园圃。其余井泉等皆未见记载。

晋北地区地下水方面,忻州、大同等盆地属于浅层地下水,距离地表较近,蒸发强烈,盐分易于聚集,导致本区部分土地盐碱化严重。清代当地民众对于这种现象也多有认识,“斥卤皆成盐碱”⑤,并在应州李家庄、寇家寨等处有盐河、碱河二道渠,正是当地民众挖盐碱成渠、水自然汇聚而名为

① 民国《保德州乡土志》第三章《水》,民国五年石印本。

② 民国《保德州乡土志》第三章《水》,民国五年石印本。

③④ 雍正《山西通志》卷32《水利》,雍正十二年刻本。

⑤ 乾隆《应州续志》卷3《田赋志》,乾隆三十四年刻本。

盐、碱河，最终汇入桑干河①。他们认识到部分地下水苦涩，不能用于生活用水及田地浇灌，只能找寻甘洌可资利用的地下水进行开发利用，这也包括对一些山峪泉水的利用。限于当地土质松软、水质苦涩以及凿井技术的落后，清代本区地下水利用并未得到充分发展。另外，本区地下热水也较为丰富，浑源、忻定盆地等地温泉相对集中，例如出浑源州汤头湾的温泉，"水似汤，沐浴愈疾"②。但是这种地热水只能供生活用水，不能用于饮用及农业灌溉。

整体来讲，晋北地区的水资源比较匮乏，并且由于年内降水分配不均、下垫面复杂多样等原因，清代晋北地区的水资源不仅无法得到有效利用，还时常引发水灾影响民众的生产生活。清初水利设施修建较少，大多就近引用泉水、河水或峪水、井水等，尤其清初晋北地区的水利设施大多为明代所修建，经过明末动乱以后，有些地区水利状况出现倒退，一些水利设施在清初还不能得以恢复。当然，也应该看到，从康熙到雍正的这段时间，晋北地区的水利建设还是有所发展，主要表现在滹沱河流域。清代中后期晋北地区的水利建设情况较之于清初，需要分区域把握。水利较为发达的桑干河、滹沱河流域，乾隆以后有逐渐发展的趋势，但没有太大的变化，表现在部分州县水利设施的修建。滹沱河流域受滹沱河摆动的影响较大，水利设施和农业生产多受此影响在部分州县表现为不稳定。而在晋西北汾河源头、黄河沿岸、晋北高原朔平府等地，终清一代水利建设都没有太大发展。

四、土壤与植被

土壤是指覆盖于地球陆地表面，具有肥力特征的，能够生长绿色植物的疏松物质层。土壤状况与土地利用、农业生产密切相关。对于晋北地区来讲，尽管我们知道这里历来就是农牧交错地带，但资料中专门关于清代土壤特征的记载并不详细，只是进行大致描述，所以这里主要结合现代土壤资料进行分析。

我国古代认识到土壤颜色与土壤肥力之间的关系，以此来命名和辨别土壤，如《禹贡》中有白壤、白坟、黑坟、赤埴坟、青黎、黄壤。并且《禹贡》中所记载的九州之一冀州，其地域即为今山西、河北、辽宁西部和内蒙古自治区。冀州"厥土惟白壤，厥赋惟上上错，厥田惟中中"③，所谓"白壤"，大概

① 乾隆《大同府志》卷4《山川》，乾隆四十七年刻本。
② 乾隆《大同府志》卷4《山川》，乾隆四十七年刻本。
③ 侯仁之主编：《中国古代地理名著选读（第一辑）》，北京：学苑出版社，2005年，第9页。

指白色无块柔软的土壤,意指冀州这里是白壤,田赋在第一等和第二等之间,田地在九州中属于第五等。《管子·地员》中介绍坟衍之地(介于丘陵与原隰之间,比平原稍高之漫坡地)之下共十四种土地,其中"付山白徙十四施,九十八尺而至于泉"①,白徙即白壤,这类型的土质,要穿九十八尺而达于水。明清时期人们认为"郡特冀北一隅,地多沙碛鹻卤,固宜与全冀有间矣"②,"岢为冀州十分中之一域,山谷荒寒,石田硗确,其地甚瘠矣,其民则甚贫矣"③等等,很多的记载都反映了地形地貌的复杂而形成的很多山田、石田等耕作土壤特征。

山西为干旱草原栗钙土地带,吕梁山以西是由森林草原向干旱草原过渡的灰褐土地带。人马山、黑驼山、内长城、恒山以北地带性土壤为温带草原栗钙土区。母岩物理崩解强烈,化学分解较弱,致使土壤颗粒粗、砂性大、结构差。恒山以南,吕梁山以东,分布着褐土。褐土是山西主要的地带性土壤,也是农业利用上最好的土壤。本区忻定盆地分布有淡褐土。

太行、吕梁、恒山等高山平台和缓坡上,分布山地草甸土,土壤具有较高的持水量,不利于林木生长,却为耐湿的莎草、苔藓及蔷薇科植物提供了有利生长条件,五台山顶部高寒,植被矮小密集,恒山以北山顶平台和缓坡上发育的山地草原草甸土,植被主要为草原草甸类型,为山西省主要的天然牧场。山地棕壤是山西主要的林业土壤,分布在吕梁、管涔、太行、太岳、中条等山的次生林区。

山地黑钙土是栗钙土地区垂直带谱上的一种土壤,为山地栗钙土和山地草原草甸土之间的土壤类型,主要分布在雁北的采凉山、恒山海拔 2000 米左右的山地上。栗钙土分布于恒山以及内长城、黑驼山、人马山以北的雁北地区,地势高亢,海拔多在 1000 米以上,年均温 5%~7%,年降水量 400 毫米左右,风沙较大,水蚀严重。栗钙土又可分为山地栗钙土、栗钙土性土、栗钙土、草甸栗钙土、盐化碱化栗钙土等类型。山地栗钙土分布于雁北地区的低山地带,海拔 1500—1700 米,植被稀疏;栗钙土性土在山西是栗钙土中面积最大的一种土壤,广布于左云、右玉、平鲁、天镇、阳高诸县的丘陵地区和洪积扇中上部,大同、朔县、山阴、应县、浑源也有分布。海拔在 1200 米以上,地势起伏、沟壑较多,侵蚀严重。植被以芨芨草、狼毒、细叶黄花、麻黄等为主,多数为农田,轮荒面积较大。典型栗钙土分布于大同、

① 黎翔凤撰、梁运华整理:《管子校注》卷 19《地员第五十八》,北京:中华书局,2004 年。
② 乾隆《大同府志》卷 13《赋役》,乾隆四十七年刻本。
③ 光绪《岢岚州志》卷 5《赋役》,光绪十年刻本。

阳高、怀仁等县的二级阶地上，地下水位在5米以下，所处地势平坦，有井灌、洪灌条件，是当地的基本农田。草甸栗钙土分布于山阴、朔县、大同、阳高等地由一级阶地向二级阶地过渡的地段，地势较平坦，地下水位3—5米。盐化碱化栗钙土在桑干河以北，呈斑状与栗钙土成复域分布。草甸土主要分布于雁北桑干河、南洋河两侧，山前交接洼地边缘亦有零星分布，地下水位在2米左右。盐化草甸土分布于桑干河、南洋河、浑河、黄水河两侧地势低洼处，地下水位1.5—2米左右，排水不良。风沙土分布在右玉、怀仁、朔县、河曲等晋西北和禹门口一带，一些河流两岸也有零星分布。并且据牛俊杰、赵景波研究，晋北重半干旱黄土丘陵区人工植被的土壤存在严重干层，大同等雁北重半干旱地区人工植被下出现严重干层，季节性干层的存在是该地区农作物易于发生干旱灾害的主要原因①。

实际上清代晋北地区的土壤特征区域性还是比较明显的。在滹沱河、桑干河流经的忻定、大同盆地，虽然分布有利于农业生产的褐土，但土地盐渍化也比较严重，广泛分布盐碱土。盐土指土体中含有多量盐分（全盐通常在1%以上），作物不能生长并有盐生植被的土壤，以大同、阳高盆地最多。碱土呈零星分布，以大同盆地桑干河、白登河两岸的洼地和阳高盆地较为集中，如应州“其土地，半厚半碱，干燥少树，宜雨不宜旱，尤苦霜降之早也”②。雁门关一带砂质土壤分布较多，“砂质土壤，极不耐旱，雁门一带，砂砾尤多，作物生育，很不相宜”③。在吕梁山、管涔山、恒山、五台山等山区，广泛分布草甸土，这里林业、牧业比较发达，农业生产非常受限制。而在晋西北黄河以东地区，主要为黄土丘陵区，广泛分布黄土宽谷缓丘、黄土梁状丘陵等，土壤水分条件和肥力都不如塬地。在靠近黄河的地段，地面土质以沙黄土为主，结构松散，农业生产不发达，在作物种植方面，多以种植谷子、糜子等杂粮为主。

清代晋北地区的这种土壤特征直接影响土地利用，农牧结合、作物种植、农业产量、耕作方式等都与它密切相关，最终形成的农业广种薄收、粗放式经营的生产模式也与这里的土壤特征有关。

恒山以北为温带草原地带，以南的广大地域属暖温带夏绿阔叶林地带。温带草原地带位于山西最北部，是内蒙古草原的南缘，包括恒山山脉以北、吕梁山脉西侧和紫金山以北的雁北、晋西北广大地域。暖温带落叶

---

① 牛俊杰、赵景波：《山西土壤水环境与植被建设》，北京：中国科学出版社，2008年。

② 田蕙纂辑，王有容校刊：《应州志》卷1《风俗》（万历二十七年），1984年应县县志办公室标点铅印本。

③ 关楚珍：《改良山西砂土粘土碱土之方法》，《山西农学会刊》，1939年第1、2期合刊。

林阔叶林地带指管涔山至临县与兴县之间的紫金山一线以南地域,属于落叶阔叶林地带。中山山地为山西主要林区的分布地区。其中结晶岩中山主要分布在恒山山脉浑源县南部,五台山东部苦安梁、代县南部五家会、芦芽山东部、云中山中部、关帝山中部及紫金山等山地,植被发育。云中山东部,管涔山南部五台山、恒山的大部主要分布变质岩中山,山脊尖棱,岭背连绵,坡陡而长,天然植被发育。管涔山北部黑驼山山地主要集中分布覆有黄土的基岩中山,坡麓有薄层黄土,天然植被不发育,农业利用条件也较差。吕梁山脉和太行山脉大部、管涔山脉的西北部、云中山南段等山地主要分布有灰岩中山,山势陡峻,多峡谷断崖,天然植被发育。玄武岩中山分布在右玉北部、繁峙东北部山地,山体顶部平展,山势缓和,以草被覆盖为主。在林缘线以上,着生亚高山草甸植被,是山西天然草场的分布地区,管涔山荷叶坪西有小面积的侵蚀溶蚀亚高山即灰岩亚高山,在五台山、关帝山顶峰为冻融作用亚高山,多以天然草被为主,天然植被发育或很发育,为季节性天然草场,局部草场有退化现象。①

清代文献中所反映的晋北森林植被情况多为描述语句,并没有确切数据。康熙时期,晋西北河曲县的翠峰山,“形如覆斗,松柏苍然”。繁峙县圭峰山,“奇峰翠秀,松柏满山”,崞县的崞山在县西南二十五里,“其山连峰叠障,森森翠色”,县南二十里的南坡山,“松萝森蔚,苍翠如画”。岢岚州之巨麓岭,“上多松,又名万松岭”,岚县的黄芊山,“叠障层峦,为邑胜境”。怀仁县锦屏山,“山峰耸翠”,应州的茹越山,“壁列如屏,所谓南山之麓,林木深秀,内多佳境”,②等等。雍正《山西通志》的记载,和康熙时期的略有出入。兴县的十八盘山,“山茂林邃”,桦林洞“山多桦木”,合查山“数百里外望之,苍翠插天”。怀仁县的锦屏山依旧“山峰耸翠”,应州的小山门口“平坡峻坂,林木深秀”,浑源州的翠屏山,“盘踞四里,秀丽似翠屏”,柏山“山多柏”,柏梯山“层峦叠嶂,林木深蔚”,左云县大峪山,“川涧中绕,林木森郁”,平鲁县黄草梁山“崇冈峻岭,回环盘绕,中多林木”。宁武府宁武县芦芽山“层峦叠嶂”,清真山“山殊郁秀,形似屏巅”,偏关县大虫岭“昔多茂林,后寝童矣”,柏杨岭,“昔多柏杨树”,等等。乾隆时期怀仁、左云附近的大峪山与四峰山,“双峰对峙,林木森郁”③,天镇县附近二郎山西峰名桦岭,因其上多产桦木,风神山迤东的沙梁坡也被记为“旧产大木”④,所谓

① 参山西省史志研究院编:《山西通志·地理志》第二编《自然地理》,中华书局,1999年。郭裕怀、刘贯文主编:《山西农书》第三章《山西地貌特征》,太原:山西经济出版社,1992年。

② 本段资料均出自康熙《山西通志》卷5、卷6《山川》,康熙二十一年刻本。

③④ 乾隆《大同府志》卷4《山川》,乾隆四十七年刻本。

旧者说明此时已无大木可出。

历史时期山西北部地区森林植被曾经相当优越，但是自春秋战国以后，特别是秦汉以来长期的大规模屯垦和无休止的毁林开荒，以及战争的破坏、大兴土木等活动使得山西的森林资源遭到毁灭性的破坏。恒山、五台山、太行山北部至明代以前还是森林密布。到了明清时期，不仅平原不见森林，丘陵区森林也绝迹，仅山区尚存部分森林。这些都说明山西森林植被的变迁与人类活动密切相关，其中大规模的土地开垦和农业垦殖是造成森林植被减少的主要原因之一。

第二节　自然灾害的频发与多样

明清时期，全球气候正进入一个寒冷时期，通称“小冰期”，这一时期各类自然灾害频发，影响作用于整个生态系统。灾害也是生态系统的一个组成部分，较常态而言，笔者认为这是一种异常反应。山西北部地区生态环境脆弱，文献中所说的沙碛硗确，风高霜早等，是对其变态反应的常态描述。

一、各类主要自然灾害

山西地处中纬度的内陆，属于温带半干旱大陆性季风气候，冬季寒冷干燥，春季地面气温回升迅速，极易形成大风和沙尘暴天气，无霜期短。降水具有年内季节分配不均和降水变率大的特点，形成明显的干湿季气候特点。这样的气候特点使得大风灾害和干旱灾害在山西频繁发生，而北部地区表现则更为明显。北部丘陵山区、五台山、恒山、吕梁山区、忻定盆地北部等地，年大风日数在 20 天以上，大同、河曲、平鲁、神池、岢岚至原平一带大风日数在 35 天以上，五台山中台顶达 180 天。① 历史文献中关于大风灾害的记录也很多，通常会出现“大风扬沙”、“昼晦”、“大风折木”等关于风灾的描述。康熙五十七年（1718 年），“二月，（广灵）大风昼晦”②，同年，“清康熙五十七年七月二十二日未刻，左卫有风自东南来，将南门东巷居民于姓者括起数十丈掷地，骸骨如绵，风向西北而去”③；嘉庆二年（1797

① 中国气象灾害大典编委会编《中国气象灾害大典（山西卷）》，北京：气象出版社，2005 年，第 753 页。

② 乾隆《广灵县志》卷 1《方域志・灾祥》，乾隆十九年刻本。

③ 雍正《朔平府志》卷 11《外志・祥异》，雍正十一年刻本。

年)，“三月，(大同)风霾昼晦”①等等。风灾一般在春季发生较多，冬、夏次之，持续时间比较长，影响范围广。大风灾害经常折木、伤禾、坏屋，破坏传统社会的农业生产，影响广大民众的日常生活，“一年一场风，从春刮到冬”，正是这种气候特征的真实写照。

沙尘暴在我国主要发生在东经 110°~117°、北纬 38°以北的广大地区，而晋北高原正处其间，右玉、河曲、神池等地为沙尘天气高发区。古文献关于沙尘灾害有“昼晦”、“大风扬沙”、“雨土”、“飞沙走石”等详细的记载来描述不同的沙尘灾害等级。如忻州，嘉庆十五年(1810 年)，“正月，地震有声，五月，大风拔木”②，道光六年(1826 年)，“二月，大风，天赤昼晦”③；道光六年(1826 年)，“三月，(崞县)大风昼晦，瘟疫流行”④；光绪五年(1879 年)，“三月，大同大风飞沙，白昼如夜。闰三月二十一日，左云大风飞沙，白昼如夜，城内居民张灯，自辰至未风转，天飞黄沙，夏瘟疫”⑤，等等。大风和沙尘又不能截然分开，往往并发成灾，这与该区域植被覆盖差，土地沙漠化、水土流失严重等问题都有相关。

雹灾是山西仅次于旱灾的第二大灾害。冰雹是从发展旺盛的积雨云中，以冰球或冰块的形态降落到地面的固态降水。一般出现范围小，时间短，但是来势猛、强度大，通常伴有雷雨大风。成灾的冰雹主要发生在 6~8 月，作物正值抽穗开花至灌浆成熟期，如果遭遇冰雹的袭击，往往就不能恢复生长，导致颗粒无收，严重时危及百姓生命财产安全。而山西北部地区正是在这一时期常多发雹灾，6 月集中在恒山、五台山、五寨、宁武等地，7、8 月雁北北部地区多发冰雹。定襄县在清康熙三十二年(1693 年)，“七月十五日，大雨雹，管庄、中小霍等处树无绿叶，野无青草，一望如冬景”⑥；保德州，康熙三十三年(1694 年)“夏六月，吕家峁晴天雨冰块三，大如间屋，是岁霜杀禾，四十七年六月，雨雹，大如拳，贾家梁、墕墩梁、天桥子等处树无完枝，种植俱尽”⑦；广灵县，康熙四十七年(1708 年)，“六月，雨雹”⑧；定襄县，乾隆五十二年(1788 年)，“七月，大雨雹，西乡一带尤甚，打禾黍殆

---

① 道光《大同县志》卷 2《星野・岁时》，道光十年刻本。

②③ 光绪《忻州志》卷 39《灾祥》，光绪六年刻本。

④ 光绪《续修崞县志》卷 8《志餘・变异》，光绪八年刻本。

⑤ 中国气象灾害大典编委会编《中国气象灾害大典(山西卷)》，北京：气象出版社，2005 年，第 770 页。

⑥ 雍正《定襄县志》卷 7《灾祥志》，雍正五年刻本。

⑦ 乾隆《保德州志》卷 3《风土・祥异》，乾隆五十年刻本。

⑧ 乾隆《广灵县志》卷 1《方域・灾祥》，乾隆十九年刻本。

尽,民大饥”①,同治四年(1865 年)“六月六日冰雹大降,禾伤,风声如雷,拔树折碑,伤禽鸟甚众”②,崞县,咸丰三年(1853 年),“五月二十二日,雨雹,铜川乡雹积厚与墙齐”③等等。冰雹小如谷粒,大如鸡子,往往给农业生产造成严重打击。

霜冻是指春末和秋初农作物生长期间,由于冷空气入侵影响,使土壤表面或植物表面的温度急剧下降到 0℃以下,导致作物受害或死亡的一种低温灾害。春季最后一次霜冻发生越晚,受灾越重,秋季霜冻越早,受灾越重。晋北地区高寒干旱,风高霜早,一般在 9 月中旬至下旬就会出现霜冻。文献中关于霜灾的记录也很丰富。乾隆二十四年(1759 年),“应州、大同、怀仁、山阴、灵丘、丰镇各属早霜,秋禾披灾”④;康熙四十八年(1709 年),“(保德)霜旱降,菜豆多萎”⑤;康熙三十八年(1699 年),“(阳高)大旱,七月陨霜”⑥,等等。霜灾伤苗、杀稼,导致农作物歉收,饥馑成灾。霜冻灾害对于民众的生产生活危害也很大。

洪涝灾害是对山西危害较大的一种气象灾害。短时间内大量降雨或长时间阴雨连绵,都会产生水灾。短期内大量降雨,雨水来不及渗入地下,迅速积聚,容易导致山洪暴发,河水泛滥,冲毁农田、房屋,淹死人畜;长期阴雨,土壤水分过度饱和,农作物被浸泡受损等,产生涝灾,洪涝灾害对民众的生产生活危害极大。山西北部地区地貌类型多样,尤其年降水量分布不均,虽然暴雨次数不多,但局地性洪涝灾害也时有发生。洪涝灾害不仅与降水量密不可分,与地形、土质等生态要素也密切相关。黄河是山、陕天然分界线,北部的河曲、保德、偏关等地为晋陕蒙交界地带,汾河、桑干河及滹沱河的上游均在北部地区,坡陡流急,冲刷严重,呈下切现象。几条河流的洪涝灾害自古就有记载。如保德州的记载,“康熙三年大水,张家滩漂没民居,冯家川等处亦披水患;康熙三十七年六月,大雨,城圮数十丈,低田多没”;平鲁县,雍正四年(1726 年),“夏六月,平鲁县大雨,山水暴涨,城西詹家窑漂没民舍”⑦;同治七年(1868 年),“六月,河水溢,(河曲县)侯家口、许家口灾,坏边墙数十丈”⑧等等。

①② 光绪《定襄县补志》卷 1《星野志·祥异》,光绪六年刻本。
③ 光绪《续修崞县志》卷 8《志余·灾荒》,光绪八年刻本。
④ 乾隆《大同府志》卷 25《祥异》,乾隆四十七年刻本。
⑤ 乾隆《保德州志》卷 3《风土·祥异》,乾隆五十年刻本。
⑥ 雍正《阳高县志》卷 5《祥异》,雍正七年刻本。
⑦ 雍正《朔平府志》卷 11《祥异》,雍正十一年刻本。
⑧ 同治《河曲县志》卷 5《祥异》,同治十一年刻本。

地震灾害是一种猝不及防、破坏惨烈的自然灾害,它的突发性和强破坏力给人类社会在精神、心理上造成的恐慌和不安也是其他自然灾害所不能比拟的。晋北处于山西地震带,是我国大陆地区的一条强震活动带,它由一系列断陷盆地组成,是一个独特的地嵌系地震带,其北北东向斜贯华北块体的中部,既是鄂尔多斯块体的东部和南部边界,又和河北平原地震带通过东西向、北西向构造带密切联系。据笔者初步研究,1300—1499 年地震活动记录较多,1500 年之后地震活动表现活跃,受地震影响的范围也较广。地震空间分布主要集中在北西、东西方向展布的地震活动带上,多发生在一系列断陷盆地的边界。晋北地震活动多发生在夏 4、6 月份,秋冬 9、10、11、12 月份,1、7、8 月相对较少。经分析发现,地震活动与其前后干旱灾害有一定相关性。就地震发生的区域而言,主要集中于大同—朔州—保德州,繁峙—忻州等这两大区域内①。这些地区历史上发生过多次强震,文献对此也多有记载。如 1683 年的原平地震,破坏程度较为严重。清康熙二十二年十月初五(1683 年 11 月 22 日),崞县"未时,地大震,初西北声若震雷,黄尘遍野,树梢几至委地,毁坏民房,人多压死,神山、三泉、原平、大阳等处尤甚,地且迸裂或出水或出黑沙,人皆露处,屋虽存不时摇动,至十月中乃定,是冬天气颇燠"②,定襄县"未时,地大震,其声如雷,平地决裂,涌水或出黄黑沙,县治前旌善申明亭俱倒,四面城楼垛口尽裂,村疃屋垣塌倒,压死人千余、畜类无数,而横山及原平等处尤甚,……是冬大震,后时或动摇,每日夜数十次,五六年内或一日数次,或数日一次,渐复其常"③,左云和朔州出现申时地震的记载,马邑、保德、忻州、代州等都有地大震、坏庐舍的记载。按《中国地震目录》该次地震属 7 级地震,震中烈度 9 度,震中在原平附近,陕西、河南、河北、山东等省多处有感。④ 地震灾害给民众的生命财产带来严重威胁。据崞县南魏家庄重修龙王庙碑记:"黄尘黑气,天降一时之灾危;山崩城裂,地改千年之世界。忻、代二州、定襄、五台及我县邑五处同灾,而独我邑为首重者。嗟乎!万室塌毁,生者少有一二求安,老幼□死者难计亿万之数,岂非几百年未闻之灾异耶!合村人等无可居住,移立新村,然称得草屋之有安。"⑤

---

① 张青瑶:《公元 19 世纪前晋北地震活动研究》,《干旱区资源与环境》,2010 年 24 卷 7 期,第 93—97 页。

② 乾隆《崞县志》卷 5《祥异》,乾隆二十二年刻本。

③ 雍正《定襄县志》卷 7《灾祥志》,雍正五年刻本。

④ 顾功叙:《中国地震目录》,北京:科学出版社,1983 年,第 110—112 页、第 69 页。

⑤ 王汝鵰编著:《山西地震碑文集》"清·崞县南魏家庄重修龙王庙碑",太原:北岳文艺出版社,2003 年,第 405 页。

旱灾是山西北部地区主要的气象灾害。旱灾的频繁发生与气候特征密不可分。降水是最重要的气候要素之一，晋北平均年降水量集中在400—500mm，降水量年内季节分配不均和降水变率大也是该区旱灾发生的主要原因。旱灾和蝗灾具有很好的相关性，干旱缺水为蝗虫的快速繁殖、短期爆发等都提供了便利条件。从时间上讲，1640至1659年，1820至1839年等时段，晋北地区蝗灾发生比较严重。发生的时间主要集中在夏秋两季，其中以6、7月为最多。经统计，清代晋北地区秋蝗12次，春夏蝗10次，秋蝗发生次数高于夏蝗发生次数。从蝗灾持续时间上看，每次都会持续数月，夏秋蝗可能会连续发生，尤其数月干旱不雨的情况下，蝗灾持续时间也较长。如清顺治四年至五年，即1647—1648年间所发生的一次蝗灾，灾情严重，大同、广灵、阳高、左云、河曲、定襄等多个地区发生蝗灾。“清顺治四年，七月，飞蝗，顺治五年，蝗子炽盛”①；“清顺治四年，蝗蝻，四月内自西北入境，食禾殆尽，五六七年稍减”②；“清顺治四年七月初七日（1647年8月7日），午后，飞蝗从东南窨头口来，遮天蔽日，坠地寸许，所落处苗稼皆尽，至次年五月间，遗种复生，无翅，麦穗颇伤”③，等等。

在上述主要自然灾害中，干旱灾害能够较好体现本区降水等气候特征并与农业生产密切相关，所以将对其展开重点分析。

二、旱灾时空特征分析

1. 干旱与旱灾

干旱和旱灾是两个不同的概念。干旱是因长期少雨而空气干燥、土壤缺水的气候现象，干旱本身并不是灾害，只有当干旱对人类的社会经济活动造成破坏时，才会产生干旱灾害。④ 干旱和旱灾有本质不同，却又紧密联系，干旱是旱灾的前提，而成灾与否，又与当地的环境特征、人类活动等密切相关，有研究者将由于干旱造成的低于截取水平的经济活动或生活水准的情况视为旱灾⑤，此种定义颇有道理。山西十年九旱，晋北高寒干旱，是否因旱成灾，灾度如何判定等问题，都要在具体分析之下做出判断。与截取水平的经济活动或生活水准相比而确定的灾情，同时考虑了区域环境

① 乾隆《广灵县志》卷1《方域志·灾祥》，乾隆十九年刻本。

② 同治《河曲县志》卷5《祥异》，同治十一年刻本。

③ 雍正《定襄县志》卷7《灾祥志》，雍正五年刻本。

④ 冯利华：《干旱等级和旱灾程度的定量表示法》，《农业系统科学与综合研究》，2003年第19卷第3期，第230—236页。

⑤ 张艳梅：《清代四川旱灾时空分布研究》，西南大学硕士学位论文，2008年。

和承灾体等因素。

2. **旱灾等级划分**

旱灾等级的划分,与历史资料的分析与整理密切相关。旱和旱灾不同,资料中显示的记录也有所不同。通常,我国古代文献典籍中关于灾异的记载具有记异不记常的特点,但有时也需要对每条资料做认真辨析。比如关于某年份的"旱"的记录,此后对于是否成灾没有确切的记载,这时候就需要参考同时期是否有其他相关佐证的记载,如"饥"、"岁祲"、"岁歉"等对农业生产造成影响的记录,以及蠲免等朝廷政策的反映。而对于资料显示"大旱"的,通常是指干旱对农业生产造成的严重程度,指示大旱灾,这样的记录直接进行统计分级。受灾时间,受灾区域,人口伤亡,并发灾异等都是进行旱灾等级划分的依据。较之于现代灾害研究,历史时期缺乏详细的数据,但如果注意相关信息的取证,还是可以充分利用历史资料进行研究的。

结合旱涝等级法,考虑多种因素及灾度,同时参考张艳梅对清代四川地区的研究①,赵景波等对清代关中地区的研究②,卜风贤③、张伟兵、史春生等的研究④,将清代晋北地区旱灾分为轻度旱灾(第一级)、中度旱灾(第二级)、大旱灾(第三级)、特大旱灾(第四级)四个等级。

轻度旱灾。文献记载个别地区出现"旱"、"因旱成灾"的记载;出现"不雨,伤禾"等的记载,农业生产轻微减产。出现类似描述,视为轻度旱灾处理。

中度旱灾。多个地区同时呈现旱情,出现两季或多季连旱,粮食歉收,民饥并有流亡,记录中显示"旱蝗"等并发灾害,政府采取一定的赈灾措施。文献记录为"旱饥"、"岁歉"、"夏旱"、"奉赈"、"奉旨蠲免钱粮"等描述,作为中度旱灾处理。

大旱灾。较大区域内出现旱情,大面积粮食歉收,"大旱成灾"、"夏秋禾俱未收"、"大饥"、"重灾"等,人食草根树皮、观音土,瘟疫流行,卖儿鬻女,政府抚恤加赈等,本文作为大旱灾处理。

特大旱灾。大区域范围内出现严重旱情,连年大旱成灾,颗粒无收,赤

---

① 张艳梅:《清代四川旱灾时空分布研究》,西南大学硕士学位论文,2008年。

② 赵景波、李艳芳、董雯等:《关中地区清代干旱灾害研究》,《干旱区研究》,2008年第25卷第6期,第872—876页。

③ 卜风贤:《中国农业灾害史料灾度等级量化方法研究》,《中国农史》,1996年第15卷第4期,第38—46页。

④ 张伟兵、史春生:《区域场次特大旱灾划分标准与界定——以明清以来的山西省为例》,《气象与减灾研究》,2007年第30卷第1期,第19—23页。

地千里,饿殍遍野,树死土焦,人相食,大规模瘟疫爆发等,此类旱灾记录归于特大旱灾,它给人民生产生活造成严重危害,人民生命财产受到重大损失。

按以上等级划分进行统计,清代晋北地区共发生轻度旱灾 33 次,中度旱灾 35 次,大旱灾 20 次,特大旱灾 5 次。具体所占比例如图 1-2 所示,中度旱灾发生较多,占旱灾总数的 38%,其次为轻度旱灾,占 35%,再者为大旱灾,占 22%,特大旱灾占到灾害总数的 5%。图 1-3 反映晋北地区清代发生旱灾的等级变化趋势,从图中可以看出,清代中后期,晋北地区发生 3、4 级旱灾稍多,旱灾等级整体略呈上升趋势。

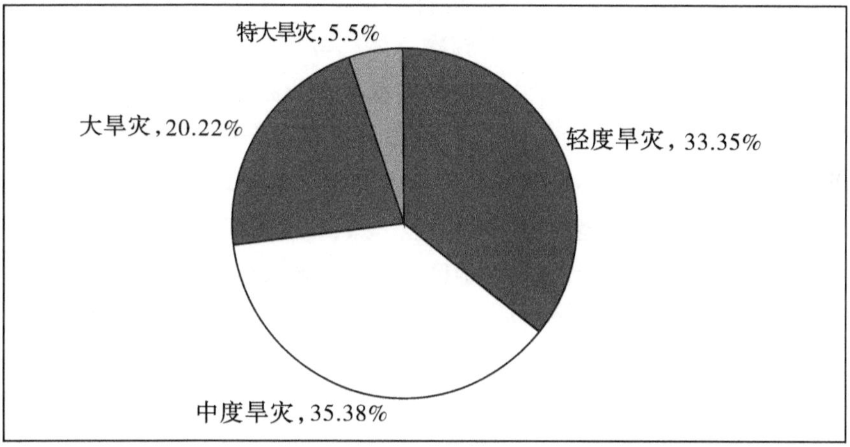

图 1-2 清代晋北旱灾等级及比例示意图

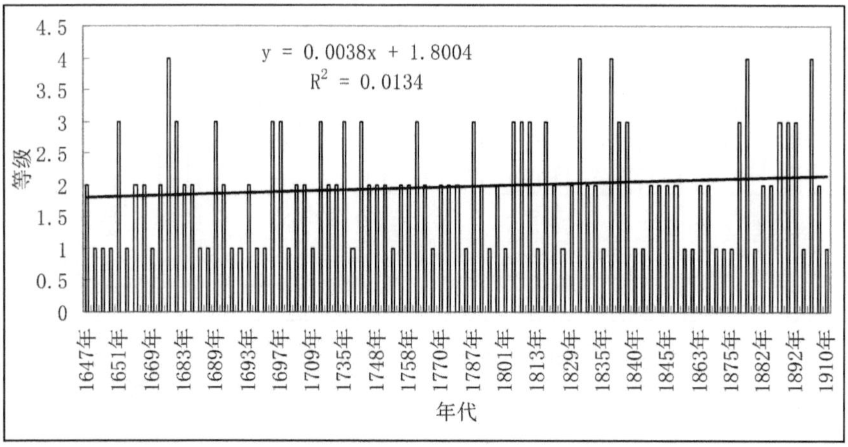

图 1-3 清代晋北旱灾等级变化趋势图

3. 旱灾发生频次分析

据研究需要，依据上文所述具体文献资料，整理1640—1919年晋北地区干旱灾害资料，以10年为单位统计晋北地区清代旱灾发生频次，并做出变化图，如图1-4所示。结果显示，1690—1699年间，旱灾频次最高，年均一次；其次是1680—1689年、1830—1839年，平均每1.43年发生1次；1640—1649年、1840—1849年间，平均每1.67年发生1次。10年中仅发生1次旱灾的年份为1670—1679、1720—1729、1770—1779、1790—1799年间。而1710—1719年间则没有出现旱灾记录。总体而言，1640—1919年间，晋北地区共发生旱灾97次，平均每2.89年发生一次，若除去1644年前的3次及1911年后的1次，整个清代，晋北地区共发生旱灾93次，平均每2.88年发生一次旱灾，从发生频次总体趋势上看，变化不明显，整体稍呈下降趋势。又做该时段晋北地区旱灾频次变化距平图，图1-5显示，以1790年为折点，前后分为两个阶段，前段频次稍高于平均频次，后段稍低于平均频次，但差异都不是很明显。从正负距平值波动看，两个时段都有明显波动，1640—1790这一阶段更明显一点，一个最高值和一个最低值都在该时段出现。综上，清代，晋北地区旱灾发生频次整体呈平稳趋势，稍有下降；前后期旱灾波动都较明显，前段距平值摆动幅度稍大。

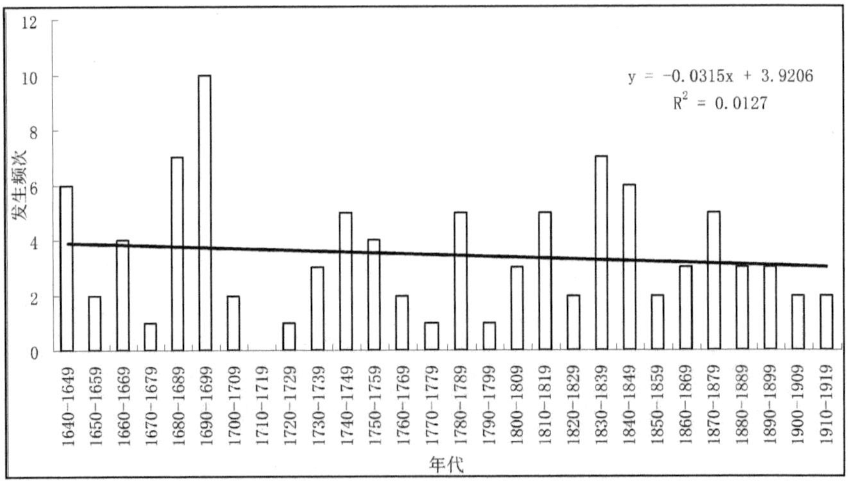

图1-4　1640—1919年晋北地区旱灾发生频次变化

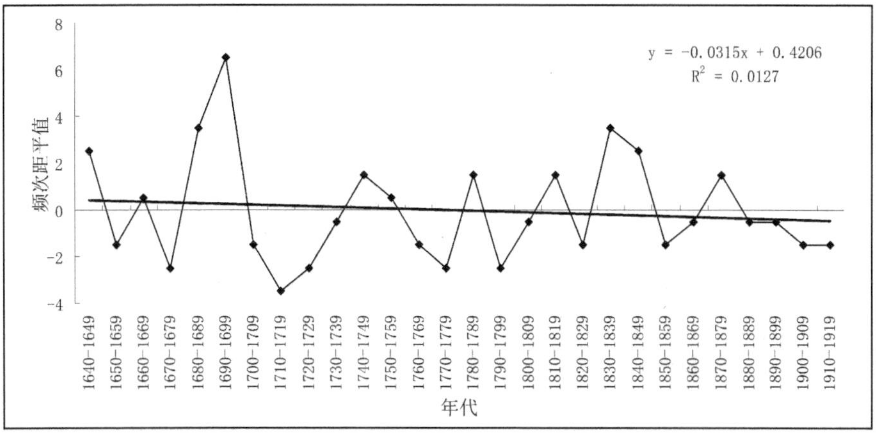

图 1-5 1640—1919 年晋北地区旱灾频次距平值变化

将研究结果与葛全胜等所做 1736—2000 年农牧交错带西部地区(大同、榆林和太原)雨季开始、结束期及雨季长度变化序列比对,葛先生文中所说的在年际尺度上雨季偏长的年份,1740 年、1744 年、1776 年、1789 年、1800 年、1807 年等年份,都是本区旱灾较少发生期,而在 1752 年、1832 年、1833 年等雨季偏短的年份,正好对应的是旱灾发生较多的时期。葛全胜等用雨雪分寸重建雨季序列结果跟本文拿方志文献资料重建旱灾序列结果比对一致性,充分说明了清代本研究区域内的降水变化趋势,而这种气候环境对于农牧过渡带的土地利用具有非常重要的驱动作用。

4. 旱灾发生空间特征

经统计,旱灾在该时期内晋北各地均有分布,发生较为频繁的是大同、怀仁、保德、朔州、广灵、灵丘、河曲等地。其中,1640—1919 年内发生旱灾次数在 30 次以上的为大同和怀仁两地;旱灾发生在 20~30 次之间的地区较多,主要为保德、朔州、广灵、灵丘、河曲、山阴、天镇、浑源州、岢岚州、阳高、应州、左云等地;10—20 次之间的为平鲁、代州、右玉、偏关、崞县、静乐、忻州等地;低于 10 次的为五台、繁峙、五寨、定襄、宁武、神池等地。图 1-6 显示,大同盆地及晋西北高原丘陵区旱灾发生频率较高,五台山、管涔山等山区旱灾发生频率较低,区域特征明显。这与山西地处黄土高原东部,地形地貌复杂,生态环境脆弱等特征密切相关,从气候分区上讲,晋北地区涵盖了右玉气候区,大同盆地气候区,左云、平鲁气候区,五寨、神池气候区,河曲、保德气候区,静乐、岚县气候区,忻州盆地气候区,五台山高山气候区,广灵、灵丘、繁峙气候区,恒山气候区等不同气候区。

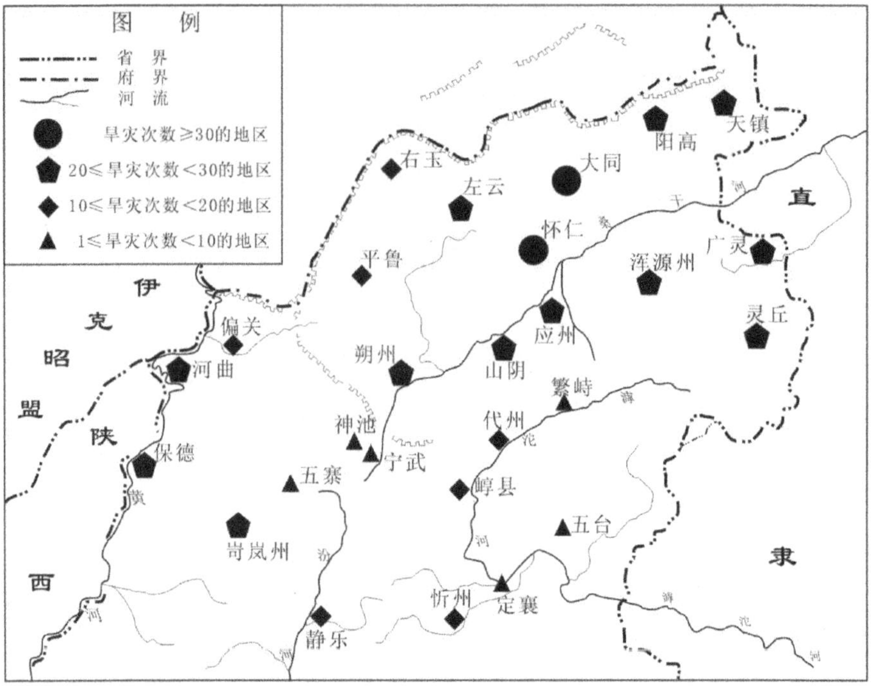

图 1-6　1640—1919 年晋北地区旱灾发生地点次数统计及分布

5. 灾情特征

山西的气象灾害发生频繁、种类多、地域广，对社会经济发展带来很大危害，给人民的生产、生活带来深重灾难。而作为最主要的气象灾害，干旱所造成的旱灾更是具有范围广、历时长、灾情重的特点。干旱灾害平均每年要使 20%~25%的耕地面积遭受不同程度的损害，是其他各种气象灾害总和的 2 倍①。历史上的干旱给山西民众造成的灾难极为严重，不仅严重影响农业生产，树死土焦，颗粒不收，还致使民众生存出现危机。具体清代晋北地区旱灾主要灾情特征如下：

（1）旱灾频繁，时而连续发生，持续时间较长，灾情较重。从上文统计中也可看出，每次旱灾或时断时续，或连年发生，十年内通常发生七八次旱灾，而旱灾一旦发生，又具有绵延性和反复性。一县之内也常出现“旱，……又旱，……又旱”等的记载。如保德、河曲从嘉庆十五年（1810）至嘉庆十九年（1814）连年大旱、饥，雨泽衍期，秋收歉薄等等，又如康熙十八年（1679）、十九年（1680）大同府旱饥连年等。

① 中国气象灾害大典编委会编《中国气象灾害大典（山西卷）》，北京：气象出版社，2005 年。

（2）旱灾的次生灾害较严重，常伴有饥、疫及蝗灾等自然灾害的发生。旱灾引起的饥荒、各种疫情、蝗灾等自然灾害，我们通常称之为次生灾害。旱灾、蝗灾等又不是以单一自然灾害形式发生，或同时发生，或前后相继，灾情复杂而严重。

经统计，整个清代，晋北地区出现的93次旱灾中共有43次明确出现“饥”的记载，其中“大饥”25次，“旱疫饥”4次，“旱蝗饥”4次，其余未出现“饥”记载的资料中有8次显示“蠲免”、“赈济”、“复加赈”等记载，显示粮食歉收，存在出现饥荒的可能性。另有5次出现“旱疫”情况，6次“旱蝗”记载，3次出现霜、雹现象。资料显示，清代晋北地区旱灾发生同时，上述各类灾情会不同程度复合发生，对社会经济发展危害很大，给人民生产生活带来深重灾难。

如康熙十八年、十九年晋北的灾情，旱疫连年，灾情严重：

> 康熙十九年秋，大同属大饥，麦谷尽枯。左云大饥，人民多逃亡，免粮赈济。大同饥，奉旨免夏税十分之三。天镇饥。阳高大旱，民间采食蓬子、苦菜，人皆鸠形鹄面，卖儿鬻女。春、夏，广灵大旱。灵丘旱疫。朔州春甲子日雨后，是岁大旱，夏秋禾俱未收。偏关旱大饥，人多掘白泥而咽之。从十八年旱至十九年，保德荒，民多逃亡。代州饥，春夏大疫。崞县大饥。忻州六月无雨，霜旱岁祲。定襄岁大歉。岚县岁荒民大饥。①

干旱缺水为蝗虫的快速繁殖、短期内爆发成灾提供了可能，“旱蝗”记载也较多，给人民生产生活造成严重损失：

> 道光十六年，小麦收，夏秋旱，蝗蝻自县西入境，大雨雹，益饥。道光十七年，夏秋旱蝗，岁大饥，斗米一两有余。②

大旱之年，寸草不生，饥荒严重，常常饿殍遍野。清光绪三、四年的“丁戊奇荒”波及山西、河南等地，在山西而言，晋南的情况要重于晋北，但这并不代表晋北地区此次旱灾不严重，这里一样出现民不聊生的状况。由于受

① 中国气象灾害大典编委会编《中国气象灾害大典（山西卷）》，北京：气象出版社，2005年，第67页。

② 同治《河曲县志》卷5《祥异》，同治十一年刻本。

灾地区很多,逐个列出颇为繁杂,仅以数县为例说明。

> 光绪三年,夏旱秋霜,五谷不登,怀地山村较甚,斗粟市钱千余,人食草实树皮,死亡甚众,县侯陈鸿翥详请赈。①
>
> 光绪三年(1877),灵丘米价昂贵。朔州大旱,饿死者盈途。……岢岚谷不成实,米价昂贵,斗米三千余。……夏,崞县旱,秋霜杀禾,大饥。……②

综上,对清代晋北地区旱灾的时间、空间特征进行了分析总结,得出初步结论:清代晋北地区共发生轻度旱灾33次,中度旱灾35次,大旱灾20次,特大旱灾5次。清代中后期,晋北地区发生3、4级旱灾稍多,旱灾等级整体略呈上升趋势。清代晋北地区共发生旱灾93次,平均每2.88年发生一次旱灾,从发生频次总体趋势上看,变化不明显,整体稍呈下降趋势,1690—1699年间,旱灾频次最高,年均一次;其次是1680—1689年、1830—1839年,平均每1.43年发生1次;1640—1649年、1840—1849年间,平均每1.67年发生1次,并将结果与葛全胜等用雨雪分寸重建雨季序列比对,具有较好一致性。大同、怀仁等雁北地区及保德、河曲等晋西北高原丘陵区旱灾发生频率较高,神池、宁武、定襄、五台等地旱灾发生频率较低,区域特征明显。旱灾频繁,灾情较重;旱灾的次生灾害较严重,常伴有饥、疫及蝗灾等灾害的发生。

第三节 社会经济及其发展

一、元明以前的经济与社会

山西地区是我国开发历史较为悠久的省区,其北部地区不仅是民族对峙和融合的前沿地带,也是人地关系变化的敏感地带。长期以来,境内农业发展和牧业经济盛衰有时,此消彼长,经过传统农业的形成与发展及近代科技的冲击,奠定了现代农业经济发展的前提和基础。

原始经济阶段,境内较为典型的文化遗存为许家窑遗址和峙峪遗址。许家窑遗址和峙峪遗址反映了原始畜牧业的出现,其中许家窑遗址属于旧

① 光绪《怀仁县新志》卷1《分野·祥异》,光绪三十一年刻本。

② 中国气象灾害大典编委会编《中国气象灾害大典(山西卷)》,北京:气象出版社,2005年。

石器时代中期文化遗存，峙峪遗址属于旧石器时代晚期遗存。位于桑干河上游的大同盆地北部的许家窑遗址代表了山西旧石器时代中期的文化发展水平，许家窑人已经使用加工精细的石器，属于华北细小石器文化系统。峙峪遗址坐落在朔县境内，其中用燧石制成的石簇，加工精细，是一种具有划时代意义的石器，说明北部狩猎经济发展到了新的阶段。而在今怀仁县鹅毛口发掘的鹅毛口遗址则反映了晋北地区在新石器时期原始农业的出现。鹅毛口遗址是华北地区首次发现的一处大型石器制造场，因为有刮削器的存在，间接说明当时人类存在狩猎活动，同时有较多的石锄和少量的石镰等农具的存在，说明其经济生活以农业为主。其后境内还发现有位于大同盆地的应县金城镇范寨遗址，以及位于忻定盆地的忻县豆罗镇向阳遗址，前者为新石器时代遗址，后者为新石器—夏商时期遗址。①

原始经济至春秋时期，游牧经济在山西北部地区社会经济中占相当比重。山西地区农业发展主要集中在晋南地区。夏商时期，农田仅是简单原始耕作，主要实行"抛荒"制，处于游耕阶段，西周时期，农业生产扩展至汾河中游地区，农作制由"抛荒"转为"轮荒"，逐步走向稳定经营。东周时期，晋国驱逐和融合北方以游牧为主的少数民族，再次扩大农耕范围，同时铁制农具的使用以及牛耕的推行，使得农作制由"轮荒"变为"连种"，农业生产继续发展。

春秋战国时期，山西境内原始农业向传统农业过渡，当时的农牧分布大体沿"龙门碣石"为界，该线以东以南地区传统农业持续发展，该线以西以北地区则表现为农牧相杂，农牧兼营。山西境内的经济发展水平是不平衡的，戎狄等从事游牧的民族，与农业生产为主的华夏族经常发生农牧对峙，随着晋国经济发展，中部与南部戎狄才逐渐被融合或他去，北部地区的戎狄如代、林胡等，直至三家分晋后，才逐渐融合或离境他去，所以当时山西经济开发由南向北逐渐拓展，南北经济发展不平衡。②

秦汉时期，西汉休养生息政策以及汉武帝的攘外实边等政策使得山西北部地区暂时安定，并且随着农具的革新改进及旱作技术的提高，北部地区农业有所开发，农耕面积不断扩大，农耕区扩展到今晋北的兴县、岢岚、

① 参山西省考古研究所编，《山西考古四十年》，太原：山西人民出版社，1994 年。山西省史志研究院编，《山西通史》卷 1《先秦卷》，太原：山西人民出版社，2001 年。山西省考古研究院，山西省考古学会编，《山西考古报告集 三晋考古 第 4 辑上》，上海：上海古籍出版社，2012 年。郭智勇：《略述山西史前考古学文化的分布与演变》，《沧桑》，2014 年第 1 期，第 132—134 页。

② 参史念海：《河山集》，北京：生活・读书・新知三联书店，1963 年。黎风编著：《山西古代经济》，太原：山西经济出版社，1997 年。

山阴、怀仁、大同一带。北部边境地区的贸易、市场都有所发展，通往四方的交通也较为便捷，区域内经济稳定发展。同时，汉代政府在太原以北地区设置苑囿牧马，这些牧马苑，由于距离匈奴较近，经常被掠边的匈奴所扰。畜牧业仍是北部地区经济生活的重要组成部分，在民众的经济生活中起着十分重要的作用，区域内民众过着农牧并举的生活。

东汉匈奴内迁，两晋至北魏初，五胡乱华，境内农业发展受挫，至北魏末，农业生产才逐步恢复，传统农业基本定型。魏晋南北朝时期，整体来讲是经济发展的低潮时期。长期以来，游牧民族的生活方式及经济形态，对境内农业的冲击比较严重，除了争战对于社会经济的破坏，割据政权建立后，经常南下掠夺，农业生产受其影响较大。这一时期因社会动荡、战乱连年及饥荒、瘟疫、自然灾害等造成的人口损减、人口流徙比较严重，也给农业经济造成了较大破坏。当然，由于山西特殊的地理位置，以这里为基础建立的政权比较多，这里虽被战乱所扰，但在短暂的和平时期，统治者会采取一定的鼓励农业生产的措施，所以晋北地区的农业在这一时期是在破坏中缓慢发展。公元386年，拓跋珪改国号为魏，398年，迁都平城。拓跋珪非常重视农业生产，力图发展农业以强国，这一时期晋北地区的农业经济得到较快的发展。拓跋珪从定都平城开始，就注意发展农田水利事业，并且从河北迁来大批移民从事农业生产，并给予政策优惠，垦荒卓有成效。北魏人贾思勰通过实地调查与实践，总结了包括山西在内的黄河中下游几个省区的农业技术经验，撰写了一部农学巨著《齐民要术》，这对于我们了解该时期的山西地区的农业技术水平及农业发展状况大有裨益。该时期我国北方保墒技术比汉代有了进一步的发展，形成了耕耙耱一整套保墒防旱措施，北方旱作农业耕作技术就此基本定型，北魏时的单位面积产量也要较之前高很多。《齐民要术》也吸收了北方各民族的畜牧经验，对于家畜饲养也具有一定指导意义。北魏时期，山西北部地区的手工业、矿冶铸造业等也得到了一定程度发展，商品经济亦有所发展。①

隋唐时期气候较为温暖，属于温暖期②，是唐代农业发展的重要条件之一。北部地区依然以畜牧业为主，兼营农业，是中原农耕区和西北畜牧区的过渡地带，当农业民族控制时这里即为农业为主地区，而当游牧民族控制时则为畜牧业为主的地区，所以这一时期晋北地区农牧的发展依然是

---

① 参徐月文主编，《山西经济开发史》，太原：山西经济出版社，1992年。

② 竺可桢：《中国近五千年来气候变迁的初步研究》，《考古学报》，1972年第1期，第15—38页。

此消彼长的过程。隋唐至北宋时期，时局较为稳定，除了五代十国时期农业短期衰退外，境内农业持续发展，表现在人口增多、农耕指数增高、农田水利建设等方面。隋唐时期山西农业生产工具和生产技术也取得了一定进步，铁制的铲、锄、镰、锸、铚等工具已经在边疆地区使用。同时，由于地处农耕区和畜牧区的分界地带，山西北部的牧业也较为发达。在太原以北的晋西北、雁北地区一带，草场丰富，适宜放牧，畜牧业成为比较重要的生产及生活方式，其中尤以养马业为重。

宋元时期，山西是宋辽、宋金的主要战场，战争频仍，这一时期的战争和政权的更替对于境内经济的发展影响较大。战乱对于农业的影响深刻，五代战乱中农业受损，北宋时一度恢复，金、元统治时期发展不稳定，这还是与时局动荡相关，社会安定时农业会出现短暂恢复与发展。据研究，北宋并没有充分利用北部地区楼烦、岢岚一带的自然条件发展畜牧业，畜牧业发展并不景气。同时，北宋对于山区也没有进入大规模的土地开发阶段，北部边地虽被政府重视要扩大垦殖，但由于地寒土瘠，不宜农耕，加之劳动力缺乏，边地开垦并不理想。贸易方面，山西也是当时汉民族和北方少数民族进行贸易的主要地区，边境贸易也得到一定程度的发展。限于农业生产条件，辽金时期山西河东北路农业发展要落后于河东南路的农业生产。山区的森林、草原、动植物等各方面的生态资源尚且处于自然状态之中，北部地区的五台山、恒山、吕梁山诸山都是良好的牧场，畜牧业发展条件较好。金代山西多修水利，虽然主要集中在晋南地区，但晋北地区也可见若干水利兴修，如忻州境内的滹水渠可见兴修水利的记载，同时对于北部地区的山区也多有开发。

元代山西属于“腹里”地区，统治者对于腹里地区的农业生产较为重视，境内农业生产条件较好的地区，诸如大同盆地、桑干河流域、滹沱河流域等区域，农业生产得到一定程度的恢复和发展。这一时期腹里地区农业生产格局存在明显的地域差异，北部的牧业经济更为繁荣，南部则以农业经济占主导地位。北部地区所产粮食作物主要有麦、粟、黍、稷、粱等，经济作物中以麻类作物为主。在气候凉爽、草场丰茂的五台山、管涔山一带，畜牧业有所发展。养马业在有元一代是最受重视的生产部门，也是经济和军事活动的重要内容，山西中部、北部地区以其特殊的地理条件成为牧养官马和交纳马匹的主要地区，同时，部分留驻汉地的蒙古诸王在山西也有牧马之地。①

实际上,元明以前时代的晋北地区的社会经济发展与整个国家社会经济发展紧密相连,同步发展,其特定的自然环境之上,人类活动持续进行,构成了整个晋北地区社会经济发展的历史文化背景。总体而言,晋北地区虽无农业发展之天资,却持畜牧林草之禀赋,漫长的历史发展过程中,农耕文明与游牧文明交错共生,农牧生产此消彼长,逐渐都有所发展,牧业占有一定优势。

二、明时期的土地垦殖与地区开发

元末农民起义推翻了蒙元贵族的统治,明王朝的建立重新开启了中原民族对全国的统治,中国的传统王朝社会历尽千年流转也进入了其后期发展阶段。明代建立之初,为了恢复元明易代之时北部边境地区遭受的破坏,同时加强对长城以外地区蒙古人的抵御,除了鼓励垦荒政策的普遍实施,明王朝在长城沿线广泛推行以屯田为主的开发政策,并辅以优惠政策,晋北地区的社会经济都得到一定程度的发展。

明朝的屯田开发与其在北部边境的军事防御策略以及政区管理体制密切相关。明初为了防御蒙古军事贵族南下,在东起鸭绿江、西至嘉峪关一线设置了辽东、宣府、大同、榆林、宁夏、甘肃、蓟州、太原、固原九大军事重镇,是为"九边",各边都驻扎大量的兵马,派总兵镇守。其中大同总兵驻境内大同,太原总兵驻境内偏关地区,在明代北部边防中占有重要战略地位。同时,明朝在总结以前历代边疆行政管理制度与兵制的基础上实行了都司卫所制度,都司卫所制度是明代创设的基本军事制度,也是军事制度与地方行政管理制度在地理上相结合的产物。② 明承前制,凡驻军之地,皆分拨土地进行屯种,屯田制度是明政府在全国范围内推行的一种土地利用和土地开发制度。

山西北部的卫所屯田,除了山西都司的部分卫所坐落零散州县外,其余屯田都相对集中,坐落卫所本地。明政府对于都司卫所的设想为亦耕亦战,"山北口外,东胜、蔚、朔、武、丰、云、应等州皆极边沙漠,宜各设千、百户

① 以上内容主要参考徐月文主编《山西经济开发史》,太原:山西经济出版社,1992 年。韩茂莉:《宋代农业地理》,太原:山西古籍出版社,1993 年。韩茂莉:《辽金农业地理》,北京:社会科学文献出版社,1999 年。吴宏岐:《元代农业地理》,西安:西安地图出版社,1997 年。瞿大风:《元朝时期的山西地区 政治·军事·经济篇》,沈阳:辽宁民族出版社,2005 年。

② 参山西省史志研究院编,《山西通史·第 5 卷 明清卷》,太原:山西人民出版社,2001 年。周振鹤主编,郭红、靳润成著:《中国行政区划通史·明代卷》,上海:复旦大学出版社,2007 年。

统率士卒,收抚边民,无事则耕种,有事则出战。所储粮草,就给本管,不必再设有司重扰于民。”①同时对于军屯的收租问题给予暂缓免征,如中书省分别在洪武三年(1370年)和洪武四年1137年奏请河南、山东、北平、陕西、山西及直隶、淮安等处的屯田征收屯田籽粒,太祖先是在洪武三年令其免征,后于洪武四年制定先不征收,待到三年后亩收租一斗的政策。② 经过一系列的土地开发与土地垦殖,晋北地区农业耕地得到较大的扩展。③

明代为加快地区开发,实行了多次的移民政策,山西属于“地狭人稠”,成为重点往外移民之地,这些移民活动对全国经济发展都产生了较大的影响。除了政府的强制移民,山西尤其是山西北部地区的人口外流问题也比较严重,这实际上还是反映了山西地区的农业生产受自然条件的制约较大。明清时期属于中国历史上的气候寒冷期,自然灾害发生较为频繁,农业丰歉随环境条件的变化而变化。这种制约不仅表现在亩产量低,更直接影响作物种植结构、农业生产技术等各方面。

整体而言,明代晋北农业虽有发展,但农业发展整体水平不高,境内土地瘠薄、山多地少、水土流失严重,粮食亩产量低,和晋南农业区以及其他传统农业区相比差距还是比较大。境内农业基本一年一熟,依旧延续以往传统作物种植,主要有麦粟黍稷豆等,土地承载力较低。农业开垦本身也有一定的局限性,就屯田的发展来看,由于其本身制度管理等问题以及经常遭受蒙古势力的南下侵扰,晋北地区的卫所屯田在明中后期逐渐走向衰退,并且民地化的现象比较突出。

除此之外,晋北大同地区还是明代边境贸易的主要交易区,明代马市在这里非常繁荣。马市的开放与蒙古贵族的南下掠夺联系在一起,也曾引起战火,但马市本身也反映了蒙汉两族人民发展贸易的愿望。隆庆以后明与蒙古互市的市场,大同都司设置在左卫以北威远堡(今右玉县西南威远堡乡)边外,山西都司设于水泉营(今偏关县东北水泉堡乡)边外。大同马市在正统及隆庆以后,有力地推动了山西经济的发展,对明代山西商人的形成及发展也有很大影响。山西商人的兴起是明代山西商业发展的另一个特征。晋南的泽州、潞安府、汾州府,晋北的大同府以及晋中的太原、代县诸地都是出商人的地方,晋商的兴起与明初北方边镇的开中法直接相关,也与明朝边防军供应体制的变化相关联,同时,马市也是其兴起的一个

① 《明太祖实录》卷62,洪武四年三月癸巳。

② 《明太祖实录》卷69,洪武四年十一月壬申。

③ 参梁方仲:《中国历代户口田地田赋统计》,上海:上海人民出版社,1980年。张海瀛:《张居正改革与山西万历清丈研究》,太原:山西人民出版社,1993年。

直接原因,大部分马市都由山西商人垄断。①

有明一代,山西北部地区因其特殊的地理位置、环境条件,农业生产和社会经济都具有一定的区域特色,整体有所发展,但所受制约较多,至明末吏治腐败,灾害频繁,社会动乱,战事不断,土地垦殖和社会经济都受到很大影响。

三、清时期土地政策与区域发展

清廷入主中原,政权机构承袭明制,采取三院六部制,地方实行行省制,主要以明代的布政司为范围基础。这时长城内外军事形势发生变化,晋北地区不再是政权斗争的前沿地带,明代的卫所制度也逐渐衰落,在清政府的变革下,逐渐退出历史舞台,至清光绪时期,境内主要置有冀宁道太原府和雁平道大同府、朔平府及宁武府,以及保德州、代州、忻州三直隶州。

为了恢复社会经济,清朝初期主要采取了鼓励垦荒,休养生息的政策。顺治初年,"凡各处逃亡民人,不论原籍别籍,必广加招徕,编入保甲,俾之安居乐业。察本地方无主荒田,州县官给以印信执照,开垦耕种,永准为业。俟耕至六年之后,有司官亲察成熟亩数,抚、按勘实,奏请奉旨,方议征收钱粮。其六年以前,不许开征,不许分毫佥派差徭"②。清政府颁布的一系列政策,旨在全面推行垦务,首先要使流民安定,察为无主荒田之后,给以执照开垦,并且在六年之后起征。一系列的垦殖政策显示了清政府对于土地垦殖的重视。顺治十一年开始,清廷开始实施兴屯之策,山西宣府、大同二镇从顺治十年就设置宣大兴屯道,其间虽有开垦荒地,然而由于地租过重以及生产条件等项原因,这次兴屯最终以失败告终。随后清政府加强地方官督垦并一定程度减少税额,顺治十三年至顺治十八年,全国兴起了第一次报垦高潮,境内大同府报垦两千三百多顷③。

康熙时期对于农业垦殖亦非常重视,继续鼓励开荒垦种。这一时期晋北各县纷纷从外地招来流民开荒种地,境内荒地基本开垦完毕,社会经济逐渐恢复。同时由于土地承载力渐趋饱和,北部地区的民众还大量走出口外,赴长城以北地区如归化城、托克托、萨拉齐一带开垦荒地,并逐渐定居下来。康熙本人对于地方民情也非常重视,曾多次巡视山西,对于塞外垦

---

① 参山西省史志研究院编,《山西通史·第5卷 明清卷》,太原:山西人民出版社,2001年。黄鉴晖:《明清山西商人研究》,太原:山西经济出版社,2002年。

② 《清世祖实录》卷43,"顺治六年四月壬子"。

③ 彭雨新编著,《清代土地开垦史》,北京:农业出版社,1990年。

种亦多有心得，“边外耕种，必培护谷苗，使高其垅。此皆由土性寒而风又凛冽之故，不如此，则谷苗不能植立矣”①，随后这些难于耕种之地多行体恤、蠲免之策，推行仁政。

雍正朝在全国继续推行垦务之策，颁布了一些利于开垦的政策，包括鼓励民众垦荒、增加旱田起科年限等措施，这一时期各省也都有报垦数额，山西省也有一定报垦，说明开垦政策还是有效果。同时，晋北地区卫所改州县在雍正时期大规模展开，境内行政区划基本形成。赋役方面，清初的赋役制度沿袭明代，康熙后期开始实施“滋生人丁，永不加赋”之策，雍正初年，清廷推行“摊丁入亩”，这些都基本体现了清统治者轻徭薄赋的税收政策，为社会经济发展提供了条件，这样至乾隆时代，山西境内土地垦殖基本达到了一个峰值。

乾隆以后，塞外地区的垦殖更为发展，从不断开垦荒地到开垦口外旗地牧厂地，这与境内人口日渐增多也有很大关系。时至清后期，清政府开始大规模开垦东北地区和内蒙古地区，其中对于蒙地的放垦与本区域社会经济各方面影响较大。清廷起初对于蒙古地区禁止私垦，意在杜绝其与外界接触，然而在绥远地区，从康熙间的屯垦开始，土默特部即依赖汉人租种他们土地以收租为生，随后雍正朝和乾隆朝多次放垦，牧厂地逐渐被开垦耕种。至光绪二十八年，贻谷在绥远地区设立归化垦务局，督办绥远地区垦务，收到一定成效，同时，也吸纳了更多的北部地区民众来这里农耕定居，村落渐多，生齿日繁。清末的放垦实质上是将国有土地对农民出租，改变了当地农业比较落后的状态，对于区域农牧格局的转变及形成影响较大。

实际上，山西北部地区农业生产条件较差，风高霜早，土地瘠薄，农业发展较为落后，农业生产基本实行粗放式经营，田成一季，广种薄收。大多数地方不种植冬小麦，种植结构也较为单一，所种多为黍稷菽麻、莜麦荞麦等作物，亩产量低。

畜牧业方面，山西整体山地丘陵分布较广，草地面积广，尤其北部地区畜牧业资源比较丰富，有清一代晋北地区的畜牧业也有所发展，所养多为马牛羊等，规模大，数量多。晋北地区民众多为农牧兼事，农业与畜牧业相辅相成，充分体现北方农牧交错带生产特征。

境内其他产业如采煤业、毛皮加工、皮革生产业等，在清代也有较大的发展。山西煤炭资源丰富，大同地区煤矿开采也由来已久，多为民间经营。

---

① 《清圣祖实录》卷153，“康熙三十年十二月丙戌”。

毛皮加工和皮革生产的发展与晋北地区丰富的草场资源以及畜牧业较发达分不开,在归化、大同等地方有不少人专门从事毛皮加工,将生皮变为熟皮,进而生产为其他用途较广的物品。除此之外,晋商在有清一代持续发展,晋商贸易声势浩大,实力雄厚。顺治初年至道光中叶,晋商云集在归化厅杀虎口、张家口、大同等地,垄断长城内外贸易。还有许多商人将布匹、绸缎、茶等腹地货物运往蒙古草原和新疆地区,同时又将新疆的葡萄干、哈密瓜、白银及蒙古的牲畜等运回晋北,在归化城一带出卖。①

整体而言,清朝统治者对于农业生产非常重视,政权初期及其后相当长一段时期都实行比较宽松的开垦之策,并且在一定时期内,全国土地开垦普遍回升,包括晋北地区,鼓励垦荒的政策初见成效,区域社会经济逐步恢复。雍正以后至乾隆时期,多数州县已无荒田可开垦,社会经济发展到一定水平。由于自然环境及农业生产条件、赋役税收等多种原因,区域社会经济很难再向前发展。境内大量劳动力流失,走出口外,参与边外地区的土地开垦和经济发展。

第四节　小 结

晋北地区位于黄土高原,属于北方农牧交错带,地形地貌复杂,气温较低,寒冷干旱,气温年较差大,降水量年际变化大。境内水资源有限,受地理环境和气候条件制约,河流水源补给主要依赖降水,河流季节性较强。水利设施不发达,多数州县并未有水利之兴,也鲜能享受河泽之利。更有雁北地区“土皆斥卤”,土地盐碱化比较严重,晋西北地区则主要分布黄土丘陵,土壤水分条件较差,结构松散,水土流失严重。所有这些,都充分显示了晋北地区敏感的生态环境及有限的农业生产条件,农业发展受其制约比较明显。

相较于农业生产条件的短缺,晋北地区的森林草场资源较为优越,历史上恒山、五台山、太行山等地森林植被众多,丘陵山地草场资源丰富,所以历来晋北地区的牧业生产较为发展。人类土地开发的历史与森林植被的变迁关系密切,历史时期大规模的屯垦、毁林开荒、大兴土木及战乱破坏等人类活动也是境内森林植被减少的主要原因。

将自然灾害视为生态环境的一部分,可以更好地理解历史时期晋北地

① 参山西省史志研究院编,《山西通史·第5卷 明清卷》,太原:山西人民出版社,2001年。黄鉴晖:《明清山西商人研究》,太原:山西经济出版社,2002年。

区的自然环境状况。境内大风灾害、沙尘暴和干旱灾害频繁发生，极大影响传统农业生产和民众生活。有清一代，晋北地区共发生旱灾 93 次，平均每 2.88 年发生一次旱灾，其中有 5 次特大旱灾，20 次大旱灾，35 次中度旱灾，33 次轻度旱灾，至清代中后期，境内发生大旱灾的次数较多。旱灾发生，往往灾情严重，同时常伴有饥、疫、蝗灾等次生灾害，尤其光绪初年的丁戊奇荒，晋北地区也受灾严重。雹灾和霜冻灾害在晋北地区也较为常见，雹灾伤苗，早霜杀稼，对于当地生产生活也有很大影响，晋北地区田成一季，一旦发生便成饥馑灾荒。除此之外，洪涝灾害和地震灾害在晋北地区也多有发生，灾害的瞬时性和突发性常常给人们造成极大的损失，不仅生产活动受阻，更威胁到广大百姓的生命财产安全。

就历史发展背景而言，晋北地区也是我国开发历史较为悠久的地区，是民族对峙和民族融合的前沿地带。这里在新石器时期出现原始农业，游牧经济在社会经济中一直占有相当的比重，畜牧业是晋北地区民众经济生活的重要组成部分，境内人们农牧兼营，农牧业此消彼长，日渐发展。秦汉、北魏、隋唐等时期晋北地区农业得到一定程度发展。明代晋北地区在北部边防中位置重要，都司卫所制度和屯田都使得境内农业得到发展，由于农业开垦本身的局限性和边境地区的局势不稳，明中后期以后农业经济发展受阻，卫所屯田逐渐走向衰退。

清朝初期，统治者与民休息，鼓励垦荒，政府所颁行的一系列垦殖政策对于晋北地区农业经济的恢复有所推动，但是基于本区域独特的自然环境及有限的农业生产条件，境内许多地方州县在雍乾时期土地承载力已渐趋饱和，大多粗放式的农业经营并不能满足农民的生存需求，致使大批的民众离开自己生活多年的乡村故土，越过长城，走出口外，农牧兼营，藉以养家糊口。尤其至清后期，清政府对边外地区的放垦，更加吸引了大批边内民众的涌入。

历经唐、元及明清，晋北地区的畜牧业也得到一定程度的发展，凭借着优良的牧场草地资源，晋北成为牧养官马和交纳马匹的主要地区，明代大同地区还是边境贸易的主要交易区，这里马市异常繁荣，清代则持续发展，牧养规模较大。同时，晋北地区的毛皮加工业、煤矿开采业在这一时期也有所发展，明清时期发展起来的晋商也多集中在长城内外地区活动。

总之，晋北地区以其独特的自然环境特征和人文环境特征，构成了区域土地利用的整体背景，这种特征及背景是在长期的历史发展过程中形成的。

第二章　清代晋北地区的土地关系

土地关系中土地所有权、土地买卖、土地租佃及社会民生等问题的探讨有助于加深对土地利用社会背景的了解,同时也是对土地利用驱动因素的拓展。所以首先要弄清楚土地归谁所有,谁在真正经营土地等人与地的问题,政府是如何管理的,以及围绕土地所形成的人与人之间的关系问题,然后再去考虑人是如何利用土地等土地利用问题。

第一节　国有土地产权变动

清政府中央统一由户部负责土地管理,光绪三十二年(1906年)将户部改为民政部,有关财政工作划出另设度支部,户部之名遂废。度支部下设十司,田赋司掌土田财赋及稽核八旗内府庄田地亩。地方土地管理机构主要在于地方行政机构,清代行政建制主要为省、道、府、县四级制,一般都在直属中央的下一级中设有与户部相应的机构管理土地,到县则由县令负责。县以下为基层组织,主要有乡,乡设乡长,乡以下为里甲,这种里甲制的基层组织实际在徭役的摊派和赋税的征收过程中负责提供最基础的资料。

清代土地从权属上分为官田和民田两类。官田归国家所有,不纳粮,一般禁止买卖,而民地则需要纳粮,允许自由买卖。官田向民田的转化各朝代都有,清代初期,在区域自然与人文双重背景下,晋北地区官田民地化的现象较为突出,主要包括卫所屯田和赡军地民地化。

由于国家政区的变动直接关系到国家土地管理,与国家层面土地所有权变动相关,所以需要先来关注清代晋北地区政区的变动情况。

一、政区变动

清代山西北部地区的行政建置较明代有比较大的变化,这主要与明代的都司卫所制度有关。明代实行的都司卫所制度,是军事与地方管理相结合的一种军事制度,都司卫所管理有一定的地理区域。明代,晋北地区属于边疆地区,明政府在这一带长城沿线地区没有设置州县等地方行政建置,而是在这里广设卫所,将其纳入军事管理体系,以便更好守御疆土，抵御外敌。当清军入关，长城内外军事形势发生变化以后，卫所制度逐渐退出历史舞台，在这一过程中，晋北地区的行政区划出现了一系列的变动。

清朝初年地方行政系统因袭明制，本研究区域主要为太原府和大同府管辖，同时以往属明代山西都司和山西行都司的部分卫所依然存在。

在太原府地区来讲，主要有静乐县，河曲县，忻州及其所领定襄县，代州及其所领五台县、崞县、繁峙县，岢岚州及其所领岚县和兴县，以及镇西卫、振武卫、雁门守御千户所、宁化守御千户所、宁武守御千户所、偏头守御千户所、八角守御千户所、老营守御千户所。

在大同府地区主要有大同县、怀仁县、浑源州、应州、山阴县、朔州及其所领马邑县、蔚州及其所领广灵、广昌、灵丘三县，以及大同前卫、大同后卫、大同左云川卫、大同右玉林卫、阳和高山卫、天城镇远卫、威远卫、平鲁卫、安东中屯卫、朔州卫、井坪守御千户所。

这种州县和卫所并存的区划状态从清初延续至雍正初年，这期间清政府陆续展开了弱化卫所制度的系列改制行为，直到雍正年间，实现了比较大的行政区划变动。

雍正二年(1724 年)，析忻、代、保德等为直隶州，又析定襄、静乐入忻州，五台、崞、繁峙县入代州，河曲、兴县入保德州。雍正三年(1725 年)，岚县直隶太原府。同年，改宁武卫置宁武府，统宁武、偏关、神池、五寨四县；改右卫置朔平府，设右玉、左云、平鲁三县治，又析朔州、马邑隶朔平；改阳高卫为阳高县，天镇卫为天镇县，隶大同。雍正六年(1728 年)，以大同府属之蔚州归直隶宣化府，广灵、广昌、灵丘三县仍属大同。雍正八年(1730 年)又将兴县改隶太原府。雍正十年(1732 年)，又以大同府属之广昌改隶直隶之易州。嘉庆元年(1796 年)，并马邑入朔州。

这样，至清光绪时期，本研究区域内主要为冀宁道太原府部分州县和雁平道的大同府、朔平府和宁武府，以及保德州、代州、忻州三直隶州。具体而言，太原府部分主要有岢岚州、兴县、岚县。大同府主要有大同、天镇、阳高、怀仁、山阴、广灵、灵丘、应州、浑源州七县二州。朔平府辖右玉、左云、平鲁、朔州三县一州。宁武府辖宁武、偏关、神池、五寨四县。另外，保德、代州、忻州三直隶州，除本州地外，保德专领河曲，代州领繁峙、崞、五台三县，忻州领静乐、定襄二县。

从政区变动看，清代晋北地区的行政区划变动集中表现在解决明代遗留的卫所问题，以及和直隶交界地区州县的归属上。晋北地区的政区变动是在清代政区变动的大背景下完成的。

表 2-1　研究区域清代政区沿革表

<table>
<tr><th>时间</th><th colspan="2">所属</th><th>所辖</th></tr>
<tr><td rowspan="4">1644～1724</td><td colspan="2">大同府</td><td>大同县[附郭]、怀仁县、浑源州、天镇县、阳高县、应州(山阴县)、朔州(马邑县)、广灵县、灵丘县</td></tr>
<tr><td colspan="3">大同前卫、大同后卫、大同左云川卫、大同右玉林卫、阳和高山卫、天城镇远卫、威远卫、平鲁卫、安东中屯卫、朔州卫、井坪守御千户所</td></tr>
<tr><td colspan="2">太原府</td><td>静乐县、河曲县、忻州(定襄县)，代州(五台县、崞县、繁峙县)，岢岚州(岚县、兴县)、保德州</td></tr>
<tr><td colspan="3">镇西卫、振武卫、雁门守御千户所、宁化守御千户所、宁武守御千户所、偏头守御千户所、八角守御千户所、老营守御千户所</td></tr>
<tr><td rowspan="7">1796～1911</td><td rowspan="6">雁平道</td><td>大同府</td><td>大同县、天镇县、阳高县、怀仁县、应州、山阴县、浑源州、广灵县、灵丘县</td></tr>
<tr><td>朔平府</td><td>右玉县、左云县、平鲁县、朔州</td></tr>
<tr><td>宁武府</td><td>宁武县、偏关县、神池县、五寨县</td></tr>
<tr><td>保德直隶州</td><td>保德州、河曲县</td></tr>
<tr><td>代州直隶州</td><td>代州、繁峙县、崞县、五台县</td></tr>
<tr><td>忻州直隶州</td><td>忻州、静乐县、定襄县</td></tr>
<tr><td>冀宁道</td><td>太原府</td><td>岢岚州、兴县、岚县</td></tr>
</table>

资料来源：(清)穆尔赛等修，刘梅等纂：康熙《山西通志》，康熙二十一年刻本。(清)觉罗石麟修，储大文纂：雍正《山西通志》，雍正十二年刻本。(清)曾国荃、张煦等修，王轩、杨笃等纂：光绪《山西通志》，光绪十八年刻本。山西省地图集编纂委员会编：《山西省历史地图集》，北京：中国地图出版社，2000 年。中华人民共和国民政部：《中华人民共和国县级以上行政区划沿革》(第一卷)，北京：测绘出版社出版，1986 年。牛平汉主编：《清代政区沿革综表》，北京：中国地图出版社，1990 年。陈潮、陈洪玲主编：《中华人民共和国行政区划沿革地图集》(1949～1999)，北京：中国地图出版社，2003 年。赵尔巽等撰：《清史稿》，北京：中华书局，1977 年。(清)乾隆官修：《清朝文献通考》，杭州：浙江古籍出版社，2000 年。刘锦藻撰：《清朝续文献通考》，杭州：浙江古籍出版社，2000 年。

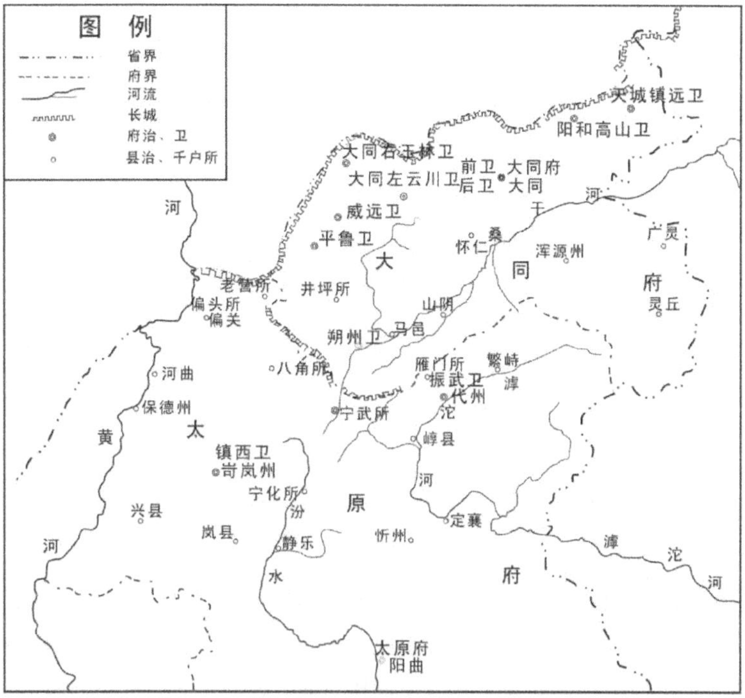

图 2-1　清初晋北地区府州县及卫所示意图

说明:据山西省地图集编纂委员会编:《山西省历史地图集》《政区图组(明)》(北京:中国地图出版社,2000 年)改绘,同时参考康熙《山西通志》。

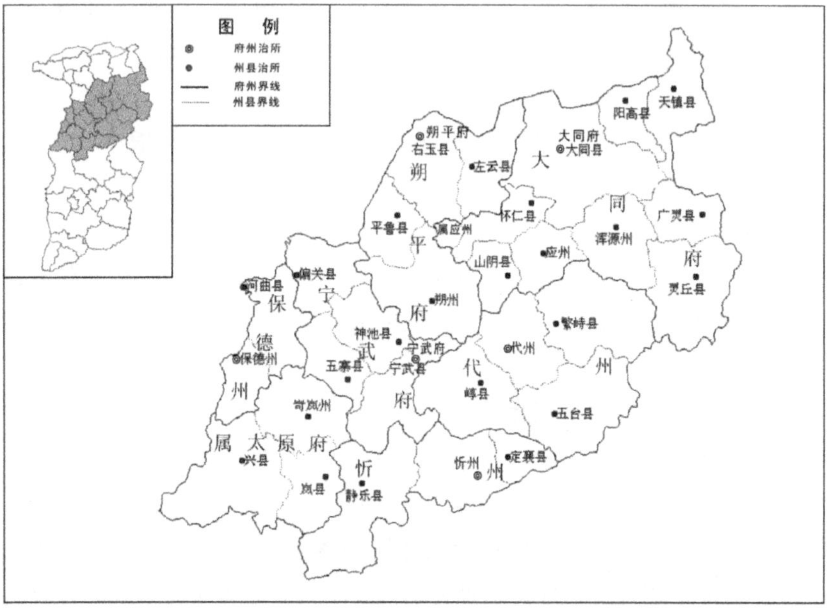

图 2-2　清中后期晋北地区政区图

说明:据复旦大学历史地理研究中心中国历史地理信息系统(CHGIS)政区数据改绘。

二、产权变动

清代官田又多按其用途分为庄田、屯田、营田等类别。庄田也有不同形式，有内务府庄田，礼部庄田，光禄寺庄田，王、公、宗室庄田，八旗庄田。清朝官田以旗地为主，内务府庄田、宗室庄田、八旗庄田等都属于旗地，除此之外，还有驻防庄田、盛京官庄、八旗井田、八旗公产等都属于旗地，这些旗地大多由清初圈占土地而形成。屯田，主要设在直隶和新疆，多属军屯。水利田，又曰"营田水利"，由政府倡导组织开发种稻的水利田。民田，以土质分上、中、下三种，以耕种情况和用途分为：荒地（未开垦的土地），荒田（垦而未种的土地），熟地，小地（畸零地），灶地（直隶、沿海煮盐的土地），备荒地（专用以备荒），其余皆称为白地，概括清代的官民田地，可以民、屯、庄、灶来表示。

依据光绪《山西通志》的记载，清代山西耕地大致可以分为民田、屯田、更名田、更名赡田、赡军地、操赏地、南粮兴屯地、河滩塞地、军租并给军抵饷地、卫所归并各州县屯田、归并营田、额外更名基地、额外养廉、赏功并咨报、改归各地、大同中、东、西、南四路赡田、归绥七厅经征官租、牧场各地等等，这是赋税系统下对耕地的分类。其中的军屯地、赡军地、操赏地、军租并给军抵饷地、归并营田、大同中、东、西、南四路赡田等属于官田，其余为民田。所以晋北地区的官田主要有军屯地、赡军地等，这部分官田的设置，主要是为了养活官兵，解决粮饷。

以上是对清代晋北地区官田和民田的大致概述，需要指出的是区域内这种官田、民田的格局是逐渐形成的，并且随着时间的推移，这种官田、民田的格局会出现一定变化，主要表现为官田民地化，即国有土地私有化。同时，晋北地区官田产权的变动还存在一种比较特殊的现象，即官田使用权和经营权的变动，主要表现在牧场地、驿站地等向农用地的转化。

1. 卫所屯田、赡军地民地化

清代晋北地区田赋系统下记载的屯田，与明代屯田直接相关。明代广设卫所，为了解决驻防军粮饷问题，明王朝大兴屯田，实行借地养民之策。明洪武之后，全国土地是由行政系统和军事系统分别管辖，即由布政司和都司两大系统分别管辖，都司卫所不仅是兵制，更是掌管一定地盘的田亩和税粮的经济实体①。山西北部地区在明代为边疆军事要地，设有山西都司和山西行都司，北部大同镇为九边重镇之一，甚至在长城沿线部分地区，明朝统治者只设立卫所进行管理，这里卫所屯田分布较广。相对于晋中、晋南，晋北地区的卫所屯地较为集中，如雁门守御千户所全部屯田均座落本所等等，当然，也有部分卫所的屯田分布于不同州县，如振武卫屯田就坐落在振武卫、代州、崞县、繁峙县等地。

如前所述，卫所制度在清代的变革直接关系到清代政区的变动。明代遗留的卫所制度在清代持续了八十多年②，立国之初边疆荒蔽，为了控制以及维持生产，清廷将明代的都司卫所制度沿袭了一段时间，因为卫所有一定的地亩和税粮，还有大量的屯丁。随着社会的逐步稳定，顺治、康熙朝等陆续裁撤都司卫所，并且同时令原归卫所管理的屯田归并入州县，屯丁亦归州县，由州县统一管理。据清会典的记载，明代屯田至清朝主要有几种变化形式，一种是继续垦殖的屯田，为赡军地，一种是由卫所官征赋税，还有一种就是卫所归并或改置州县以后，赋税由州县官征。

为了恢复明末遭受严重破坏的农业生产，清政府在初期采取鼓励垦荒的土地政策，承认垦荒者的土地所有权，并在一定年限内免于升科。顺治三年，清政府更定屯田官制，每卫设守备一员，兼管屯田。顺治七年，令屯田"照州县民田则例一体征收"③，这其中详细的规定是，"今既裁汰归并州县，凡有运粮之卫所屯田，仍旧征收，其无运粮之卫所屯田，均照坐落州县民田例起征"④。雍正二年裁山西都司，以卫所改隶州县。至雍正三年，清政府基本完成了山西北部地区的卫所改归州县的行政化改革，改归后，在原本只设卫所而无行政建置的地区新设宁武、朔平二府，新设右玉、左云、平鲁、宁武、神池、偏关、五寨、天镇、阳高九县，同时将卫所屯田变为州县屯田，包括部分卫所屯田归并为州县屯田，由州县统一管理。清初沿袭明制，卫所屯田均给军分佃，并且革除一切杂徭，随着经制官兵的设置，屯卫之军次第裁汰，最终屯田"其田给民承佃，即为世业，与民田无异"⑤。至此，随

---

① 参见顾诚：《明前期耕地数新探》，《中国社会科学》，1986 年第 4 期，第 193—213 页。顾诚：《明帝国的疆土管理体制》，《历史研究》，1989 年第 3 期，第 135—150 页。张海瀛：《张居正改革与山西万历清丈研究》，太原：山西人民出版社，1993 年。其中关于洪武之后的时间说法，为张海瀛先生所提。

② 顾诚：《卫所制度在清代的变革》，《北京师范大学学报（社会科学版）》，1989 年第 5 期，第 15—22 页。

③ 《清世祖实录》卷 50，"顺治七年八月壬寅"。

④ 《钦定大清会典事例》卷 165《户部 · 田赋 · 屯田》。

⑤ 光绪《山西通志》卷 58《田赋略一》，光绪十八年刻本。

着卫所制度在清代的变革,卫所屯田逐步完成民地化。

屯田归州县管理,与民田一例起科,但在具体操作中,基层税收工作非常复杂,屯田和民田还是分开算清纳税,这是因为历来屯田科则要重于民田,军事卫所和地方州县两种体系长期分开管理的历史原因使得卫所屯田虽然并入州县,但依旧需要与民田分开管理纳赋,“山西田赋民地每亩科银一厘七丝至一钱零不等,粮一合五勺至二斗七升不等。屯地每亩科银三厘三毫至一分四厘不等,粮一升八勺至一斗九合零不等。卫所屯地每亩科银一分四厘”①。

清代继续为军队垦殖的屯田为赡军地,在这部分屯田中也陆续出现招民垦种的现象。如大同中东西南四路赡军地,改归右玉县招民承种地111顷79亩,改归左云县招民承种地181顷74亩,改归平鲁县招民承种地32顷,除去这些改归各县的地亩,至光绪十三年应征赡军地5224顷39亩②。

清代卫所屯田民地化的原因主要在于清政府对于军事制度的改革,卫所屯田失去卫所制度的依托,走向民地化。清前期八旗兵和绿营兵是国家正规军,称为经制兵。清代后期则主要为勇营军制和新军等近代兵制。清代的军屯主要是由驻防绿营兵在陕西、四川、湖南、贵州、两广等地及后来在北部和西北地区实行的屯田,所以此时的屯田和明代的屯田已经有所不同。

2. 牧场地民地化

晋北地区牧场地使用权及经营权的变化表现也较为明显。牧场地是和牧马草场联系在一起的。由于较多保留了渔猎游牧民族的特点,以及八旗旗兵的需要,清初在圈地之时,也将大片土地斥为牧厂,山西北部、西北部地区即为牧厂分布较多的地区。驻防八旗在驻防地也设有驻防牧场。随着清朝统治的日渐稳定,清朝中后期,大批的牧场被垦为农田,日渐私有,并且许多牧场转化为农地,如坐落在杀虎口外克勒布拉克地方的高祖时原任都统巴特玛所遗牧场地亩,在乾隆四十八年经查验,“牧场现无牲畜,历年闲弃荒芜,被蒙古等私招民人李俊等开垦分粮,不行纳赋,各自侵蚀”③。另有嘉庆年间牧场开垦情况,“嘉庆三年奏准,开垦场地内有沙地五百余顷,复收回仍作牧场,十一年,丈出余地,开垦二千七百二十五顷,仍

① 光绪《山西通志》卷58《田赋略一》,光绪十八年刻本。

② 《晋政辑要》卷9《户制·田赋一》,光绪十三年刻本。

③ “山西巡抚农起为佐领鄂永武将高祖所遗杀虎口外牧场地亩悉数上交事咨呈(乾隆四十九年七月十六日)”,中国第一历史档案馆编:《清宫珍藏杀虎口右卫右玉县御批奏折汇编》,北京:中华书局,2010年。

由归化厅同知征租”①。牧场被民间开垦，后又被收回重作为牧场，如此反复，反映了牧场与农地之间的相互转化，也反映出农牧业在该地区的发展情况。随着社会的稳定，一方面清政府不再需要蓄养大批军马用于战争，部分草场闲置。另一方面，人口在和平时期开始急剧增长，对农业的需求增大，导致更多的牧场地被开垦为农田，边疆地区不断得到开发。

此外还有一种驿站地，也属于牧场地。即在土默特、杀虎口、归化城等处，清政府在这里建立驿站，驿站周围的牧场实行类似屯田之制用以养活驿站官兵，称为驿站地或台站地。驿站牧地既不从公家领饷也不向公家交租，这部分土地实际也早被官兵租给民人垦牧。到了光绪时期，贻谷及其后续的官员都极力倡导将这部分土地丈放收租，理由之一就是这部分牧场地早已被乡民垦牧，“各站草地被附近民人违例私垦，随处皆是，本应一律查禁，惟查该民人等垦地较多，历年甚久”②，“光绪三十二年，前已革将军贻谷以该站地多被附近人民私垦，委员来台，一律丈放，藉以增收荒价，计共放过站地八千三百九十四顷三十余亩，……驿站各地未经丈放以前，站兵久非自种，原系招人垦牧，常年略收私租，坐食其利，……惟有将已放之地改办官租，不收荒价，给原领之户承垦，按地之肥瘠定租之等差”③。

牧场地使用权的变化，反映了农牧业人口的增减与流动，这与蒙地特殊的土地占有关系相联系④，也反映了游牧文化与农耕文化的碰撞。随着农业向长城外的拓展，牧场地向农用地转化的趋势日渐显著。这一现象与沿边人民生产生活密切相关，与边内人民大量的移民口外联系紧密。

牧场地的变化涉及清代晋北地区牧业向农业的转化，也就是土地利用方式之间的相互转化，它反映了人类活动在土地垦殖方面的拓展，也反映了农牧交错地区的农牧转化问题。

除此之外，学田等免于升科的土地也有民地化现象。学田在清政府的赋税政策下属于税收之外的田地，不属于纳税的范畴，为“专资建学及赡恤

---

① 《钦定大清会典事例》卷647《兵部·马政》。

② “绥远城将军贻谷奏报杀虎口等处驿站私垦地亩拟请归官垦放缘由折（光绪三十一年十二月十九日）”，中国第一历史档案馆编：《清宫珍藏杀虎口右卫右玉县御批奏折汇编》，北京：中华书局，2010年。

③ “署绥远城将军瑞良奏为酌拟杀虎口等处已放驿站地亩改办官租并妥筹办法折（宣统二年十一月二十八日）”，中国第一历史档案馆编：《清宫珍藏杀虎口右卫右玉县御批奏折汇编》，北京：中华书局，2010年。

④ 王建革先生认为蒙地的所有结构是一种层层分割的结构，提出占有权分割的概念，主要涉及国家、蒙旗、蒙民和汉民的分割占有关系，并认为中蒙土默特地区占有权形态多样化。相关论述见王建革：《农牧生态与传统蒙古社会》，济南：山东人民出版社，2006年。

贫士"之田,旧无常额①。顺治十四年提准,"直省学田,不许豪强隐占,令各督抚将州县额征田租,逐一厘清。又覆准,学租归学政衙门,为本学及赡给贫生之用"②。学田也有逐渐为民间侵占的现象,如定襄县儒学田分别坐落几处,"叁拾叁亩叁分,赵襄子坟余地;壹顷伍亩玖分柒厘,旧养济院园地;壹顷柒拾余亩,坐落山凤上都,土名小山前"③。这其中原本宁武道赡学地四十四亩,分别坐落城东十四亩,贯家园十五亩,城北十二亩,城西南三亩,共计粮二石一斗四升,至康熙三十八年拨入义学,只留下赵襄子坟余地三十三亩,而旧养济园地一顷五亩中,七亩也久为民间侵占,康熙五十一年知县王时炯彻底清丈,并令各退还原额,此外,又有山凤上都乡民张桂成等人隐匿无粮地一顷七十余亩,于是把这部分田也拨入学田,共计三顷十余亩,"每岁募佃播种,除葺理殿庑外尚可充本学月课诸生膳食之需"④。学田等免升科土地不断被乡民侵占,反映了民众对于土地的渴望和人地关系的紧张。

官田产权变动意味着土地私有为主体的小农经济的进一步发展,对社会生产力影响较大,土地利用就是这种影响下的过程和表现。另一方面,官田转化为民田,要按一定的税则定赋升科,那么原则上纳入田赋系统记载的土地数据就会变化,这表现了国有土地所有权变动对于册载田赋数据的影响。国有土地产权的变动直接影响着区域土地利用,应该为我们所关注。

第二节　私有土地产权变动

清代民田允许自由买卖,这样就会产生私有土地所有权的变动,属于土地产权变动的一种。土地产权转变,主要包括土地的处置权、使用权、收益权发生变化,形式有买卖、典当、抵押、租佃等,这实际就形成了土地买卖和土地租佃,本节即主要考察清代晋北地区的土地买卖和土地租佃问题。

一、土地卖绝

土地买卖是土地私有制的必然产物,也是土地私有的重要标志,通过

---

① 张研:《清代经济简史》,郑州:中州古籍出版社,1998年,第151页。
② 《钦定大清会典事例》卷164《户部·田赋·学田》。
③ 雍正《定襄县志》卷2《建置志》,雍正五年刻本。
④ 雍正《定襄县志》卷2《建置志》,雍正5年刻本。

当时产权变动留下的原始资料——契约文书，可以详细了解当时土地产权变化的过程、方式，以及国家对于土地私有、产权变动的态度和管理等问题，所以下面的讨论主要围绕当地契约文书资料展开。

契约是人类社会发展到一定阶段的产物，契约文书是所有权制度历史演进的第一手原始资料，契约文书不仅记载了不同历史时代社会生活中的种种法权关系事例，也留下了不同时代、不同地区种种财产(诸如土地、房产、耕畜、生产物和商品等等)的买价、租价、典价、工价，以至赋税、货币、度量衡等珍贵的数字资料，众多的契约中，又以明清契约文书占有突出地位①。长久以来，国家对土地私有的承认发展到对私有的保护，北宋以后，土地买卖关系空前繁荣，同时，国家为了在频繁的交易关系中榨取契税，逐步形成出现了官契和契尾②。明代以后契尾变得更加冗长、繁杂，一般都由各府拟定式样。清代乾隆年间以后契尾的格式稍加改变，能够更严密一些。据安介生教授等研究，顺治与康熙时期，"契尾"之制并没有在山西省境内全面推行，就晋中地区而言，康熙时代以白契居多，出现部分红契，雍正以后基本都有契尾的粘连③，就笔者见到的部分晋北地区契约而言，情况大致相仿之外，稍有一些区域特征。

以下为乾隆十七年五台县曲灿斗卖地与闫义合的契约。

立约人曲灿斗自因钱粮紧急，将自己神堂地壹段系南北畦，东至曲秉直，西至郭之成，南至曲秉直，北至曲钦思，计地伍亩陆分，情愿出卖与闫义合永远为业。定价银肆拾伍两，旦日交足，其粮照册过拨，空口无凭，立约存照。(在本段文字的上端部和中下部各盖有"五台县印"章)

见人 曲金声
曲顺斗
郭之成
曲官音(每人后十字画押)

乾隆十七年十二月二十七日立。(在"十七年十二月"处盖有"五台县印"章)

民国二年 月 日(字迹模糊，上盖有印章，模糊不可识，据同时期

① 杨国桢著：《明清土地契约文书研究》，北京：人民出版社，1988年。

② 张传玺：《契约史买地券研究》，北京：中华书局，2008年。

③ 安介生、李钟：《清代乾隆晋中田契"契尾"释例》，《清史研究》，2010年第1期，第102—108页。

其他契约推断应该为五台县知事印章),下方盖有“验讫”二字印①

这应是一张单独的盖有官印的草契,从形式与内容上来说,实际属于红契,即盖过官印说明已经交过契税,被政府所认可。立约人曲灿斗将自己名下五亩六分地卖与闫义合永远为业,地价银四十五两,同时地粮过拨。

相较于晋中地区康熙时期出现部分红契,雍正后基本都有契尾粘连的情况,北部地区见到的乾隆年间的契约还是草契加盖官印的红契,没有看到契尾的粘连。从内容上看,基本是在族人的见证下,将土地卖与他人,钱粮过拨,银两交足之后毫无关系,不涉及土地赎回,所以视为土地卖绝。最后民国年间的文字和印章应为后来验明契约时所写,不是立约时的文字。

所见清代五台县的大部分契约都是草契上加盖官府印章的官契,选取嘉庆十二年曲九成卖地与郭如山的契约,道光五年曲法红卖地与阎新泰的契约,咸丰六年王克宽卖地与闫腾云的契约等,录列如下,以示比较。

立卖约人曲九成自因钱急,将已神堂地一段系南北亩,东至东洛书,南至闫春元西北二至道,四至分明,内计地一亩柒分伍厘,枣树拾壹棵,今情愿出卖与郭如山永远为业,言定价钱壹拾叁千整,旦交不欠,其粮照册过拨,恐口难凭,立约存照。(在本段文字的上部、中部和下部各盖有“五台县印”章)

中见人 曲福典(十字画押)

嘉庆十二年十二月初九日立(在“十二年十二月”处盖有“五台县印”章)

民国三年 月(盖有“五台县知事曲关阳”印章),下方盖有“验讫”二字印②

立卖约人曲法(如)红自因使用不足,今将已南岗地一段系南北亩,东至曲赵昇,西至曲侨闻,南至郭绫,北至韦光荣,四至分明,计地五亩,情愿出卖与阎新泰永远为业,言定价钱肆拾贰千文,旦日交足,其粮照册过拨,恐后无凭,立卖约为照。(在本段文字的上部、中部和下部各盖有“五台县印”章)

郭侯

① 山西省档案馆,B33—1—34。
② 山西省档案馆,B33—1—36。

曲侨融　　见人（二人十字画押）

道光五年十二月十一日（在“五年”处盖有“五台县印”章）

民国三年 月 日（盖有“五台县知事曲关阳”印章），下方盖有“验讫”二字印①

立卖约人王克宽等因用不足，今将自己堡外粪场一块系东西亩，东至买家，西至闫元木，南至曲侨兴，北至郭朝阳，四至分明，此地长壹拾叁步，宽柒步，情愿出卖与闫腾云永远为业，言明卖价贰千玖百文整，旦日不欠，恐人失信，立约为证。（在本段文字的上部、中部和下部各盖有“五台县印”章）

见人 杨银旺（十字画押）

咸丰六年十一月二十九日（在“二十九日”处盖有“五台县印”章）

民国三年 月 日（盖有“五台县知事曲关阳”印章），下方盖有“验讫”二字印②

以上三份契约分别是嘉庆、道光、咸丰时期的土地买卖凭证，与乾隆时期曲灿斗的卖地契约一样，全部是将土地卖绝、粮随地拨，一旦交清地价，土地所有权随即发生转移的情况。契约中写明立约人，即将出卖土地所有权的一方，也就是土地原所有者，简单交代出卖土地的原因，并写清楚将要卖出土地的东西南北四至，地中有何物，卖给某人永远为业，最后写清地价及地粮随拨。一般都有见证人，一到三名不等，落款写清交易时间。几份契约均加盖官印，在民国时期都重新验讫。

资料显示，这类卖地者往往称“自因钱急”、“ 因使用不足”、“ 因用不足”，除个别为外地经商、做官外迁等原因卖地者外，大部分都是因为经济原因。也就是说因家庭经济情况不好转而卖地的情况较清中期多，而且呈上升趋势。

而由官府印制的“官版契纸”官契，在本区所见的契约中，以民国时期的契约所用为多，一般契约上方都印有“官契”二字，格式也是基本固定的。

以下为民国三年五台县曲本如与闫光和买卖土地官契。

---

① 山西省档案馆，B33—1—37。

② 山西省档案馆，B33—1—38。

立卖契人 曲本如 今因急需钱款情愿将 房/地 间/亩 托中卖与 闫光和为业,其房/地坐落 南至 北至 东至 西至 四至登载分明经原中人 等并牙纪 公同议定实价足银制钱 兹已将卖价 当面如数收讫所有房/地 间/亩应照契面即归 永远管业粮银 照契过割此买主自行遵例完纳至所卖之房/地 间/亩实际 产业与别房伯叔兄弟侄无干,亦未曾典当抵押他人财物以及来历不明各等情,如有以上一切情弊 情愿出头承当,与买主毫不牵涉,自卖断之日两相允愿,各无翻悔,空口无凭,填写官契,有执为证。(文字上部、下部均盖有五台县知事印章)

应纳粮银

中华民国 三年 月 日 原中人

立卖契人

代笔人

字第七七六六八号

(左下角)如地亩畸零不成一段,应另画清单,逐段开明四至,粘连契纸,由该管县知事盖用印信

契约右边为骑缝字裁开处,字迹应为"国字第七七六六八号"。在契纸左侧,还粘连了另外两份契约,具体如下:

立卖约人曲本如,只因钱急,今将自己孤子窝地壹段系南北畛,东至曲全喜,西至闫宝山,南至曲基功、王本和,北至闫锡智,四至分明,计地四亩,情愿出卖与闫光和永远为业,言定价钱叁拾壹千捌百文,旦交不欠,其粮照册过推,恐口不凭,立卖约为证。(上部、中部均盖有印章,应为五台县知事印)

宣统三年 十一月 二十日(下方盖有验讫二字)

再左又附记:

民国十九年二月十三号,孙广和将己原买到孤子窝地四亩,今将原地原粮原价原推与

庆春堂承行永远为业,此证志仁代笔

民国 年 月 日 经见人曲昌和(十字画押)

曲合全(十字画押)

同村长张好智(十字画押)①

此契约反映宣统三年(1911 年)曲本如将地卖与闫光和,先立了契纸左侧的草契,加盖印章,然后将其粘连在官版契纸之后,成为官契,而最后再左附记之民国十九年(1930 年)孙广和将地推与庆春堂的契约,应为民国十九年所加,因为不论时间还是字迹都与前文不同。那么他为什么会写在这份契约的后面呢?从内容上推断,原因是这两份契约都是关于一块地的买卖情况,反映了孤子窝四亩地从宣统三年至民国十九年间发生产权变更的情况。首先曲本如在宣统三年将地卖与闫光和,而到了民国十九年,这块地不知几易田主,又被孙广和推与(闫)庆春永远为业。在这几次交易的过程中,地价并没有加升,而是一直在以原价进行交易,所带地粮也没有变化,十九年的时间里,这块地至少交易了三次以上,也说明了清末民初这里土地交易的频繁。更加显示出因地方、乃至国家经济的不景气,导致小农经济的衰落。清朝自咸丰年间开始,已经走过康乾盛世,经济日渐出现衰败气象。1840 年鸦片战争开始,外患未除,1851 年太平天国农民起义继之而起,兵连祸接。为了抵御外辱,镇压农民起义,清政府更加重了对人民的剥削,日渐沉重的赋役负担令广大农民破产。

此外,所见契约以白契加盖印章为多,官版契纸较少,反映的情况也较为简单,大多因为钱急等原因,而将地/房卖与他人"永以为业",并没有写明要在什么时候回赎,而是同时产生钱粮过割,一并交清,两不相欠。因此这种土地买卖属于比较简单的土地卖绝,土地所有权直接发生变化。

兴县杨家坡村在光绪时期卖地的情况,记录在 1942 年晋西北行署关于兴县土地问题调查档案资料中。具体如下表所示。

表 2-2　光绪时期兴县杨家坡村卖地统计

时间	卖家	地亩	买家	地价	粮钱
光绪九年四月一日	温万寿	77 垧	高步云	银 150 两	1.27 两
光绪十年十二月十五日	温沛玉	塔地 1 垧	温天正	钱 4000 文	1.51 分
光绪十二年	温沛玉	塔地 2 垧	温天正	8000 文	3.77 分
光绪十五年九月十日	杨文鸿	上塔地 3 垧	杨满苏	12000 文	3 分

① 山西省档案馆,B33—1—37。

续表

时间	卖家	地亩	买家	地价	粮钱
光绪十八年十一月二十九日	杨邦蕾	中塔地□垧	杨文豹	□文	5分
光绪二十六年十月十五日	田近近	56垧(上梁地20垧,下梁地36垧)以及舍□1分,土窑2眼	杨文豹	15000文	7.6钱
光绪二十六年十二月十九日	刘永禄	16.5垧(中塔地9垧,上梁地7.5垧)	杨文豹	地价钱25000文,□□5000文,共计30000文	□□

资料来源:《杨家坡村历年卖地统计》,山西省档案馆,A88—3—29。

光绪年间杨家坡村出现的土地买卖中,光绪九年温万寿卖地最多,光绪十年(1884年)和光绪十二年(1886年)温沛玉两次将地卖给温天正,而从光绪十八年(1892年)开始,杨文豹不断买地,数量累计也近80垧。虽然没有见到契约,但是从随地钱粮已经过割来看,都属于一次性买断,土地所有权发生改变。通过频繁的土地买卖,土地可以集中到个人手中,富者愈富,贫者愈贫。如五台县契约中显示,闫书堂(阎锡山之父)就在民国二、三年连续六次购买房屋宅地三处、场地一处,另有两次共买地近10亩。而大部分卖地的农民基本是因为生活困苦、急需用钱等出卖土地。

从土地契约中还能看出地价的变化。在乾隆十七年(1752年)五台县曲灿斗的卖地文书中,五亩多地卖了四十五两银子,若按一两银子合一千文钱来算,大约一亩地价为九千文左右。嘉庆十二年(1807年)曲九成的卖地契约中,一亩七分地值一万三千文钱,一亩地价大约为七千六百文左右。道光五年(1825年)曲法红将五亩地卖了四万二千文,合一亩地价八千文左右。宣统三年(1911年)五台县曲本如的卖地文书中,四亩地卖到三千一百八十文,大约一亩地价近八千文钱,1930年孙广和又按原价卖出,地价未变。从乾隆至宣统,五台县地价没有出现太大的变化,基本保持在八千文左右。清末以后,五台县的地价日渐增长,并且还为晋省地价上涨之最,“晋省地价,近十年来,大为增涨。……而地价之增加率最高者,以南路河东各县之能种棉花地亩,及北路崞、代、五台等县为最”①,究其原

① 《晋省全省水田数目及地价之增涨》,《中外经济周刊》,106号,第41页,1925年4月4日,见章有义编《中国近代农业史资料(第二辑1912—1927)》,北京:生活·读书·新知三联书店,1957年。

因,河东地价上涨,是因为棉花销路广所以价昂,而北路的崞县、五台等县地价上涨,则"以近年军政界要人,多为该处人士,经济渐裕,多向本籍购买不动产,买者多而卖者少,求过于供,其价昂亦当然之势"①。

光绪时期兴县杨家坡村的情况显示,光绪九年(1883年)温万寿卖地时一垧地价近两千文钱,光绪十年至十五年(1884—1889年)其间,塔地一垧四千文钱,保持不变,塔地在当地就是指不高的山丘,地势没有平地平,但起伏程度不大的地块②,这其中一垧和一亩相比,亩制并不相同,而且通常情况下,一垧都要大于一亩,基本是一垧合三亩左右。地价还与土地质量直接相关,光绪二十六年(1900年),田近近的五十六垧梁地才卖到一万五千文,这其中还包括土窑等房屋价,这样一垧梁地才合三百文左右。同年刘永禄卖塔地,基本合一垧塔地二千八百文左右,一垧上梁地七百文左右。资料中显示塔地、梁地等交易频繁,并且塔地的地价是稍有降低的,平地资料不多,地价变化不大,大约八九千文一亩。这种情况与兴县境内的地形地貌、土地类型相关。兴县等晋西北地区大都是黄土覆盖的丘陵沟壑,地面异常破碎,是水土流失严重的地区之一,农业生产条件不理想,抵御自然灾害能力差,农业经济发展受制约。兴县清末土地买卖频繁发生,显示国家经济不景气,农民的负担日渐加重,导致土地渐渐集中到少数人手中,破产农民增加。

五台和兴县在清末都出现频繁的土地买卖,但原因和过程并不相同。从地价上看,乾隆至宣统,五台县地价并没有太大变化,清末以后有逐渐上升的趋势;兴县各种类型土地地价变化不一,生产力低的土地地价在清末稍有下降,一般土地地价变化不大。正如绪论中所言,本研究区域相关研究资料匮乏,上文所引例证都是弥足珍贵的资料。五台和兴县的情况,基本代表忻定盆地和晋西北山区的土地买卖情况。在晋北地区,忻定盆地是主要的农业生产区域之一,农业生产相对发达,而晋西北地区属于黄土丘陵沟壑区,农业生产受限,对于这两个区域土地所有权变更的讨论,也可以

---

① 《晋省全省水田数目及地价之增涨》,《中外经济周刊》,106号,第41页,1925年4月4日,见章有义编《中国近代农业史资料(第二辑 1912—1927)》,北京:生活·读书·新知三联书店,1957年。

② 在当地,土地分为平、塔、梁三种,平地即地势基本上是平的地,梁地即一般常见之土山地,地势高,地面起伏不平,塔地,当地指不高的山丘,地势也是平的,没有平地平,但程度不大。三种地中又各分为三等,上平地指土色主黄的好土壤,中平地指不平不塔的地,下平地指土壤不好,砂土、石头地。上塔地指土壤好,不是红格梁石头地,中塔地指土壤不好,多是红格梁石头地,下塔地指土壤不好,位置也不好,边沿接着梁地的地块。上梁地指没有边、崖,地势好的地,中梁地指有些坡、崖,高低不平的程度比上梁地大的地,下梁地则是指几乎全是坡崖,地势直上直下。

带来对整个晋北地区土地买卖的宏观印象。

二、土地典(押)

与土地卖绝不同,典地并不会非常明显地引起土地所有权的变动,而只是针对土地使用权和经营权的交易行为。

典是土地收益与资本利息之间的交易,指地权所有者出让约定期限的物权获得贷款,以土地经营权与全部收益支付资本利息;但出典人保留最终所有权或自物权,在政府产权登记中不发生交割过户;期满之后,备原价赎回土地。① 典(活卖)转让的产业为不动产,原业主称为"田底"主,钱主称为"田面"主,"田底"主承担向国家纳税之义务,保留约定期限内对田面的赎回权,"田面"主拥有"田面"部分的土地处置权,同时享有土地的全部收益及使用权。②

典地一般叫作小买,出典土地的时候就曾经有回赎的打算,在契约中会写上"若后有钱回赎,无钱永远管业"的字样。下面是同治十二年兴县杨家坡村的典地契约:

> 立典约人李升高将自己买到王家山地拾伍垧(地段四至略),情愿出典与张某(原抄时略去名字)名下永远管业,同中受到典价钱肆千文,当日交足,随地认到包纳粮钱四佰文常年上纳。日后有钱秋成回赎,无钱永远管业。两方情愿,永无争差,欲后有凭,专立典约存照,随带底契三张。
>
> 立典约人　李升高　(画押)
> 同中人　某某　(画押)
> 书约人　某某　(画押)
> 同治十二年　月　日 立③

在杨家坡村来讲,这种典地基本都是活期,不约定典期,典地后什么时候都可以回赎,但是必须在典后一年以上,如果是当年回赎的必须给承典人"帮利",即按典后有几个月,按典价多少给承典人纳利,一般是三分利,不过这种情形比较少见。典价通常是地价的一半,平地典价能占到地价的

① 龙登高:《中国传统地权制度及其变迁》,北京:中国社会科学出版社,2018年,第53页。

② 曹树基、刘诗古:《传统中国地权结构及其演变》,上海:上海交通大学出版社,2014年,第27页。

③ 《杨家坡村卖地典地抓地(押地)调查材料之二典地》,山西省档案馆,A88—3—29。

60%~70%,梁塔地只能占到地价的30%~50%,当典价过大超过地价的70%,出典人一般就都不回赎了。当出典人急需用钱时,土地虽好,但当时典价不高,因此当出典人生活困难的时候,就向承典人借钱,连续几次之后,承典人一定会把这块地买下来,给出典人找足地价,补足典价与地价的差额,两人再无关系。

这种典地的过程与土地买卖订立契约的过程基本一致,典约写好之后,四方画押(双方当事人,中人,书约人),必须在百日以内按典价的6%纳税,还必须买官制典契,相当于上文所述契尾,民国时期是每张1.2元,这样才正式取得典权,享有土地的使用收益权,最后由承典人收存约典和红契,有时候会附带典契、买契、兑契等。那么契约中出现的包粮钱,就是对于这块土地随带的赋税缴纳的一个处理,典地之后,每年开始征收赋税的时候,承典人要把这块地的田赋如数交给出典人,然后由出典人向政府交纳,同时给承典人一个收据。这种典地契约体现的典地类似于活卖,它和卖地一个最大的不同就在于是否过割钱粮,卖地以后,所有附带钱粮一并过割给买地人,跟卖地人再无关系,而典地则不同,出典人仍旧纳赋,说明土地所有权仍归出典人,土地所有权没有发生转移,只是在协议的时间内承典人具有一定的经营权和收益权。

一般情况下,出典人都是可以回赎土地的,也有转典的情况。上文资料中同治十二年李升高将地典给张某之后,至光绪三年,张某因为生活问题,又将这块地转典与奥斗岗,典价和以前一样,而到了光绪二十七年,奥斗岗又把这块地转典给杨文豹,典价仍为四十千文,没有立新的典约,只是把原来的两张典约及一张买契转给了杨文豹。最后协议的结果是日后李家直接向杨家回赎,与奥斗岗无关。并且从此李家就开始租种这块地,一直种了三四十年。[①] 这种典地又是另外一种类型,几乎可以看作永佃的情况,有学者称其为土地活卖关系中的永佃属性[②],笔者认为这样称呼也未尝不可。

在乾隆刑科题本中发现这样一则转典的地契,全文如下:

立与契人刘全,自因紧急使用,别无□转,今将自己原典到杨处白地二段,坐落寺角地,一段七亩,一段八亩,各四至不等,共计地一十五

① 《杨家坡村卖地典地抓地(押地)调查材料之二典地》,山西省档案馆,A88—3—29。

② 李三谋、李震:《清代永佃权性质重探》,《中国农史》,1999年第18卷第3期,第19—25页。

亩,情愿转典与赵元弼管业承种,同中受到原典价银一十五两五钱,当交不欠,随带地内原粮上柜交纳,日后原主银到取赎。恐后无凭,立典契存照。乾隆三年十一月二十七日立。①

这则地契资料反映了乾隆三年,代州民刘全将从杨必忠处典到的十五亩地转典于赵元弼承种的情况,其中讲明日后听凭杨必忠回赎,由此可见这是一种活典,并非卖绝。其后相关情况是,随后刘全死,乾隆十年(1745年)杨必忠因手头没钱,便去问赵元弼要找五钱银子的地价,但双方都没说定。找价是活卖的一个主要特征,能够找价的原因在于地价逐渐升高的变动。从官府最后关于案件的处理意见中,认为"其地亩应否找价,应听自行议结"看来,清政府对于民间土地买卖中的是否找价,不会强行干预,只是让买卖双方协商解决。这则地契所反映的典地和土地活卖的情况相同。

五台县也有一种关于转典时原典权利是否存在的习惯,"典户将原典产业转典与别人时,如将原价立一推约,一并交付转典户者,对于该典业即为断绝关系,日后不得主张回赎,原业主回赎时,亦不再经由其手。若转典时另立新典契,未将原典契随去,则其原典关系仍然存在,不唯有回赎之权,原业主并不得向转典户告赎"②。

对于不回赎就变卖的典地,其实可以看作一种过程状态,由于货币变动不定,民国以后典地的情况就更少了,基本都回赎。实际晋西北地区典地一般都是在年成不好的时候,农民生活困苦,被迫典地,在清末民初的时候还要多一些。再者,据档案记载,也与地方早婚的原因有关。到了民国二三十年以后,典地的现象逐渐减少,主要的原因在于利小、麻烦、货币变动大,而地价逐渐便宜等。

典地之后,出典人假如无力回赎,还可以继续租种其地,如静乐县民孙勤,在乾隆十四年八月将坡地四垧,并空基一处,价银四两,立契活典与孙日启为业,写明次年回赎。而孙勤至期无力赎取,只能向孙日启租种这块地,每年租粟一石③。这是一种出典自佃的现象,说明孙日启在典入土地之后获取了土地出租的权利,后又将土地的使用权转让给出典人。出典自

① "山西代州刘全将典地十五亩转典与赵文弼承种",中国第一历史档案馆、中国社会科学院历史研究所合编:《清代土地占有关系与佃农抗租斗争》,北京:中华书局,1988年,第222页。

② 前南京国民政府司法行政部编:《民事习惯调查报告录》,北京:中国政法大学出版社,2005年,第133页。

③ "山西静乐县民孙勤佃种出典之地",中国第一历史档案馆、中国社会科学院历史研究所合编:《清代土地占有关系与佃农抗阻斗争》,北京:中华书局,1988年,第236页。

佃在宋代出现，清代已经相当常见，这种方式对双方都有利，是减少交易成本与降低风险的理性选择①。也有出典人在出典的同时就租种承佃人地亩，如朔州民王雨汉，在嘉庆十四年正月，王雨汉把地三十亩立契典给张有德管业，同时又向张有德租种五亩地，讲明秋收交租，结果在秋后王雨汉并未交给张租粟，张有德即不再让他租种②。

兴县民间典卖田产，除典、卖契两种之外，还有推约、归并约两种，“此两种契约系人民对内关系，如典卖田产，其相对人系期亲以上，则用推约，期亲以下，则用归并约，其性质以约上有无‘永远’字样为断。如注有‘永远’字样，则与卖契无异，否则，仍许原业主回赎。人民持有永远推约、归并约投税过粮，官署亦久认为有效”③，以有无“永远”字样来判断是土地卖绝还是可以回赎。

据兴县杨家坡村的调查资料记载，典(押)地的形式一般有三种，即死契活约、限典期之约、押产以及滚产。所谓死契活约就是指有钱可以回赎，没钱就永远管业的情况。限典期的就是指过期就不能回赎，这个期限一般为五到十年不等，多则十余年的也有。押产即借债时将产权做抵押，当债务人不能按时付利息时，债权人即有权将产权收回管理，在收回期间，债务人停止付利息，因而又转变为死契活约型。滚产即指当双方有借贷关系时，债务人将产权典去欠债，本利相加在一起变成了典地价。承典人最多的也是一般小农，没钱买地但又经济困难，因而选择典地，另一种则是属于高利贷的圈套。其中的押产、滚产就是押地的情况，有的地方也叫抓地。如在兴县杨家坡村抓地就有两种，一种是付利抓地，一种是不付利抓地。付利抓地即借债抓地，如同滚产，这种时候通常只有经营权而不能出典或出卖。不付利抓地即当年抓地，债权人在借债当年就对土地有经营权。以上资料基本能够反映清末情况。而上文所提典地类型，基本反映乾隆、嘉庆、同治时期的典地情况，其中典地的形式基本一致，并没有出现兴县调查档案中所反映的押产等其他情形④。

---

① 龙登高：《中国传统地权制度及其变迁》，北京：中国社会科学出版社，2018年，第83—87页。

② 杜家骥编：《清嘉庆朝刑科题本社会史料辑刊》，天津：天津古籍出版社，2008年，第1288页。

③ 前南京国民政府司法行政部编：《民事习惯调查报告录》，北京：中国政法大学出版社，2005年，第138页。

④ 对目前已整理出版的乾隆、嘉庆《刑科题本》资料进行检索，检索条件为晋北地区各县，只要涉及就逐一摘抄，并非只针对典地或典地某种类型的节录。

关于典地与活卖、绝卖以及其他租佃关系等问题，学界已有一定讨论①，基本观点是典地类似于活卖，与土地卖绝最基本的区别就在于是否存在钱粮过割，是否写明日后赎回等条款，这一点也是关系土地所有权归属的重要标志。本文讨论的典地属于这一类型，类似于一种过渡状态，典地的最终结果还是会归于土地买卖，直至发生所有权的转移，有一部分典地带有永佃的性质。资料中清代晋北典地出现在忻州、静乐、代州等多个地区，地域分布比较广泛。而对于兴县所反映的典地形式的其他类型诸如押产、抓地等的情况，相对较少。这其中还要详细分析，兴县的典押地形式中，死契活约、限典契两类和刑科题本中反映的典地情形类似，而后面两种，押产和滚产，则突出了债权关系，甚至杨家坡村的抓地，只是获得了土地经营权，所以应与前面类似于活卖的典地类型相区别。

清政府对于典地的管理，主要限于典押契约必须完备，而对于典地过程中产生的找价、回赎等纠纷不会过多插手干预，问题的解决依赖于双方的协商。

在晋北地区还有其他的一些土地产权变动情况，如应县有一种卖地遗粮的习惯，“买卖田地，约定多出代价，而不过粮，仍由卖地人完纳者，谓之‘遗粮’”②，繁峙县的“小交粮”也与这种情况类似，“田地买卖后，买主不直接完粮，而将应纳之粮交由卖主代纳”③。左云县，“卖地不拨粮，仅于契内载明带粮若干，至纳粮时，买主将契载粮数交卖主，谓之‘帮交粮’”④。

这些围绕土地产生的土地关系、人与地的关系、人与人的关系实际都与区域土地利用问题非常相关，并且与区域自然环境密不可分。晋北地区位于黄土高原东北部，地处农牧交错带，生态环境脆弱，高寒干旱、风沙肆虐、土地盐碱沙化、水土流失严重，农业生产环境不理想。农牧交错带大体集中在长城沿线至黄土高原的区域，是中国北方农区与天然草地牧区接壤的过渡地带，位于季风区和非季风区的结合带，属于气候敏感带。不仅如

---

① 史建云：《近代华北平原地租形态研究——近代华北平原租佃关系探索之一》，《近代史研究》，1997 年第 3 期，第 166—181 页。史建云：《近代华北土地买卖的几个问题》，《华北乡村史学术研讨会论文集》，2001 年，第 80—91 页。李力：《清代民间土地契约对于典的表达及其意义》，《法律文化研究》，2006 年，第 111—122 页。刘高勇：《论清代田宅“活卖”契约的性质——与“典”契的比较》，《比较法研究》，2008 年第 6 期，第 22—32 页。

② 前南京国民政府司法行政部编：《民事习惯调查报告录》，北京：中国政法大学出版社，2005 年，第 124 页。

③ 前南京国民政府司法行政部编：《民事习惯调查报告录》，北京：中国政法大学出版社，2005 年，第 127 页。

④ 前南京国民政府司法行政部编：《民事习惯调查报告录》，北京：中国政法大学出版社，2005 年，第 137 页。

此,晋北地区内部自然环境区域差异性表现也非常明显。很明显,在上述土地买卖、典地的实例中,各地地形地貌不同,分属于不同的农业气候区,区域内所形成的土地关系也各不相同。例如晋西北地区,沟壑梁峁多样,水土流失严重,不适宜农业生产的发展,土地买卖频繁。又如大同府山阴县,“民间因土地硗瘠,粮银为累,往往出推与人,其推约虽略载价钱,其实并未受价,以为无价不成约也。又有将地产彼此兑换者,书写兑约,往往有兑地不兑约之字样,以此地兑彼地,亩数相当,而各纳各粮也。以上两项均系死契,与卖约有同等之效力”①,也反映了农业生态条件对于土地买卖的影响,因土质不利于农业生产,地粮难交而出现的土地交易频繁。在农业社会里,对于农户来说,土地就意味着生存,一般来讲乡民都不会轻易地将土地卖绝,多少都会留有回赎的余地,但据前文分析,晋北地区的土地买卖,将土地卖绝的情况较多。一旦地价说定,钱粮过拨,这块地与卖主就再无关系,除了上面提到应县、繁峙县、左云县那种遗粮的习惯。此外,由于农业生产与固定性相关,土地频繁买卖影响农户在农业生产中的投入,不利于农业经济的发展。

第三节 土地租佃的区域差异

租佃就是农民以劳役地租、实物地租或货币地租换得对地主耕地的使用权,封建土地私有制下土地租佃非常普遍,官田和民田都会出现土地租佃的情况,官田民地化的过程就体现了乡民租种官田的情形,并且这种租佃和下文即将讨论的永佃制存在一定关系。

一、关于永佃制的讨论

学界关于永佃制的讨论非常丰富,绪论中已有所交代,那么在山西北部地区,到底是否存在永佃制?租佃关系如何?以及这种租佃关系对于当地农民的生活状态、土地利用有什么样的影响和作用,这里将作为重点分别讨论。

晋北地区是否存在永佃制?首先我们需要明确山西北部地区土地租佃的时限、形式发展等问题具有一定的区域特色,与当地的自然、人文环境密不可分。其次要搞清楚什么是永佃。据学者研究,“普通租佃,出租的产

① 前南京国民政府司法行政部编:《民事习惯调查报告录》,北京:中国政法大学出版社,2005年,第141页。

业为不动产,业主将土地出租给佃户,保留全部处置权,并从佃户手中取得部分收益权,佃户享有部分收益权以及使用权。永佃,出租的产业为不动产,业主转让使用权,保留全部处置权及部分收益权。”①永佃就是土地关系中佃方享有长期耕种所租土地,但是不能转让佃权的租佃方式。然而在实际生产生活中情况往往很复杂,我们不能很明确地辨析出永佃权、“一田二主”、“田面权”等几个较为相似的土地关系。山西北部地区的土地租佃关系亦是如此。那么有清一代、清至民国时期晋北地区是否存在永佃权?在上文对卫所屯田和沿边牧场被乡民租种的分析,以及后来对于典地中转典行为的分析中,均提取到永佃存在的信息,尤其对于那种“其田给民承佃,即为世业”等话语的描述。但是这种认知需要资料的支撑,除了上文分析的一些资料外,提出以下资料进行分析。

岢岚县有对于租种土地许推不许夺的习惯:

以山林荒地租人垦种,无论租户种至若干年,原主不能主张收回,即负欠地租,亦只能主张债权,而不能解除租约。②。

岢岚县的这种习惯,反映了对于山林荒地的租佃,地主无权收回土地,不能解除租约,承租人具有了长期租佃的权利。本习惯符合永佃权的其中一个条件,即由于租种了山林荒地,承租人要求了永久租佃的权利,但是并没有提及是否可以转让佃权。

岢岚县还有一种推让租地先尽原出推人的租佃习惯:

如山地所有人某甲,以其山地租与某乙垦种,某乙不愿垦种时,应先推与某甲,不受始可推与某丙。其后某丙不愿垦种,亦应先推与某乙,必某乙不受而后可推与他人。③

同样针对山地的租佃问题,本习惯显示佃权可以继续转移,但是具体转佃给谁要受到限制。这则习惯没有显示是否可以长期租佃土地,却反映了土地的租佃权可以转让,实际对于山地而言,农业生产条件并不理想,或

① 曹树基:《传统中国乡村地权变动的一般理论》,《学术月刊》2012年12期,第124页。

② 前南京国民政府司法行政部编:《民事习惯调查报告录》,北京:中国政法大学出版社,2005年,第125页。

③ 前南京国民政府司法行政部编:《民事习惯调查报告录》,北京:中国政法大学出版社,2005年,第125页。

许这也是佃户并没有要求长期租佃的原因。

关于岢岚县的这两个租佃习惯,前一个习惯,应该属于不定期租佃的范畴,虽没有讲清楚可以让承典人永久耕种,但结合具体情况可以考虑属于一种过渡状态的永佃权,因为它提到无论租户租种多少年,也可能包括永久耕种的情况。后一个应该属于佃户获得了经营权,可以自由退佃,但是要将经营权卖给谁会受到限制,所以是一种不完全的永佃权。

以下为右玉县的习惯:

> 民间卖买产业,双方合意立契,所载四至,有姓无名土地亦多,有段无亩均认为有效,故往往因一地有数主时,所有权极难确定。
>
> 邑多军租地,人民先时领照承种,每年交租与官厅,如欲将耕种权转移于人,只许立写推约,不许出卖。①

右玉县的这两则习惯,前一个是关于买卖时订立契约的,反映的情况是许多土地所有权难以确定,出现一田多主的情况,而后一则资料反映了在官租地上,乡民可以将经营权转与他人,但是这种情况不能写土地买卖的契约,而只能写推约。右玉县的若干习惯,反映了出现在右玉等边地的一种特殊情况,即在边地,多军租地,这与明清时期的边地军屯密不可分。军租地属于官地,军租地出租,老百姓向官府交租,其后可以将经营权转与他人,但是这种情况不能写土地买卖的契约,而只能写推约。右玉县的这种情况和近邻蒙地的情况很相似,问题的关键在于土地的官有属性,土地虽不能买卖,但土地的使用权一直在被转卖,在归化城土默特地区,这种行为被称为"割粮",并且以前"永远承种为业"的永租权可以买卖,只是在一个佃户出让给另一个佃户土地时必须称为"推地"②。资料显示,关于永租权的这种买卖习惯广泛流行于右玉、归化城等长城沿线地带,形成一种地域特征,笔者倾向于称其为具有地域特色的永佃,类似于"相对的田面权"③。土地所有权和经营权分离,经营权还可以买卖,并且田主(官方)也不能过问,所以,由于特殊的产生原因,姑且称之为具有地域特色的永佃。

① 前南京国民政府司法行政部编:《民事习惯调查报告录》,北京:中国政法大学出版社,2005年,第139页。

② 王建革:《农牧生态与传统蒙古社会》,济南:山东人民出版社,2006年,第358—359页。

③ 曹树基:《两种"田面权"与浙江的"二五减租"》,《历史研究》,2007年2期,第108—121页。

五寨县的"许退不许夺"惯例对永佃权表达得非常突出:

> 如甲有某山[田]一处,乙欲向其租垦,双方订立契约,每年纳租粮若干,如不短欠租粮,即能永远承种,只许乙退,不许甲夺。①

同岢岚县一样,由于租种的是山田,农业生产风险大,所用工本多,故而乙方向甲方要求了长期租佃权。这则资料能够反映五寨县租佃关系中永佃制的现象,但是同样也没有交代是否能够转移佃权。

以上资料主要涉及岢岚、右玉、五寨三县,这三个县的土地租佃关系呈现出永佃的一些特征,结合上文相关问题的讨论,认为清代晋北地区存在永佃制,但其分布具有区域性,并且存在一些不完全永佃制和地域性永佃制的情况。在相似地域范围内,永佃的成因及表现大致相同,推定在这几个县周边地区,尤其在山田分布较多的地区,永佃制是存在的。资料显示,晋北地区的这种永佃有些属于过渡性质,有些属于不完全永佃,并且出现永佃记载的州县并不很多,这也说明了晋北地区永佃制并不发达,也不是非常普遍,具有一定地域特色。如晋北大同、天镇、阳高三县,境内存在两种形式的租佃制,一种是"无定期租佃制",另一种是"定期租佃制"。所谓无定期租佃,就是契约有效期仅限于订立当年,以后是否租佃,完全不受限制,全由租佃双方决定,而定期租佃,就是订立租佃时间之后,在租佃期限内,任何一方无权改动②。这其中的无定期租佃现象,是否为永佃,还需要再讨论,但反映一种永佃的趋势。

从晋北地区永佃制成因上看,主要来自清初的垦荒、山地垦殖以及晋北边地的军租地存在。这与晋北地区山多地少、田土硗确等恶劣的农业生产环境有关,也与清政府在这一地区的土地管理、土地政策有关,与晋北地区的区域环境特征和历史人文背景密不可分。本区域位于黄土高原北部,境内地形地貌复杂,以山地、丘陵为主,间有断陷盆地展布。这种地形地貌极为显著地制约着本区的农业生产。"晋北土质干燥,气候较寒,山田高耸,无川流灌溉,所凭借者雨泽耳,故晴雨稍有失时便成灾歉"③,"气寒而

① 前南京国民政府司法行政部编:《民事习惯调查报告录》,北京:中国政法大学出版社,2005年,第139页。

② 范郁文:《晋北边境三县农民生活概观》,《新农村》,1935年第24期。

③ 《偏关志》上卷《风土》,《中国地方志丛书·华北地方·第七八号》,据清道光间刊民国四年铅印本影印,成文出版社,1968年。

霜旱,收获未尝过寒露"①,高寒干旱,山多地少,农业生产不发达。晋北地区在明代属边疆地区,明政府在这一带长城沿线地区广设卫所,将其纳入军事管理体系,以便更好地守御疆土,抵御外敌。清朝初年边疆荒蔽,为了控制以及维持生产,清廷将明代的都司卫所制度沿袭了一段时间,随着社会的逐步稳定,顺治、康熙朝等陆续裁撤都司卫所,并且同时令原归卫所管理的屯田归并入州县,屯丁亦归州县,由州县统一管理。明代屯田至清朝主要发生以下几种变化,一种是继续垦殖的屯田,为赡军地,一种是由卫所官征赋税,另有一种为卫所归并或改置州县以后,赋税由州县官征。同时清政府为了恢复明末遭受严重破坏的农业生产,采取鼓励垦荒的土地政策,承认垦荒者的土地所有权,并在一定年限内免于升科。这样随着卫所制度在清代的变革,以及地主土地所有制的发展,晋北地区出现了具有区域特征的永佃制,如垦荒地、军租地等的永佃现象。

就永佃对于农业生产的影响而言,永佃承认了佃户对一块土地长久的耕种权,更符合农业生产所需的稳定性,它实际在提高佃户生产积极性方面具有一定作用。由于具有了长期耕种的权利,佃户会比平时投入更多的生产工本,也会投入更多的劳动力和劳动时间,并且对于作物种植也可以有长期的规划,地主对农业生产无法干预,佃户的经营自主性加强,会更利于农业生产的发展。而对于晋北这种永佃并不发达的租佃关系,一方面是与其高寒干旱、土地瘠薄的农业生产环境相适应,另一方面这种租佃关系并不利于农业生产的发展。"改变一种土地占有关系,哪怕是部分地调整所有权与使用权的支配关系,虽然对小农小规模的耕作方式影响不会很大,但却可以极大地影响生产率"②。永佃不普遍与不发达反映了晋北地区农业经济的落后。这种现象的形成又有其具体的自然、人文背景,同时长期不发达的租佃关系又会影响农业生产。

二、租佃形态的区域差异

形态问题主要讨论租佃的方式,晋北地区的租佃主要有定租制和分成租制。定租制,佃户向地主取得土地使用权,地租按土地面积计算,不管收成如何,佃户都要交足事先设定的地租。分成租制,一般是指佃农生产资料、生活资料等不完备的情况下,需要地主出种子、农具,提供房屋、食粮等

---

① 乾隆《直隶代州志》卷1《舆地·风俗》,乾隆五十年刻本。

② 萧正洪:《清代陕南的土地占有关系与农业经营》,《中国经济史研究》,1994年第1期,第31—41页。

物资,佃农出力,这样共同合作,伙同种地的方式,最后在收益分配的时候采取分成分配的方式,与之相对应的就是收取分成地租。清代晋北地区土地租佃形式具有一定的区域差异性,以下分区域考察。

(一)忻定盆地

太原以北的忻、代二州,东北有恒山五台山,西为云中山,南靠系舟山,滹沱河在山间穿流而过,是山西北部水资源较为丰富的地区,农业发展条件较好。忻定盆地,是晋北地区主要农产区之一,地势平坦,所产粮食除自给外,还可以供应邻近州县。农作物主要是以黍、稷、稻、高粱等五谷杂粮为主,"民食以粟为主,佐以荞麦、燕麦"①。区域内忻州、代州本州、崞县、定襄等县是北部地区主要的粮食生产区。

租佃关系方面,"农业制度多採集约制,农民大多数为自耕农,佃农仅十之一二。其佃农地主之间关系,凡耕种资本如畜力农具种子肥料,皆地主所出,佃户则负耕植培护收获之劳。收获物之分配,多採三一法,地主三分其二,佃户三分其一。至园艺作物之分配或採四六法,地主分十之六,佃户分十之四,但所占农作物比例,为数甚小"②。资料显示忻定盆地多自耕农,少租佃,租佃形态主要表现为伴种、伙种等,与之相对应是收取分成实物地租。民生方面,"一般人民,状皆穷苦,多粗食,布衣,破房败屋,度其一生。至其饭食,每日早晚,食窝头与小米粥,午食高粱面。谚谓'凉煞冻煞,茭子窝窝受煞'可为本区民生最确切之写真。因此之故,人口自然向外发展,而出外经商者甚多,凡本省西北各县及省外之张家口、绥远、库伦、新疆等处,无不有忻定商人,而忻县人以经商起家者尤多,每年汇归之款,为数甚巨,于本区之经济,裨助甚大。"③

综上,忻定盆地的租佃制不普遍,以自耕农为主,若有租佃则以分成租制为主。人口外迁的情况反映了这里人地关系的紧张,自古就有外出经商的传统,而这些商业资本的积累又对本区的经济发展产生影响。

(二)晋西黄土高原地区

晋西黄土高原,北起偏关,南至乡宁,东起吕梁山西坡,西抵黄河。境内除少数孤立的石质山地外,大都是黄土覆盖的丘陵沟壑,地面异常破碎,是水土流失严重的地区之一。境内农业生产不仅受到地面破碎的影响,由于地近黄河,滩地生产在河水的涨退下也变得极不稳定。地近黄河之处,

---

① 乾隆《直隶代州志》卷1《舆地·风俗》,乾隆50年刻本。

② 梁祥厚:《晋北忻定盆地概略》,《西北论衡》,1937年第5卷第5期,第42—44页。

③ 梁祥厚:《晋北忻定盆地概略》,《西北论衡》,1937年第5卷第5期,第42—44页。

地面土质以沙黄土为主,结构松散,广种薄收、粗放式经营,农业生产不发达,在作物种植方面,多以种植谷子、糜子等杂粮为主。

晋西北地区伴种、伙种方式的租佃形态表现比较突出。清代河曲、岢岚、岚县等州县,伴种现象比较多。如河曲县,“河邑地瘠民贫,力农,终岁拮据,仅得一饱,若遇旱年则枵腹而叹。有田之家,自出资本招佃户佣作,三分其岁之入,田主得二,佃户得一,谓之安牛犋;佃户出资本耕作,二分其岁之入,田主与佃户对分,谓之伴种”①。河曲县反映的租佃方式分为两种情况,其一是地主出资本招佃户耕作,这样年终所获分作三份,田主得二份,佃户得一份,这种方式称为安牛犋;其二是倘若佃户出资本耕作,年终所获则分为两份,田主与佃户对分,这种方式称为伴种。河曲的安牛犋式租佃在上文中也被称作伴种,是伴种的一种形态,只是各地区的称呼不同而已。

岚县存在揽种的情形。闫李京于乾隆十七年正月,与梁治基、王忠成、梁德齐同伙,揽种了温尧士五顷多地,议定籽种粪土牲口等都由温尧士提供,他们四人只出人力,到秋收之时,温尧士七分,他们四个伙分三分,没有立文约,并不是温的雇工②。由此看来,揽种即为伙种或伴种,形式同伙种相似,地主出资,闫李京等人合伙出力,最后收益三七分,表现为伙种的形式。同时,这也反映了在伴种分成租制下,农业生产力水平低下,佃农生产资料、生活资料等都不完备,需要地主提供种子、牛具、房屋等。在这种形式下,土地所有权与经营权实际上处于半分离状态,地主参与分配成果,不利于充分发挥佃农的生产积极性,经济激励机制具有严重缺陷③。

五寨县一种“收后出租”的习惯体现了分成地租的情况,“农民见有荒芜之地,不问业主何人,即为耕种。业主见自己之地有人耕种,亦不阻止,问明耕种者何人,至秋后按三升收租,双方俱无异言”④。

从分布的地域看,伙种这种形式在晋西北地区广泛存在,并且可以几个人一起伙种或者一个人和不同的人伙种,民间大多不立约,只是口头约定而已。从某种程度上说,伙种方式反映了晋西北等地较低的生产力水平。

---

① 同治《河曲县志》卷5《风俗类》,同治十一年刻本。

② “山西岚县佃农李京打死地主未立雇工文券”,中国第一历史档案馆、中国社会科学院历史研究所编《清代地租剥削形态》,中华书局,1982年,第755页。

③ 方行:《清代租佃制度述略》,《中国经济史研究》,2006年第4期,第110页。

④ 前南京国民政府司法行政部编:《民事习惯调查报告录》,北京:中国政法大学出版社,2005年,第140页。

1935年的《申报月刊》刊登了一篇关于晋西北五寨农村概况的文章，其中对于“过去”及当时的农村生活状态给予描述。

> 五寨地处山西西北群山包围之中，交通十分困难，并且没有什么特色的地方，所以很少有人注意它。但是它虽居山后，而却是广大农业区，境内居民，百分之八十是务农的，而且是以佃农及小自耕农为最多。但是因社会平静，人民得安居乐业，赋税亦轻，所以在佃户地主剥削之下，尚得以糊口。在此种情势之下，佃农日益增加，五口之家，租田十亩，勤苦耕耘，日出而作，日入而息，农忙时妇女亦帮同除草……等琐事。每年收获，除一切费用之外，尚足自给，人民温饱之余，其乐融融。或遇丰年，则可有更多余润，生活可以改良，更于年节时，多备糕点酒肉之类，以庆丰年，为农家一年最快乐之时。倘遇歉收，亦因租佃关系的亲密，社会经济的稳定，总可勉强维持下去，而地主呢，因为土地为人所重视，不但地的价值日高，而且地租的收入亦甚可观，佃户既都肯服从缴纳地租，地主即可不劳而过富豪之生活，这是过去社会中普遍的现象。……农村现在的实况。近年来我乡的收获，确是出乎一般情况的丰收，但是农产品的价格不知怎样，老是落而又落，简直跌到无可再跌的限度（差不多只有过去价格的二分之一甚至三分之一）。但价格虽如此跌落，仍不易销售，于是只好再减低价格，结果名为丰年，无异歉收，辛苦一年，生活是无法维持，自耕农则濒破产，而佃农简直无路可走，农民生活至已被推入无底深渊矣。①

本资料所反映的农村生活状态，尤其对于1935年前后的农村状态对比，较为可信。这段对1935年而言“过去”生活状态的描述，显示出五寨县的土地分配，以佃农和自耕农为主，并且佃农还有日益增加的趋势。普遍情形是五口之家租田十亩，即人均耕地两亩，尚可度日，遇丰年则稍有盈余，若遇歉收还能够勉强维持。至二十世纪三十年代，在亩产量没有下降的情况下，农产品价格大幅下降，产品滞销，农民生活日渐困苦。

1941年，兴县杨家坡村租地情况为，地主有15户，占有土地4560垧，租出3955垧，占到土地数的89.8%。富农18户，占有土地1335垧，租出446垧，占总地数10.1%，同时租入28垧，占到1%。中农90户，占有土地2481垧，租入582垧，占总地数22%。贫农150户，土地1080垧，租入

① 默人：《山西五寨农村概况》，《申报月刊》1935年7月15日，第4卷第7号。

1983 垧。雇农 20 户，土地 14 垧，租入 22.5 垧。[1] 从以上的数据可以看出，兴县杨家坡村有 89.8%的土地都是出租地，富农、中农出租土地，同时也租入土地，这种租佃比例还是相当高的。又如对兴县杨家坡、东坡、孟家坪村，岚县阳寨村，河曲夏营，岢县宽草坪，宁武县吴家沟，交城东塔等行政村的土地租出、租入情况统计显示，地主一共 55 户，土地 7652 垧，租出 5141 垧，占到 67.1%，富农 159 户，占有土地 12182 垧，租出 2381 垧，占到 19.5%，雇农租入土地最多，租入 201 垧，占到雇农所有土地的 64.4%。而贫农户数最多，1276 户，租出土地 274 垧，同时租入土地 4441 垧，占到贫农所有土地的 21.9%。[2] 该资料也反映了新中国成立前晋西北地区兴县、岚县、河曲等县若干村的土地租佃状况，数据显示，租佃比例比较高，并且租佃关系也呈现错综复杂性。

对于资料中出现的伴种现象，实际是一种分成地租，主要包括三种情形，一种是地主借种子、贴粪、借吃粮，收益分配是对半分或者四六分，地主占六，柴草也分，这种形式最普遍；另一种是地主只出土地，其他一切均由伴种户负担，这种情形下收益分配对半分、四六分或三条腿分（即地主分得33%），柴草不分，对半分或者四六分的只限于平地或者好的山地，而在一部分平地质量不好的情况下采取三条腿分；还有一种就是伴种户只出劳动力，地主负担一切借垫种子、吃粮等，收益分配是三七分，地主占七，或者三条腿分，地主分 66%。伴种地的方式比较灵活，土地收益的分配关键还与地力之好坏有关。这种伴种地一般是地主原意把较好的地与人一起伴种，但是佃户一般不愿意伴种，只有在迫不得已，既缺种子又缺粮食或者根本没有种地资本和能力的时候才去伙种。兴县在清末及以前，这种伴种方式还不是很多，多是在土地离村较远的地方实行伴种。

（三）晋北高原朔州地区

晋北高原地区，主要分布左云、右玉、平鲁等县，地面呈波状起伏，上覆薄层黄土，以缓坡丘陵为主，这里的农业生产，主要受高原寒冷气候影响，无霜期短，农业垦殖困难。

在 1941 年朔县租佃关系调查表中显示，朔县共有 4099 户，出租户数为 232 户，占到全户数的 6%，佃户数为 777 户，占到全户数的 19%，伴种户数 38 户，占到 1%，平均每个地主有 3 户佃户，最多的地主有 11 户佃户。朔县共有土地 77029 垧，共出租土地 7779 垧，占到全部土地的 10%。本年

① 《兴、岚、岢、交城等县租地统计》，山西省档案馆，A88—3—7—1。
② 《土地问题材料》，山西省档案馆，A88—3—18—3。

上等地产粮9斗，地租4斗，中等地产粮7斗，地租3斗，下等地产粮3斗，地租1.5斗。① 该资料表明，朔县出租土地的不多，租种土地的比例和晋西北兴县、岚县等相比，也不是很高，反映了自耕农为主体的土地关系。一个地主有几户佃户甚至十几户的佃户，又说明了土地分配的不平均。从地租形式看，基本收取实物地租，从比例上看，分成租制的租佃形式在朔县不是很普遍。

（四）雁北地区

雁门关以北，内外长城之间，即雁北地区，由于地寒霜旱等气候条件的制约，大同地区农业生产也只是田成一季，作物种植结构较为简单，除了黍、稷等传统作物的种植外，麦类作物只种春麦，稻类作物只在桑干河沿岸有所种植，莜麦、荞麦等作物种植较为广泛，农业生产多为粗放式经营。

据调查估计，在晋北大同、天镇、阳高三县内，有土地者约占全区总户的57%，无地的佃农及雇农占到31%，其余2%（疑为12%之误）为小商人和手工匠等。土地分配的情况为十亩以下的土地所有者贫农占到总户数的41%，而自耕农仅占得30%，其余29%为富农及地主等。41%的贫农仅占有全区农田总面积的8.5%，其次30%的自耕农仅占有19.5%，而其余总面积的76%的大部分土地是被占总户口绝对少数的29%的地主及富农占有。租佃的形式分为预定租额制和比例分收制两种。伴种现象分两种形式，一种是由地主预先供给佃农一部分流通资本——种子及肥料，而其他的固定资本——工具与牲畜及流通资本的全部以及整个劳动过程，都由佃农负责，这种伴种关系下，产品收益地主与佃农六四分成。另一种，是地主只提供土地，其余经营上的全部固定资本及流通资本，都由佃农支付，结果产品收益地主和佃农对半分②。总体资料显示，佃农及雇农占到百分之三四十的比例，土地集中在少数地主手中；租佃关系为定额租制和分成租制两种，分成租制对应两种伴种方式。

位于大同盆地的应县有一种揽粮的习惯，类似于揽种，属于伴种的租佃关系。所谓揽粮，就是“土地所有人因无力纳粮，将其地之一部让与他人，而不取值，但将地粮及自己所剩地应纳之粮，一并揽归受地人完纳”③，那么就受地人一方而言，就叫作揽粮，因为耕种了他人的一块土地，所以便要承揽土地所有人所有土地的赋税。卖地人无力纳粮，买地人无钱买地，

① 《朔县减租减息回赎土地报告》，山西省档案馆，A88—3—4—1。

② 范郁文：《晋北边境三县农民生活概观》，《新农村》，1935年第24期。

③ 前南京国民政府司法行政部编：《民事习惯调查报告录》，北京：中国政法大学出版社，2005年，第124页。

从某种意义上说，揽粮类似于伙种这种分成地租。

综上，晋北地区的土地分配及租佃制度存在区域差异。忻定盆地等农业生产条件相对较好的地区，土地租佃并不很普遍，若有租佃则以分成租制流行，一般以三分之二、三分之一为分配比例。而在晋西北地区土地租佃非常普遍，租佃中的伙种现象也比较突出，形式复杂多样，可以同时租入、租出土地。在晋北高原朔州地区，租佃比例低于自耕农比例，与晋西北地区相比租佃比例不高，但同时土地分配不均，部分地主占有土地比较多。雁北大同等地，土地租佃较为普遍，但低于晋西北地区租佃比例，也以分成租为主，多以六四分和对半分，这依赖于地主和佃户各自提供的资本的多少。也就是说，晋西北和雁北地区土地租佃较为普遍，多以分成租制为主，而晋北高原朔州地区和忻定盆地租佃不普遍，租佃比例低于自耕农比例，忻定盆地的租佃，也表现为分成租制为多。

实际上晋北的土地租佃很大程度上受制于区域环境，租佃的期限、形态等状况的形成与当地的环境状况密切相关，区域内部差异也表现明显。“在五台定襄崞县及忻县一带，村落较密，人口较多，因而在土地分配量上较少，耕作方法已近于集约主义。但在雁北朔县，右玉及左云一带，人口与土地分配情形却与此相反，此一带耕地，以五亩为一计算单位，拥有土地两三顷之家极为普遍，其在耕作方面，颇类似新开发国家。再以岢岚一县而论，山阻险要，交通不便，该处耕作，多为田庄制，闻乡老所述该处情状，颇类似欧洲中世纪‘庄园制度’”①。可见区域差异表现在土地关系的很多方面，代表了一定区域内的“特色”，这种特色的形成与自然与人文等多重因素相关。

定额租制由分成租制发展而来，清代中叶，尽管定额租制在全国已占主导地位，而在北方各省，分成租制仍然大量存在②，晋北地区的租佃形态也反映了这一现象，分成租制在部分区域一直盛行至清末民国，都没有太大的改变。分成租制反映了这一地区落后的生产力。同时，分成租制的租佃关系又会对生产力产生影响。例如伙种，地主出籽种、牛犋，其实也就决定了这块地的作物种植，伙种、伴种的关系越来越复杂，一个人同时和几家伙种，在这种关系下，佃农实际没有经营权，也不享有完全的土地收益，这些都不利于农民生产积极性的发挥，影响本区域的农业生产。

---

① 祁之晋：《“土地村有”下之晋北农村》，《国闻周报》，1936年第13卷第11期，第21—26页。

② 方行：《清代租佃制度述略》，《中国经济史研究》，2006年第4期，第110—117页。

实际上伴种方式的存在,很容易产生纠纷,这从一些地主与佃户之间的争执纠纷中可以看出这种租佃方式对人民经济生活的影响。例如,河曲县张兴海,县属大峪村人,自有十数垧地,因独自经理不过,在乾隆五十年三月初与其族叔张洪才商量“合伙耕种”,方式是张兴海出籽种、工本,张洪才出人力,秋收后扣算工本,所剩粮粟四、六分成。四月份张洪才收了张兴海一些资本,却只在地里种了些糜谷,没有锄地,等到张兴海来喊他锄地之时,才知道他又收了别人家的工钱,要给别人先锄地,于是两人起了争执,扭打之间,张兴海将张洪才误伤致死①。资料显示张兴海和张洪才伙种,秋后折算工本之后所获四六分成,然而同时张洪才又与他人伙种,这样产生纠纷。又如乾隆十九年,马邑县樊大禄与任齐征发生争执并致任受伤致死一案中,显示借了樊大禄六百文钱的王苟汉给地主卢守素伴种的租佃关系,这种伴种是秋后对分粮食②。再如乾隆五十八年,岢岚州闫待用与吴应强起争执,相互殴打,闫待用将吴应强扎伤致死一案中,显示吴应强揽种闫待用七十多垧地,并且议定收获粮粟闫待用分两股,吴应强分一股,同时吴应强住其房屋没有租钱,所有这些都没有立约③。

但是同时,我们也应看到,分成租制的选择反映了当地乡民对于区域环境的认知,因为在分摊收益的同时,乡民也共同分担着风险,由于区域生态环境脆弱,农业生产条件不理想,自然灾害严重,分租制可以相应减少对于农业生产风险的承担,这也是为什么在晋北地区尤其是晋西北地区分租制比较流行的主要原因。王建革教授就认为地租类型与农业生态条件相关,华北地区的租制形态与地域生态条件的不同存在一定联系,越是生态条件恶劣的地方越容易实行分租制④。晋北地区的租制情况也说明了这一点,分租制的实行与区域生态环境密不可分。

美国学者珀金斯当年怀着何以中国以仅占全世界耕地总面积7%的耕地却养活了占全世界人口25%的疑问,投入了对中国近现代农业的考察,其中在对土地分配和租佃与农业生产的关系问题讨论中就曾提到,在19世纪末20世纪初的时候,与北方典型的低租佃、南方的高租佃这两个基本模式相背离,出现山西(西北)山区和满洲(东北)的高租佃以及南方广西

---

① “山西河曲县张兴海将地出租秋收扣算种子工本余粮主佃四六分收”,中国第一历史档案馆、中国社会科学院历史研究所编《清代地租剥削形态》,中华书局,1982年,第208页。

② “山西马邑县王苟汉给地主卢守素伴种秋后对分粮食”,中国第一历史档案馆、中国社会科学院历史研究所编《清代地租剥削形态》,中华书局,1982年,第88页。

③ “山西岢岚州吴应强租种闫待用地亩收粟主二佃一分收”,中国第一历史档案馆、中国社会科学院历史研究所编《清代地租剥削形态》,中华书局,1982年,第234页。

④ 王建革:《人口、生态与地租制度》,《中国农史》,1998年第17卷第3期,第79—87页。

(东南)和云南(西南)的一部分的低租佃率,而从理论上讲出现高租佃率的地方,一般都是自然的或人为的灾难频繁或者极为贫困的地方,这些地区土地转让数就应该最大①。然而在华北地区却没有出现高租佃率,珀金斯分析华北低租佃率的原因似乎在于缺乏高度的商业发展,但是他也同时看到了类似山东的高租佃率同时出现在环青岛、济南等高度商业化地区和中部山区,以及陕西富庶的关中平原少租佃而贫瘠的陕北山区高租佃等一系列复杂的租佃情况。

在农业生产相对发展的忻定盆地包括五台、定襄等县和生产相对落后的晋西北兴县等地区,我们在清末都看到了频繁的土地转让现象。但是结合文中分析情形,两个地区的土地买卖情况并不相同,这里体现了土地买卖关系的复杂性。在土地分配、土地租佃方面,忻定盆地租佃情况不普遍,晋西北地区租佃现象比较普遍,并且在这里伴种、伙种等收取分成地租的租佃形式比较普遍。本文多次强调的区域差异也属于对这些因素的关注,这也充分说明租佃率的高低和多种因素相关,体现了租佃关系的区域性和复杂性。

至此,我们重点分析了所有权变动、永佃权、租佃关系等几方面的内容,强调了区域特色。在此基础上,可以认为整个清代晋北地区土地关系的演变情况较为复杂,每个典型区域都有各自的土地关系形成、发展过程及状态。总体而言,北方地区的租佃关系相较于经济发达的南方地区,表现比较落后,作为清代租佃制发展表现的定额租制、押租制和永佃制,在晋北地区普遍都没有得到太大发展②,租佃形态中依旧以分成租制居多。晋北区域内若干小区域的土地关系形成、发展过程及状态与当地农业生产环境、人文社会习惯等有密切关系。

清代晋北地区的农业发展与明代广为分布的军屯密切相关,尤其在晋北长城沿线、晋西北宁武、偏关、岢岚等地,并且与卫所行政化相关,还要考虑由于明末清初战乱而造成社会经济的倒退,为了恢复发展社会生产,清政府采取的一系列鼓励垦荒的政策,以及雍正后摊丁入亩政策的推行,乾隆以后大量人口的外迁,清末边外土地的放垦等等,结合当地的区域环境综合考察,这样就可以理解为什么曾经同为军屯,同样经历了卫所改县,同样经历了清政府的各时期政策,而晋西北的租佃率就要高于晋北高原地区

① [美]德·希·珀金斯著,宋海文等译:《中国农业的发展(1368—1968年)》,上海:上海译文出版社,1984年。

② 其中押租制在山西全省而言都比较少见,据民国《中国实业志·山西省》的统计,清末民国山西一省之内只有几个县有押租制。

和大同、天镇等地，忻定盆地的土地分配量要低于塞外雁北大同地区，忻定盆地和晋西北同样土地买卖频繁而原因却各不相同等等问题。

第四节　国家对于土地产权变动和土地归辖的管理

一、对土地产权变动的管理

上文一些问题的讨论，已经反映出国家对于土地产权变动等方面的管理，尤其在一些地方习惯中有所体现，因为这些习惯实际上具有一定的法律效力，具有约束力。下文主要通过契尾的释读来继续讨论国家管理问题。

所谓契尾，就是在契约签订后，必须经政府认可，办理过户交割手续，同时缴纳一定的契税，这种契税单就称之为契尾。契尾一般都有一定的格式，常与白契、红契粘连在一起。从契尾的释读能够看出政府对于土地买卖的管理、契税的收缴、土地产权的变化等问题。

以下为乾隆四十一年闫义合买曲子福地的契尾。

> 山西等处承宣布政使司布政使李为遵旨议奏事。案蒙前领侍卫内大臣、兵部右侍郎、巡抚山西太原等处地方提督雁门等关军务、监理云镇都察院右副都御史、兼管提督印务纪录一次阿案，验准户部咨河南司案呈，本部议复河南布政使富明条奏，民间置买田产将契尾粘连，用印存贮，申送上司查验一折。奉旨该部议奏：臣等查裕课固在察吏而剔弊，要归宜民。如民间置买田土产，例用司颁契尾，粘连民契，令民收执，其来已久。前于乾隆十二年五月内经安庆巡抚潘思榘奏称，民间置买田产，自用契尾以来，民则贪减税银，甘印白契；官则功巧（注：这份契约上能看出是"巧"字）图侵隐，不粘契尾，致启刁民捏造假契，争占讦讼，或以大改小等弊，奏请立法稽查一折。经臣部议准：除布政司预颁契尾，印发各州县存贮，粘连民契，给发业主，仍照旧例外，请嗣后令布政司多颁连环契尾，编列字号，于骑缝处所钤盖印信，仍发各州县，俟民间投税之时，填注业户姓名、契价、税银数目，一存州县备案，一同季册申送布政司查核。倘有不肖官吏仍蹈前辙，希图侵隐，一经发觉，即将该州县严参，照例议处。至于小民无知，贪减税银，甘印白契，致启刁民伪契争占讦讼之端，应令布政司通行出示晓谕。如有不请粘契尾者，经人首报，即照漏税例治罪。等因奉旨依议，钦

此。通行饰遵在案。今该布政司富明奏称：自部议多颁契尾以后，一给业户收执，一存州县备案，一同季册送司查考。稽覆之法，不为不周，而巧取病民犹未能尽除者，缘业户契尾例不与契根同申上司查验，不肖有司因得无弊欺蒙。如业户契价千两本完税银三十两，其于给民契尾则按数登填，而于存官契根或将价银千两改为百两、十两，任意侵隐。奏请设法清厘，以杜积弊。臣等酌议：嗣后布政司颁发给民契尾格式，编列号数，前半幅照常细书业户等姓名、买卖田房数目、价银、税银若干，后半幅于空白处预钤司印，以备投税时将契价、税银数目大字填写钤印之处，令业户看明，当而骑字截开。前幅给业户收执，后幅同季册汇送布政司查核。此系一行笔砵（注：这里可以看出是"笔砵"二字），平分为二，大小数目，委难改换。等因于乾隆十四年十二月十二日奏本曰奉旨依议，钦此。相应抄录原奏并颁格式，行文山西巡抚钦遵施行，准此拟合就行，为此仰司官吏查照咨案。奉旨及粘连单内事理钦遵即转行所属，遵照办理毋违。等因蒙此遵即颁发给民契尾格式，编列字号，于空白处钤印饬发。为此仰官吏凡遇民间置买田产，于投税之时即将契尾前半幅照常细书业户姓名、买卖田房契价、税银数日。后半幅空白钤印处大字填写某人置买某人田房价、税数日，令业户看明，当面骑字截开。前幅给业户收执，后幅同季册送司查核，务须实力奉行。倘有不肖官吏仍蹈前辙，滥印白契，希图侵隐，本司杳出，即行详揭参处，至于小民无知，该州县不时晓谕。如有买卖田房不遵粘契尾者，即照漏税例治罪，各宜凛遵毋违。须至尾者。

计开

业户闫义合 买曲子福　屋房地壹块　坐落　顷亩/间　价银贰拾叁千文　税银陆百玖拾文

布字贰百拾五　号　　　　右给业户 闫义合 准此

乾隆四十一年 七月　初六 日发　五台县

页面上方为"契尾"两个大字，中间写有"五字贰百拾五 号"，并加盖五台县官印①

这份契尾字迹模糊，尤其前半部分模糊不可识，参照安介生先生《清代乾隆晋中田契"契尾"释例》中所引乾隆十七年汾阳县郝世富田契中契尾部分及笔者所见其他契尾进行识别，几份契尾几乎一样，说明山西布政司

① 山西省档案馆，B33—1—34。

颁发的契尾格式的统一性。参照契尾主要有道光二十一年闫新泰买王九叙田地契尾,道光二十四年四月五台县闫新泰、闫腾云买梁丹柱等田地契尾,咸丰时期契尾等,以及同治五年闫青云买杨廷扬田地契尾,其中内容都基本一致。

契尾中冗长叙述,基本阐明了清政府关于契尾的两个重要的制度,一个是乾隆十二年的奏准,一个是乾隆十四年的议准。乾隆十二年奏准,"民间置买田房产业,令布政使司多颁契尾,编列字号,于骑缝处钤盖印信,仍发各州县,俟民间投税之时,填注业户姓名契价契银数目,一存州县备案,一同季册申送布政使司查覆,如有不请粘契尾者,经人首报,照漏税之例治罪"①。这项奏准,与以前的各项田房税契政策相比,都有较大的改动,从顺治四年开始覆准田地房屋买卖必须用契尾开始,在康熙年间主要确定了各省田房税银数额,并在康熙四十三年确定要用布政司所颁契尾,令州县登填,还要将征收税款写明。雍正七年主要对广东省契税做了加征调整,乾隆元年覆准,民间置买田地房产仍按旧例行使契尾,由布政司颁给各州县,并且要粘连于民契之后。那么乾隆十二年的这项规定,显得更为细致明确,出现的新规定主要有编列字号,写清业户及契税数目,再者就是要存档,一份给州县,一份给布政司,以及不黏贴契尾的要按漏税之例治罪。这个编列字号在上文的契尾中可以看到,不仅有布政司的布字贰百拾五号,还有五台县的五字贰百拾五号②。时隔两年之后,乾隆十四年议准,"嗣后布政使司发给民间契尾格式,编列号数,前半幅照常细书业户等姓名,买卖田房数目,价银税银若干,后半幅于空白处豫钤司印,将契价契银数目,大字填写钤印之处,令业户看明,当面骑字截开,前幅给业户收执,后幅同季册汇送藩司查核"③。通过契尾上转述的河南布政使富明上奏的文字,可以看到这一次的规定也是结合上一次规定执行后出现的问题而修改制定的,实际上就是为了防止舞弊蒙混契银,那么就得将其从骑缝字处截开,业户和布政司各拿一半。实际上到此政府对民间契约的管理已经比较成熟完备,以后的各项政策一直到光绪时期,都没有太大的变动,只是增加一些

---

① 《钦定大清会典事例》卷245《户部・杂赋・田房税契》。

② 仔细查看,无论是汾阳县郝世富田契还是五台县闫义合田契,以及其后本区道光、咸丰、同治的契尾,其中布字和县字的编号为同一数据,即二者编号相同。布字是放在契约正文里面业户契银之后,布字二字是印刷体,而县字放在抬头契尾这两字中间,并要写在钤印之处,是手写体,笔者认为这个县字组编号可能起到分类明晰和备查方便的功能,甚至可能有防止作弊涂改的功能。编号一致,说明只显示一种编号关系,从清政府颁布的条例看,这应该是整个布政司下的编号。

③ 《钦定大清会典事例》卷245《户部・杂赋・田房税契》。

区域性的规定。

文中所举的契尾是乾隆四十一年的契尾,各方面都已经按照制度执行,只是笔者见到的这份契尾,可能是因为保管不善的原因,左侧的骑缝字部分完全不见,但是同治五年闫青云买杨廷扬田地的契尾左侧骑缝字较好保留一半。从整体行文上看,五台县的这份契尾与晋中地区的契尾差别不大,几乎一样,契税均为百分之三,这也说明了一省之内契尾格式是统一的。清政府对于契尾制度的逐步完善,突显了清政府对于契约管理的重视,即对田房产权交易等的控制,契约后粘有契尾,就说明已经缴纳过契税,已经得到政府的承认。只有这样,契约才能生效,否则即为违法行为。这种法律文书的制度化过程也充分说明了清政府对于民间田房产权转移的高度关注,并且要介入其中掌握产权转移的情况。从实施的效果看,契尾制度的实行还是有助于土地产权交易的规范化。

二、关于土地归辖的管理

这里讨论的土地归辖,主要涉及州县之间的土地归属,也就是一种寄庄地现象。寄庄地,与插花地、飞地等概念大致相同,即土地所有权和实际空间存在相分离的现象,并早在战国时期就存在①。寄庄地的存在很容易在实际赋税征收过程中产生寄庄寄粮现象,并且会影响历史时期土地数据的收集整理。清政府对寄庄地早有认识并颁布政令来进行整理,其结果对于赋税的征收、政区边界的厘清等有一定的作用意义,但从实际情况看,这种寄庄地问题并没有完全解决,还是客观存在的。

雍正七年谕"闻直隶地方有寄庄寄粮之弊,往往地寄此处粮寄他处,相隔百余里或数百里之远。即如宣化府怀安县,有人地皆在怀安而寄粮于万全宣化者;有人地皆在万全宣化而寄粮于怀安者;更有现在怀安纳粮而寄地于顺天府之宝坻,相隔五百余里者。在征粮者则鞭长莫及,而寄地者则彼此无关,脱漏欺隐之弊势所不免,有司实难稽查催征"②,雍正令直隶总督详查,并给出解决办法,对于其他各省若也有寄庄寄粮现象,要求各省查定奏报。后经查总督上报,认为对所有直隶、山东、山西、河南等省的寄庄寄粮民屯田地,应征银米等项,并"自丙辰年为始,悉加更正,就近征粮,按额报解"③。丙辰年,即乾隆元年(1736 年),同年,清政府颁布了要求丈量

① 史念海:《战国时期的"插花地"》,《河山集·七集》,西安:陕西师范大学出版社,1999 年,第 504—519 页。

② 《钦定大清会典事例》卷 172《户部·田赋·归辖改征》。

③ 《钦定大清会典事例》卷 172《户部·田赋·归辖改征》。

寄庄地的旨令,“又覆准,江宁、溧水、高淳、六合四县,有田在此县而完粮在彼县者,谓之寄粮,令各该县将坐落区图田亩科则造报,委员勘丈确实,将应征钱粮划清,改隶于有地之县,入额办赋”①。后在乾隆四十八年议准,“凡寄庄田地,每年开征之始,令经征州县逐一查明,开造村庄户名钱粮数目清册,移交住居之州县,代行催征,如至奏销未完,即将代征之员开参议处”②。而在乾隆五十五年议准,山东直隶州州县以乾隆五十六年为始,地亩钱粮改归就近州县管辖。总体看来,清政府对于寄庄寄粮的处理原则是按土地空间位置就近征粮,将寄庄之地改归本地处理。

以下资料显示清代晋北地区的寄庄寄粮现象。

神池县,原额八角所归并宁武所屯田共地56629亩。又乾隆元年,加收五寨县改归寄庄下山坡地128亩,加收五寨县寄庄开垦荒地共359亩。

五寨县,原额屯田共地111638亩,内:下山坡地92019亩。内除改归神池县征收地128亩,实在地91890亩。又顺治九年至十八年开垦荒地共87242亩。内除乾隆元年改归神池县征收地359亩,实在地86883亩。

忻州本州,原额屯田18350亩,节年开垦地739亩,节年清出隐漏额内地170亩,内归静乐县地8870亩。

繁峙县,民田共地194959亩,改归五台县征收寄粮地146亩。

五台县,……繁峙县改归寄粮民田,坡地146亩,……③

忻州并所属,原额民田共地3440793亩,内除静乐县虚悬地201405亩……④

(说明:以上资料中田地数字系大写数字表述转化)

神池县和五寨县,忻州本州岛和静乐县,繁峙县和五台县,在田赋记录中出现互有寄庄寄粮的改归与去除,从地理位置看,都属于邻县,州县交界地区容易出现寄庄寄粮现象,这在其他资料中也得到证实。

至所称地在右玉境内,而租归左云大同交纳,此似有弊而实则非

① 《钦定大清会典事例》卷165《户部·田赋·丈量》。

② 《钦定大清会典事例》卷172《户部·田赋·归辖改征》。

③ 光绪《山西通志》卷62—63《田赋》。

④ 雍正《山西省赋役全书》第四册。

弊窦之所关，如右玉某甲旧有右玉左云地各一亩，其右玉一亩输租右玉，左云一亩输租左云，其初原如此也。追其后某甲将右玉一亩卖于左云之某乙，乙以隔县纳租多有不便，遂两相商，同所买虽系右玉之一亩而反过割其左云一亩之租，以图彼此纳租两便，于是甲之旧有左云地一亩反输租右玉，乙之新买右玉地一亩反输租左云，此租地互易之由来也。历年既久，其地辗转典卖，不知更易几主，遂致地在此县、租归彼县，地在彼县、租归此县，习以为常。凡两县交界之处往往有此，不独该县为然也。①

资料反映了清后期由于土地买卖而引起的寄庄寄粮现象，尤其两县交界之处这种现象较为普遍。不同时期引起寄庄寄粮的原因是不同的，在清初，卫所屯田的变化是引起寄庄寄粮的主要原因之一。明代卫所屯田多散落各处州县境内，明代就已经形成的寄庄现象，在清初卫所屯田民地化之后，依旧保留下来，有些地方还出现了增加。但在晋北地区，由于大部分卫所都是实土卫所，很多卫所直接改为州县的行政区划，所以因为卫所而产生的寄庄寄粮问题并不是很突出。清朝土地买卖的频繁发生使得相邻州县土地寄庄寄粮现象非常普遍，清政府对此并没有太好的处理办法，只能视之如常。

以上讨论了清政府在土地所有权变动中的管理和对土地归辖的管理，清政府对于产权变动的管理，一方面规范了产权交易行为，一方面也强调了政府对于土地产权交易的知情权，体现了国家的最高控制权。此外，关于土地归辖的管理方面，国家政策的推行反映了政府对于寄庄寄粮这类现象的管理，但实际推行效果，却和地方实际情况密切相关。这也说明政策制度等政治行为，既来源于对地方土地问题的解决，又要落实到地方社会，实行过程中，又更多受地方整体环境（生态条件、社会经济等多方面）的制约。

第五节　小结

本章主要讨论了清代晋北地区的土地关系问题，涉及土地所有权的变动、土地租佃关系，以及各环节下国家的管理等问题的探讨。

关于所有权的变动，可以分为国家层面所有权的变化和土地私有下所

---

① 《曾忠襄公批牍》卷4“右玉县李令禀现已筹办各条及筹办而尚未举行事宜由”，清光绪二十九年曾忠襄公全集本。

有权的变动。国家层面所有权的变化与清初晋北地区政区的变动相关，卫所制度的逐渐弱化及最终的卫所行政化带来了与之相应的卫所屯田民地化，出现官田民地化的现象，除此之外，官田民地化还表现为牧场地民地化以及学田民地化等现象，这其中牧场地的民地化反映了晋北地区的土地利用中农牧转换问题。官田民地化意味着土地私有为主体的小农经济的进一步发展，对社会生产力会产生影响，土地利用就是这种影响下的过程和表现。土地私有下的土地所有权变动，主要表现为土地买卖、典卖等造成的所有权变动，并且这种变动与区域自然环境密不可分，反映了农业生态条件对于土地买卖的影响，而土地买卖也会影响土地利用状态，土地频繁买卖影响农户在农业生产中的投入，不利于农业经济的发展。

租佃关系方面，重点关注了清代晋北地区永佃制的情况和土地租佃的区域差异问题，这两个问题既能体现晋北地区的区域特征，又与土地利用问题非常相关。文中对清代晋北永佃现象做了一定程度总结，认为清代，至少在清末，晋北地区存在永佃制，但其分布具有区域性，并且存在一些不完全永佃制和地域性永佃制的情况。晋北永佃特色的形成与农业生产环境有关，也与清政府的土地管理、土地政策有关，永佃不普遍与不发达反映了晋北地区农业经济的落后。晋北地区的土地分配及租佃制度存在区域差异。晋西北和雁北地区土地租佃较为普遍，多以分成租制为主，而晋北高原朔州地区和忻定盆地租佃不普遍，存在的租佃关系也以分成租制为多，但是在这两大类别之内，土地关系、生产状况等方面也各有差异。分成租制反映了这一地区落后的生产力，同时也反映了当地乡民对于区域环境的认知，分租制可以相应减少对于农业生产风险的承担。分成租制的租佃关系又会对生产力产生影响，影响本区域的土地利用状况。

整体上看，北方地区的租佃关系相较于经济发达的南方地区，表现比较落后，作为清代租佃制发展表现的定额租制、押租制和永佃制，在晋北地区普遍都没有得到太大发展，租佃形态中以分成租制居多，从乾隆至民国的档案中都反映了这种情况。晋北地区土地关系的区域差异表现比较突出，对土地利用的影响也较大。

契尾的释读讨论了清政府对土地所有权变动的管理，从寄庄地的角度分析了清政府对于土地归辖的管理，体现了清政府税收的导向控制和地方整体环境对于土地问题解决的制约性。

中篇

清代晋北地区土地利用状况及变化

第三章　明清晋北地区土地登记制度与田赋地亩的形成

土地登记制度，从现代政府管理的角度看，是国家专门机关依照法定程序将土地的权属关系、用途、面积、使用条件、等级、价值等情况记载于专门的土地登记簿，以加强政府土地管理、提高土地市场效率、保护土地权利和降低交易成本的法律制度，是土地权利制度和土地管理制度相结合的土地制度。传统社会的土地登记制度是国家田赋管理的重要组成部分，完整的最新的土地资料对有效的、公平的田赋管理来说是最不可缺少的①，包括土地的面积、种类、租金、产量和价值，而这种资料的质量取决于土地登记制度。因此，土地登记制度与田赋税额的确定密切相关，同时对于讨论历史时期的土地数字来讲也是非常重要的准备工作。本章即以此为主要研究内容，探讨清代山西北部地区的土地登记制度特征、赋税征收的区域自主性以及田赋地亩的形成。

第一节　明至清土地登记制度

田赋作为明清国家财政收入的主要来源，具有非常重要的地位，“关系‘国家岁入’者也！关系‘民生’者也！”②清初摊丁入亩以后，田赋主要由地丁与漕粮构成。地丁就是以田地为征收对象，并根据田地土壤肥瘠程度而制定不同的税率，按田亩折银征收，因此也称地丁银，而漕粮则主要在山东、河南、江苏、浙江、安徽、江西、湖南、湖北八省征收，是一种实物田赋。在山西，田赋主要是征收地丁银。

土地登记是确定田赋的先决条件，征收的赋税是根据确定的税额实施的。掌握切实的最新的土地资料并不是一件容易的事，历朝统治者也将土地清丈视为扰民之举，所以只要国家财政收支平衡，民间并不有因赋税不均而清丈的要求，一般统治者都不会大举清查土地。因此，明清时期，土地

① ［美］王业键著，高风等译：《清代田赋刍论（1750—1911 年）》，北京：人民出版社，2008 年，第 26 页。

② 陈登原：《中国田赋史》，北京：商务印书馆，1998 年影印版，第 2 页。

登记的初衷是为了服务国家税收,量入为出和量出制入结合下,尽量达到国家财政收支平衡。因此,土地登记制度所涉及的土地清丈、权属登记、赋税地亩的确定等过程都受到这一宗旨的影响,也正因为如此,最终我们目前能看到的大多土地数据资料并不是真实的土地面积数据,而只是用于征收赋税的田赋数据。

清初赋役制度沿袭明代,清政府尽量维持或恢复明代万历年间的地籍资料,“顺治十年覆准,直省州县鱼鳞老册原载地亩坵段坐落、田形、四至等项,间有不清者,印官亲自丈量。顺治十二年又覆准,州县钱粮与原额相符者,毋再纷更,其缺额地方,于农隙时,州县官亲率里甲丈量,上官以次受成,不得差委滋扰”①。清初所指钱粮原额即明万历清丈时所定之数,明代遗留的鱼鳞图册和黄册登记制度,也一直为清政府所沿用。

一、明代土地登记

从明朝开始,土地登记的底册(鱼鳞册)与赋役底册(黄册或编审册)分开,自成独立的系统,减少隐漏的动机。鱼鳞册可以称为地籍,黄册可以称为户籍。② 鱼鳞册的主要功用是确定每块田地所有权的归属及其四至疆界,而黄册的主要目的是要确定每户赋役丁粮的多寡。鱼鳞册上的资料要靠实地丈量取得,还要编制田形图,所以工作量大,耗工耗时,目前流传下来的也不多。征收赋役丁粮的底册,来源于黄册、编审册这一户籍系统,也就是我们目前能见到的田赋数据,这种数据较之于鱼鳞册的数据,显得很不准确。明代全国性的土地清丈共有两次,一次是明洪武年间,这次清丈直到洪武二十六年(1393 年),全国丈量工作才完成。另一次,就是为了推行一条鞭法而进行的万历清丈,始于万历六年(1578 年),告竣于万历十年(1582 年)前后。两次清丈确立了明清造报鱼鳞图册的土地登记制度。

张居正推行的万历清丈取得了预期的效果,山西清丈也非常成功。万历山西清丈是万历八年(1580 年)十一月至万历十一年(1583 年)五月间进行的,明万历《山西丈地简明文册》具体记载了山西布政司及所属府州县、山西都司及所属卫、所的清丈情况。大同地区的清丈是在右佥都御使、巡抚大同的贾应元主持下进行的。万历六年(1578 年)贾应元巡抚大同,主持清丈,大同府并所属州县,山西行都司并所属卫、所以及代王府庄田的清丈,都是由贾应元主持的。至万历十年(1582 年)正月,清丈事竣,清丈

① 《钦定大清会典事例》卷 165《户部 · 田赋 · 丈量》。
② 赵冈、陈钟毅著:《中国土地制度史》,北京:新星出版社,2006 年,第 61 页。

后的数据见于《明神宗实录》记载。张海瀛先生所著《张居正改革与山西万历清丈研究》一书对山西此次清丈进行了深入研究①，书中还提供了有关山西曲沃清丈的《平阳府曲沃县均田记》碑（以下简称《曲沃碑记》），对我们了解清丈始末大有帮助。

《曲沃碑记》详细记载了明万历时期曲沃清丈的方式方法和折地干尺，万历清丈采取民户自行清丈与复核相结合的办法，清查隐漏地亩，并且碑的背面所刻之折地干尺为两个：

> 其一是布政司颁降的官尺折地干。干长为 1.6325 米，合明代量地尺 5 尺，每尺长为 0.3265 米，该折地干尺旁注明，凡膏肥田亩（含晋府庄田和平阳卫屯地）均用此折地干尺丈量。
>
> 其二是本县折地尺之折地干。干长为 1.82 米，亦为 5 尺，每尺长为 0.364 米。此折地干尺较之布政司颁降的官尺折地干尺大 0.1875 米。该折地干尺旁注明，凡贫瘠之地，均用此折地干丈量。②

曲沃县用两个长度不同的标尺来丈量肥瘠不同的土地，官方标准尺较短，膏肥田亩用此干丈量，同样一块几何面积的土地，丈得亩数就会多，所收赋税就会多，而县折地干尺，该尺较长，贫瘠之地用此干丈量，所得亩数就会少，相应赋税也少，以此来均平赋税。曲沃知县沈时叙于万历九年接到清丈田粮的命令，并于同年夏开始清丈，竣事于万历十年之秋，碑记刻于万历十一年三月。曲沃清丈推行顺利，并且及时刻碑记事，说明沈时叙采取求均赋于折地干尺的方法得到了普遍认可，同时也说明这种方法在曲沃周边地区比较常见和普遍。

除了用不同折地干尺的方法得到赋税地亩，还有一种将土地数字合至“原额”形成折亩的办法。田赋税收遵循“原额”，反映了维持赋税均衡的思想，明清清丈之前都会有“原额”，尤以清初为最，较为成功的万历清丈所定田赋税亩数，成为清初广为依循的原额数。以繁峙县为例，万历《繁峙县志》展现了明代隆庆、万历年间繁峙县的田赋情况③。繁峙县于隆庆二年（1568 年）清丈土地，按肥瘠分等征税，分为了 49 等，并且清丈后的田地数字为 8119 顷 74 亩，比原有田地 2788 顷 23 亩多出三倍。但是知县并未

---

① 张海瀛著：《张居正改革与山西万历清丈研究》，山西人民出版社，1993 年。

② 张海瀛著：《张居正改革与山西万历清丈研究》，山西人民出版社，1993 年，第 211 页。

③ 有幸得见李裕民先生点校的万历《繁峙县志》，据李裕民先生研究，其版本为民国时过录的乾隆时作补充的万历抄本，对于其中的经济史料，李先生也给予了极大重视。

如实上报,而是维持原额,因为在万历《山西丈地简明文册》中所记隆庆六年(1572年)繁峙县地亩为2796顷27亩,并且记载繁峙县"今次该县申报,隆庆二年已经均丈,地不失额,题准免丈"①。说明隆庆二年清丈后所得数据为繁峙县实际土地数字,但考虑到具体自然环境、土地生产力及历史赋税情况,并不上报清丈数字,而是将其折为旧额赋税地亩数,以求收支平衡及地区均衡。

繁峙县明清两代田赋数据的巨大落差在《古今图书集成》中也有反映,其中《职方典》"太原府田赋考"引自府志,民田下分"明田""皇清田"两类,其中所记如下:"繁峙县,明田八千一百八十顷四十四亩……,皇清田二千八百四十六顷四十四亩……"②,该记载来自府志,而传世《太原府志》只有永乐、万历、顺治、乾隆四部,经查,资料中的"明田"数与万历《太原府志》中的田赋记载相同,"皇清田"数与顺治《太原府志》中的田赋记载相同,实际上依据清初原额的概念,顺治时期的数据即为万历清丈的数据,也就是隆庆时期知县维持原额上报的数据。至于"原额",一直延续至整个清代以及民国时期,因为清丈事多浩繁,清政府在顺治以后所做的清丈工作主要是针对新开垦的土地以及失额的土地,顺治以后的田赋数据都是建立在原额的基础上,以此来均衡赋税。

其中需要指出的一个问题是,繁峙县隆庆二年清丈没有上报,从《山西丈地简明文册》上看,万历清丈前后的数据均为2846顷44亩,依旧徘徊在"隆庆六年原额"的附近,将多出来的那50顷16亩记在了万历六年清丈的账上。坐落繁峙县的振武卫屯田在万历清丈前后也无变化,张海瀛先生认为很可能是由于万历六年清丈比较认真,便把万历六年的清丈结果上报了③。如果认为数据落差大是屯田数据缺失的问题,那么即使加上振武卫坐落繁峙县屯田957顷34亩,也只有3803顷78亩,与万历版县志所记8119顷74亩依然相差很大。而且前文所述清丈非常透明的曲沃县,在碑的背面刻着清丈地亩总额为隆庆六年黄册原额6109顷1亩,而不是清丈后地亩6220顷22亩。

参考张海瀛先生的研究,在万历清丈后,田地数字没有变化或变化不大的州县大致有定襄县、祁县、繁峙县、兴县、保德县、绛州、安邑、曲沃、夏县、辽州、沁州等。而其中一些没有新增地亩记载的州县,如祁县、代县、崞

① 张海瀛著:《张居正改革与山西万历清丈研究》,山西人民出版社,1993年,第236页。
② 《古今图书集成》《职方典》卷300"太原府田赋考"。
③ 张海瀛著:《张居正改革与山西万历清丈研究》,山西人民出版社,1993年,第338页。

县、五台、定襄等县，同繁峙一样，原因是在万历六年已经进行过清丈，地不失额，所以题准免丈的。再有沁州等一些州县系贫困地区，为了减轻负担，清丈后都各复原额。并且在万历清丈后，所有州县的夏秋粮征派原额都不变。所以笔者认为山西万历清丈期间，并不是所有州县都进行土地丈量，即便部分州县清丈，也是以维护原额，均平赋税为目的，并不上报真实丈量结果，而是核为旧额填报于丈地简明文册。

静乐县也有类似情况，静乐县由田地实际几何面积到赋税数据的转变情况和上文所提繁峙县相似，并且在资料中出现了小亩折大亩的记载。静乐县折亩情况也反映了明清土地登记制度的延续。

> 明初官民平地……坡地……，共三千二百二十五顷六十九亩……，俱官亩折算。万历九年知县张应昌奉例清丈，官平民地共一万六千六百二十四顷三十四亩……，二十九年知县杨登科奉文复丈，增杂色地六千三百五十顷三十六亩，俱用小亩。……国朝原额官民共地二万三千二百六十二顷七亩，以私小亩折官大亩三千一百二十二顷二亩。①

折亩系数并不固定，根据情况随时变动，例如对民田而言，万历九年折亩系数应为5.3左右，清初该县折亩系数为7.5左右。

值得注意的是，静乐县顺治、康熙等朝的田赋数据，都是在此折过的数据基础上修订完成，最终形成清初“原额”。从国朝原额记载来看，最后折成的“三千一百二十二顷二亩”官大亩，正是万历九年清丈后的数额，与《山西丈地简明文册》中静乐县民田地数额一致，而“国朝原额官民共地二万三千二百六十二顷七亩”则比万历九年清丈数额要多6637顷73亩，这应该是万历二十九年及以后复丈出来的地亩，但在清初一律折回万历九年上报数额，由此看来，静乐县的折亩就是为了要恢复万历清丈时期的原额税亩，以达到均平赋税的目的。实际上，明万历土地清丈后的官方土地数据基本都成为清朝各地土地数字的原额依据。原额观念直接体现明清土地登记制度的延续，以明代折亩后的数据为原额，即不能否认清代的折亩问题。清政府对于明代遗留问题无法彻底解决，采取措施为对原有赋税地亩的默认（即对原有土地折亩的默认），对乾隆十五年以后新开垦的土地按标准亩升科（上文所举实例说明这点也很难做到，依旧存在折亩现象）。

---

① 康熙《静乐县志》卷4《赋役》，康熙三十九年原本，民国间石印本。

除以上两种方式外,还存在对于不同生产力地亩与纳税亩的折算。生产力不同的地亩统一折成纳税亩,是比较明显的折亩形式,然而对于山西地区而言,这种折亩的记载似乎并不常见①。

明代汾州府宁乡县、永宁州及灵石县有过明确折亩记载。

[宁乡县]金田系园圃一等地,六顷九十九亩零,银田系平原二等地,三百七十七顷七亩零,铜田系薄平三等地,二百八十一顷九十二亩零,锡田系山坡四等地,四千二百八十二顷七十七亩零,铁田系荒瘠五等地,二千五百三十二顷六十二亩零,以上五等地共七千四百八十一顷三十七亩零,万历九年奉例清丈地亩,将锡、铁二田山坡地每四亩折平地一亩起征粮草,至三十五年,地粮马草今数。

[永宁州]万历十年奉例丈地,每平地一亩认粮五升七合四勺;坡地四亩名一锞,认五升七合四勺;水地、苇地八分认粮五升七合四勺;山地七亩认粮五升七合四勺,至三十五年,地粮马草今数。

灵石县:万历九年奉例清丈,遇上中下地通融折算,至三十五年地粮草俱今数。②

汾州府资料显示,将肥瘠不同的土地统一折为纳税亩收税,肥地八分折算一纳税亩,贫瘠土地四亩、七亩折为一纳税亩。灵石县虽没有具体折数,经查嘉庆《灵石县志》:“明万历九年清丈并查出小亩四千三百九十五顷四十三亩七分二厘”③,通过“小亩”体现折亩。这些资料体现了区域折亩现象,在税额一定的情况下,对肥瘠不同的土地按不同亩数收税,分别对四亩、七亩、八分等收取一亩的税额。

二、清初至清中期土地登记

定襄县一则士民进呈请求减粮赋的申报记载,反映了清初顺治时期屯地、民地丈量中所用弓尺不一的情况。顺治十二年(1655年),定襄县士民周昌祚等声称他们居住的县南官庄村,旧为晋王府屯地,地多盐碱不堪耕

① 在对明代土地数字进行考释的时候,何炳棣先生就曾注意到山西的资料最让人失望,他遍寻山西方志,只发现了三条明确为折亩的记载,这三条均出现在万历三十七年(1609年)《汾州府志》中,详见下文。

② 万历《汾州府志》卷5《赋役类》。何炳棣所著《中国古今土地数字的考释和评价》一书中有所引用,北京:中国社会科学出版社,1988年。

③ 嘉庆《灵石县志》卷3《食货志田赋》,嘉庆二十二年刻本。

种，稻地又多有荒旱，更重要的是当年晋王府所用五尺要小二寸，所以现在看来起科太重。上诉之后经知县上报太原府，经查：

取屯中地粮原册与民间地粮原册查对，其屯中地粮原比民间地粮每亩加重多寡不一，取屯中尺丈较量，其屯中尺丈原比民间小二寸，据此看得本县官庄于明季时系晋府王屯，是以与民互异。①

随即认为民屯尺丈起科理应一视同仁，于是批令照阳曲屯例，只征正粮，免加杂派。之所以这样处理，是因为：

查得本屯额课既已载入考成，若照民间起征则屯粮不足，若用民间丈尺则屯地有歉。②

该资料反映明清之际对于王府庄田和民田丈量所用弓尺存在不统一的现象，这与前文所述万历曲沃清丈时存在两个折地干尺是一致的。曲沃县用布政司颁行的干长 1.6325 米折地干丈量膏肥田亩（含晋府庄田和平阳卫屯地），用干长 1.82 米折地干丈量县内民田，定襄县的情况和曲沃县大致相同，晋王府屯地应比民田肥沃，因而所用弓尺较民间所用弓尺小二寸，丈量时亩制标准存在差异。之所以出现士民质疑赋税过重的情况，很重要的一个原因在于经年日久，土地生产力发生变化，原先属于膏肥田亩的屯地生产力下降，用标准尺（短尺）丈量定赋已经不能达到均平赋税的目的，所以需要一个新的标准来重新定赋。

乾隆二年（1737 年），清政府对屯田较之民田税重、同一屯田却科则不等的情况进行过处理。

乾隆二年，谕各省屯粮科则轻重不等，州县屯粮有较之民田过重者，有同一屯田而征粮之本折多寡不同者，有同一科则而额粮之重轻相去悬殊者，念此屯民皆吾赤子，若地瘠粮重未免输纳维艰，着该抚秉公确核，各就原额粮则之重者酌量裁减，具题请旨。③

由此看来，到乾隆时期清政府也没有找到更好的办法来解决屯田赋税

①② 光绪《定襄县补志》卷4《田赋》，光绪六年刻本。

③ 《清朝文献通考》卷10《田赋10》（万有文库本），商务印书馆，1937年。

过高的问题，只能在允许的范围内适当削减田粮而已。

定襄县的资料也向我们展示了清朝建立之初对于明代土地登记制度的沿用。翻检清朝初年地方志，大多田赋下关于原额的记载都与《简明文册》上的数据相符。但清政府在沿用明代赋役制度的同时，也意识到地籍与赋税的混乱，于是逐步制定清丈步弓及亩制，确立一些新的土地登记制度。然而清政府的这种尝试，较之于明代赋役制度并没有多少实质性的变动，只对新垦、四至不清、失额等情况下采用新的弓尺进行丈量，升科定税。

> 顺治十一年，定丈量规制，凡丈量州县地用步弓，各旗庄屯地用绳，如有民地缺额督抚详查开除。至十二年颁布铸步弓尺于天下，广一步纵二百四十步为亩(方广十五步纵十六步)。有司于农隙时亲率里甲履亩丈勘以定疆界，杜占争，均亩赋。凡丈量之制，州县册籍原载丘段四至不清者丈，欺隐牵累有地无粮有粮无地者丈，亩步不符赋则或浮者丈，熟荒相间旗民盐灶以及边地民番相错者丈，壤界相接畛域不分者丈，荒芜召垦寄粮分隶者丈，水冲沙压公占应抵应豁者丈，濒江濒海之区五年一丈，视其或涨或坍分别升免。①

清代赋税制度实际推行过程中，各省情况千差万别，互不相同。彻底的土地清查困难重重，几乎不可能实现，长期形成的赋税习惯，也不是一朝一夕就可以更改，所以对于明代遗留的赋役原额及各地土地登记中的弓尺、亩制等习惯，清政府沿用默认，但坚持对于新垦升科之田的丈量，要遵照部颁弓尺进行。

> 乾隆十五年奏准，自顺治十二年部铸弓尺，颁行天下，康熙年间，复行严禁，如有盈缩，定以处分，迨后各省弓尺，多有不齐，参差无定。乾隆五年行直省，各将该地方旧用弓尺，开明报部，惟直隶奉天盐场仍遵部颁弓尺，并无参差不齐，至山东、河南、山西、江苏、安徽、福建、浙江、湖北、陕西等省，或以三尺二三寸、或以四尺五寸、或以六尺五寸、或以七尺五寸为一弓，或二百六十弓、或七百二十步为一亩。长芦盐场三尺八寸为一弓，三百六十弓、六百弓、六百九十弓为一亩，均未遵照部颁弓尺。今若令各省均以部定五尺之弓、二百四十弓为一亩，倘

① 《清朝文献通考》卷1《田赋1》(万有文库本)，商务印书馆，1937年。

部颁弓尺大于各省旧用之弓，势必田多缺额，正赋有亏，小于旧用之弓，又须履亩加征，与民生未便。且经年久远，一时骤难更张，除直隶、奉天等省原遵部颁弓尺，毋庸置疑外，其山东、河南等省弓尺不齐之州县，已据各该抚开明不齐缘由报部存案，亦毋庸再议增减。嗣后有新涨新垦升科之田，务遵部颁弓尺丈量，不得仍用本处大小不齐之弓。如有私自增减盈缩，照例处分。①

康熙年间徐沟县对于文昌阁祠堂地亩的清理体现了丈地亩积是二百四十步的情况。江南江宁人王铉在康熙十四年至康熙二十一年任徐沟县知县，其间，王铉撰"文昌阁香火地亩看语"一文，对祠堂地亩的情况加以梳理，文中附"文昌阁基址并香火地亩碑"，对各段地的丈量记载颇详：

……以上共计基址地叁拾捌亩肆分柒厘壹毫，周围地形东西南三亩俱齐，北面舒缩不齐，以三长三阔计尺丈。西一段，南北畛，西边临道，长壹百零陆步，东边长壹百贰拾肆步，阔伍拾捌步，南阔陆拾壹步；中一段，南北畛，长柒拾壹步，阔贰拾贰步；东一段，南北畛，长伍拾叁步贰尺，阔壹拾步零肆尺。戏楼基地贰分陆厘贰毫，东西长玖步，南北阔柒步。……辽西道地一段，南北畛，长贰百伍拾玖步，阔贰拾陆步，计地贰拾捌亩零陆厘。亭北地一段，南北畛，长贰百贰拾柒步，阔壹拾柒步肆尺，计地壹拾陆亩捌分叁厘陆毫。亭南地一段，南北畛，长贰百贰拾柒步，阔玖步叁尺，计地玖亩零捌厘。羊圈地一段，南北畛，长壹百肆拾伍步，阔壹拾陆步肆尺伍寸，计地壹拾亩零贰分壹厘壹毫。沙凹地一段，南北畛，长贰百叁拾陆步叁尺，南阔壹拾壹步，北阔拾步肆尺伍寸，计地拾亩零柒分玖厘伍毫。赵良翼输长畛地一段，南北畛，长贰百肆拾柒步贰尺伍寸，阔肆步肆尺贰寸，计地伍亩。太谷县墩坊村温如珩单长畛地一段，南北畛，长贰百肆拾柒步贰尺伍寸，阔肆步肆尺贰寸，计地伍亩。桃园地一段，南北畛，长贰百贰拾步，南阔伍步肆尺，北阔陆步，计地陆亩②。

对资料中提及的每一块地亩进行计算，都是以五尺一步，二百四十步

① 《钦定大清会典事例》卷165《户部·田赋·丈量》。
② 光绪《补修徐沟县志》卷5《杂志》，光绪七年刻本。

一亩的标准亩丈量的,但是资料中并没有交代这个尺是多大的尺。

北部的大同县情况略有不同。道光《大同县志》卷4《疆域·水利》所附《寺儿村、小南头开垦滩地,照下则认粮抵补海子洼村荒缺详案禀稿》一文,不仅详细记载了道光初年寺儿村、小南头村对于玉河淤出滩地的争夺,并且对于滩地的丈量也详加记叙:

> 惟该处淤滩一总丈量,仅一千四十步,长一百六十步,地属无多。……将来垦种成熟,即不能照上、中科则,亦应以下则依限升科。遵复亲诣该滩覆加丈勘。……再原绘滩图系总计丈量,笼统折算,今除去圪塄界畔及坎洼沟渠,每一亩阔二十步,长二百十八步一分八厘,共地五顷五十亩,积宽一万一千步,积长十一万九千九百九十九步,照依下地科则……①

该资料显示除历史遗留屯田丈量与赋税差异的问题,新垦之田的丈量升科也会多有争议,清政府要求各地遵照部颁弓尺进行丈量升科,但在实际操作中也会难以实现。一般情况下,清政府丈地亩积是二百四十步,但对于新淤滩地等特殊地亩的征税,稍有不同。大同县对于淤出滩地的丈量以及征税原则,即确定该地将按下则升科,并且确定阔二十步,长二百十八步为一亩,这样的亩制大于清代推行的二百四十步为一亩(广一步纵二百四十步)的标准,导致实际上丈量出来的地亩数据要比二百四十步为标准丈出来的地亩数据小,若按标准亩制则应为100顷10亩。如此丈量之后,还要依照下则升科。在大同县及附近地区,对于新淤滩地,因为产量不定,生产不稳定,不仅在丈量的时候用大亩,而且在纳赋标准上也按下则收税。由此可见尽管在乾隆十五年(1750年)就要求新垦之田按照部颁弓尺丈量升科,但在实际执行中却并非如此。

长城以北的口外地区,地广人稀,所论土地数量都以顷、分、段论。例如乾隆三十二年山西巡抚彰宝对右卫牧厂地的勘丈:

> ……兹据布政使喀宁阿暨归绥道长安等详称,查勘右卫空出五旗牧厂,细按边界均非毗连,自应分段丈量,方能明晰。今勘正蓝旗地亩,计长七里四分,宽十七里九分,应作为一段,除拨给阿贵庙喇嘛养赡地二十顷外,约丈见荒地七百一十七顷,又勘正黄正红镶红三旗地

① 道光《大同县志》卷4《疆域·水利》,道光十年刻本。

亩，计长二十二里四分，宽十里，应作为一段，丈见荒地一千二百十四顷，又勘镶蓝旗地亩，计长十七里六分，宽五里七分，应作为一段，丈见荒地五百四十八顷零，以上五旗空地分为三段，共丈见荒地约二千四百八十余顷。……臣查右卫正蓝等五旗空出牧厂俱坐落和林格尔及清水河二厅地方，既据勘，有堪以垦种地一千六百余顷，应即在于归绥道所属五厅及大同、朔平二府所属沿边州县广为招募佃民，听其就近承垦，每地五顷作为一分，资本有余者，每户准给一分，力量不足者，数人合认一分，俱从其便，仍编立字号，划成坵段，逐一指授认领，俟其入册翻犁后给予印照，以为执业根据，将来垦成布种时，准其当年自收籽粒以偿工本，勒限次年将已熟地亩先行起科，其余陆续垦熟，递年报升。此等地亩既据勘明，较察哈尔旷地稍觉瘠薄，只可播种杂粮，应照口外定例，不分等则，每顷征银一两四钱，……至其余难以垦耕地八百余顷，虽称砂碛沟涧不成片段，其中如可节取之处，俟佃民将好地垦成后饬令零星开垦续报升科，以尽地利。……①

勘丈面积十分广大，分段丈量，每一段都长宽二十里左右，分给民户承佃时，可以达到每户五百亩左右，或者几户人家合力认垦五百亩，这个数字是相当大的了，反映了长城以外地广人稀、广种薄收的农业生产状态。这次丈地主要在于丈荒，用于开荒升科。

三、清末土地清丈与土地登记

清朝中后期以后，并没有出现大规模的全国清丈。官方记载中出现的八次清丈②，或丈荒地，或丈缺额，并不是对全部土地的清丈。山西区域性土地清丈，就目前已知的情况看，主要出现在清朝后期，大致有以下几次：

同治六年介休清丈。同治六年，知县高崇基下车伊始，“首先按亩清丈，由黄册十二坊里汇编十二都册，改向者户经粮纬之制，分图分段之法粮随地纳，创造鱼鳞册，保户空粮诸弊一旦豁除”③。本次清丈，“分上等稻地，上次等水地，中等平地，中次等上沙碱地，征粮五升，中下等中沙碱地征

① “山西巡抚彰宝奏遵旨勘明右卫牧厂余地作速招民开垦收租以充兵饷折（乾隆三十二年五月十五日）”，中国第一历史档案馆编：《清宫珍藏杀虎口右卫右玉县御批奏折汇编》，北京：中华书局，2010年。

② 张研：《清代经济简史》，郑州：中州古籍出版社，1998年，第109页，这八次丈量分别在顺治、康熙、乾隆时代进行。

③ 民国《介休县志》卷18《名宦录》，民国十九年铅印本。

粮四升三合七勺,下等坡地、下次等沙碱地、下下等冈地共八则,改十二坊里为十二都,……共地六千一百五十二顷九十亩零三分……"①。这次清丈取得一定成效,曾国荃便"颁其册式,通饬举行"②,而高崇基也因此得以升迁至山西布政使,后又迁至广西巡抚。

光绪五年解州清丈。光绪五年,"知州马丕瑶清丈民田,平、坡、沙、垦等地及屯田共地三千二百一十八顷五十亩……"③。光绪丁戊大祲之后,知州马丕瑶禀请清丈,并于光绪七年刻丈清地粮里甲图说。"于己卯十月设局,遴绅举办,按村丈地,按地起粮,合一村之田粮为一甲,合数村或十数村为一里,各甲即以各村名名之。村小地狭、粮不足成甲者,或附邻村为一甲,或合数村为一甲,仿鱼鳞法以田为经,以户为纬,各村粮有定额,田有定数。田易主仍在原册,粮更名不出本甲。一人姓名数里皆能记载,寸土赋税两村未许更移。辛巳,清厘既竣,并为十六里九十五甲,绘鱼鳞图刊书立案,永为定制"④。本次清丈一样取得了重大成效,清政府继续鼓励其他州县效仿清丈。

光绪五年隰州蒲县清丈。清末光绪年间隰州蒲县清丈折亩记载较为清晰。

> 光绪五年奉文清查地亩,实在地亩总计平原山坡共四十五万七千一百七十九亩零(各项亩数详见均粮禀帖内)。井平地实在一亩作一亩,每亩以六分一厘七丝八忽起科,中平地二亩折一亩,下平地二亩半折一亩,原地三亩折一亩,山地十亩折一亩,中坡地五亩折一亩,下坡地八亩折一亩,照井平地起科,每亩以六分一厘七丝八忽起科。⑤

光绪三年、四年(1877、1878年),晋陕鲁豫冀等北方大部省区遭受特大旱荒,灾情惨烈,其中山西灾情又以晋南地区为最。蒲县知县托克托欢自光绪三年上任伊始就忙于赈灾救荒,于光绪五年(1879年)清丈地亩以平赋税。带着对前额地亩数的怀疑和折亩问题的揣测,清丈工作展开,清丈后所得地亩数是前额税亩数的3倍,显示可能存在折亩,但地亩折数却无据可查,经过访谈耆老,实地勘察,结合当地自然环境、土地类型、土地生

① 民国《介休县志》卷10《财赋略》,民国十九年铅印本。
② 民国《介休县志》卷18《名宦录》,民国十九年铅印本。
③ 光绪《山西通志》卷64《田赋略七》,光绪十八年刻本。
④ 光绪《解州志》卷4《田赋》,光绪七年刻本。
⑤ 光绪《蒲县续志》《田赋》,光绪六年刻本。

产力以及历史习惯等因素，托克托欢认为前额土地数系折亩升科无疑，并制定上述折科之法，合至前额。

很明显，蒲县折亩所采取的方式即依据土地生产力的不同，以不同的折数折为标准纳税亩，采用一种收税标准（每标准亩起科相同），达到简化征税程序、均平赋税的目的。

光绪九年阳曲清丈。光绪九年，“知县锡良以粮亏地溢，科则不符，禀请清丈。当经设局会城，阅三年蒇事。凡民、屯各田，旗圈地亩，并依赋役全书勘合如额”①。本次清丈，主要是由于频繁的土地买卖导致政府不能准确掌握土地所有权，纳税主体不明确，影响政府税收，光绪大祲之后这一现象更加严重而出现的②。“如东都东里之田卖与西都西里，则东都东里归推册，如四柱之有开除，而西都西里归收册，如四柱之有新收，各都各里之粮，每岁既增减无常，而田又不尽在各都各里之本管界内。田与户始不相连属矣。……然久而户在东乡，田在西乡，户或逃亡，田亦难于确指。于是乎有空粮累粮之争。加以田与户既不相连属，买田卖田之时，邻里无从周知。……”③。

光绪年间绛州清丈。《西庄清丈地亩册》④反映了光绪年间山西绛州某县西庄清丈情况，这次清丈的缘由在于自康熙三年编审以来，二百年来社会经济发展，土地所有权转移频繁，鱼鳞老册已不能反映现实土地状况，故而重新清丈地亩，填造鱼鳞册，归户办粮，清理赋税。从地亩册所附《绛州清丈地亩条约》来看，此次清丈绛州设立清丈总局，制定清丈条约，下发州属各县进行清丈，应该是在光绪年间绛州地区有过一次比较彻底的清丈。

根据解州和阳曲清丈地粮图册中关于典当房地契时间限制的记载，都提到“查太谷章程……”，以循定例，那么应该在解州清丈和阳曲清丈之前，太谷应该有过清丈活动。又根据《晋政辑要》中所附《光绪八年巡抚张奏筹办清丈案》的描述，“现据曲沃县绅民呈恳清丈，已饬该县认真举办，此外如阳曲县则因圈粮为累，复有缺额钱粮数千金，太谷亦有累粮数千金，

---

① 光绪《山西通志》卷58《田赋略一》，光绪十八年刻本。

② 初建朋：《清末山西省阳曲县土地分布格局探讨——在GIS下以〈阳曲县丈清地粮图册〉为基础》，陕西师范大学硕士学位论文，2004年。

③ 《阳曲县丈清地粮图册》，光绪十八年刻本（据光绪十一年抄本刊印）。

④ 该地亩册计一函十二册，原为单补生先生所收藏，当我联络单先生时，此书已转让他人，单先生也没有留下图像资料，故而不得见。但是单先生撰《鱼鳞册——清代光绪地亩册》一文存于网络平台，该文对于这部地亩册的版式、品相等方面的介绍，册中部分丈量资料的举例，以及《绛州清丈地亩条约》的收录、部分地亩册图片等内容，对于了解此次清丈，还是非常重要的资料。

由官赔垫,汾阳、孝义皆民间自愿清丈,因经费未集尚未开办"①,应该还有曲沃清丈。只是光绪时期的这次太谷清丈和曲沃清丈所存资料较少,只能推定存在。

以上清末的几次地区清丈,目前可见的清丈资料有《同治六年介休县高崇基清丈章程》(以下简称《介休章程》)、《解州丈清地粮图说》(以下简称《解州图说》)和《阳曲丈清地粮图册》(以下简称《阳曲图册》)②,以及上文提及的绛州《西庄清丈地亩册》。

《介休章程》附于《晋政辑要》《田赋》之后,主要介绍了之所以要清丈的缘由,清丈的注意事项及实施办法。明确改村庄坊里之制,"此次清查地粮,彻底掀翻,自应以鱼鳞图册为重,宜将境内所属分为十二都,每都分为十册,量粮地之多寡,多者一村为一册与二三册不等,少者数村为一册,造成鱼鳞图册"③,对于征粮等级、土地分类方面,"然数百年来地势变更,旧日稻地有变为平地碱地者,平地有变为沙碱地者,而沙碱地有引山水浇灌变为平地者"④,所以此次清查按当时实在情形,分为上等稻地、上次等水地、中等平地、中次等上沙碱地、中下等中沙碱地、下等坡地、下次等沙碱地、下下等冈地共八类。再就是对田地买卖、田产变动等方面给予重视。

《解州图说》刻于光绪七年,主要包括"清丈地粮章程四十条"、"解州城乡十六里总图总说"、"丈清地粮以后永定章程三十四条"三部分。其中清丈地粮章程中记道"今清地,先清粮,欲清粮,先清户,三事必分先后,终究合为一事,第次详查"⑤。又"草鱼鳞册写出,里甲已分编清晰,随即清丈地亩"、"较准弓尺二百余杆,繟一百余杆,州库各存一件,公局各存一件。九十七村并四坊各给公约尺二杆,繟一杆,弓繟均为画一。此项弓尺,永存各村公庙,以后合州丈地,即以此弓尺为准。如有私改偷换,禀明严惩"⑥。可见本次解州丈量用的是一种弓尺,只是这种弓尺合多少米,还需要考察后才能知道。具体清丈,是要先记清各村原额地数,然后令各村公约将本村地用石灰划分界限,再用石灰分开地眼,便用弓繟开始总为丈量。如果

---

① 《光绪八年巡抚张 奏筹办清丈案》,《晋政辑要》卷9《户制·田赋一》。

② 《晋政辑要》中附有《同治六年介休县高崇基清丈章程》和《光绪七年解州马丕瑶清丈章程》,详细的介休丈清图册没有见到,找到《解州丈清地粮里甲图说》一册,所记清丈章程内容与《晋政辑要》中所附内容一致。

③ 《同治六年介休县高崇基清丈章程》,《晋政辑要》卷9《户制·田赋一》。

④ 《同治六年介休县高崇基清丈章程》,《晋政辑要》卷9《户制·田赋一》。

⑤⑥ 《解州丈清地粮里甲图说》之《解州清丈地粮章程》,光绪7年刻本。

与原额相符便罢，如果不符还要再分地段丈量，然后以多补少，平衡地粮。对于山区地亩，能围起来的先总丈，不能围起来的分段清丈。并且说明“向来无粮之地，多是开垦盐碱沙石水滩地段，十年九荒，收成难必。此次并不额外升科加征，亦不治其私垦侵匿之咎。花户一无畏缩，自必写清注明”①。清丈土地后，局绅照四至鱼鳞册实地亩数，按平坡沙各色地，逐项算粮折银。由此可见，光绪解州清丈田亩数字还是较为可靠的，基本达到了清查隐匿，确定里甲地粮的目的。其方法是用了一种标准弓尺，然后按地力肥瘠分开起科，合至原额。本次清丈的结果，计平地、坡地、沙地、碱地、水沙地、辛地、垦地、屯地、石地、续垦地，通共实有地 321850 亩，征粮 19763 石，折银 28003 两。外籽粒地 1532 亩，本色每年由河东道库厅征收。苦垦地在州城东北，共计地 13716 亩，官海地 2 亩，学田地 34 亩，俱不征粮。将清丈后土地数字与光绪《山西通志》光绪五年数字 286653 亩和《晋政辑要》光绪十三年数字 286653 亩相比，多出三万五千多亩，说明光绪七年的清丈数字并没有被《晋政辑要》所采纳。

《阳曲图册》也包含“清丈首要四条”、“局规十一条”、“地点告示”、“抽丈章程”、“太原府阳曲县清丈四十都地粮图说”、“清丈后章程四十条”等条目。未开局时，“先选明白世务，精通农事十数位公正绅士。日日聚谈，将一县地理形势说出大概”、“问绅士，向来封粮，各都各甲同否；每一两正供，用何法折银折实系加几封纳；除加外，又有何差事，系按粮摊派胥役”②。在点地过程中一样，先吩咐社首乡地，将该村四边地界用石灰周围圈住，八道杆插定，然后插中杆。一人绘图，主要照石灰线边界画好。一人执草鱼鳞册，一人执原报册，这二人挨段点地，如有遗漏地段就添注到鱼鳞册上。记地亩数的时候，若是看着似乎多，就在本地项下写个多字，河占地、新荒地等都要注明。③ 丈地时候，“现在立定都里，分清地界。各都发竹繵一架，弓尺一杆，以为丈地准绳。自谕之后，该村赶紧照式各造繵尺，遵照现定章程逐段丈量，注明实地亩数，写清四至姓名”、“每都颁发竹繵弓尺各一件，各村按其地之多寡，照式或造一副或造数副。村头社首，知会精通算法一二人，协同地主，秉公认真，勿论民地、官地、旗地、屯地，俱要逐段丈量”、“每丈一段平整地，必须三阔三长，方能得准。至于凹凸拐角斜尖圆扁葫芦等二十四色花样地，要依算书上勾股法核清确实分亩，毋得含

① 《解州丈清地粮里甲图说》之《解州清丈地粮章程》，光绪 7 年刻本。

② 《阳曲县丈清地粮图册》之《清丈首要四条》，光绪十八年刻本（据光绪十一年抄本刊印）。

③ 《阳曲县丈清地粮图册》之《点地章程九条》，光绪十八年刻本（据光绪十一年抄本刊印）。

混"、"丈河边滩边地,尚有水在其中,不能动尺,即用长绳周匝一量,计准阔长,然后用尺丈绳,算清分亩"①。抽丈的时候,"先唤原丈地村人,并地主到齐,将地周匝一看,形势按準,然后开纏布弓,符毋庸议。若有虚揑,姑宽隐匿之咎,即同三面照现丈亩数,在册上更改清楚"②。

阳曲清丈是在解州清丈之后,也就是在看到解州清丈的成效后,向解州效法的,当时有清丈经验的孙守恒,就被邀请去协助清丈工作,"孙守恒,字子常,号林安,……君一人主持,事竣后解人大苏,颂声载道。清丈之法创于君,行于解,成效大着,各邑争艳称之。本省阳曲县、陕西朝邑县皆延君清丈。在阳曲有惠周狼孟之称,在朝邑有当代国侨之誉,均非溢美之词"③。《阳曲图册》中的许多条款,看来也像借鉴《解州图说》中所述,但处处体现因地制宜的原则,并且其中条款也多有增列,清丈事宜也显得具体周到。

那么,阳曲县丈量所用的竹纏、弓尺,没有讲明具体长度,从渊源上看,很有可能是同解州相同的弓尺,并且照图册所说,应当只有一种标准。在具体丈量之后,按地土肥瘠收税。《阳曲图册》比《解州图说》细致的地方,在于向我们详细介绍了丈量不同田地时采用的方法不同。丈量属于数学问题,在丈量平整土地的时候,要三阔三长,在凹凸拐角等非平整土地时要按照勾股法计算地亩,以求精准。

《西庄清丈地亩册》中所有田地分类为山、井、平、坡,均依次挨工编段清丈,每段依次记载:土地所有者姓名,某工某段,田地类别,四至及面积,应征粮数。单先生文中可见两例记载,"东界圪塔子起,村东第一工第一段家尚儒北张里又一甲买得,平地长五十六步三尺,阔八步三尺六寸,东至梁彩章,西至道,南至梁彩章,北至道,该地二亩五厘六毫,征粮一斗五升二合五勺五抄","村东第二工第五十一段曹得发北张里五甲买得,井地长五十四步五寸,阔七步二尺五寸,东至曹域,西至道,南至家祥福,北至张午,该地一亩六分九厘,征粮一斗三升五合二勺"④。

按照两个例子中描述的地亩长宽,算下来正是用了一步五尺,二百四十步一亩的丈量标准,但是依旧不知这个尺的大小。从税粮上看,平地每亩收七升四合左右,井地每亩收八升左右,井地税则高于平地。

---

① 《阳曲县丈清地粮图册》之《丈地谕单并章程十条》,光绪十八年刻本(据光绪十一年抄本刊印)。

② 《阳曲县丈清地粮图册》之《抽丈章程三条》,光绪十八年刻本(据光绪十一年抄本刊印)。

③ 民国《解县志》卷6《名贤传》,民国九年石印本。

④ 单补生:《鱼鳞册——清代光绪地亩册》。

地亩册中的记载似乎可以理解为用同一弓尺丈量，但是在地亩册中所附《绛州清丈地亩条约》中却明确记到，“此次清丈仍分九局以城局为之总，该分局俟城局发到册籍，先将所管各村头绪、公直人等唤集局内，令各择通晓书算者二三人、工尺二三人领册清丈，各用各村旧尺随丈随填，大村限六十日、中村限四十日、小村限二十日一律办成，仍由该管分局收齐送交总局核办”①。由于没有看到全部地亩册，举例也只是个别情况，所以无法推定丈地过程中是否有弓尺不同的现象，或者对于不同类型土地存在折亩现象，只是按条约上的记载，各村有各自弓尺早已为民间习惯。

除此之外，几份图册中还反映了山西地区有关段与垧等地方亩制习惯在民间应用的普遍性。段与垧是一种民间土地计量单位，具有很强的地域特征，在山西地区，一般来说，以段、垧相称的土地大多是瘠薄之地，或是畸零不整之地，并且段、垧所计量的亩积都要大于政府通行的标准亩。

介休县，“东南山内苗沟、木壁泉、泉庄、后崖头、薛家里、关子岭、南坡、化家窑、南窑头、张家庄、桑儿峪，共有十一处，其田计垧不计亩，其粮则亦无定准”②，询问年长者之后，才知道这些地方都是山沟石崖，地土荒熟不常，故而无法计亩定粮，最终确定的方法就是还按照现在完粮之数，不在八则之列。

解州，在城北城东的西辛庄、贾村、洗马村等十一村，各有碱滩，经常受女盐池六小池水浸害。而丈到这些村时，才知道他们都“计段不计亩，论阔不论长”③。问及耆老，都说此地向来不论丈尺。乾隆年间重修州志时都是一段为一亩，征赋税较计亩之沙地还要重。此次光绪清丈其他各村俱计亩清丈，而此地依旧计段。于是先令局绅查明此地向来征粮数为 2149 石，折银 3610 两。然后逐段丈量，共计实地较原额多了 300 余顷。当然最后，由于这种盐碱地耕种困难，所以将赋税分到每一亩上，与沙地粮数相符。但是要注明本次丈清亩数，以及每亩纳粮银数，以杜绝日后买卖田地计段不计亩含混侵占之弊。

阳曲县，在王封、河口、大川、凌井等地，诸山内田地凹凸斜坡，硗薄不堪，“率皆人力运石转沙，砌修块段，稍旱即形结燥，稍涝胥受阴湿，耕种难必，向日呼垧不呼亩”、“现时查清，每壹垧作壹亩合粮色，仍依原有钱粮分

---

① 《绛州清丈地亩条约》。

② 《同治六年介休县高崇基清丈章程》，《晋政辑要》卷 9《户制・田赋一》。

③ 《解州丈清地粮里甲图说》之《解州丈清地粮以后永定章程》，光绪七年刻本。

注，并不增减，以后买卖论垧，庶免含混飞洒之弊”①。其实在之前点验山内地契章程中就规定“点一村地段，或垧或亩，总要记清数目，写明四至，不可遗漏一段”②。

解州对于计段之地总体丈量，丈得总数但并不加赋，而是将原额赋税平摊至每亩之中。至于丈清的亩数，主要用于土地买卖时计清地亩。阳曲县则是采用了另一种办法，即对这些论垧之地合作标准亩计，也就是将大于一亩的土地视为一亩征粮，只是结果和解州一样，依旧维持赋税原额。

绛州，“如旧册之上原载地一段计十亩本系一主，今则分归二三家，着于新册上分地分粮分列其名”，这里的一段合十亩。

段、垧等地方亩制在山西其他地方也可见到。乾隆《浮山县志》载，“邑侯周公毓正曰：……问所谓鱼鳞册者，老吏皆谢不知。余初疑其妄，及听断之余，查阅邑中旧契，自胜国来载有亩数条段者十之五，余则皆称某山某沟地壹分，随夏秋粮若干或称地几垧（土人以牛日所耕者为一垧，有二亩三亩多少不等）。或称尽数无遗，或称零星摊以细开，无段落，无四至，无上中下名目，要其所欲则随以重赋，急而求之则减粮以售。又东山一带客户皆流民，广种薄收，量入租课，业主终其身不知地在何处，以是甲乙互争有数十年不决者，然后知册籍散失，吏缘为奸，非一朝夕之故也。”③又，周毓正，“山东鳌山卫人，辛丑进士，雍正五年知浮山县。慈祥恺悌，人不忍欺。积学渊深，素以文章知名”④。可见，雍正朝浮山县的田地数据已经无鱼鳞册可循，或者说至雍正时期浮山县都没有实际意义的清丈行为。在山地沟地数据方面，民人以牛一天所耕之地计一垧，大概合清亩的二到三亩。浮山县各种县志所记原额是清初至顺治十二年的数额，光绪《山西通志》也从此说，因为虽然原额断自乾隆初年，但浮山县乾隆版、同治版、光绪版、民国版本的县志，田赋部分的记载几乎没有什么改动。“浮境田地向分治水、川平、川坡、山平、山坡五等，而土壤之肥硗、赋税之轻重即是以是为比例”⑤。再如临县，“县治峰峦叠峙，山田居多，平地不地百分之一，故田难

---

① 《阳曲县丈清地粮图册》之《阳曲县丈清地粮以后永定章程四十条》，光绪十八年刻本（据光绪十一年抄本刊印）。

② 《阳曲县丈清地粮图册》之《点验山内地契章程十一条》，光绪 18 年刻本（据光绪十一年抄本刊印）。

③ 乾隆《浮山县志》卷 12《田赋》，乾隆十年刻本。

④ 同治《浮山县志》卷 18《宦绩》，同治十三年刻本。乾隆本此处内容字迹模糊故而不取。

⑤ 民国《浮山县志》卷 15《财政》，民国二十四年铅印本。

以顷亩计。农家但以牛力为率,自晨至午为一垧,或从土作垧,数垧之田不能当川原一亩之入。县境内山地东区多以三亩为一垧,西区四亩为一垧,民间地契有每垧纳粮仅一升或数合不等,今志所称顷亩粮额系按报销册旧数计算"①。

官方赋税田亩记载中大多统一为亩,但是在学田等处于赋税系统之外的田地,还是可以见到以段与垧为单位的记载,如"岢岚州学田,明万历四十二年太原府督粮同知吴登仁置柳林湾地一百垧半,东关都民李福、郭登英、耿文明、王一才、刘鸣凤输三井地四十二垧,永作学田。……(康熙)又射圃亭废地五垧零,东关吊桥地一垧半,东北城濠地四垧,以上共地一百四十九垧。……保德州学田,明万历四十二年,知州胡栴用价二十三两三钱买西庄贾明都烟墩梁上下共地一十二段,载粮四斗九升五勺"②。又如介休县,"山僻村庄,人民典买田地,不以亩计,均以垧计(每垧约三亩),收租出派亦均以垧计算,并不说出亩数,故名曰'种地不计亩'"③。段、垧等亩制习惯在太原以北地区应该非常普遍,或者说在山区等贫瘠土地上使用广泛。民国《山西风土记》中就记到:"农田名称,各属亦不同,大率以工部营造尺五尺为一步,二十四步为一分,十分为一亩,百亩为一顷。……汾州、宁武二属,山地以二亩半为一垧,亦有以三亩四亩为一垧,因地之肥瘠而增减也。"④

若干土地调查资料也反映了这种地方亩制的习惯相沿与普及。在兴县、临县、岢岚、神池、五寨、朔县等县的土地调查资料中,几乎都以垧来论。在 1941 年减租减息自然村土地调查中,静乐县登记表上显示"此亩是三亩为一垧的亩"⑤,临县几个自然村的统计中"地以亩计算,山地一垧作一亩"⑥。再如兴县,1941 年的时候,一个杨家坡村的雇工杨迎命给地主种地,据记载主要种了枣子 4 垧,豇豆□垧,糜黍 5 垧,高粱 3 垧,谷 10 垧,黑豆 15 垧,豌豆 1 垧,扁豆 2 垧,山药蛋 2 垧,大麻 2 亩,等等⑦,都可看出这

---

① 民国《临县志》卷 10《财赋略》,民国六年铅印本。

② 《古今图书集成》《职方典》卷 299《太原府部汇考·太原府学校考》。

③ 前南京国民政府司法行政部编:《民事习惯调查报告录》,北京:中国政法大学出版社,2005 年,第 131 页。

④ 民国《山西风土记》《职业篇第三》,见于山西省史志研究院编、任根珠点校《山西旧志二种》,中华书局,2005 年。

⑤ 《自然村调查大纲》(1941 年),山西省档案馆,A88—3—7—2。

⑥ 《关于临县减租工作调查材料》(1942 年),山西省档案馆,A88—3—25—4。

⑦ 《晋西北行署申培林、王熊关于兴县杨家坡村雇工会议调查记录及有关雇工的材料》(1941 年),山西省档案馆,A88—3—32。

种习惯的相沿以及广泛存在。

除段、垧外，偏关县还有一种“壤”的亩制习惯。偏关县，“关人以壤计田，每壤约二亩半多或三亩，每百壤曰一具牛，以百壤而八分之则曰一牛蹄，亦荒远之奇称也”①，对于这种一犋牛，“约计一百二十垧为一犋牛，盖一犋牛即二个牛分腿八条，又有称谓一条腿至八条腿不等，每条腿以十五垧计，此名称自有垧以来，即以此计算”②。

除此之外，山西地区一些州县还有“堆”的田地计算方法。如乡宁县、吉县，“民间田地多以堆计算，每一堆约七分弱，合三堆为二亩”，究其原因，“乡宁县及吉县等处，县民以山居者为多，田地多在山麓，凹凸不平，当开垦时，即以凸计田地之多寡，凸与堆为一声之转，而义又相近，故契约中恒以堆字代之。至起科后，以亩分征收钱粮，合三堆为二亩，而民间通常名称与买卖契约仍相沿不改”③。乡宁县和吉县的计地习惯表现为堆的单位，原因还在于山田居多，不容易如平地一样加以丈量，故而以凸之音转相沿为堆。在征收田赋的时候，将其合作亩来大致计算。山西石楼县田地以垧、堆计算，“计算田地以垧数代亩数，每垧约合四亩；计算田地以堆代亩，一堆约合二亩”④。

以上各县例子说明垧、堆等大亩亩制习惯在山西地区广泛存在，由来已久，并实际用于民间土地买卖和纳粮收租。这种大亩亩制习惯的普遍应用反映了山西地区区域折亩习惯的存在。

另外，有些地区的折亩可以依据相邻地区的折亩记载进行推论，如大同府地区。与其邻近的察哈尔省口北十县，就有比较明确的记载。

> 察省田地亩法，口北十县与口外六县不同，口北十县系按前清定章以弓起莫，每弓五尺，积二百四十弓为一亩，百亩为顷，但各县沿袭明代之习惯，多以二亩折为一亩，顺治十七年虽有原额以二亩折一亩者仍作二亩计算之令，以各县未能尽行遵行，故至今日尤未能彻底革除。考洪武间有奉令开垦而永不起科者，有潦下碱薄而无粮者，其后一律量出作数，是以溢于原额，地方官吏恐亩数激增，取骇于上，而贻

① 民国《偏关志》卷上《风土》，民国四年铅印本。

② 前南京国民政府司法行政部编：《民事习惯调查报告录》，北京：中国政法大学出版社，2005年，第138页。

③ 前南京国民政府司法行政部编：《民事习惯调查报告录》，北京：中国政法大学出版社，2005年，第119页。

④ 施沛生编：《中国民事习惯大全》，上海：上海书店出版社，2002年。

害及于后世，于是有大小亩之分，以大亩赅小亩，取合于原额之亩数，徙此上行造报，则用大亩以报黄册，下行征派，则用小亩以取均平，此乃折亩之所由起也。口外六县，则依照放垦章程，以三百六十弓为一亩，百亩为一顷，五顷为一号，其所以如此规定者，亦不以口外土地瘠薄，藉此以减轻领贷者之负担，并因口外土地广漠，领荒者动领数十顷或数百顷之多，故于顷上置号以便计算。①

民国时期察哈尔省口北十县主要包括万全、宣化、蔚县、怀庆等地方，其中蔚县，“自万历十年清丈后，共实在地一万零四十七顷二十四亩九分六厘六毫，每二亩折一亩，共折地五千零二十三顷六十二亩四分八厘三毫，分设十五里”②，该资料明确记载了蔚县出现折亩情况和折亩后的赋税地亩，这对于了解晋冀交界地区的折亩问题有了直接参考，据此可知与蔚县最为邻近的大同府广灵、灵丘二县以及大同府其他各地应该存在二亩折一亩的情况③。同理，前文所述折亩实例各县，在其周围诸县应该也存在相似折亩。提及口外六县大弓尺丈地，顷上为号，每户垦种地亩众多等情况都与前文所引右卫牧厂地勘丈的资料相互吻合，这里记为号，右卫牧厂则记作分。

第二节　田赋地亩的形成

在山西各县方志中普遍存在的田赋数据册载形式都是按照上中下等地或平地、山地、坡地等则记载，属于“三等九则”法登记纳税亩，但又与其他省区标准三等九则法记载略有不同。按照其他省区赋税记载，金银铜铁等地就是按不同的标准计亩，如依次为二百四十步、二百八十步、三百六十步为一亩等，而山西北部地区与此比较接近的赋税记载是忻州本州的田赋记载，出现水红金地、旱红金地、黑金地、红银地、黑银地、红铜地、黑铜地等七种分法，分收不同赋税，但没有具体说明各类土地的亩制标准，赋税情况详见表3-1。这与明代繁峙县隆庆清丈后的记载按肥瘠分为49等征收不

① 张道纯：《察哈尔省田赋研究》第三节《田地亩法》，萧峥主编《民国二十年代中国大陆土地问题资料》，台北：成文出版社，1977年。

② 张道纯：《察哈尔省田赋研究》第四章《田赋经征》，萧峥主编《民国二十年代中国大陆土地问题资料》，台北：成文出版社，1977年。

③ 蔚县行政区划的演变涉及明代山西大同府的蔚州（辖广灵、广昌、灵丘三县）和万全都司的蔚州卫，清康熙三十二年蔚州卫改蔚县隶直隶宣化府，雍正六年蔚州改隶直隶宣化府（广灵、广昌、灵丘三县仍隶大同，至雍正十年，广昌改隶直隶易州），直至乾隆二十二年，蔚县并入蔚州，隶直隶宣化府。

同额度赋税是一样的。山西北部其他地区田赋记载也基本如此。对不同地区部分州县民田、屯田、更名田等赋税征收情况进行统计,具体见表3-2。

表 3-1 清代忻州本州民田赋税征收额度

土地类型	册载田赋(清亩)	税收额度	资料来源
水红金地	18392	每亩征粮七升八合	光绪《山西通志》卷 63《田赋略六》
旱红金地	93711	每亩征粮七升四合	
黑金地	97325	每亩征粮六升六合	
红银地	220755	每亩征粮五升六合	
黑银地	84314	每亩征粮四升五合	
红铜地	57100	每亩征粮二升七合	
黑铜地	34961	每亩征粮一升五合	

表 3-2 清代晋北部分州县民田、屯田、更名田赋税征收额度

县	土地类型	册载田赋(清亩)	税收额度
定襄县(民田)	水上上地	3156	每亩征粮七升二合
	平上上地	10120	每亩征粮六升
	平上地	193367	共本色粮四百四十四石五斗一合
	坡中地	4449	每亩征粮三升三合
	沙下地	2536	每亩征粮一升七合
	碱下下地	1567	每亩征粮六合
岢岚州(民田)	平地	13143	每亩征粮五升
	坡地	5985	每亩征粮四升
	沙地	24537	每亩征粮三升
	山地	25851	每亩征粮一升三合
崞县(民田)	上地	111732	每亩征粮六升八合
	上次地	168199	每亩征粮四升九合
	中地	138560	每亩征粮三升八合
	中次地	97850	每亩征粮二升八合
	下下地	75510	每亩征粮一升五勺
河曲县(民田)	平地	15000	每亩征粮四升四合
	坡地	8228	每亩征粮四升
	沙地	10437	每亩征粮三升六合

续表

县		土地类型	册载田赋(清亩)	税收额度
宁武县	屯田	上地	28000	每亩征本色粮三升七粒
		中地	49500	每亩征本色粮二升
		下地	5000	每亩征本色粮一升
		牛犋下地	4534	每亩征银一分
	更名田	沙薄下地	106238	每亩征银九厘五毫
		碱薄下地	124753	每亩征银五厘五毫
		盘梁山坡下下地	31926	每亩征银二厘九毫
右玉县(屯田)		中地	65439	每亩征折色银粮四升七合
		下地	102540	每亩征银六厘二毫
浑源州(民田)		川上地	615	每亩征税粮、马草、驿粮银五分三厘,地亩银二厘九毫
		川中地	7175	每亩征税粮、马草、驿粮银三分八厘,地亩银二厘一毫
		川下地	29899	每亩征税粮、马草、驿粮银二分五厘,地亩银一厘四毫
		山中地	3023	与川下地同
		山下地	40667	每亩征税粮、马草、驿粮银一分二厘,地亩银七毫

资料来源:光绪《山西通志》卷63《田赋略六》

晋北地区州县根据各自具体情况,主要分为不同的旱地类型,征收不同的赋税。虽然“以近郭为上地,远之为中地、下地”①,但是从山西北部地区各县田赋分类记载来看,对于上、中、下地的记载远不止距离城郭的远近,这其中还包含有土质好坏、地形地貌等因素的结合定义,以此来确定每种土地类型的赋税征收。正如上文注释中所讲的那样,晋西北地区平、塔、梁地的分类中,每一类上中下的划分是需要结合土质好坏、是否靠着边、崖等地方来确定的,例如上平地指土色主黄的好土壤,下塔地指土壤不好,位置也不好,边沿接着梁地的地块等,这一点也充分说明了田赋征收具有很

① 顾炎武著,黄汝成集释:《日知录集释》卷10《地亩大小》,石家庄:花山文艺出版社,1990年,第449页。

强的区域特点。

表中部分州县只有屯田的记载,这也有其历史原因,因为在山西北部地区很多州县都是由卫所改县而来。另外据前辈学者的研究,这种三等九则纳税的方法,隐漏地亩的情况相对要少一些。在这种等级征税下并没有明确记载折亩情况(河南就出现不同等级的土地下详细记载折亩情况,并写明每种土地的每亩纳税额),所以上文只是发现了若干地区的折亩情况。不同区域登记情况不同,税额确定也不相同,比如在上文讨论过的段、垧问题,在征收赋税的时候,也会考虑到山地与平地的差别,近代临县的情况是,“田赋均以粮计,然后再抵成大洋交纳。田赋分山平水地而不同,山地三亩是一垧,等于平地一亩,水地与平地同,平地一亩平粮二升,山地一垧平粮二升”①。该资料反映了临县山地三亩折平地一亩,每亩收粮二升的情况。田赋征收具有习惯相沿性,我们有理由相信临县甚至晋西北广大地区对于山地和平地的征税,是有折亩习惯的。

清初的田赋原额源自明代万历年间清丈后的土地资料和田赋资料,当时各州县的田赋面积即为原额除去抛荒的面积。而随着垦荒政策的推行,再在此基础上增加开荒的面积、隐匿的田亩等,直至和原额相符。遵从万历十年清丈后田赋为原额的情况,我们可以从太原府若干州县田赋征收中略见一斑。

表 3-3 明清太原府部分州县民田田赋税亩 单位:清亩

县	万历十年 (1582 年)	万历四十一年 (1613 年)	顺治十一年 (1654 年)
静乐县	312203	1797570	2322608
忻州	797073	797073	797073
定襄县	317513	401373	317513
代州	446377	446377	446377
繁峙县	284645	818044	284645
五台县	261765	261765	261765
崞县	715667	126265	715667
岢岚州	192622	192622	192622

① 《临县榆林马家庄两自然村土地调查材料(1942 年)》,山西省档案馆,A88—3—1—1。

续表

县	万历十年 (1582 年)	万历四十一年 (1613 年)	顺治十一年 (1654 年)
岚县	323569	88015	323569
兴县	130385	130385	130385
保德州	37639	36215	30774
河曲县	43489	43489	43489
资料来源	万历《山西丈地简明文册》	万历《太原府志》卷 12《田赋》	顺治《太原府志》卷 3《田赋》

通过列表,我们可以清楚看到太原府部分州县从万历清丈后到清初顺治时期的田赋税亩变化情况,并且充分反映太原府大多州县顺治时期的田赋,是以万历清丈后的田赋为标准的。其中忻州、代州、五台、岢岚州、兴县、河曲等州县三个时间断面赋税标准没有变化。出现较大变化的静乐县,通过上文分析已经确定为小亩实际地亩,繁峙县万历四十一年的数据也是小亩地亩,但顺治时期遵从清丈时记载的赋税地亩。

随时间的流逝,清代册载中的"原额"也会出现变化,如光绪《山西通志》即以乾隆初年的田亩为原额,在此基础上增加开垦的田亩,除去豁免的田亩,充分显示维持原额的观念。这种原额的观念在地方政府制定田赋征收额度方面来讲也非常重要。地方官对于田赋的征收不仅要考虑国家岁入还要充分照顾民生,例如明代普遍通行的折亩就是地方官权衡利弊而采取的措施,"国初地有开垦永不起科者,有因洿下𪉈薄硗瘠而无粮者,今皆一概量出作数。是以原额地少而丈量地反多,当事者又恐亩数增多,取骇于上而贻害于民,乃以大亩该小亩,取合原额之数。此后上行造报则用大地以投黄册,下行征派则用小地以取均平。是以各县大地有小地一亩八分以上折一亩者,有二亩以上折一亩者,有三亩以上折一亩者,有七亩以上折一亩者,有八亩以上折一亩者。折亩之少者其地犹中中,而折亩之多者,其地多低薄。又皆合一县之丈地投一县之原额,以摊一县之原粮,而贡后由之以出,故各县地之折算虽有多寡,而赋之分派则无移易,宜无不均也"①。这样就不难理解上文中静乐县的大亩小亩问题,静乐县以私小亩折官大亩三千一百二十二顷二亩,即是将土地实测地亩折算成纳税大亩,既能保证

① 嘉靖《广平府志》卷 6《版籍志》,嘉靖二十九年刻本。

赋税的征收不贻害于民,还能够维持原额保证国家岁入,充分展现出地方政府在田赋征收中的自主性。政府只管收税,各州县有自己的田赋定额,而至于如何确定田赋等级、如何实现田赋定额,这些都是各州县自己掌控的事情。

全国范围内,赋税最重的地方在苏、松、常、嘉、湖等江南地方,而清代山西田赋税收属于有余省份,即税收大于支出,并不需要其他省份协济,反而需要对京城上交解饷、对其他省份运送协饷。那山西的田赋科则如何呢?按清政府规定,山西田赋,民地每亩科银一厘七丝至一钱零不等,粮一合五勺至二斗七升不等,屯地每亩科银二厘三毫至一分四厘零不等,粮一升八勺至一斗九合零不等,更名地每亩科银五厘至一钱四分不等,粮七勺至二斗不等,卫所屯地每亩科银一分四厘。① 一省之内,田赋的征收额度各不相同,即使在一府之内,各州县的田赋征收也是各不相同。如上表所示,在农业较为发展的忻定盆地,忻州本州和定襄县在田赋科则划分方面,就出现了水红金地、旱红金地、黑金地、水上上地、平上上地等田赋征收土地类型,其间水红金地每亩征粮七升八合最高,而其他州县尤其位于晋西北、晋北高原各州县,依其土质特点,田赋征收土地类型为山地、沙地、下下地、碱薄下地等,而这些土地类型在征收额度方面几乎都在亩征粮一升以下,充分显示了地土肥瘠对于田赋征收的影响。

所有这些,都向我们展示了清代山西土地清丈、赋税征收时因地制宜的原则。一省之内有南北之分,盆地、丘陵的区别,一县之内也有田高田下、地土肥瘠之差,无怪阳曲县清丈的时候要先找数十位绅士将本县的地理形势说出大概,足见区域环境对于土地丈量、田赋征收的重要性。并且历史因素、地方习惯对于土地登记制度也有很重要的影响,如在蔚州等地就是历来二亩折一亩,浮山等地二三亩为一垧,计垧不计亩等等。

明清甚至民国时期山西地区的土地登记制度是一个前后相继、发展演化的过程,是无法割裂的整体,对于过程后段的分析离不开对过程前段的讨论和对整体的把握。通过上文的分析,我们可以对相关问题进行讨论并得出若干认识。

(一)关于明代万历山西清丈

何炳棣先生对明初鱼鳞图册和明清时期土地清丈做了深入思考,认为洪武时期的鱼鳞图册和土地丈量首先坚持的是令民"自实"的原则,并不

① 《钦定大清会典事例》卷162《户部·田赋》。

能够做到真正的履亩丈量①。在论证中何先生对于万历清丈的情形并没有过多着墨,那么这里结合山西万历清丈,笔者认为可以在前辈学者研究的基础上,对何炳棣先生所做判断进行补充。

其一,清丈的州县也未必都能据实上报。主要以维护原额,均平赋税为目的,大多核为旧额填报于丈地简明文册,文册数字不能够呈现实际的土地数字,尤以静乐县的例子为典型,具体指出以私小亩合官大亩后上报。繁峙县的例子说明隆庆时期的清丈,即使丈出了各色地的实际亩数,也要维持原额以大亩上报。

其二,清丈后增多的土地数字,不一定来自实际耕地数。如汾州府汾阳县,“旧制村垌、民舍原无税粮,委官尽行丈出,兼及荒山徙阪五谷不生之地,是以虚有此数”,孝义县“万历十年清丈,凡围场舍基旧不起科者,搜括无遗”②,所以对一些清丈后土地数字陡增的州县,也不能迷信。

(二)关于明代山西是否存在折亩

笔者认为以上摸索的资料可以支撑明代山西折亩广泛存在的论断。具体实施手段,位于临汾盆地的曲沃县采用不同折地干实现均衡赋税;北部的繁峙县则通过给土地分等、按等级征税的办法达到赋税的均衡,同时实际地亩数并不载入简明文册,依旧核为旧额纳税;宁乡县直接将山坡地四亩折平地一亩;忻州的静乐县则是用亩制的不同(小亩、大亩)实现由几何地亩到赋税地亩的转变;定襄县与曲沃县类似,用不同的折地干丈量不同的土地,最终都达到恢复原额、均平赋税的目的。

(三)对清代山西地区土地登记制度的认识

首先,原额观念直接体现明清土地登记制度的延续,以明代折亩后的数据为原额,即不能否认清代的折亩问题。清政府对于明代遗留问题无法彻底解决,解决的办法是对原有赋税地亩默认(这就说明对原有土地折亩的默认),对乾隆十五年以后新开垦的土地按标准亩升科(然而有些实例说明这点也很难做到)。

其次,有关清丈的原因。除了同治六年的介休清丈,大部分州县清丈基本都发生在光绪年间,究其原因,主要是与光绪初年发生的“丁戊奇荒”有关,这场大旱荒致使土地荒芜,饿殍遍野,民不聊生,社会动荡,急需平粜减赋、鼓励生产等措施以舒民力,清丈亦在此列,属于赈灾和灾后重建范畴。除此之外,也有因社会经济发展,土地所有权转移频繁,鱼鳞老册已不

① 何炳棣:《中国古今土地数字的考释和评价》,北京:中国社会科学出版社,1988年。
② 乾隆《汾州府志》卷7《田赋》,乾隆三十六年刻本。

能反映现实土地状况,故而重新清丈地亩,如绛州清丈和阳曲清丈,但实际光绪大祲也有助推作用。需要注意,清末这几次清丈都是在清政府的首肯下渐次开展的,同治六年介休清丈即为清政府广为推行的榜样,曾国荃"颁其册式,通饬举行"①。丁戊大祲之后,解州知州马丕瑶禀请清丈,本次清丈取得重大成效,清政府继续鼓励其他州县效仿清丈,阳曲县随即邀请当时有清丈经验的孙守恒去协助清丈工作②。

再者,有关对民间丈量习惯及田赋税额的遵从。从清丈内容看,各县均会设置一定的清丈机构专办此事,事先遍访耆老,"先选明白世务,精通农事十数位公正绅士。日日聚谈,将一县地理形势说出大概"③,调查以往田赋征收情况,"先按旧年征簿着各里书手及历年里老单头人等确实访查,陆续赴局,将粮户逐行指明现住某村庄居住,添注于本名之下,以示着落,并将各里甲银数一一分算明晰"④。丈量前需要准备弓尺,"较准弓尺二百余杆,纆一百余杆,州库各存一件,公局各存一件。九十七村并四坊各给公约尺二杆,纆一杆,弓纆均为画一。此项弓尺,永存各村公庙,以后合州丈地,即以此弓尺为准。如有私改偷换,禀明严惩"⑤。可见解州清丈用的是一种弓尺,但是否为清政府所颁弓尺还不清楚。

实际通过上文分析,虽然清末的清丈大都本着弓尺一致的原则,基本采用清政府颁布标准弓尺进行土地丈量,但实际操作过程中受地方习惯影响很大,未必就能弓尺划一。土地清丈后的鱼鳞图册并不作为赋税征收的依据,大多用于土地买卖的计量,田赋征收依旧维持原额摊派至地亩。民间土地买卖和纳粮收租多依赖于段、垧等民间亩制习惯,或总体清丈但不作为赋税征收依据,田赋照旧额征收,或将段、垧作为标准亩进行征税。

再有,关于山西的亩制习惯与赋税征收的几种情况:其一,计段论垧之地,总体清丈但不作为赋税征收依据,田赋照旧额征收;其二,计段论垧之地,将段、垧作为标准亩进行征税,即一垧实际合二至四标准亩,但当一标准亩征税;其三,始自明代的二亩折一亩的习惯相沿至清末民初。

通过上文讨论分析,可以对清代山西田赋地亩形成的方式进行总结。土地所有者应交赋税的总额是根据其拥有的土地面积和由主管官员或税

① 民国《介休县志》卷18《名宦录》,民国十九年铅印本。
② 相关记载见民国《解县志》卷6《名贤传》,民国九年石印本。
③ 《阳曲县丈清地粮图册》之《清丈首要四条》,光绪十八年刻本(据光绪十一年抄本刊印)。
④ 光绪《屯留縣志》卷3《田赋》,光绪十一年刻本。
⑤ 《解州丈清地粮里甲图说》之《解州清丈地粮章程》,光绪七年刻本。

收机构决定的税率算出来的。税率可能是统一的,也可能是级差的。清政府法令上采用田赋定额=土地面积×税率的公式,而实际却采用田赋征收额=田赋定额×实征税率的公式来确定田赋①,也就是说清政府一直都采用田赋定额来征收赋税。通过分析可知山西地区田赋地亩形成的方式主要有四种,其一,改变丈量弓尺,采用不同折地干尺丈量肥瘠不同土地,得到赋税地亩;其二,设定不同的亩制,得到赋税地亩;其三,将标准地亩折成纳税地亩;其四,采用级差赋税,依据土地生产力的高低征收不同的赋税。

其中前三种都属于折亩范畴,即依据一定的比例,把不同生产力的土地折算成统一的纳税单位,而第四种采取级差赋税的方法,是将土地和赋税直接相连,以达到均税的目的,但在这种方法中隐含了折亩信息,即对于不同等级的土地也会实行折亩,并依旧按不同科则征税。山西地形地貌复杂,土地类型多样,实行三等九则法征收田赋合乎情理,并且万历以后至清初,很可能存在一个转型过渡阶段,最终实现清代山西建立在折亩基础上级差赋税的确定。

第三节　小 结

本章讨论了明至清代山西地区的土地清丈、土地登记制度的若干特性及田赋税额的确定。折亩与土地清丈、地方亩制习惯等密切相关,这些内容都属于土地登记制度的范畴。传统社会的土地登记制度是国家田赋管理的重要组成部分,折亩问题与国家税收密切相关,关系到田赋地亩的形成问题。通过上文的分析可知,明清山西折亩的形式主要有三种:丈量标准尺度不一形成折亩,将土地数字合至"原额"形成折亩,以及不同生产力地亩与纳税亩的折算。流行于民间的土地计量标准与各地折亩情况密切相关。民间亩制习惯复杂多样,区域特征明显,形成的折亩比率也多种多样。山西地区比较明显的亩制习惯主要有段与垧、壤、堆等,这种大亩亩制习惯的普遍应用反映了山西地区区域折亩习惯的存在。明清时期的折亩问题,是一个技术问题,更是一个经济问题,直接关系政府田赋税收,所以二者要放在一起讨论。

同时,作为土地登记制度主要内容的清丈问题,也受到重点关注。从

---

① [美]王业键著,高风等译:《清代田赋刍论(1750—1911年)》,北京:人民出版社,2008年,第40页。

清丈的时间看，除了同治六年的介休清丈，大部分州县清丈基本都发生在光绪年间，究其原因，主要是与光绪初年发生的“丁戊奇荒”有关，这场大旱荒致使土地荒芜，饿殍遍野，民不聊生，社会动荡，急需平粜减赋、鼓励生产等措施以舒民力，清丈亦在此列，属于赈灾和灾后重建范畴。除此之外，也有因社会经济发展，土地所有权转移频繁，鱼鳞老册已不能反映现实土地状况，故而重新清丈地亩，如绛州清丈和阳曲清丈，但实际光绪大祲也有助推作用。清丈还反映了对民间丈量习惯及田赋税额的遵从。土地清丈后的鱼鳞图册并不作为赋税征收的依据，大多用于土地买卖的计量，田赋征收依旧维持原额摊派至地亩。民间土地买卖和纳粮收租多依赖于段、垧等民间亩制习惯，或总体清丈但不作为赋税征收依据，田赋照旧额征收，或将段、垧作为标准亩进行征税。所以整体来讲，通过改变丈量弓尺、设定不同的亩制、将标准地亩折成纳税地亩以及采用级差赋税的办法，最终实现清代山西建立在折亩基础上级差赋税的确定。

从明清土地登记制度演变的角度整体考虑清代山西田赋税亩的确定问题，这对于讨论历史时期的土地数字也是非常重要的研究内容。基于目前的研究，对册载田赋数据得出以下认识：

1. 山西官方田赋统计中出现的田赋数字，尽管体现的是通过级差税则来调整赋税征收，但并不意味这些数据就是实际地亩数，并且这些田赋数据小于实际地亩数。

2. 这些数据来自土地清丈，在实际地亩到赋税地亩之间可以建立联系。

3. 部分州县可以明确级差税则下登记的田赋数据是建立在折亩基础上的数据，可以对这些州县土地数据进行修订，成为土地利用代用数据。

4. 田赋数据带有浓厚的区域色彩，地方习惯影响深远，对全部数据整齐划一的讨论不是很合适，并且目前情况下很难对全部数据进行修订。

5. 册载田赋数据与实际地亩数有差距，但并不否认从册载田赋数据的变化可以反映土地利用变化的趋势。

第四章　清代晋北地区土地利用变化

研究历史时期土地利用问题，主要是指农地利用问题，清代的土地利用主要是指耕地利用情况，因此本章主要讨论清代晋北地区耕地的时空分布特征，主要分两部分进行，包括来自田赋数据的整体考察和来自部分县级数据修订的区域考察。

第一节　田赋所见耕地数值与分布

一、耕地构成与类型

山西近畿临边，自然、社会条件复杂，在纳入全国土地分类的前提下也有自身的特点。依据史籍所载，清代山西北部地区耕地大致可以分为民田、屯田、更名田、更名赡田、操赏地、南粮兴屯地、河滩塞地、军租并给军抵饷地、牧米地、荒地、归并屯田地、归并营田地、额外更名基地、额外养廉、赏功并咨报、改归各地等，具体各县统计时又有依据土质而划分的荒地、熟地、沙地、坡地等类型。民田，主要是在地主和农民之间分配。清初由于清理田赋、裁并卫所等政策实施，山西的民田稍显复杂。从形成和来源说，不仅有沿袭前代的民田原额，还有清初为了鼓励生产的召垦田等。顺治七年，令屯田照州县民田例，一体起科，雍正二年裁山西都司，卫所改隶州县，而清初因袭明制，卫所屯田给军分佃，不收其他徭役杂科，后来因为直省各设经制官兵，就把屯卫次第裁汰，其田分给民户佃种，实际与民田无二。更名田则是把前明宗室散在各直省的禄田与民间一例起科，实际也与民田相同。更名赡田即代王府赡田。原官田和民田都要纳税，但官田每亩纳税要高于民田。

根据不同的划分标准，可以划分出不同的土地类型。这里主要按照自然地貌和土质特征进行划分下的汇总。根据这两个条件划分的结果大致为山地、坡地、川地、平地、沙地、碱地等，而在具体每个县中划分的又非常细致，可以划分出平坡地、沙坡地、沙薄下地、碱薄下地、盘梁山坡地等。因为这种划分可以很好地展现地方土地利用特征，故此统计，以观大概。统计结果如表 4-1 所示。这种分类明显反映了土地的自然属性及区域土地类型特征。

在前文赋税征收额度分析中,已经大致了解了山西北部地区土地类型的分类特征,不仅是因为距离城郭的远近划分为上中下地,并且还要结合土质好坏、地形地貌等因素对土地进行分类征税。在晋西北及五台山、恒山等山区附近州县,这种按照土质、地形分类的情况表现比较突出,在大同盆地及晋北高原等地,按照上中下地分类记载较多,这种分类特征充分体现了土地利用的区域差异性。那么大同盆地各州县上中下地的分类情况,不仅是依据距离城郭的远近而定义,更主要源自土质的好坏,产生土地生产力的差异,由此确定不同类型的征税标准。

虽然表中所列并没有穷尽每个县的土地类型情况,但是列入表内的为同一所有性质下的土地分类,这样还是有助于了解各县土地类型的比例。

表 4-1 清代晋北各县土地类型情况表

府	县	分类一	分类二
太原府	岢岚州	民田、屯田、更名田	平地、坡地、山地、沙地
	岚县	民田、屯田、更名田	平地、下平地、坡地、下坡地、山地、下山地
	兴县	民田、屯田	平坡地、山坡地
忻州	忻州本州	民田、屯田、归并保德所太原左、前二卫屯田、更名田	水红金地、旱红金地、黑金地、红银地、黑银地、红铜地、黑铜地;中地、下地
	定襄县	民田、屯田、更名田	水上上地、平上上地、平上地、坡中地、沙下地、碱下下地;沙地、碱地;下地、下下地
	静乐县	民田、屯田、归并太原左、前二卫并右卫归并前卫及宁化所屯田、更名田	官平地、官坡地、民平地、民坡地;太原左、右、前三卫并民佃山岗地;下地、太原卫折色牛粮地;山岗地
代州	代州本州	民田、屯田、归并卫所屯田并滩地、更名田	水地、平地、坡地、次平地、沙地、碱地;下地;稻地、旱地、园粪地、滹沱河淤塌不常未定顷亩地、山沙地
	五台县	民田、屯田、归并振武卫屯田、更名田	水地、平地、坡地、沙地
	崞县	民田、屯田、归并振武卫屯田、更名田	上地、上次地、中地、中次地、下下地
	繁峙县	民田、屯田、归并振武卫屯田、更名田	稻地、平地、坡地、沙山地

续表

府	县	分类一	分类二
保德州	保德州本州	民田	坡地
	河曲县	民田、操赏地、军租地	平地、坡地、沙地、平沙地、下下山地、山地
宁武府	宁武县	宁武宁化二所太原右卫屯田、更名田、军租山地、额外操赏地	上地、中地、下地、牛犋下地；沙薄下地、碱薄下地、盘梁山坡下下地
	神池县	八角所归并宁武所并太原左卫、前卫屯田、额外操赏地、军租山地	下山坡地、下地、上地、牛犋下地、中地、租银牧地、下山坡地
	偏关县	老营、偏关二所，太原、镇西二卫屯田、太中粮厅更名田、太西粮厅军门操赏额外山地、军租山地	下山地、砂薄地；额外河滩、塞田、沙碛地
	五寨县	镇西卫屯田、并偏头所屯田	下山坡地、下石沙地
大同府	大同县	民田、更名赡田、归并大同前卫、镇边堡、聚乐城屯田、额外地	上地、中地、下地
	怀仁县	民田、归并朔粮厅经征操赏地、归并大同前卫怀仁所屯田	上地、中地、下地
	浑源州	民田、牧米地、归并大同前卫中前所屯田	川上地、川中地、川下地、山中地、山下地
	应州	民田、归并安东卫屯田	上地、中地、下地
	山阴县	民田、归并山阴所并大同前卫屯田	上地、中地、下地、山坡地
	阳高县	屯田、归并镇门守口二堡屯田、给军抵饷地、额外坡地	上地、中地、下地
	天镇县	屯田、给军抵饷地、额外养廉地、归并瓦窑口堡、新平路屯田	上地、中地、下地、牛犋下地
	广灵县	民田	上地、中地、下地、山坡地
	灵丘县	民田、屯田、额外归并地	上地、中地、下地、山坡地

续表

府	县	分类一	分类二
朔平府	右玉县	屯田、归并朔粮厅经征操赏地、归并威远卫屯田、南粮并开垦熟地、威远卫营田、归并养廉地	中地、下地
	朔州	民田、归并朔粮厅经征操赏地、归并朔州卫并马邑所屯田	上地、中地、下地、山坡地
	左云县	屯田、归并朔粮厅经征操赏地、归并高山城屯地、南粮并兴屯开垦归并清出隐漏地、威远卫改归营田地、归并养廉地	上地、中地、下地、牛犋下地
	平鲁县	屯田、归并井坪所、乃河堡、贾家堡屯田、威虎堡咨报地、威远卫归并营田、厂地并归并营田、赡军、汰兵、赏功地	上地、中地、下地

表 4-2 清代乾隆时期晋北各县部分土地类型比例 单位:%

府	县	平地	坡地	山地	沙地	碱地	上地	中地	下地	下下地	备注
太原府	岢岚州	18.91	8.61	37.19	35.30						民田
	岚县	29.82	48.30	21.89							民田
	兴县		100								民田
忻州	忻州本州							8.89	91.11		更名田
	定襄县	96.03	2.07		1.18	0.73					民田
	静乐县	40.86	51.73	7.42							平地、坡地为民田,山地为屯田、更名田

续表

府	县	平地	坡地	山地	沙地	碱地	上地	中地	下地	下下地	备注
代州	代州本州	49.39	10.06	1.17	27.48	11.90					民田、屯田
	五台县	18.58	64.70		16.73						民田、屯田、更名田
	崞县						37.99	36.95	13.74	11.33	民田、屯田、更名田
	繁峙县	40.30	14.28	45.42							民田
保德州	保德州本州		100.00								民田
	河曲县	44.56	24.44		31.00						民田
宁武府	宁武县						32.15	56.84	11.01		屯田
	神池县			0.47			52.17	23.67	23.69		屯田、军租山地
	五寨县		82.43		17.57						屯田
大同府	大同县						15.72	23.21	61.08		民田、更名赡田
	怀仁县						3.81	92.38	3.81		民田
	浑源州	46.31		53.69							民田
	应州						19.10	52.66	28.24		民田
	山阴县						14.48	30.27	55.26		民田
	阳高县						18.01	64.16	17.83		屯田
	天镇县						16.16	51.59	32.24		屯田
	广灵县						0.57	2.64	96.78		民田
	灵丘县						12.73	40.42	46.84		民田
朔平府	右玉县							38.96	61.04		屯田
	朔州		3.66				23.98	27.85	44.51		民田
	左云县						11.99	21.27	66.73		屯田
	平鲁县						3.32	86.93	9.75		屯田

县	水红金地	旱红金地	黑金地	红银地	黑银地	红铜地	黑铜地	备注
忻州本州	3.03	15.45	16.05	36.39	13.90	9.41	5.76	民田

县	稻地	旱地	园粪地	滹沱河淤塌	山沙地	备注
代州本州	45.06	35.66	0.19	未定顷亩地	19.09	更名田

县	沙薄下地	碱薄下地	盘梁山坡下下地	备注
宁武县	40.41	47.45	12.14	更名田

县	太西粮厅军门操赏额外山地	军租山地	河滩、塞地、沙碛地
偏关县	9991 清亩	1500 清亩	133150 清亩

说明:1. 资料来源于光绪《山西通志》,但这种详细的分类来自乾隆原额数据。
2. 偏关县的资料分类不详细,只能简单描述。

二、耕地数值与分布

囿于资料等原因,对于历史时期土地利用研究,主要是关于土地垦殖的讨论及分析。对于传统社会没有确切的调查资料或是统计资料以资借鉴的情况,比较常见的研究方法是利用在册田赋税亩数据进行分析,尽管我们知道册载田赋数据并非实际地亩数。甄别史籍资料,将研究区域田赋数据整理如表 4-3 所示。

表 4-3　明清晋北地区县级册载田地数　　单位:清亩

府	县	万历十年(1582)	顺治十一年(1654)	乾隆初年(1736)	嘉庆二十五年(1820)	光绪五年(1879)	光绪十三年(1887)
太原府	岢岚州	497558	192622	196988	——	192663	192863
	岚县	350206	323569	287210	——	287210	287210
	兴县	135079	130385	147252	——	146843	146841
忻州	忻州本州	797073	797073	895532	1547326	893126	893127
	定襄县	371579	317513	405296		392935	392935
	静乐县	361085	2322608	257621		256552	256252

续表

府	县	万历十年（1582）	顺治十一年（1654）	乾隆初年（1736）	嘉庆二十五年（1820）	光绪五年（1879）	光绪十三年（1887）
代州	代州本州	728843	446377	617929	2108112	524767	514287
	五台县	318419	261765	353287		351766	351360
	崞县	727449	715667	835053		820993	820993
	繁峙县	380378	284645	410208		409883	409881
保德州	保德州本州	48232	30774	30881	94740	30881	30881
	河曲县	43488	43489	63859		63859	63859
宁武府	宁武县	537547	——	500160	1666998	495745	495760
	神池县	431644	——	448875		448875	448875
	偏关县	270916	——	407467		316070	305298
	五寨县	306745	——	310496		310496	310496
大同府	大同县	7935083	5982156	1388928	5128219	1390071	1388927
	怀仁县			385884		355585	355585
	浑源州			457326		455504	455504
	应州			674856		537420	537409
	山阴县			507211		422374	422353
	阳高县			426398		426398	426398
	天镇县			514820		514820	514819
	广灵县			314171		314171	314171
	灵丘县			395918		395918	395918
朔平府	右玉县			529737	2683704	508350	519538
	朔州			1463383		1197675	1201291
	左云县			338302		332089	350191
	平鲁县			518709		483040	470657
合计		14241324	11848643	14083757	13229099	13276079	13273679

说明：1. 万历时期太原府等数据采自张海瀛著《张居正改革与山西万历清丈研究》（山西人民出版社，1993 年）及书中所附《山西丈地简明文册》。各县数据为山西布政司府州县清丈实绩和山西都司卫所坐落各县数据之和，部分至清代才建置的州县万历时期的数据来源于建置时划归各县

的卫所屯田数。万历大同府的数据来自《明神宗实录》卷120"万历十年正月庚午"（中央研究院历史语言研究所校印本），为明代大同府民、屯田总和。

2. 顺治时期太原府、忻州、代州、保德州各分县数据为民田数据，来源于顺治十一年《太原府志》卷3《田赋》（见《太原府志集全》，山西人民出版社，2005年）；大同府数据为清初大同府民、屯田总数，来自顺治九年《云中郡志》卷4《赋税》（顺治九年刻本）；宁武府此时还未设置。

3. 乾隆初年、光绪五年数据来自光绪十八年《山西通志》卷58—卷63《田赋》（光绪十八年刻本）。光绪十三年数据来自《晋政辑要》卷9《田赋》（光绪十三年刻本）。

4. 嘉庆时期数据来自嘉庆《重修一统志》（四部丛刊本）。因为其中记载分府级数据，所以太原府分县数据无从知晓；大同府、朔平府数据包括长城以北丰镇厅和宁远厅的数据。

据表4-3分析，数据整体变化不大，除去顺治时期和嘉庆时期的数据不完整、不具备可比性外，清代乾隆时期和光绪时期的数据都没有超过明代万历时期的田赋税亩。顺治时期所见数据，基本都比万历时期数据大幅下降，当然太原府、代州、忻州、保德州为民田数据，这是原因之一，但是同时可见，具有可比性的大同府数据明显降低。乾隆时期数据大于顺治数据，变动比较大的有代州本州、崞县等地，大同府和朔平府总数基本恢复到万历时期纳税地亩。从乾隆到嘉庆的分府数据来看，变化不大，有逐渐降低的情况。光绪五年数据和光绪十三年基本相同，相对于乾隆时期数据总体呈下降趋势。

清代山西县级田赋数据记载的很不详细，即使府级数据也统计不全，相比而言，光绪《山西通志》的记载较为全面①。整个研究区域耕地数量以明万历十年清丈后最高，达到1424万亩有余，清代以乾隆初年耕地最多，为1408万亩多，此后数据没有超越，维持在1327万亩左右。总体而言，清代晋北地区的土地垦殖在乾隆时期达到峰值，但并没有继续增长，反而稍有下降，整体波动不大。

利用光绪《山西通志》中记载的资料，对乾隆初年和光绪五年（1879年）的山西北部地区各县册载耕地数量所占比例、增长率进行分析，列为表4-4。就乾隆初年和光绪五年各州县占全区域比例来看，变化基本不大。大部分州县所占比例集中在2%~4%之间，主要有岚县、定襄、五台、繁峙、宁武府诸县、大同府怀仁、浑源、山阴、阳高、天镇、广灵、灵丘、朔平府右玉、左云、平鲁诸县。低于2%的州县有岢岚州、兴县、静乐县、保德州本州及河

① 关于光绪《山西通志》田赋数据的全面性讨论在王社教教授《清代山西的田地数字及其变动》（2007年）一文中做过详细说明，这里采用此说，并且光绪《山西通志》卷58《田赋》下案："赋役全书修于道光末年，所列存留各款，仍多旧额，又不详耗羡之数。……此外名目繁多，或款数未定，或有定款而无定数。"

曲县。其中保德州本州和河曲县耕地尚未达到千顷之数,分别以 30881 亩和 63859 亩在整个区域内所占比例不足 1%。高于 4%的区域主要有忻州本州、代州本州、崞县、大同县、应州、朔州,其中大同县和朔州耕地达万顷,分别以 1388928 亩和 1463383 亩占到区域内耕地的 10%左右。

表 4-4　乾隆、光绪时期晋北县级册载耕地数量、所占比例及其增长率

单位:清亩

县	乾隆初年册载耕地数	所占比例%	光绪五年册载耕地数	所占比例%	增长率%
岢岚州	196988	1.40	192663	1.45	−2.20
岚县	287210	2.04	287210	2.16	0.00
兴县	147252	1.05	146843	1.11	−0.28
忻州本州	895532	6.36	893126	6.73	−0.27
定襄县	405296	2.88	392935	2.96	−3.05
静乐县	257621	1.83	256552	1.93	−0.41
代州本州	617929	4.39	524767	3.95	−15.08
五台县	353287	2.51	351766	2.65	−0.43
崞县	835053	5.93	820993	6.18	−1.68
繁峙县	410208	2.91	409883	3.09	−0.08
保德州本州	30881	0.22	30881	0.23	0.00
河曲县	63859	0.45	63859	0.48	0.00
宁武县	500160	3.55	495745	3.73	−0.88
神池县	448875	3.19	448875	3.38	0.00
偏关县	407467	2.89	316070	2.38	−22.43
五寨县	310496	2.20	310496	2.34	0.00
大同县	1388928	9.86	1390071	10.47	0.08
怀仁县	385884	2.74	355585	2.68	−7.85

续表

县	乾隆初年册载耕地数	所占比例%	光绪五年册载耕地数	所占比例%	增长率%
浑源州	457326	3.25	455504	3.43	-0.40
应州	674856	4.79	537420	4.05	-20.37
山阴县	507211	3.60	422374	3.18	-16.73
阳高县	426398	3.03	426398	3.21	0.00
天镇县	514820	3.66	514820	3.88	0.00
广灵县	314171	2.23	314171	2.37	0.00
灵丘县	395918	2.81	395918	2.98	0.00
右玉县	529737	3.76	508350	3.83	-4.04
朔州	1463383	10.39	1197675	9.02	-18.16
左云县	338302	2.40	332089	2.50	-1.84
平鲁县	518709	3.68	483040	3.64	-6.88
全区域	14083757	100.00	13276079	100.00	-5.73

资料来源：光绪《山西通志》卷58—卷63《田赋》，光绪十八年刻本。

表中大致显示本研究区域内耕地集中于忻定盆地和大同盆地，还包括晋北高原的部分地区。从内部小区域看，乾隆时期忻定盆地耕地3517305亩，大同盆地耕地5065512亩，分别占到25%和36%，晋西北黄土丘陵区耕地2650809亩，占到19%，晋北高原区以2850131亩占到20%。这与现代北部地区的经济分区基本相符。忻定盆地、大同盆地是本区农业垦殖水热条件较好的地区，从上文土地类型分析中也可以看出这一点。大同盆地位于桑干河流域，显示占到36%的份额，这里面包括有东面的广灵—灵丘盆地。晋西北的黄土丘陵区，沟壑纵横，水土流失严重，耕地比例最低，晋北高原区，寒冷干旱，硗瘠沙卤，占到20%。总体来说，本区域山地丘陵多，盆地平原少，农业垦殖只分布在几个山间盆地和河谷地带，农业生产不发达。

增长率方面，光绪五年数据整体较乾隆初年数据下降5.73%，各州县的情况不同。下降超过10%的州县有代州本州、偏关县、应州、山阴县、朔州等地，其中代州本州、偏关县、应州、山阴县、朔州下降15%以上；下降在3%～10%之间的有定襄县、怀仁县、右玉县、平鲁县等地；下降1%～2%左右的主要有岢岚州、崞县、左云县等地；下降幅度不超过1%的州县有岚县、兴县、忻州本州、静乐县、五台县、繁峙县、保德州、河曲县、宁武县、神池县、五寨县、大同县、浑源州、阳高县、天镇县、广灵县、灵丘县等地，整体显示降低幅度不大的州县偏多。影响比较大的地区反映在代州本州、偏关县、应州、山阴县、朔州等地，这些地方豁免的税亩较多。但实际上这一时段的山西省的豁免也包括两个部分，即乾隆至光绪五年前的豁免数和光绪五年的豁免数，在光绪五年前的豁免地区集中在晋东北丘陵山地和晋西南汾涑盆地，光绪五年的豁免集中晋中、晋南、晋北中部朔平府至忻州一线，以及晋东辽州一带，其中晋北朔平府等地受灾程度小却又有大量抛荒地的现象，应该是与当地自然条件较差，农业生产抵御自然灾害的能力较低有关①。

除了光绪初年特大旱灾的影响因素，本区域内与农业生产密切相关的自然环境的脆弱应该引起我们足够的重视。纵观整个区域，尤其是抛荒比较严重的地区，自然环境常反映为风高霜早、沙碛硗确，或地多斥卤、岁仅一收。那么在这样一种生态环境下，农业生产的抗灾能力、土地承载力等都是值得注意的问题。由于自然条件恶劣，稍遇环境变化即成灾害，非旱即涝，非蝗即雹，水利不发达，农业生产抵御自然灾害的能力低下，稳定性下降，土地承载力降低，大量土地抛荒。

那么整个研究区域在全省之内处于什么地位呢？将嘉庆二十五年(1820年)和光绪十三年(1887年)山西分府册载耕地数量及占全省比例情况列表分析。就本表划分而言，山西省耕地数量所占比例较大的在于南部地区，其次是包括口外地区的北部地区，再者为中部地区。除去归绥地区的册载耕地数，北部地区占全省比例嘉庆时期为25.17%，光绪十三年为26.05%，基本和中部地区在全省中所占比例持平。其中保德州所占比例最小，不到1%，大同府所占比例最高，近于10%，再者为忻、代二州，近于7%的份额。就本研究区域来看，光绪十三年耕地总数占全省耕地总数的26.09%，这个比例虽低于南部地区，但要高于中部地区。

比较嘉庆二十五年和光绪十三年耕地分布情况，如表4-5所示，各府

① 王社教：《清代山西的田地数字及其变动》，《中国农史》，2007年第1期，第42—49页。

情况变化不大。整体光绪十三年册载耕地低于嘉庆二十五年数据,只有朔平府显示光绪十三年的数据高于嘉庆二十五年的数据,由于朔平府的数据包含有宁远厅的数据,朔平府光绪十三年数据稍高的主要原因考虑为两方面,一为朔平府地区在丁戊奇荒中受灾程度较小、灾后有所恢复,二为口外地区的不断开垦。尤其经过前文分析,当我们注意到晋北广大区域自然条件恶劣、农业生产稳定性差、抵御自然灾害的能力低下、土地承载力低等问题时,应该同时注意到长城以北、口外地区的土地开发与土地垦殖。山西长城以北地区原为土默特游牧地,土默特及其周围地区归入清朝统治后,仿照清八旗制度,编立土默特二旗及西二盟(乌兰察布盟与伊克昭盟),实行都统制或由"扎萨克"统领。随着蒙古地方的不断开发,"各方农民租种蒙古地亩,初则数椽茅屋,略避风雨,比户聚居,渐成村落"①,蒙汉杂处,事务繁杂,清政府于雍正元年(1723 年)设置归化城理事同知,宣告归化城厅的建立,隶属于山西朔平府。乾隆元年(1736 年)归化城东北之绥远城建立,乾隆四年(1739 年)增置绥远城同知。乾隆六年(1741 年)归绥道设置,至乾隆二十九年(1764 年)共辖归化城、托克托城、清水河、萨拉齐、和林格尔五厅(包括绥远城同知)。至同治、光绪以前,在察哈尔部及太仆寺牧地设置有丰镇、宁远二厅,依距离之远近,丰镇厅归大同府,宁远厅归朔平府。光绪时期将口外七厅由理事厅改为抚民厅,并且增置兴和、五原、武川、陶林、东胜等厅。这些行政区划的变动与山西向口外移民、蒙汉共处等现象密切联系。② 值得注意的是,口外地区的开发、发展与晋北地区民众向口外移民密切相关。清代中期以后,大批长城以南的民众走出口外从事耕商活动,极大促进了长城以北地区的经济发展,而这走向口外的众多移民中,晋北地区的民众占有极大份额,例如和林格尔厅共计村庄二百二十八处,其中蒙古村庄一百四十四处,"多系口内忻、代等州、祁县、太原、太谷、阳曲、大同、左云、平鲁等县民人租种蒙古地亩,在内居住"③,而其余八十四处村庄并无蒙人在内,足见晋北民众在口外地区的农业垦殖中发挥了极大作用。

---

① 《古丰识略》卷 23《村庄》。

② 安介生:《清代山西口外蒙古地区政区建置述论》,《历史地理与山西地方史新探》,太原:山西人民出版社,2008 年,第 534—546 页。

③ "阿道克达春禀稿",光绪《归绥道志》,呼和浩特:远方出版社,2007 年,第 1154 页。

表 4-5　嘉庆二十五年(1820 年)、光绪十三年(1887 年)山西分府册载耕地数量及其所占全省比例

单位:清亩

嘉庆二十五年(1820 年)			光绪十三年(1887 年)		
地 区	册载耕地	占全省比例%	地区	册载耕地	占全省比例%
归绥六厅	3024171	5.75	归绥道	1904782	3.74
大同府	5128219	9.76	大同府	4895051	9.62
朔平府	2683704	5.11	朔平府	3064115	6.02
宁武府	1666998	3.17	宁武府	1560428	3.07
保德州	94740	0.18	保德州	94740	0.19
代州	2108112	4.01	代州	2096522	4.12
忻州	1547326	2.94	忻州	1542313	3.03
北部地区(合计)	16253270	30.92	北部地区(合计)	15157951	29.79
平定州	1063895	2.02	平定州	1063895	2.09
太原府	5957256	11.34	太原府	5880475	11.56
汾州府	5109405	9.72	汾州府	5093651	10.01
辽州	885562	1.69	辽州	819719	1.61
中部地区(合计)	13016118	24.77	中部地区(合计)	12857740	25.27
沁州	1075461	2.05	沁州	1067801	2.09
霍州	893210	1.70	霍州	867059	1.70
隰州	592355	1.13	隰州	502742	0.99
平阳府	4898137	9.32	平阳府	4760031	9.36
潞安府	3798970	7.23	潞安府	3789282	7.45
泽州府	2795931	5.32	泽州府	2729613	5.37
绛州	3428703	6.52	绛州	3422562	6.73
蒲州府	3461643	6.59	蒲州府	3388353	6.66
解州	2337218	4.45	解州	2332777	4.59
南部地区(合计)	23281628	44.31	南部地区(合计)	22860220	44.94

说明:1. 资料来源于嘉庆《重修一统志》(四部丛刊本),光绪十三年《晋政辑要》卷 9《户制 田赋》(光绪十三年刻本),梁方仲《中国历代户口、田地、田赋统计》(上海:上海人民出版社,1980 年)"乙表 77",第 403 页。

2. 表中北部、中部、南部地区的划分是结合地方习惯的称呼,按照地理位置大致划分。表中的北部地区包括本文的研究区域及长城以北地区。

以上分析是将整个区域的土地垦殖数作为一个整体,比较区域内各县土地垦殖的情况、纵向的变化情况,以及晋北地区土地垦殖在整个山西省所占的比例。除此之外,在土地利用研究中,垦殖率的考察能够比较直观地展示区域垦殖程度差异。土地垦殖率,又称土地垦殖指数,是指同一区域的耕地面积占土地总面积的百分比,反映的是用于种植业生产的耕地所占用的土地面积比重。由于耕地在土地资源中是能量转化效率和负荷量最高的类型,对区域人口的生存和发展具有重大影响,因此垦殖率大小及其变动能够基本考量该区域的土地垦殖强度和耕地资源紧缺状况。

截取时间断面,利用册载田赋数据,对光绪时期晋北地区土地垦殖率进行分析成图,结果如下图所示。

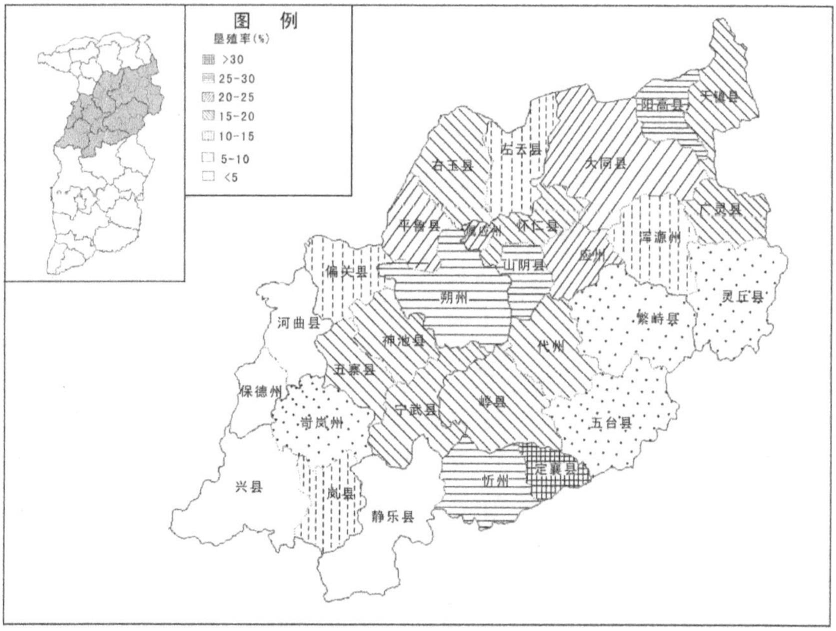

图 4-1　光绪时期晋北地区册载田亩垦殖率分布示意图

说明:1. 田亩数据来自光绪《山西通志》(光绪十八年刻本)卷 58—63《田赋》中光绪五年数据;

2. 县级面积数据来自复旦大学历史地理研究中心中国历史地理信息系统(CHGIS),2003 年 6 月。

据图可知,兴县、静乐县、保德州本州、河曲县垦殖指数在 5%以下,岢岚州、五台县、繁峙县、灵丘县垦殖指数在 5%~10%之间,岚县、浑源州、左云县、偏关县垦殖指数为 10%~15%,垦殖指数在 15%~20%之间的州县最多,有代州本州、崞县、宁武县、神池县、五寨县、怀仁县、广灵县、右玉县、天镇县,而大同县、应州、平鲁县为20%~25%,忻州本州、山阴县、阳高县、朔州为25%~30%,垦殖指数超过30%的仅有定襄一县。土地垦殖与自然环境状况密切相关,结合上文分析,图4-1所展示的土地垦殖情况基本反映分布趋势,展示了河曲、保德等晋西北黄土丘陵区垦殖率低,而忻定盆地、大同盆地等农业生产条件较好的地区垦殖率较高的情况,其中垦殖率最高的定襄县就位于忻定盆地。

通过以上分析,大致明确了全省之内册载耕地数的分布情况,以及在不同时期不同地区耕地数量的变化等问题,基本反映了清代山西北部地区的土地开发与土地垦殖情况。

册载田赋数据只是反映了一种赋税倾向,属于一种纳税单位,并非实际地亩数。需要明确以册载田赋数据为讨论对象,只是反映了一种赋税倾向,或者说是清代赋税征收体系在山西北部等地区的时空分布特征,不能把它看作是一种确切的量化数值,它只是反映了一种趋势而已。结合晋北地区实际,册载田赋数据所反映的土地垦殖变化趋势及区域分布格局具有一定合理性。

第二节　县级土地数据重建与时空分异特征的个案研究

虽然通过在册田赋数据对清代山西北部地区耕地数值与分布做了初步探讨,某种程度反映了该区域的土地开发与土地垦殖趋势,但是田赋数据与真实地亩之间存在差距,所以需要进行土地数据重建来进一步分析土地利用变化。

建立在前文有关土地管理制度讨论的基础上,认为对全部晋北县级土地数据进行修订是不现实的,难度很大,但如前所述,笔者认为可以对晋北地区部分县级土地数字进行修订,同时还要对修订结果进行检验。

需要明确的是,即使经过修订,所得数据也并非类似于当今测量意义上的土地利用数据,只能作为一种代用资料加以利用,但是通过这项工作能够更清晰地反映出清代山西北部地区的土地开发与土地垦殖特点,更好地进行土地利用研究。

一、可行性分析

对清代土地覆盖数据采用历史文献数据订正法进行规范化处理,得到较为接近真实的清代晋北耕地数据序列,进一步了解清代山西北部地区土地开发与土地垦殖特征。但是要达到这一目的,首先需要对该区域内土地数据的重建进行可行性分析。

目前见到的册载田赋数据不能直接用于土地利用研究,但因为这些田赋数据来源于土地清丈数据,所以需要尝试修订这些数据而得到过去时间断面的代用数据,与现代统计数据相衔接,进行土地利用研究。其中从土地清丈数据到册载田赋数据的形成,就与土地登记制度、田赋征收等问题密切相关。在前一章的论述中对此已经做过详细讨论,形成了一定的认识,所以对出现折亩明确记载的部分州县进行数据修订,理论上可以成立。

不仅要明确清代山西北部地区的土地登记制度特征,还要厘清所要修订的田赋数据的范围,确定清代北部地区耕地数据重建的具体方法,为此要对田赋数据来源做比较分析。

清代山西册载数字除了出现在五朝《大清会典》、《清朝文献通考》、《清朝续文献通考》外,还有康熙、雍正、光绪三朝所修《山西通志》,以及雍正、嘉庆、道光《山西省赋役全书》①,并有前朝成化《山西通志》可参考,以及乾隆《山西志辑要》,还有各种府州县志中的田赋数据记载。如何看待各种地方志中数据的记载及各府州县与通志记载的关系问题,傅辉在做河南土地利用研究时曾做过深入讨论②,这里从其所论。

成书于康熙、雍正朝的《古今图书集成》,康熙、雍正、嘉庆三朝《大清一统志》等官修史书也是提供田赋数据的重要来源,对于时间断面的选择也有参考意义。康熙《山西通志》中只记分府田赋数据。《古今图书集成》中有关太原府和大同府的记载来自府志,《职方典》"太原府田赋考"引自府志,并分民田、屯田两类记载,其中民田只记"明田"、"皇清田"两个时间

---

① 结合全国编修背景,清代山西省编修《赋役全书》,主要出现在顺治、康熙、雍正、嘉庆、道光时期,其中现存比较有价值的《赋役全书》为雍正十二年由户部通令重修刊印的《山西省赋役全书》,比照同年编修的雍正《山西通志》中田赋记载,二者数据相同,但明显《赋役全书》中条目记载详细。道光末年的《山西省赋役全书》有学者认为可能已佚,但被光绪《山西通志》所引用,并依据王社教教授对于光绪《山西通志》所载田地数据的考察,认为该通志对前朝所修通志及赋役全书、奏销册等均有参考及订正,故此书中记载较为可信,是一份比较理想的研究资料,所以清代后期山西赋役情况可以主要依据光绪《山西通志》中的相关记载。

② 傅辉:《明以来河南土地利用变化与人文机制研究》,复旦大学2008年博士学位论文,未刊稿。文中特用一章来探讨方志在明清时期区域土地利用研究中的科学价值,指出方志中有许多公文档册、碑刻资料、诗集信札等一手资料;县志、府志、通志在纂修过程中层层相取,虽受修纂者知识水平和个人素质的影响,但并非是简单加和;州县志中保留有较多土地利用相关登记制度信息,但也不能说县志资料具有较高可信度,凡此种种,最终指出方志在土地利用中具有较高的使用价值,使用时要适当选取版本,注重从中提取土地登记制度、体系等方面的信息摄取,从而正确解读册载数据,提高研究分辨率。

段数据。并且查传世《太原府志》只有永乐、万历、顺治、乾隆四部，《古今图书集成》中记载的"明田"数与万历《太原府志》中的田赋记载相同，"皇清田"数与顺治《太原府志》中的田赋记载相同，由此可见，《古今图书集成》中"明田"、"皇清田"的记载参考了万历四十一年、顺治十一年《太原府志》。将其与万历《山西丈地简明文册》中记载田赋数据相比较，可以发现"皇清田"数据大多与简明文册数据相同，这也说明清初延续万历清丈后的原额标准问题。《集成》中对于屯田的记载并不很全面，有的只记屯粮而未记田赋地亩，并且没有交代清楚卫所屯田各坐落州县的屯田数。《职方典》下所记"大同府田赋考"也是引自府志，并只是参考通志给出一府数据，没有分县记载。所以据此分析，《古今图书集成》中记载的田赋数据，不能支撑具体州县田赋数据修订的研究，但对于整个地区的田赋数据的搜集具有一定参考价值。

雍正《山西通志》所提供数据与同时期编修的《山西省赋役全书》相同，分县数据较为详细，因此雍正十二年(1734 年)可以作为一个时间断面进行研究。修于乾隆四十五年的《山西志辑要》中记载有分县田赋数据，但是均为乾隆初年原额，故而不取。除此之外，《嘉庆重修一统志》记载分府、直隶州田赋数据。《晋政辑要》为我们提供了光绪十三年的府级分县田赋数据，记载较为详细。

光绪《山西通志》与各府州县志中田赋数据的关系是下面重点考察的内容。依据本志《田赋略》卷首语："今本赋役全书，参以奏销底册，于地丁分合，钱粮赢缩，税课分数，起存常额，一一条列，统以田赋名篇，不复与役并举。户口别见于篇，不复与丁相丽，从实也。原额断自乾隆初年，以昭定制。豁免详于光绪五年，以志异数。其以前赋额，则从旧志。"①充分说明光绪《山西通志》可以向我们提供乾隆初年、光绪五年的田赋数据，并且对于分县的田赋数据记载也颇为详细。其中乾隆初年数据基本同于雍正《山西省赋役全书》及雍正《山西通志》数据。经过比对，光绪《山西通志》基本反映每个地区的田赋征收情况。如忻州，整个北部地区田赋分等级征收记载最为详细的地区之一，对于民田的划分，忻州本州出现水红金地、旱红金地、黑金地、红银地、黑银地、红铜地、黑铜地等七种分法，与其他各县所记的上上地、上中地等方式略有不同，其田赋数据跟乾隆十二年《忻州志》较为相符，与光绪六年《忻州志》相比，反而还要全面一些。尤其对于雁门关以外地区田赋数据的记载更具有参考性，因为这一地区的方志纂修并不发

① 光绪《山西通志》卷 58《田赋略一》。

达,所见无多。通志中对于一些清丈过的田赋也给予记载,例如对于光绪五年解州清丈后的田赋数据记载。这也更进一步说明光绪《山西通志》所记载的田赋数据,很大程度只是征收赋税的依据。某种程度而言光绪《山西通志》的记载具有一定的参考价值,光绪《山西通志》出自著名学者王轩、杨笃和戊戌变法六君子之一的杨深秀的手笔,他们都兼备史德、史才、史学,该书在光绪十八年(1892年)问世后,立即引起省内外学者的推崇和重视,并被梁启超在《中国近三百年学术史》中评论为全国杰出的方志之一①。

通过对以上山西北部地区文献资料的考察,清代山西北部地区田赋数据的记载及修订可能性大致分为以下几种情况。其一,明代太原府及太原左、右、前卫、振武卫、振西卫等所辖部分地区有较为详细的万历原额记载,从清代方志文献记载来看,资料较为详细,但大部分地区土地登记特征不明显,只能根据区域特点,采取模糊处理。其二,明代大同府及山西行都司所辖地区,清代雍正以后卫所改州县表现比较明显,由于历史及地域原因,存在资料缺失现象,对于当地土地登记制度的考察没有太大帮助,具体可以根据地方习惯和周边州县情况推知模糊处理,尤其这一地区大部分州县都由卫所转化而来,屯田的数额占到相当大的份额,明代军屯一般采用标准亩制,但这并不意味着从实际丈量数据到田赋数据是一成不变的,从万历清丈所记载卫所坐落州县田亩与其后各县方志中所记屯田数来看,数据相差较大。其三,部分地区资料较为丰富,修订可信度高,并可以作为依据对周边地区进行模糊处理。

据此,对清代山西北部地区耕地数字的修订存在很大难度,但结合前文对于土地登记制度等方面的考察,可以进行部分县级耕地数据的修订。在能够明确土地登记特征的部分州县,尝试进行耕地数字的断面恢复,显示一种耕地覆盖变化的趋势,分析垦殖率变化趋势及人均耕地,从而进行清代山西北部地区土地利用的讨论。

二、部分县级耕地覆盖变化序列重建

(一)资料来源

修订数据的主要来源就是田赋税亩,虽然田赋税亩并不只包括耕地,但是在现有资料的情况下,只能依靠田赋数据。考虑到万历清丈的重要

① 刘伟毅主编:《山西方志概述》,吉林省地方志编纂委员会、吉林省图书馆学会,1988年,第9页。

性,数据修订上延至万历十年土地清丈,主要数据来源于万历《山西丈地简明文册》中的记载,清代数据主要来自雍正《山西通志》所提供雍正十二年数据,并且这个数据与雍正《山西省赋役全书》数据比对相同。光绪《山西通志》所提供乾隆初年和光绪五年数据,以及《晋政辑要》所提供之光绪十三年田赋数据。民国数据就目前掌握的情况,《中华民国史档案资料汇编(第三辑)》中记有“山西省实业厅填报全省各县农家户数及田圃亩数表”,反映1914年的情况,从数据来看,这份资料基本还是停留在田赋税亩阶段,应该不是实际调查所得。较为科学的统计资料主要源自国民政府主计处统计局《统计月报》的民国二十一年一、二月合刊(农业专号)中的资料,后来1937年卜凯主编《中国土地利用统计资料》中对于《统计月报》中部分县的资料进行了修订,只是其中的数据稍嫌粗略。1935年满铁经济调查会所编《北部山西经济调查书》,其中所载数据多来自《统计月报》。1936年日本山冈师团编纂的《山西大观》一书,按书中凡例交代为日本陆军山冈部队进行实地调查后,以中国经济年鉴(民国二十三年)、山西统计年鉴、实业部月刊、实业统计等多种资料为参考资料编写而成,书中详述各县的地形、人口、农牧生产等项,经过分析比较,本文取其民国二十三年的人口、耕地数据。以及1937年实业部国际贸易局编《中国实业志·山西省》中的数据,它源于实业部民国二十四年至二十五年的调查,其中对于各县水地、平地、坡地等记载颇详。1953年数据来自山西省农业建设厅、统计局编印《山西省农林水利统计资料汇编(战前—1956年)》,其中记有各县土地面积总数及耕地面积。

当然,这些数据都有些问题,1932年的统计月报主要记载农户田地,卜凯先生部分修订也未必确凿,山冈师团依据的也主要是经济年鉴,同理,实业部的资料也未必是现代意义上的统计数据,所以本文也只是一种尝试修订,得到的也只能是代用数据。并且关于行政区划变动,登记过程中的飞洒寄脱等弊端,一直是影响土地数据修订的重要问题,如新中国成立后“省与省之间插花地及飞地仍很不少”①,东与河北,南与河南,西与陕西,北至长城以外等面积的误差存在,无论是在土地总面积还是耕地面积方面,这都是必须要考虑的问题,但是限于目前资料条件,本文只能对其进行大概修订,其后进行的垦殖率等分析也是尽可能的一种尝试,希望以后能有更深入的研究。

---

① 山西省农业建设厅、统计局编印,《山西省农林水利统计资料汇编(战前—1956年)》第一册,1957年11月。

（二）具体技术路线

分府县级耕地数据的重建及垦殖率分析与当时行政区划密不可分，行政区划时有变动，在选择时间断面上要结合康熙、雍正《山西通志》、谭其骧《中国历史地图集》、《山西省历史地图集》、中国历史地理信息系统（CHGIS）等相关现有研究成果。考虑到实际操作的困难，暂且忽略行政变动的影响，推算部分州县垦殖率，分析耕地变化趋势。

采用以下方法对耕地数据进行修订：

A. 由于清承明制，部分都司卫所屯田的存在，我们对于清初山西北部地区耕地数字的考察，主要包括府州县的耕地数据修订和卫所屯田数据的修订。

B. 将不同计量单位转换为清亩，对于资料中出现的段、垧、堆等单位统一按当时当地标准换算成标准清亩。

C. 对于资料中出现的折亩信息加以区分，确定不同时间折亩率，修订为实际清亩。

D. 关于隐漏地亩的问题，本区几乎采用三等九则征收赋税，并按诸多学者的说法，这种隐漏地亩的可能性较小。

E. 采用具体州县具体分析的处理方法。结合本研究区域的实际情况①，提出具体州县具体处理的办法，对于存在清丈具体数据的州县，采用清丈数据，对于出现亩制信息、折亩信息的州县，采用修订数据=修订系数×田赋税亩这一基本思路②，修订在册田亩数据，并按照1标准清亩=0.9216市亩=(0.9216/1500)km^2，将标准清亩转换为现代亩及平方公里。

---

① 清代山西北部地区耕地赋税征收的实际情况是都按三等九则征税，没有实际折亩率的记载，但根据零星记载反映，折亩部分存在；屯田大量存在，卫所归并州县后，屯田也划归各州县管理。

② 赵赟提出 $s=\sum_{i=1}^{3}\frac{S_i}{V_i}r$，其中 S_1、S_2、S_3 分别表示明清册籍田、地和卫所屯田地，V_1、V_2、V_3 分别表示田、地和卫所屯田地的折率，如果 S_1、S_2、S_3 内分为不同级差，诸如三等九则等，应将分项数字计算后加总。r 表示明清亩制换算为现代亩制的系数，明清1标准亩相当于现代0.9216亩，系数 r 的值为0.9216M/m，M为地方亩制，m为标准亩制（2005年）。傅辉指出用折亩率可以作为初步修订万历至1953年县级耕地数据的直接依据，方法是在区分州县折亩的时间的情况下，用折亩率乘以文献数据（税亩），并将标准化的数据与现代统计数据相比较，得到明清以来部分时间断面的土地数据修正值，采用公式为修正耕地 $(M)=(a/A)\cdot m$，其中 A 为卫所或废藩地亩，a 为州县地亩标准，m 为州县官方税亩，而当州县弓步尺寸与法定尺寸不一致时，调整为 $(M)=(a/A)\cdot m\cdot P$。其中修正亩制计算公式为修正系数 $(r)=(B-b)/b$，修正亩制 $(P)=(1+r)\times p$，B 为地方尺度，b 为标准尺度，p 为地方亩制（2005年）。比较两位研究者所用公式，不论赵赟的将所有情况归为一类公式计算，还是傅辉注重土地登记制度特征，分类计算修正地亩，其中最关键的还在于从地方土地制度中找到修正系数，所有的工作都只为了修正后的数据能更接近实际，减小误差。

(三)重建结果分析

表 4-6　清代晋北部分州县耕地数据修订结果　单位:市亩

时间 县名	万历 十年 1582 年	雍正 十二年 1734 年	乾隆 初年 1736 年	光绪 五年 1879 年	光绪 十三年 1887 年	1932 年	1936 年	1953 年
静乐县	1577150	1494054	1519510	1513199	1511430	889344	868608	1114287
定襄县	371709	410865	410872	398340	398340	430387	368916	431619
繁峙县	836544	1134334	1134143	1133245	1133239	1072500	495215	750152
广灵县	541481	578531	579078	579078	579078	325500	324819	637370
灵丘县	547314	729574	729754	729754	729754	282010	819331	677234

静乐县最高值出现在万历十年,根据前文分析,本文认为这个结果还是可信的,这个数据为官民田以及卫所屯田坐落静乐县数据总和,清朝及其以后数据都没有超过,除了统计口径问题,环境因素也不可忽视。静乐县全境山峦重叠,“国初之平为原为坂,而年被冲决多为沙为碱矣;国初之坡为□为阜,而日有潺湲多为壑为石矣”①,尤其在万历二十九年清丈之时,官民田 2297470 亩,其中山冈地、坡地就有 2098202 亩,占到 91%的份额,农业生产条件不理想,不排除弃耕、退耕的可能,所以本文认为修订结果可以成立,与 1953 年数据相差较大,可能是由于统计口径及折亩信息提取的不完整造成。

定襄县,数据序列接近,变化不大,并且与 1953 年数据大致吻合,基本可靠。定襄县东南部、北部及西部为山区,中部有滹沱河及其支流云中河流过,流域平原地区农业较为发达,土地肥沃。数据显示,定襄县的耕地变动幅度不大,保持比较稳定的发展趋势。

繁峙县恒山山脉东西横亘,全县几乎均为山地,只在滹沱河沿岸平原地带,农业较为发展。清代较明代耕地有所增加之后,一直维持在比较平稳的状态,1936 年统计数据骤降,考虑统计口径问题、生态环境以及战乱等因素的影响。万历十年数据与 1953 年数据大致相配,可以成立。

① 康熙《静乐县志》卷 4《赋役》,康熙三十九年原本,民国年间石印本。

广灵县和灵丘县位于北部地区东部,与河北相邻,属于广灵—灵丘盆地。广灵县北、西、南三部为山区,东部为平原,与蔚县相接,农业较为发达。从修订结果看清代数据发展稳定,乾隆至光绪朝几乎没什么变化,民国时期几乎减少一半耕地,除了战乱、灾害等因素,统计口径恐怕也是导致统计结果差异的一个方面。恢复的明清数据与1953年数据较为匹配,认为修订可靠。灵丘县和广灵县情况类似,清代较明代有大幅增长之后,维持稳定态势,除了1932年统计数据相差甚远外,其他时期数据大致吻合,应该反映1932年统计数据有问题,其余修订成立。

整体来看,修订后的明清数据与1953年数据较为符合,各县数据变化趋势基本一致,大多雍正、乾隆时期数据与万历数据持平或超过,光绪时期开始逐渐降低,1953年数据显示回升。基本反映了万历清丈的彻底性,清朝前期的土地复垦,光绪初年的灾变影响,民国时期耕地的持续降低等社会经济情况,五十年代的数据在全国范围来讲都是一个峰值,此后的耕地数据逐渐降低。但是由于被修订资料的不完整性,整体修订结果趋势变化不明显,一定程度说明修订工作的局限性。从总体上看,同各时期税亩相比,高于田赋税亩的可靠性,普遍与现代数据相符。

三、时间断面下的垦殖率和人均耕地

(一)总体趋势

土地垦殖率,又称土地垦殖指数,是指同一区域的耕地面积占土地总面积的百分比,反映的是用于种植业生产的耕地所占用的土地面积比重。由于耕地在土地资源中是能量转化效率和负荷量最高的类型,对区域人口的生存和发展具有重大影响,因此垦殖率大小及其变动能够基本考量该区域的土地利用强度和耕地资源紧缺状况。

垦殖率和人均耕地既是耕地数据修订结果的目的,也是检验修订结果的手段,为此,本文将对不同时期的各县垦殖率和人均耕地依据修订结果重建,并与1953年数据比对。

先暂时通用1911年县级政区面积,得到静乐等五县垦殖率变化曲线图,可以清楚显示这五县的垦殖率变化趋势。

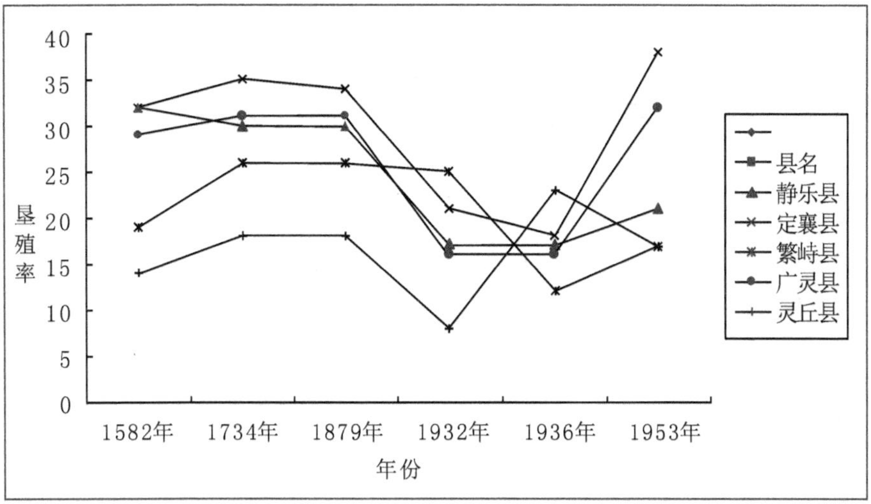

图 4-2 静乐等五县垦殖率变化曲线图(1582—1953)

说明:县级面积数据(1911 年)来自复旦大学历史地理研究中心中国历史地理信息系统(CHGIS),2003 年 6 月。

结果显示,研究个案垦殖率基本在 15%~35%之间浮动,清代定襄县垦殖率在 35%,几乎与 1953 年垦殖率相同,也是这几个县中垦殖率最高的地方。广灵县和灵丘县维持在 30%和 17%,并与 1953 年垦殖率相同。繁峙县清代为 26%,1953 年为 17%,呈下降趋势。从时间序列上看,整体变化显示清代高于民国,但低于明代和 1953 年数值。1932 年垦殖率处于低谷,前文已经交代,除了现实原因外,统计数据的不准确可能是主要原因。

静乐县位于吕梁山地,基本可以代表西部地区垦殖情况。五个县中静乐县的面积最大,土地垦殖率维持在 30%上下。定襄县位于忻定盆地,滹沱河水利发展地段,水利条件发展较好,农业生产稳定,定襄县面积最小,垦殖率最高,可以充分代表忻定盆地农业较发达地区的垦殖情况。广灵县和灵丘县东临太行山,地界河北,农业生产稳定,广灵县垦殖率高于灵丘县。繁峙县位于滹沱河源头地段,介于五台山和恒山之间,土地类型多样,垦殖率较低。

对静乐等五县不同时间断面人均耕地(修订后数据)进行计算,如下表所示。

表 4-7　静乐等五县人口数及人均耕地(1582—1953)

单位:市亩/人

	1582 年		1883 年		1936 年		1953 年	
	口数	人均耕地	口数	人均耕地	口数	人均耕地	口数	人均耕地
静乐县	33082	47.7	72302	20.9	99954	8.7	137747	8.1
定襄县	10954	33.9	112408	3.5	121680	3.0	126620	3.4
繁峙县	16545	50.6	108064	10.4	111271	4.5	137857	5.4
广灵县	8290	65.3	72628	8.0	84888	3.8	100776	6.3
灵丘县	8071	67.8	82518	8.8	116622	7.0	110786	6.1

资料来源:成化《山西通志》,康熙《静乐县志》,万历《定襄县志》,万历《繁峙县志》,光绪《山西通志》,张正明、赵云旗编《山西历代人口统计》(山西人民出版社,1992 年)

从人均耕地变动趋势上看,万历人均耕地数普遍偏高,其中一个重要原因在于人口数据不准确,明代户数只是记录民籍,不计军籍,所以不是全部口数,而万历时期的耕地数修订结果包括民田和卫所屯田,这样垦殖率自然不准确。由于雍正、乾隆初年均为丁数,所以未列表内,本表反映明、清、民国、新中国成立以后四个时期的人均耕地变化。从变化趋势看,整体呈下降趋势,清代数值高于民国时期数值,至新中国成立后人均耕地增加,但仍然没有超过清代数值。清代数据是经过我们校正以后的结果,跟 1953 年人均耕地相比,定襄县几乎一样,人均 3 亩,广灵县和灵丘县也基本相符,在 7 亩左右,繁峙县和静乐县数据相差一倍和两倍。除去修订误差的原因,区域环境因素也是重要原因,这两县都属于山区丘陵地带,山地多平地少,农业环境不理想,生态环境脆弱,人口日益增多、可耕地一定甚至减少的情况下,人均耕地即逐渐降低,所以考虑这也是数据差异较大的原因。在广灵—灵丘盆地,垦殖率、人均耕地变化基本不大,并且除了定襄县,几个地区的人均耕地均大于人均 4 亩的平均水平,这也与晋北地区广种薄收的特点相符合。

(二)时间断面下垦殖率和人均耕地分析

比较雍正十二年(1734 年)和光绪五年(1879 年)垦殖率修订前后数据,发现修订前依据田赋数据得出的垦殖率明显低于 1953 年数据,因为在一定时期内垦殖率是相对稳定的,尤其以静乐县、繁峙县、灵丘县比较突出,而这些县在修订后垦殖率与 1953 年数据相吻合。对比说明田赋数据的不可靠性,对于我们数据的尝试修订也是一种支撑,证明这种修订在一定程度上是可行的,更接近于实际。

表 4-8　静乐等五县时间断面下垦殖率修订前后数据表

单位：市亩；%

	雍正十二年（1734 年）				光绪五年（1879 年）				1953 年
	田赋数据	垦殖率	修订数据	垦殖率	田赋数据	垦殖率	修订数据	垦殖率	垦殖率
静乐县	233446	5.3	1494054	34	236437	5	1513199	30	21
定襄县	373513	34	410865	38	362128	31	398340	34	38
繁峙县	378112	10	1134334	32	377748	9	1133245	26	17
广灵县	289265	18	578531	37	289539	16	579078	31	32
灵丘县	364787	10	729574	21	364877	9	729754	18	17

数据来源：雍正十二年田赋数据来自雍正《山西通志》及雍正《山西省赋役全书》，光绪五年田赋数据来自光绪《山西通志》。雍正时期县级面积数据采用《山西省历史地图集》“政区图组·清（雍正八年图）”，将县级面积数字化后求得垦殖率。光绪时期县级面积数据来自复旦大学历史地理研究中心中国历史地理信息系统（CHGIS），2003 年 6 月。所以本表中雍正时期的垦殖率数据会和图 4-1 略有不同。

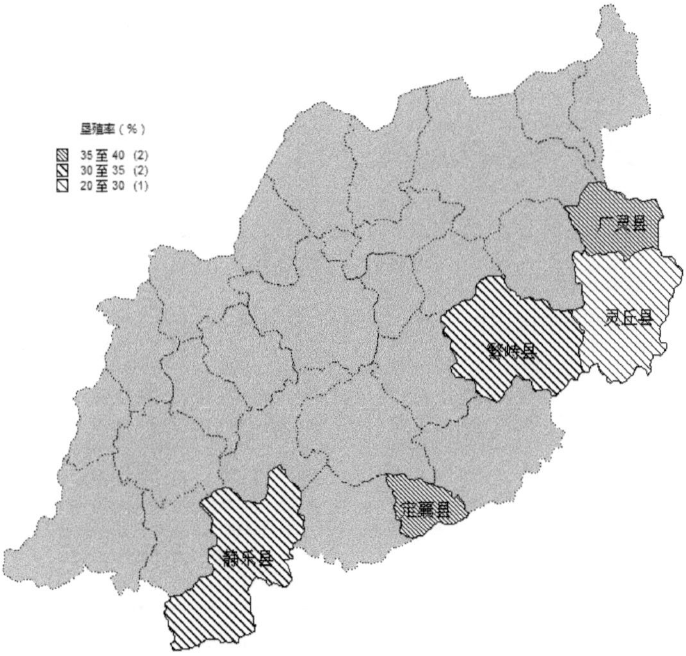

图 4-3　雍正时期静乐等五县垦殖率空间分异

说明：县级面积数据来自《山西省历史地图集》“政区图组·清（雍正八年图）”，将其县级面积数字化后求得垦殖率。

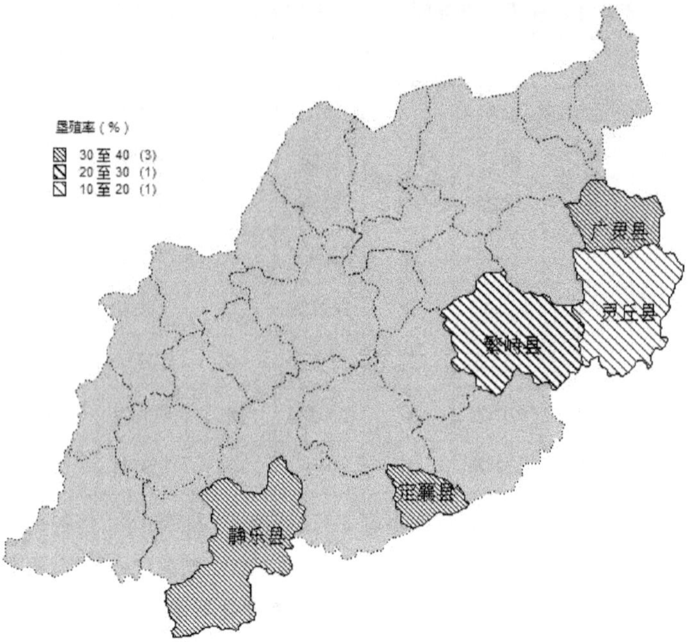

图4-4　光绪时期静乐等五县垦殖率空间分异

说明:县级面积数据来自复旦大学历史地理研究中心中国历史地理信息系统(CHGIS),2003年6月。

表4-9　静乐等五县时间断面下人均耕地修订前后数据表

单位:市亩

	光绪九年(1883年)				1953年
	田赋数据	人均耕地	修订数据	人均耕地	人均耕地
静乐县	236437	3.2	1513199	20.9	8.1
定襄县	362128	3.2	398340	3.5	3.4
繁峙县	377748	3.5	1133245	10.4	5.4
广灵县	289539	3.9	579078	8.0	6.3
灵丘县	364877	4.4	729754	8.8	6.1

比较光绪九年(1883年)时间断面下人均耕地修订前后数据,修订前五县人均耕地基本偏低。传统社会人均4亩左右(3.68市亩)是维持个人生存的基本耕地数,是人口生存的饥寒界限。修订前人均耕地数除了广

灵、灵丘 2 县均未达到 4 亩，虽然在 4 亩左右，但不符合晋北农业生产的实际情况，晋北地广人稀，多属于粗放型经营，更有清代耕地人均百亩左右的说法，据满铁调查资料显示，晋北地区（保德、静乐、繁峙县以北）平均每一户耕作地在 80 亩左右①，也显示修订后的人均耕地数较符合实际。

虽然本文这里只是对部分县进行修订，尚不具有普遍代表性，仍有区域特征存在，但是修订前的人均 3 亩左右明显偏低。修订后的人均耕地比现代统计数据略显偏高，呈递减趋势，这也与人口数据的不准确性相关，但总体是可信的，并且与区域特征相符。

四、关于县级土地数据重建的思考

（一）修订误差的存在

对于土地利用中土地数据的修订，只是一种尝试，通过以上的分析，我们可以发现这种修订过程中误差的存在，可以说这种误差是一种必然。原因是多方面的，不仅涉及被修订的在册田亩数据的不确定性、土地清丈登记误差、从清丈数据到田赋数据的误差、土地制度考察的不全面性以及修订过程中的系统误差等因素。

在册田亩数据是一种税收依据，不仅包括了耕地数据，更包括了田地山荡等数据，而这些数据通常不是通过实际土地丈量得到的。免科地也会产生在册田亩数据误差，乾隆五年规定，山西瘠薄下地开垦至十亩以上者照水旱之例分别升科，而“十亩以下为数奇零不成丘段者，永免升科”②，统计口径的不一致也导致了修订误差的存在。土地清丈过程中由于技术落后、丈量标准不一、书手飞诡等因素导致实际丈量数据的不确定性。社会实际中插花地即飞地、寄庄地的存在对于土地数据重建也会导致误差存在，这一点已经有所交代，但是本文囿于资料无法展开细致讨论，只能允许这种误差的存在，期待以后会有所发现。

关于隐漏瞒报问题，从雍正、乾隆至光绪年间赋税总体都没有什么大变化，这可能有三种情况，一是从原额的思想，一是有可能对新垦土地隐漏瞒报，再有可能就是耕地确实没有什么大的变化，但是从雍正至光绪年间人口的大量增加来说，耕地没有理由不扩大，只能是隐漏瞒报的比例问题，在上文的修订中，根据三等九则法征收赋税认为尽可能小的缩小了瞒报比

---

① 满铁经济调查会：《北部山西经济调查书》（1935 年 6 月），黑龙江省档案馆编：《满铁调查报告（第 1 辑）》，影印本，桂林：广西师范大学出版社，2005 年。

② 《清朝文献通考》卷 4《田赋 4》（万有文库本），商务印书馆，1937 年。

例,因此没有用在修订之内。通过静乐县的个案比对,认为这种修订可以成立,具有一定可信度①。因此,找寻亩制差异及土地登记制度等方面的信息来修订田赋数据的做法,相对而言是较为可信的,尽管会有不同程度的误差出现,但对于只用田赋数据的做法和代替系数修订的方法来讲,可能会更接近历史实际。

(二)土地数据修订的可行性及意义

由于在册田亩数据是一种纳税单位,也就是一种财政数据,若将其作为土地代用数据直接运用到土地利用研究中,无异于再次增添人为误差,在此基础上进行的土地利用研究是偏离实际的。介于田赋数据和实际土地数据之间存在某种关系,通过对土地登记制度的探讨,可以尝试进行土地数据的修订。而这种修订的意义就在于为土地利用提供可资利用的代用数据,评定历史时期区域土地利用的强度,同时从对清丈数据到册载数据的考察探讨中获得土地利用与社会关系的若干信息,为更好地反映土地利用情况打下铺垫。

虽然本文没有做到所有县级数据的全面修订,但是在目前资料支撑的基础上,做出部分县级数据修订,并且从修订结果的评定看,较之于田赋数据更接近于实际,这些无疑是对前面所做工作的一种认可,具有实际意义。这种修订结果一定程度上反映了区域土地利用特征,具有一定区域代表性。

第三节　清代晋北地区的土地垦殖变化

利用田赋数据对土地利用变化进行研究,不论是前辈学者已有的结论还是本书前面章节的判定,的确存在不可信的问题,田赋数据不能作为代用数据进行土地利用变化研究。但是经过上文分析,田赋数据的存在具有

① 静乐县属于汾河上游地区,位于管涔山区,王尚义先生等曾对汾河上游的人口与耕地进行了考察,并对其流域内的五县进行了耕地的修订(见王尚义、任世芳、孟万忠:《六百年来汾河上游人口压力增长与环境状态演变之关系》,《地理研究》,2007 年第 26 卷第 3 期,第 452~460 页),其中就有对静乐县的修订。对于明代的耕地修订,文章中依据成化《山西通志》中的记载对明代的耕地进行修订,那么这样使用的话存在两个问题,一是坐落静乐县的卫所屯田是否算在内共同修订,因为通志中并没有将屯田坐落州县的地亩记载清楚;另一个是通志中所记载的洪武、永乐、成化等时期田赋均为一千八九百顷,而通过前文的分析,这个田赋数据很显然是折成官大亩后上报的数据,所以明代数据有问题。文中对于清代耕地数据的修订,静乐县的数据采用乾隆《山西志辑要》中田赋数据,该数据均为乾隆初年原额,所以显然也是折亩过的数据,而对于光绪时期的数据用光绪《山西通志》的田赋数据乘以修正系数 2.433,此修正系数来源于阳曲县清丈后数据与光绪田赋数据的比例,但恐怕这个比例不具备普遍性。所以有关静乐县土地数字的修订,笔者认为本书所做的修订较为可信。

一定意义,对于目前县级数据未能全部修订的研究状况下,利用田赋数据进行趋势分析,是可以成立的,学界很多学者也做过相关论证并予以施行,这在绪论部分已经做过详细评述,此不赘述。

进行县级土地数据修订,不仅可以对县级土地利用变化情况更好掌握,也能和田赋数据得出的结论进行比对,从而更利于整体土地利用情况的把握。修订完成后,再从时间断面下的垦殖率和人均耕地进一步来讨论土地利用强度,同时也是对修订结果的检验。修订后垦殖率与1953年数据接近,从变化趋势看,在乾隆时期垦殖率达到顶峰之后,垦殖率是逐渐下降的趋势,直到1953年的回升。从整体趋势上看,应该是基本和田赋数据表现的趋势大致相仿。但是具体将时间断面下田赋人均耕地和修订后人均耕地相比对,显示修订后人均耕地比较接近实际,并和农业区域特征相符。一定程度上说明了修订的优势与成立。

综上,从田赋数据变化趋势和部分县级土地数据修订两方面对清代晋北土地利用过程、变化进行了复原及讨论,其间已经反映出清代晋北地区土地垦殖的演变特征,具体如下。

一、明末清初的土地抛荒

从田赋数据的统计分析及其后部分县级数据的修订看,顺治时期所见数据,基本都比万历时期数据大幅下降,结合史实分析,主要是由于战乱、灾荒等导致的土地抛荒严重,垦殖率下降。

明末清初,国家社会经济严重受创,北部地区也不例外,尤其在顺治五年出现的姜瓖之乱和清代初年的自然灾害,更使得雁北地区满目疮痍。这一时期山西北部地区大量土地抛荒,人民流亡现象严重。大同府,"明季屡遭兵燹,人民逃亡凋敝,继以戊子姜逆之变,城社萧条,村墟冷落,盖无所谓富庶之景象也"①。朔平府地方,"国初复遭姜逆之变,死伤耗之,逃亡又耗之,而民其惫矣"②。大同县,"额地一万三千七百二十一顷七十六亩八分零,除耿部院题免无主荒地外,又姜逆叛后,人民屠戮复荒无主地七千一十八顷零,见今成熟地二千四十五顷四十六亩六分零"③,土地抛荒达一万多顷,这一时期的社会经济较明代明显落后,各项事业都有待恢复。

---

① 乾隆《大同府志》卷13《赋役》,乾隆四十七年刻本。

② 雍正《朔平府志》卷7《赋役户口》,雍正十一年刻本。

③ 顺治七年十二月佟养量揭帖《清军镇压姜瓖时大同等城遭屠戮及地方荒凉残破情形》,见中国人民大学历史系、中国第一历史档案馆合编《清代农民战争史资料选编》,中国人民大学出版社,1984年,第154页。

二、清初至乾隆时期的土地复垦

清初的主要任务就是鼓励垦荒,恢复生产,休养生息。山西巡抚主持将代王、晋王及其亲属的庄田作为无主荒地交给自耕农和佃农使用,晋北的民众也从前朝宗室获得一定的生产资料,顺治时期颁布的开荒令一直延续了很长时间,并且取得成效。这一时期大部分州县都表现为荒地开垦,经济复苏。忻州"顺治六年起至十八年止开垦过民田荒地一百七十九顷一十二亩;康熙元二三五年开垦过民田荒地七百三十六顷三十二亩"①,灵丘县,"顺治九年起至康熙十五年分共招民开垦并清出隐种自首荒地共四百三十六顷四十四亩"②,等等。通过这一系列的招徕垦荒政策,清代山西北部地区大量的土地复垦,经济开始复苏。

但是这种土地复垦是有一定过程的,并且还具有一定区域性特征,如岚县,"我朝定鼎以来,寇逆荡平,烽烟休息,几近百年,而荒闲者未尽垦,流亡者未尽复,则土瘠民贫之故也"③。又如保德州,"今户口凋残,应差人三千丁,较弘治间止有其零,较万历末不及其半,即以极衰之时较之抑且三分去一,寥寥孑遗责以一万二千九百九十之徭银,中中则每丁征银二两九钱,视昔之上上尤多,下下则每丁征银八钱二分,比昔之下下数倍,哀此穷民困苦固莫支矣"④。这两则资料说明了明末清初社会动乱所带来后果的严重性,清初的土地复垦对于社会经济的恢复具有一定意义,但这种恢复的过程又是非常艰难的,和区域环境等关系密切。

雍正时期,随着卫所归并、改置州县的完成,北部地区行政区划发生很大变化,相沿依旧的卫所制度逐渐取消,将其地域纳入国家行政系统管辖。州县的设置对于地方经济的发展具有一定推动作用。随后清政府推行的摊丁入亩等政策,适当抑制土地兼并,缓和社会矛盾,促进社会进一步稳定发展。大同府,田土开垦,"国家务农重谷,田野日辟,边外驻牧余地近皆募民垦种"⑤,人口日渐增多,"迄今百三十余年,生齿日增于昔,加以察哈尔正黄正红二旗及太仆寺牧厂余地招民耕种,归徕蕃毓,烟火殷繁"⑥。雍正时期设立的朔平府,人口也日益增多,"生聚之繁,倍盛于昔"⑦。前文统计

① 乾隆《忻州志》卷1《户役赋税》,乾隆十二年刻本。
② 康熙《灵丘县志》卷2《食货志》,康熙二十三年刻本。
③ 雍正《重修岚县志》卷4《田赋》,雍正八年刻本。
④ 民国《保德州志》卷4《田赋》,民国二十一年铅印本。
⑤ 乾隆《大同府志》卷13《赋役》,乾隆四十七年刻本。
⑥ 乾隆《大同府志》卷13《赋役》,乾隆四十七年刻本。
⑦ 雍正《朔平府志》卷7《赋役户口》,雍正十一年刻本。

的结果所显示的耕地数量的增加,就是这一阶段社会发展的反映。田赋数据和部分修订数据均显示乾隆时期晋北地区土地垦殖达到高峰期。

三、乾隆以后土地垦殖的下降

从田赋数据变化趋势及修订数据看,清代晋北地区土地垦殖在乾隆时期达到峰值后,逐渐降低,渐趋衰落。

对这种现象的解释,除了有可能是数据不准确之外,很有可能与当地耕地资源有限有关。由于晋北地区地形地貌复杂,丘陵多,平原少,多为山间盆地,山地多平地少,降水年内分配不均,季节性强,土壤盐渍化、土地生产力低下等区域自然环境特征,对于土地利用的过程和变化会有一定程度的制约性。如雁北地区的灵丘县,康熙二十一年就已经"川地平原俱已招徕承种,山坡高脊万难尽力耕耘"①,晋西北的管涔山区诸县乡民也多开山地进行垦殖,等等。

同时,还有一个与耕地数减少比较相关的问题是人口外流问题。至乾隆时期,山西北部地区较之于清初农业生产已逐步恢复,社会经济逐步发展,并逐渐出现耕地紧张的局面,大量人口向关外移动,长城以外旗地牧地被逐渐开垦。晋北地区人口外流现象与本地区的土地承载力下降有关,属于人口的机械移动。土地承载力是指在一定条件下土地资源生产力与一定生活水平下的人均消费标准之比,或者说一定技术水平、投入强度下,一个国家或地区在不引起土地退化、或不对土地资源造成不可逆负面影响,或不使环境遭到严重退化的前提下,能持续、稳定支持具有一定消费水平的最大人口数量、或具有一定强度的人类活动规模。有限的耕地资源面对日渐增多的人口,加之自然灾害的频发,区域生态环境脆弱,抗灾能力有限,土地承载力下降,造成人口的大量外移,对本区域土地利用也有影响。

最后,光绪时期的数据主要反映光绪初年大旱灾对于耕地数量的影响,从趋势上看,整体呈下降趋势。

第四节　小 结

通过考察晋北地区田赋数据以及部分县级土地数据的重建,清代晋北地区的土地利用变化情况基本清晰。清代晋北地区土地垦殖过程总体分为明末清初的土地抛荒期,清初至乾隆时期的土地复垦期以及乾隆以后土

① 岳宏誉:《荒地详文》,康熙《灵丘县志》卷4《艺文》,康熙二十三年刻本。

地垦殖的下降期。区域内耕地集中于忻定盆地和大同盆地,晋西北黄土丘陵区、晋北高原区等地耕地比例较低。总体来说,本区域山地丘陵多,盆地平原少,农业垦殖只分布在几个山间盆地和河谷地带,农业生产不发达。这一点从晋北地区的土地类型划分中可以观之大概。山地、坡地、川地、平地、沙地、碱地等这些以自然地貌和土质特征来进行划分的土地类型,甚至可以具体划分出平坡地、沙坡地、沙薄下地、碱薄下地、盘梁山坡地等细致分类,充分反映出区域土地特征及区域差异。

首先用田赋数据讨论了清代晋北地区土地利用变化情况。有关册载田赋数据在土地利用研究中的利用问题需要注意一些问题。利用田赋数据对土地利用变化进行研究,的确存在不可信的问题,但是对于目前做不到全部修订的研究状况下,利用田赋数据进行趋势分析,是可以成立的,尤其当我们基本穷尽了所有田赋资料并分析判断之后进行讨论,这时候田赋数据在土地利用研究中就具有一定价值及意义。同时,通过前文土地登记制度分析,田赋数据和实际耕地数是有一定关系的,结合晋北地区实际,册载田赋数据所反映的土地利用变化趋势及区域分布格局具有一定合理性。

然后在对清代晋北地区土地数据的重建进行详细可行性分析的基础上,对部分县级土地数字进行修订,同时对修订结果进行检验,从而进一步了解清代晋北地区土地开发与土地垦殖特征。整体显示修订结果较为可信,与现代数据较为符合,也与区域农业生产特征相符。当然这里面也有一些问题需要注意。首先是修订误差的存在,这种误差来自资料和修订过程多个方面。其次要明确修订后的数据仍是一种代用数据,需谨慎对待,从而帮助我们更多地认识历史时期土地覆被和土地利用变化。

自然环境的制约性问题。土地利用深受制度、政策、人口、民族、宗教等多种因素影响,但诸多驱动因素都要与一定的区域环境相结合,并且在生态环境脆弱地区,自然环境的制约作用表现明显。纵观整个区域,尤其是抛荒比较严重的地区,自然环境常常反映为风高霜早、沙碛硗确等敏感状况。那么在这样一种生态环境下,农业生产的抗灾能力、土地承载力等都是值得注意的问题。由于自然禀赋不佳,敏感性较强,稍遇环境变化即成灾害,农业生产抵御自然灾害的能力较差,稳定性下降,土地承载力降低。因此,在本区域的土地利用研究中,自然环境的制约作用应该引起我们足够的重视。

第五章　清代晋北地区主要农作物的种植和分布

第一节　粮食作物的生产和分布

一、黍、稷、粟、粱等作物

谷类作物是我国传统粮食作物，种植范围广，历史悠久。通常黍、粟、稷、粱等作物都属于谷类作物，在山西各地物产中属常见作物，并且还是清代山西农作物中比较重要的种植作物，山区尤为如此。例如居太行之侧的寿阳县，四周皆山，气候寒冷，农业基本为坡地种植，向无水利，生产艰难，作物种植“以谷、豆为大宗，麦类次之，故餐餐有小米，甚则杂以糠秕”①。谷类作物在北方广泛种植主要与其生育期短、抗旱能力强等特性相关。

黍（*Panicum miliaceum*），禾本科，一年生草本。秆直立，被茸毛，叶线状披针形。圆锥花序，主轴直立或弯生，侧枝密集或疏散。种子呈白色、黄色或褐色，性黏或不黏。生育期短，喜温暖，不耐霜，抗旱力极强。主要有三种类型，圆锥花序密，主轴弯生，穗的分枝向一侧倾斜的为黍子；圆锥花序密，主穗直立，穗分枝密集直立的为糜子；圆锥花序较疏，主穗轴直立，穗分枝向四面散开为稷。对于稷的现代解释为秆上无毛，散穗，籽实不黏或黏性不及黍者为稷，也就是说籽实黏性为黍，籽实不黏者为稷。

粟（*Setaria italica*），北方通称谷子，去壳后叫小米。禾本科，一年生草本。秆粗壮，分蘖。叶鞘无毛，叶片线状披针形，圆锥花序，主轴密生柔毛。穗形有圆锥、圆筒、纺锤、棍棒形等，通常下垂。颖果，稃壳红、橙、黄、白、紫、黑等色。喜温暖，耐旱，对土壤要求不严，适应性强，可春播和夏播。籽粒也有糯性和粳性，供食用或酿酒，茎、叶、谷糠可作饲料。粟，“北地惟以粱与粟为粥饭，故独得谷名”②，是北方地区主要的粮食作物，故而称为谷

---

① “《马首农言》序”，祁寯藻著，高恩广、胡辅华注释：《马首农言注释》，北京：中国农业出版社，1999年，第207页。

② 吴其濬：《植物名实图考》卷1《谷类》，中华书局重印商务印书馆旧本，1963年。

子。“粱,即五谷中之粱也,脱壳则为粟米,亦曰小米,今直名曰谷。……汾州北诸属胥三四月种,早谷有一窝蜂、关东黄、夏谷诸种;晚谷有四根齐、六根齐、九根齐、秤杵黄、老来白、临秋变三变、连草谷、溜雨谷诸种”①。山西地区文献直接将粟放在粱下解释,并且指出在汾州府以北的地区三四月种粟,主要分为早谷、晚谷两类,其中各类下又有诸种。

高粱(*Sorghum vulgare*),也称蜀黍、蜀秫、芦穄等,禾本科,一年生草本。秆直立,中心有髓,分蘖或分枝。叶片厚而较窄,被蜡粉,平滑,中肋呈白色。圆锥花序,穗形有帚状和锤状两类。颖果,呈褐、橙、白或淡黄等色。种子卵圆形,微扁,质粘或不粘。性喜温暖,抗旱、耐涝。按性状及用途不同,可分为食用高粱、糖用高粱、帚用高粱等。高粱称为蜀秫,方志中记原因为其种来自蜀而名,除此之外,高粱还被称为芦粟、木稷、荻粱等等,百姓常呼之为茭子,在山西平阳、汾州等府还称为稻黍。种植环境不同,种类亦有不同,“在太原属者,苗低穗紧;在汾州属者,苗高穗松;在平阳、绛州诸属者,有早秫、晚秫二种,早秫有大老汉、小老汉诸种,晚秫有红黑黄白蓬头诸种”②,大同府高粱有红黑二种,米硬者可以为粥,软者可以酿酒酿醋。西北部兴县的西南北三处最宜种植高粱,一般平地种植也比较容易。

我国古代给予谷类作物很高的地位和重视,但是由于作物种类复杂,通常诸家莫衷一是,各地也由于作物特征各异而出现诸多记载,正如宋应星所言:“凡粮食,米而不粉者种类甚多。相去数百里,则色、味、形、质随方而变,大同小异,千百其名。”③宋应星对于谷类作物的叙述也很有条理性,“凡黍与稷同类,粱与粟同类。黍有黏有不粘,黏者为酒。稷有粳无黏。凡黏黍、黏粟统名曰秫,非二种之外更有秫也。黍色赤、白、黄、黑皆有,而或专以黑色为稷,未是。至以稷米为先他谷熟,堪供祭祀则当以早熟者为稷,则近之矣。”④

山西对于黍、稷的称呼也有地方特点,“今山西人无论黏与不黏概呼之曰糜。黍又冒黄粱之名,呼黏者曰软黄粱,不黏者曰硬黄粱,太原以东则呼黏者为黍子,不黏者为糜子”⑤,意为山西对于黏或不黏的黍子均呼为糜子,而有的地方也称黏黍为软黄粱,不黏的黍为硬黄粱,以软硬来区别黏或

---

① 雍正《山西通志》卷47《物产》,雍正十二年刻本。
② 雍正《山西通志》卷47《物产》,雍正十二年刻本。
③ 宋应星著,管巧玲、谭属春整理注释:《天工开物》,长沙:岳麓书社,2001年,第18页。
④ 宋应星著,管巧玲、谭属春整理注释:《天工开物》,长沙:岳麓书社,2001年,第18页。
⑤ 光绪《山西通志》卷100《风土记下·物产》,光绪十八年刻本。

不黏，在太原以东则称呼黏黍为黍子，而不黏的称为糜子，如寿阳县①对于糜的记载："糜，一名穄，《说文》：'糜，穄也'，是也。北直呼为饭黍，似黍而不黏，其种熟有先后，亦犹黍之有大小也，或以之为帚而糜穰者尤适用。"②这里就印证了《山西通志》的记载，在寿阳县，对于不黏的黍称为糜，这种糜种类也有大小两种，以先熟后熟而区分，并且糜的穰，即糜秆，最适宜做扫帚。

寿阳县除了对于黍糜的称呼不同外，对于黍、稷、高粱的认识也与他处不同，光绪《寿阳县志》中有关稷的记载应是参考了祁寯藻《马首农言》中的记载，所以在此引祁氏所言来显示寿阳县的情况。祁寯藻对谷类作物做了专门分析，"今之所谓谷，即《说文》之禾也。禾，粟之有稾者也。其实曰粟，其米曰粱。今之所谓高粱，即《说文》之稷也；黏者为秫，故俗呼高粱为秫秫，呼其秸为秫秸。……今北方诸谷播种，高粱最先，粟次之，黍糜又次之。高粱最高大，又先种，故曰五谷之长，故司农之官曰后稷。因之为五谷之总名，因之为祭谷之总名也。……北方稷、穄音相迩，穄夺稷名，因谓稷、穄一物，而以粘不粘分黍稷先之矣。《说文》糜穄互释，稷粢互释，其为二物甚明"③。祁寯藻在山西寿阳县经过亲身种植体验，认为寿阳乃至北方各地，最先播种高粱，而高粱又最为高大，所以高粱即为五谷之长，高粱就是稷，所以司农之官要叫后稷。北方地区稷和穄读音相近，故而很多人将穄代替稷的名称，认为稷和穄是一种作物，以黏和不黏分辨黍稷，这样是错误的。看到这里，大致也就明白了寿阳县对于谷类作物的分辨情况，实际上对于黍糜的称呼不同和对于稷、黍、高粱的认识不同是一个问题，即寿阳县将黏黍称为黍，不再以黏或不黏划分种类，只是"先种后熟者为大黍，后种先熟者为小黍"④，并且将不黏的黍单独列出称为糜，也就是穄，那么对于通常所呼之稷，寿阳县认为是高粱的称呼。按理说祁寯藻亲自从事农事，又在寿阳县生活多年，所言应不差，并且以寿阳县的地理环境来看，应该更接近山西北部地区的实际情况，但是从晋北各地方志记载来看，从硬黍为糜的还多一些，将稷和高粱互为解释的却很少见。如定襄县就解释稷为谷，脱壳后则为粟米，也就是小米，而将粱解释为高粱，也是粟；大同府"黍有黄白赤黑数种，胥可以酿酒；谷，北人呼为谷子，亦曰小米，有青红黄

① 引用《马首农言》及寿阳县的资料用于论述，一方面是因为《马首农言》是清代山西唯一一部较为详细完整的农书，另一方面源自传统农业生产的环境适应性及整体相似性特点。

② 光绪《寿阳县志》卷10《风土·物产》，光绪八年刻本。

③ 祁寯藻著，高恩广、胡辅华注释：《马首农言注释》《种植》，北京：中国农业出版社，1999年，第10页。

④ 光绪《寿阳县志》卷10《风土·物产》，光绪八年刻本。

白数种,又谷之粘者曰粱,谷亦有大小二种;高粱有红黑二种,米可为粥,亦可造酒"①,这里记载的黍有黄白赤黑数种,均可酿酒,其中的谷子,即为粟,是小米,也有青红黄白数种,黏的谷子叫作粱,并单列高粱一类,等等。凡此种种,诸说莫衷一是,孰是孰非,实难判断。各种说法的混乱集中反映了作物种类因地而异的差别,同时也说明了谷类作物的种植广泛,除了在部分极为寒冷地区不能种植外,其他地方都有种植。其实与祁寯藻大致同时代的吴其濬也对黍、粟、稷和高粱等谷类作物加以辨析,作"蜀黍即稷辩"收于《植物名实图考》一书中。吴其濬旁征博引,并加以南北对照,辨析所用的资料与祁寯藻的差不多,只是行文显得更为详细,对于当时世人关于谷类作物分类等观点都给予了评析,指出粱、粟、稷、秫等混淆由来已久,各地因风俗习惯对谷类作物的称呼也多有不同,对以穄为稷的观点、以蜀黍之俗呼秫秫者定为黏稷的观点等都有质疑,认为粱与稷同有粟名,以稷为名之粟也是粱,各说纷繁复杂,似都有疑问,所以在书中全都通称为谷。看来各家都不能统一认识,本文也只能在综合各家的分析中加深对谷类作物的认识,了解山西北部地区种植谷类作物的情况而已。

在晋西北的保德州,稷、糜都是主要的粮食作物,"稷,俗呼小米,又曰谷米,色黄而粒小,宜于作粥,贫富皆赖为日食,此大宗也。糜,俗呼糜米,似稷而粒大,有红黄二种,青者尤佳,宜于作饭,亦大宗也"②。保德州将黏黍称为黍,俗称黄米,也叫软米,质糯,只适宜作糕酿酒,而不能常吃。保德、河曲将高粱称为秬,俗称稻黍,也叫茭子等。河曲县称粟为黄谷,并且种植最为广泛,为常食之物。兴县南北西等处较宜种植糜黍,大致分为两种,"一软种,一硬种,种植甚宜",并且坡地、平地亩产量不同,"每亩平均山地可收一斗,平地可收二三斗,每斗约值大洋七角"③。在兴县全境都最宜种植的记为谷,并且多种于梁地,谷性耐寒耐热,容易种植。代州崞县俗呼稷为糜子,所产黍有黄白赤黑各种。

二、麦类作物

麦类作物是我国传统作物。《诗经》有云:"贻我来牟,帝命率育。"④其

---

① 乾隆《大同府志》卷7《风土·物产》,乾隆四十七年刻本。

② 民国《保德州乡土志》《格致·物产》,民国五年石印本。

③ 民国《合河政纪》《实业篇·第一章农业》,中国方志丛书华北地方第七一号,据民国十六年铅印本影印,成文出版社,1968年。

④ 出自《诗经·周颂·思文》:"思文后稷,克配彼天。立我烝民,莫匪尔极。贻我来牟,帝命率育。无此疆尔界,陈常于时夏。"

中的来牟,《广雅》解释说:“大麦,麰也;小麦,麳也。”①来通麳,牟通麰。这是一篇歌颂先祖后稷功德的诗文,所引之句大意即为“感谢留给我们麦种啊,天命用以保证百族绵延”。麦类作物在我国北方广泛种植,种植中所占比例也较大,“四海之内,燕、秦、晋、豫、齐鲁诸道,烝民粒食,小麦居半,而黍、稷、稻、粱仅居半”②。

山西麦类作物种类也有多种,除了大麦、小麦两种以外,还有莜麦、穬麦等种。对于大麦、小麦,“大麦作粥饭殊滑,蘖可为饧,有露仁不露仁诸种。小麦皮薄多白面,食之宜人,有火麦黑芒、火麦、红麦、白麦和尚麦诸种”③。其中滑是指光滑,不粗涩;孽是指分蘖,稻、麦等农作物的种子生出幼苗后在茎的基部长出的分枝,引申义为植物的芽;而饧则指用麦芽等熬的软糖。即大麦适宜煮粥,其孽可熬糖,而小麦皮薄,磨面细白,最适宜人食用,还有火麦黑芒、火麦、红麦、白麦和尚麦等许多品种。山西北部地区的所有县志中都记载有大小麦,但实际上由于自然环境的影响,大小麦的种植比例不高,产量也有限,并不是人们常食之物。并且由于生长的环境不同,小麦品质也略有不同,“小麦之性,生于山地者,其面硬而色青,生于川地者,其面软而色白”④。

北部地区一般种植春麦,“省北大同、朔平、宁武、忻、代等州府,据称地气早寒,向来布种春麦”⑤,在大同等地所指的二麦实际上指的是大、小麦,“大同地寒,无宿麦,春分前种小麦,春分后种大麦”⑥。清末晋西北兴县所种春麦,“多种于坡地,不耐寒热,种植甚宜,每亩收五斗,每斗值大洋一元四角,共值大洋七元”⑦。代州崞县种植春麦,春种夏熟。繁峙县种大小麦,因地寒,大麦要谷雨前种,小暑后收,而小麦则是清明前种,大暑后收⑧。小麦比大麦的生长周期要长,故而比大麦种得早还收得迟。朔平府大小麦种植情况也与此类似,“大麦刈于小暑,小麦刈于大暑,与关以南迥不同焉”⑨。

---

① 王念孙:《广雅疏证》卷第十《释草》,中华书局点校本,1983 年。

② 宋应星著,管巧玲、谭属春整理注释:《天工开物》,长沙:岳麓书社,2001 年,第 14 页。

③ 雍正《山西通志》卷 47《物产》,雍正十二年刻本。

④ 道光《大同县志》卷 8《风土 · 物产》,道光十年刻本。

⑤ 中国科学院地理科学与资源研究所、中国第一历史档案馆《清代奏折汇编——农业 · 环境》,北京:商务印书馆 2005 年版,第 34 页。

⑥ 乾隆《大同府志》卷 7《风土 · 物产》,乾隆四十七年刻本。

⑦ 民国《合河政纪》《实业篇 · 第一章农业》,中国方志丛书华北地方第七一号,据民国十六年铅印本影印,成文出版社,1968 年。

⑧ 道光《繁峙县志》卷 3《物产门》,道光十六年刻本。

⑨ 雍正《朔平府志》卷 7《赋役 · 物产》,雍正十三年刻本。

宿麦只在部分地区偶尔种植，例如在保德州有宿麦的记载，“麦，秋种冬长春穗夏熟，具四时之气，磨而成面，食之最为养生，其秸可造纸”①，说明在保德州一些地区种植宿麦，应该是在沿河等农业生产环境较好的地区能够种植。又如大同府怀仁县，“宿麦，近年（光绪年间）始种”②，宣统时期所修县志中记道：“小麦，种于秋季曰秋麦，种于春季曰春麦，别有一种光头麦，甚劣。”③这里就明确提出有冬小麦的种植，并且种植时间是到了清末光绪时期。

至于莜麦，亦称燕麦，按照《辞海》的解释：“莜麦，亦称‘裸燕麦’，俗称‘油麦’，禾本科。一年生草本。杆直立丛生，叶舌透明膜质，叶片扁平而软。圆锥花序，向四周开展。小穗有芒或无芒，内稃短，具纤毛，成熟时籽粒与稃分离。”④莜麦“性寒不畏霜”⑤，在朔平府、大同府、宁武府等山西北部地区及近山地区种植比较广泛。朔平府莜麦在右玉、左云、平鲁三县种植比较多。宁武府四县（宁武、偏关、神池、五寨）多种莜麦，“叶似小麦而弱，粒细而长，播之寒土则易熟。故百亩之田，种者十八九。宁武人谓：食之有力，能使腹饱，日一哺可不再食矣”⑥。这句引文前半句描述莜麦的形状、性状，易于寒地种植；中间一句描述莜麦的生产情况，若种百亩之田，其中十之八九就种莜麦；最后一句向我们展示了莜麦的饮食特性，即食之耐饥。神池县，“莜麦，有大小二种，似麦而微长，种百亩者莜麦即居其半，不论贫富，家家食之”⑦，这条资料所展示的内容和前条资料相差无几。宁武、神池、五寨等地，海拔较高，气候凉爽，都适宜莜麦的生长，甚至在部分地区只能种植莜麦，例如神池县的利民堡，“地候极寒，不宜五谷，唯莜麦、大豆生焉”⑧。山西山地丘陵广布，在一些近山地区也多种莜麦，如朔平府马邑县，“又有油麦，性耐寒不畏霜，故近山之地播种最多”⑨，再如五台县北部靠近五台山之处，也多以种植玉米、莜麦为主。岢岚州也种植莜麦。岚县“山寒土薄，盛夏犹衣春服，仲秋即履寒霜，珍错不生，植物亦不易长，

---

① 民国《保德州乡土志》《格致·物产》，民国五年石印本。

② 光绪《怀仁新志》卷4《风俗·物产》，光绪三十一年刻本。

③ 宣统《怀仁县志》卷11《物产》，宣统二年铅印本。

④ 《辞海·农业分册》，上海辞书出版社，1978年，第171页。

⑤ 雍正《朔州志》卷7《赋役志·物产》，雍正十三年刻本。

⑥ 乾隆《宁武府志》卷9《风俗》，山西省宁武县地方史志编纂委员会编《宁武旧志集成》，四川出版集团巴蜀书社，2010年。

⑦ 光绪《神池县志》卷9《物产》，光绪六年修，民国抄本。

⑧ 乾隆《宁武府志》卷3《城池》，山西省宁武县地方史志编纂委员会编《宁武旧志集成》，四川出版集团巴蜀书社，2010年。

⑨ 民国《马邑县志》卷1《赋役志·物产》，民国七年铅印本。

其所产者皆寻常物”①，在其北乡多种莜麦，认为莜麦可以耐饥。兴县，“东乡一带山岭较高，气候寒冷，（莜麦）播种甚易，每亩平均可收二斗，每斗约值大洋九角”②。崞县莜麦“分夏秋两种，性寒宜山地，别一种曰青稞，宜饲牲畜，不堪人食”③。按照祁寯藻对寿阳县的介绍，夏莜麦与春麦同时种，获在初伏，与黍同时种的，叫作秋莜麦，获在秋分后，除此之外，还有一种叫作二不秋的，与小豆同时种，获在处暑后。

穬麦，是指裸大麦。裸大麦也称“裸麦”、“米麦”、“元麦”、“穬麦”等，是大麦的一个变种。《应州续志》中记：“（应州）土田皆沙瘠，兼之边地高寒，惟宜黍稷芦椒胡麻穬麦数种，绝无稻粱嘉谷。”④乾隆《大同府志》中也有穬麦的记载“穬麦，皮肉相连，土人谓之草麦，造曲用，亦有碾其皮以食者”⑤，看来宋应星说“穬麦独产陕西”似有不妥，这一点吴其濬也指出其所言不实。缪启愉对《齐民要术》中大麦和穬麦记载进行了分析，认为《齐民要术》中所记穬麦即今大麦，贾思勰也没有分清二者的区别，因为贾文记“穬麦，非良地则不须种。薄地徒劳，种而必不收。凡种穬麦，高下田皆得用，但必须良熟耳”⑥，而从应州等大同地区田土沙瘠种植穬麦来看，缪启愉先生辨析的正确，应是贾文弄混淆了。这种记载也反映了清代山西北部地区民众的饮食结构，小麦实际并不是大多数老百姓的家常便饭，真正的食物来源是黍、粟等谷类作物以及莜麦、荞麦等作物，“民食以粟为主，佐以荞麦、燕麦”⑦，大同府天镇县也是如此，民食以粟为主，佐以莜麦及芋，粉黍为菜，而白面大米“惟朔望令节始一食之”⑧。

三、荞麦和豆类作物

荞麦，蓼科，一年生草本，生长期短，不耐霜，春秋均可播种，适宜间作或套作，常被当做灾后补救作物。和小麦一样，种植在山地和川地的荞麦品质也有软硬之别⑨。通常荞麦也称作甜荞麦，另有一种苦荞，在山西北

---

① 雍正《重修岚县志》卷15《物产》，雍正八年刻本。

② 民国《合河政纪》《实业篇·第一章农业》，中国方志丛书华北地方第七一号，据民国十六年铅印本影印，成文出版社，1968年。

③ 光绪《续修崞县志》卷1《舆地志·物产》，光绪八年刻本。

④ 乾隆《应州续志》卷1《方舆志·风俗》，乾隆三十四年刻本。

⑤ 乾隆《大同府志》卷7《风土·物产》，乾隆四十七年刻本。

⑥ 贾思勰著，缪启愉校释：《齐民要术校释》，北京：中国农业出版社，1998年，第126页。

⑦ 乾隆《直隶代州志》卷1《舆地·风俗》，乾隆五十年刻本。

⑧ 光绪《天镇县志》卷4《风土记》，光绪十六年刻本。

⑨ 道光《大同县志》卷8《风土·物产》，道光十年刻本。

部地区也多有种植，尤以灵丘苦荞有名。山西荞麦种植范围较广，在北部地区几乎都有种植。晋西北的保德州，“荞麦，早晚可种，喜雨畏旱，红茎白花，弱而易长，磨面如麦，其味甘平”①，农作物也主要以粟、糜、荞麦等为主。偏关处晋北极边，“大抵植物以荞麦为最，胡麻次之”②。大同府荞麦夏秋种，较莜麦为迟。大同府灵丘县，地土硗确，山瘠多寒，“五月始播谷、秫、荞、油麦等，岁丰亩不满二斗，稍歉则籽粒半失”③。资料显示在灵丘等雁北地区气候寒冷，无霜期短，农事均于清明节以后才开始，五月才进行播种，并且亩产量不高，土地承载力差等问题。位于晋北高原的朔州等地，荞麦“初伏乃种，霜早则尽萎”④。实际在长城以外的土默特归化城地区也多是种植莜麦、荞麦、胡麻等作物，“春分节后东风解冻，农事方动。清明节前草木甲坼，甫种豆麦，谷雨节后遍种油麦胡麻。……小满节后即种荞麦”⑤。除了作为主要种植作物外，由于生长期短，荞麦经常也被作为救灾作物，如康熙二十八年（1689 年），定襄县“荒旱，补种荞麦又被霜灾，人民逃散，鬻妻卖子，知县赵公申请赈济”⑥。从其表述来看，由于遭受旱灾，定襄县补种荞麦，但是又遭霜灾，致使灾情更加严重。这里又体现了荞麦的另一个不耐霜的特性，“荞麦则秋半下种，不两月而即收。其苗遇霜即杀，邀天降霜迟迟，则有收矣”⑦，所以在晋北地区对于霜降时间的早晚非常关注，假若春旱必将补种，补种之后能否有秋，就与霜降时间早晚密切相关，尤其在阳高、天镇等县，降霜时间能推迟一个月，秋收即不成问题，所以在这些县大都修建有霜神祠、雹神祠，反映了民众祈盼降霜时间推迟的普遍愿望。

豆即菽，据光绪《山西通志》记，主要有八种，豌豆、黑豆、绿豆、大豆、小豆、豇豆、茶豆、扁豆等。各种豆类都有不同种类，如黑豆，“有夏黑豆、麦楼子、一窝蜂三种，夏黑豆、麦楼子就地蔓生，花白颗小，一窝蜂高秆丛生，花红颗大，今土人谓之料豆”⑧。八种豆中，豌豆、黑豆、绿豆、大豆、小豆、豇豆等山西北部地区几乎都有分布，大同府不见扁豆和茶豆的记载，朔平府记青豆、黑豆、扁豆、大豆、豇豆都为秋熟作物，只有豌豆春种夏熟，所以

---

① 民国《保德州乡土志》《格致・物产》，民国五年石印本。
② 道光《偏关志》卷上《地理・风土》，民国四年铅印本。
③ 康熙《灵丘县志》卷 1《方舆志・风俗》，康熙二十三年刻本。
④ 雍正《朔州志》卷 7《赋役志・物产》，雍正十三年刻本。
⑤ 咸丰《古丰识略》卷 4《天部・节气》，民族文化宫图书馆影印本，1981 年。
⑥ 雍正《定襄县志》卷 7《灾异》，雍正五年刻本。
⑦ 宋应星著，管巧玲、谭属春整理注释：《天工开物》，长沙：岳麓书社，2001 年，第 15 页。
⑧ 乾隆《大同府志》卷 7《风土・物产》，乾隆四十七年刻本。

种豌豆的极多。忻州有青豆、黄豆、豌豆、扁豆、小豆、绿豆等，定襄县记有黄豆、黑豆、绿豆、青豆、扁豆、大豆、小豆等，保德州黄豆常用来磨成豆腐，黑豆则用来饲马，绿豆做粉，红豆、豇豆、豌豆都可以磨面等。

黑豆种植较广，黑豆可以充饥，常作为备荒作物，大田耕作中也常将黑豆和谷类轮作，而不能重复种豆，如寿阳县"黑豆多在去年谷田或黍田种之，万勿复种"①，意思是说黑豆一般是种在前茬是谷或黍的大田里，千万不能重茬播种。并且黑豆也不能在荞麦地种植，二者不相亲。荞麦一般是种在当年为小麦茬的地里。寿阳县一带适宜种植黑豆，种植较多，还向太原以西之地出售黑豆。豆子收获后立即耕地，以备来年种植谷子和高粱。晋北大部分地区都种植黑豆，但有些地区人们亦呼大豆为黑豆，在种植小麦的地方，实行春小麦和豆类的轮作，也就是在去年种过黑豆、小豆等的地里，春分时播种春小麦。高粱也多在去年的豆田中种植，两者适宜轮作。莜麦亦多在去年的黑豆田、瓜田种植。种时黑豆先种旱平地，后种下湿地，而小豆先种下湿地，后种旱平地，小豆地也比黑豆地犁的深。大、小豌豆、扁豆等，与春小麦同时播种，属于夏粮作物。西北部兴县等地，黑豆多种于山坡地，"性质耐寒、耐热，种植甚易，每亩平均可收一斗，约值大洋八角"②，当然与兴县山坡地几乎占到耕地百分之九十五的情况也不无关系。兴县黑豆东南北三区都有种植，而相对耐热畏寒的豌豆多种植于南区，而全境都种植的绿豆，也多种于坡地，绿豆不耐寒热，但也容易种植。

四、玉米和薯类作物

薯类作物，主要指番薯和马铃薯，玉米、番薯、马铃薯，都是在明清时期传入我国的重要的粮食作物，同时也使我国传统作物种植结构发生改变，影响和改变了同时代的经济社会生活。

(一)玉米

经过20世纪后半叶学术界的热烈讨论，形成目前普遍认同的观点，即玉米大约于16世纪中期传入我国，传入的途径主要有东南沿海、西南陆路及西北陆路三条传播路径，并且以流民为主要形式的人口流动是玉米传播的主要动力。玉米在山西境内的传播，被认为主要受河南、陕西的影响，以晋东南山区种植较广，晋中汾河谷地为主要的麦类作物产区，晋北地区玉

① 祁寯藻著，高恩广、胡辅华注释：《马首农言注释》《种植》，北京：中国农业出版社，1999年，第16页。

② 民国《合河政纪》《实业篇·第一章农业》，中国方志丛书华北地方第七一号，据民国十六年铅印本影印，成文出版社，1968年。

米种植并不突出①。

雍正《山西通志》称玉米为玉薥秫，“其苗叶胥似高粱，穗如秕麦，叶旁别出一苞，垂吐白须，久则苞拆子出，颗颗攒簇，俗名玉秫”②。从本句描述看，这里记载的确实是玉米，由于性状等都与高粱很相似，故称其为玉薥秫。清祁寯藻撰写的《马首农言》一书成书于道光十六年（1836年），但在这部书中没有提到玉米和红薯，学界也多用此为证据来说明当时这两种作物没有传入寿阳，或者是虽有传入但种植并不广泛。吴其濬《植物名实图考》由陆应谷于道光二十八年（1848年）在太原刻印，其中记玉蜀黍，“玉蜀黍，《本草纲目》始入谷部，川、陕、两湖凡山田皆种之，俗呼包谷。山农之粮，视其丰歉；酿酒磨粉，用均米麦；瓤煮以饲豕，秆干以供炊，无弃物”③。吴其濬这条资料突出了玉米的山区种植特性，也详细描述了玉米的使用价值。光绪《山西通志》除了收录旧通志和吴其濬的资料外，还记“玉蜀黍，亦曰玉秫，又名御麦，处处有之。……《长治县志》：《留青日札》名为御麦，今潞属广植，每炊必须，团为饼，与粥糜同煮，谓之圪塔屑，榆皮和之，切为条，谓之拨子”④。那么这条资料显示的则是时至光绪时期，山西已普遍种植玉米，并且以潞安府属种植最广，已经成为民间主要饮食。潞安府与河南相邻，这或许可以成为山西玉米传入受河南影响的证据之一。省志的情况大致如此，北部地区各方志中出现玉米记载的基本情况如下：

乾隆《大同府志》（乾隆四十七年刻本）卷七《风土·物产》：玉蜀秫，其苗叶胥似高粱，穗如秕麦，叶旁别出一苞，垂吐白须，久则苞拆子出，颗颗攒簇，俗名玉秫。

道光《繁峙县志》（道光十六年刻本）卷三《物产门》：玉蜀秫，土人名玉茭子，俗名玉秫。

道光《大同县志》（道光十年刻本）卷八《风土·物产》：玉薥秫。

同治《河曲县志》（同治十一年刻本）卷五《物产类》：玉茭子，俗名玉稻黍。

光绪《定襄县补志》（光绪六年刻本）：玉米，土人呼为玉茭子。

光绪《续修崞县志》（光绪八年刻本）卷一《舆地志·物产》：粱，……茭子亦曰高粱，别一种名曰玉秫，俗呼为玉茭子。

---

① 韩茂莉：《近五百年来玉米在中国境内的传播》，《中国文化研究》，2007年第1期，第44—56页。

② 雍正《山西通志》卷47《物产》，雍正十二年刻本。

③ 吴其濬：《植物名实图考》卷2《谷类》，中华书局，1963年。

④ 光绪《山西通志》卷100《风土记下·物产》，光绪十八年刻本。

光绪《怀仁县新志》(光绪三十一年刻本)卷四《风俗·物产》:玉蓟秫,不及秋霜,宜广种。

光绪《五台新志》(光绪年间刻本)卷二《土田》:迤北绝无高粱、黍、稷之外,多玉茭、大豆、番薯(俗名回回山药),再北近五台山,则以玉茭、油麦为主。

宣统《怀仁县志》(宣统二年铅印本)卷十一《物产》:玉蜀黍,俗呼曰包粒米,直隶山东人呼曰棒子米,内地人又呼曰玉米。

民国《保德州乡土志》(民国五年石印本)《格致志·物产》:御米,呼玉茭子,粒大色黄,宜于磨食。

民国《合河政纪》(民国十六年影印本)《第四章 人民经济状况》:春麦、莜麦、玉麦、荞麦、高粱、谷黍杂豆。《实业篇 第一章 农业》:黄凤格玉米,农商部试验场种地积一分收获二斗五升。

清代晋北玉米的种植从方志记载来看,确实不广泛,甚至可以说很少。从时间上说,乾隆时期出现玉米种植记载的只有大同府,而且记载的文字和雍正省志中的记载如出一辙,这也引起我对这则资料的怀疑。道光以后的记载稍多,基本也显示了玉米在清末民初已经渐渐普及的趋势。至20世纪30年代,除了偏关、五寨、阳高、天镇、平鲁、朔县等地没有玉米种植(或者说没有大量种植)外,山西北部地区其余各县均有玉米种植。①

从空间上讲,具体出现玉米记载的州县主要是大同府大同、怀仁二县,代州的繁峙县,忻州的崞县、定襄县,代州的五台县,以及晋西北的河曲、保德、兴县等地,但也只是偶尔有种植。玉米在晋北种植的不广泛是与玉米植株特性密切相关的。玉米(Zea mays),亦称玉蜀黍、包谷等,一年生草本,根系强大,有支柱根。性喜高温,需水较多,适宜疏松肥沃的土壤。籽粒除供食用外,工业用途也很广,可制淀粉、酒精、塑料等。清代山西属高原地区,整体不是很适宜玉米的种植,玉米生长期需水量也很大,尤其晋北地区寒冷干旱,无霜期短,土地瘠薄等情况,都不利于玉米的生长和发育,这也是本区域内玉米种植较少,产量不高的原因之一。

清代没有确凿的量化资料用以说明晋北各地玉米的种植情况,只能以民国时期的资料佐以分析。民国时期玉米在潞城种植最广,次为平遥,再次为安泽、高平、蒲县、晋城等地,晋北地区玉米种植寥寥无几,产量亦很

① 该项资料来自[日]山冈师团编、山西省史志研究院编译《山西大观》一书,该书由山西古籍出版社1998年出版,内部发行。该书参考了诸多县志、中国经济年鉴(民国二十三年)、山西省统计年鉴等诸多统计资料,并结合日本陆军山冈部队本部在山西的实地调查,全书分县叙述,所记资料具有一定可信度。

少,如大同县一共种植玉米 3600 亩,每亩收 0.36 担,常年总产量为 1296 担,在民国二十四年(1935 年),亩产 0.48 担,总产量 1728 担,全部销售于县内;北部地区种植面积最广的是定襄县,栽培面积达到 50000 亩,但是常年亩产量不是最高,为 1.25 担,亩产量最高的为五台县,2.16 担,定襄县在 1935 年总产量为 78000 担,也全部销售于县内,而五台县在 1935 年总产量为 61992 担,其中 49594 担销于县内,12398 担销于县外。这些数量和潞城播种 430620 亩、1935 年总产量 495213 担及平遥的 200000 亩、1935 年总产量 480000 相比,仍然相差甚远。① 诸如此类,说明从清至民国,晋北地区的玉米种植都不能够称得上规模经营,种植范围、产量等都很有限,并不是晋北地区的特色作物。

(二)番薯

番薯(*Ipomoea batatas*),也称甘薯、红薯、红苕等,在热带多为多年生草本,茎蔓生,茎节着土后易生不定根。性喜温暖多光,耐旱、耐碱,不耐霜。适种于肥沃而排水良好的沙质土壤。块根含大量淀粉,可做粮食或供制酒精和淀粉等。由于番薯本身的生物特性,清代山西北部地区番薯的种植较之于玉米显得还要稀少。在诸本方志中,几乎看不到关于番薯的记载,只看到在宣统《怀仁县志》中记为:“地瓜,即薯,红白二种。”②一直到 20 世纪 30 年代,晋北地区只有岚县、兴县、五寨县、忻县、静乐县几处有番薯种植面积和年产量的记载,其他诸县都没有番薯大量种植。对于清代晋北番薯种植情况,应该比较清楚的是直到清末晋北才陆续有番薯的种植,并且一直到民国时期,番薯种植区域非常有限,即使在播种地区,产量亦很有限。

(三)马铃薯

马铃薯在晋北地区的种植比较突出,一经传入,马铃薯被广泛种植,并逐渐形成一种种植习惯,成为晋北地区的主要作物及特色作物。学界对于马铃薯传入山西时间、路线及其对当地社会经济生活所产生的影响给予较多关注,但仍有可以讨论的空间。通过对这些问题的深入分析,有助于我们了解清代晋北马铃薯的种植、生产情况,以及晋北地区的社会经济状况。

1. 马铃薯传入山西时间的细化

学界对于马铃薯传入中国时间、路线、发展等问题已经有了广泛而深入的探讨。何炳棣先生认为马铃薯传入中国的时间不早于 17 世纪末③,

---

① 实业部国际贸易局编:《中国实业志(山西省)》第 4 编《农林植物》,1937 年。

② 宣统《怀仁县志》卷 11《物产》,宣统二年铅印本。

③ 何炳棣:《美洲作物的引进、传播及其对中国粮食生产的影响》,《世界农业》,1979 年第 6 期,第 25—31 页。

翟乾祥先生认为当在明末万历年间通过朝贡方物引入中土,乾隆中叶以后向全国推广,另外还从东南沿海传入和通过印、缅移植滇省,继而向西北、西南扩展,并通过马铃薯俗称的一致性来确定传播路线。① 谷茂先生则认为马铃薯最早引种于18世纪。② 王思明先生也认为马铃薯传入中国是在17世纪前期,可能从东南、西北和西南几路传入。③ 至于何时又通过何种路线传入山西的问题,近年来也有学者讨论。主要有翟乾祥先生认为道光初传入晋北、晋中的马铃薯当引种自京畿④;尹二苟先生从多方面考证"回回山药"非甘薯或洋山药,而是马铃薯,认为山西引入马铃薯的时间是在18世纪末19世纪初,薯种由晋商从俄国或哈萨克汗国引进⑤;张正明先生等也认为至迟在19世纪末以前山西已引种马铃薯⑥;梁四宝先生赞同尹二苟先生"回子山药"是马铃薯的观点,但认为是否为晋商带回还需推敲,认为马铃薯传入山西的时间最晚应是嘉庆年间(即18世纪末19世纪初),由西北和东南(俄罗斯和福建)两个方向传入⑦。

前辈学者对于马铃薯引种山西的考证分析,主要依据地方志中的记载,其中关键的几条资料如下:

吴其濬《植物名实图考》称:

> 阳芋,黔、滇有之。绿茎青叶,叶大小、疏密、长圆形状不一,根多白须,下结圆实,压其茎则根实繁如番薯,茎长则柔弱如蔓,盖即黄独也。疗饥救荒,贫民之储,秋时根肥连缀,味似芋而甘,似薯而淡,羹臛煨灼,无不宜之。……山西种之为田,俗呼山药蛋,犹硕大,花色白。

---

① 翟乾祥:《我国引种马铃薯简史》,《农业考古》,1987年2期,第24—26页。翟乾祥:《马铃薯引种我国年代的初步探索》,《中国农史》,2001年第20卷第2期,第91—92页。翟乾祥:《16—19世纪马铃薯在中国的传播》,《中国利技史料》,2004年第25卷第1期,第49—53页。

② 谷茂、马慧英等《中国马铃薯栽培史考略》,《西北农业大学学报》,1999年第2期,第77—81页。谷茂、信乃诠:《中国栽培马铃薯最早引种时间之辨析》,《中国农史》,1999年第3期,第80—85页。

③ 王思明:《美洲原产作物的引种栽培及其对中国农业生产结构的影响》,《中国农史》,2004年2期,第16—27页。

④ 翟乾祥:《16—19世纪马铃薯在中国的传播》,《中国利技史料》,2004年第25卷第1期,第49—53页。

⑤ 尹二苟:《〈马首农言〉中"回回山药"的名实考订——兼及山西马铃薯引种史的研究》,《中国农史》,1995年第14卷第3期,第105—109页。

⑥ 张正明、张梅梅:《明清时期山西农业生产方法的改进》,《经济问题》,2002年第12期,第75—77页。

⑦ 梁四宝:《马铃薯在山西的传播引种及其经济作用》,《山西大学学报(哲学社会科学版)》,2007年7月第30卷第4期,第92—96页。

闻终南山岷，种植尤繁，富者岁收数百石云。①

民国《马邑县志》载：

山药，古名薯蓣，但蓣薯形长而此形圆，本名芋，色有黄红紫数种。清嘉庆年其种来自福建，盛行于今，三四月下种，七八月收，每亩多至二千余斤，制粉面多于豆粉藕粉者，边地贫寒，赖此为养命之源。②

道光《大同县志》中的记载：

白薯，其大如拳，俗名回子山药。③

而这里笔者主要提出光绪《浑源州续志》中的一则资料，或可将此研究向前推进：

……尤以浑地硗瘠，虑岁荒无备，于沔县捐购圆形山药，教民沙地试种，颇得利。乾隆五十二年，岁不登，惟山药大熟，民资济饥，因复广为布种。至道光壬辰、丙申两次旱灾，小民藉山药存活不可数计。④

这个"从沔县捐购圆形山药"并教民"沙地试种"的人便是当时浑源州知州严庆云，字蔼如，号澹园，陕西汉中府沔县人，乾隆十六年（1751 年）进士，乾隆三十六年（1771 年）任浑源州知州，在任十二年，即至迟在乾隆四十七年，也就是 1782 年，"圆形山药"便开始在浑源州种植，而在乾隆五十二年（1787 年）后，由于能抗旱救荒，开始大面积推广种植，并在道光十二年、十六年间成为抗旱救灾的主要作物，发挥了积极的救荒功用。

那么这种圆形山药究竟为何物？

考其性状。资料称其"圆形"，"山药"，适于"沙地"种植，从其后的描述看此物耐旱。"浑地硗瘠"，"浑境地土碌族硗确，寒早燠迟，风高气冽"⑤等记载显示浑源土壤、气候特征，说明此物耐寒。形圆，耐寒，耐旱，喜沙质

---

① 吴其濬：《植物名实图考》卷 6《蔬类 · 阳芋》，台南：台南北一出版社，1975 年，第 136 页。

② 民国《马邑县志》卷 1《赋役志 · 土产》，民国七年铅印本。

③ 道光《大同县志》卷 8《风土 · 物产》，道光十年刻本。

④ 李戴恩：《严公德政记》，光绪《浑源州续志》卷 9《艺文》，光绪七年刻本。

⑤ 康熙《浑源州志》上卷《风俗》，康熙元年刻本。

土,就是此物性状特征。为了便于分析,根据此物实际特征,特设以下假说:

——此物为山药。山药,古称薯蓣,地下具圆柱形或扁子形肉质块茎,夏季开花,花白,呈穗状下垂。其性喜光,耐寒性差,宜在排水良好、疏松肥沃的土壤中生长。薯蓣是我国古生植物,南北各地均有种植。而浑源州种植的这个"圆形山药"虽喜沙质土,却形圆,耐寒耐旱,看来此物并非山药,假说不成立。

——此物是番薯。番薯,亦称甘薯、山芋、红薯。喜温暖多光,耐旱、耐碱,不耐霜。原产于热带和亚热带。上文中出现的"回子山药",何炳棣先生认为是番薯,尹二苟先生认为是马铃薯,从性状上分析,本文认为大同、五台两县志所记"回子山药"、"回回山药"均为马铃薯而非番薯。大同风高霜早,无霜期短,五台县南北路气候不同,愈北愈寒,而番薯喜温暖多光,耐旱耐碱不耐霜,不适宜在这两地种植。同理,严庆云带领民众在浑源州所种之物亦非番薯。此说不成立。

——此物为马铃薯。

马铃薯(*Solanum tuberosum*),又名"土豆"、"地蛋"、"洋芋"。茄科。多年生草本,但作一年生或一年二季栽培。地下块茎呈圆、卵、椭圆等形,有芽眼,皮红、黄、白或紫色。地上茎略呈三角形,有毛。奇数羽状复叶。伞房花序顶生,花白、红或紫色。浆果球形,绿或紫褐色。种子扁圆形,黄色。多用块茎繁殖。性喜冷凉高燥,对土壤适应性较强,但以轻松肥沃的沙质土为佳。原产南美洲,我国各地均有栽培。块茎作粮食、蔬菜,也可制作淀粉、酒精的原料。①

综合其形圆,耐寒,耐旱,喜沙质土等特性,均与马铃薯相似。马铃薯这种"圆形山药"性喜冷凉高燥,最宜沙土种植,所以从习性上讲马铃薯较为符合,此物应为马铃薯。

究其来源。资料显示此物是知州严庆云从其家乡沔县捐购,并教民于沙地种植,种植的时间,是在乾隆三十六年至乾隆四十七年他在任的这个时间内。从而说明在此期间,陕西汉中府沔县也已种植此圆形山药,那么沔县的这个圆形山药到底为何物也是问题的关键所在。

沔县,位于陕南山地西部,清代属汉中府。沔处山中,东南为平原,南北皆山,林深山峻。翻检沔县志康熙、光绪二种,仅光绪《沔县志》中记有阳芋一项,叙述颇详:

---

① 《辞海·农业分册》,上海辞书出版社,1978年,第192页。

> 阳芋,……南北山皆有之,而最宜于不能种二麦、包谷之阴坡,春种秋收,苗高尺许,花蓝色,芋附根而生,大如拳,小如酒杯,磊落凸凹然。其味白者浅,黄者浅,红者淡,深红者麻,惟剖之中作数层色,名五花者,极腴。大率松而沙,甘而不腻,山民资以为食,终身不厌。酣忝者食亦能饱,即老弱食之迄无停滞之患,胜红稍,尤胜芋头、慈姑,亦胜山药。其软而宜胃,并胜包谷。其食法则囫囵蒸之、切片煮之以为常,或蒸而捣之可为饼,磨而洒之可为粉,以当肉食之蔬。蒸者、捣洒者皆去皮,然不如合皮煨食之最美,嫩残所以啖邺侯也。大熟时斗值三四十钱,负荷便须一健者之力。有心者诚预储之山,以备乱世荒年,费钱少而救人多矣。①

阳芋即马铃薯,然而这则资料没有详细记载种植马铃薯的时间,只能说明沔县在清光绪时期已经种植马铃薯。马铃薯何时开始在此种植?马铃薯在陕南的种植与推广,与川、楚等南方流民进入陕南进行农业垦殖密不可分。从乾隆初年以后,陕南出现大规模的流民垦殖活动,在广泛开垦低山丘陵,推广玉米种植之后,从嘉庆初年开始开垦高寒山地,推广马铃薯种植,而且在乾隆四十年前后,已经有零星流民冲破禁令进入秦岭中西部山区进行垦殖②。翟乾祥先生认为马铃薯从乾隆三十年后开始引入西南、西北山区,尤其陕南高原(秦巴山地),其时四方来垦者百万,种植作物以洋芋、玉米为主③。"……自乾隆三十七八年以后,因川、楚间有歉收处所,穷民就食前来,旋即棲谷依巖,开垦度日,而河南、江西、安徽等处贫民亦多携家带室来此认地开荒,络绎不绝,是以近年户口骤增至数十余万……"④,严庆云正是在乾隆三十六年在山西浑源州走马上任,而其在任的十二年,也是大批流民进入陕南垦殖,种植玉米、马铃薯的时间,这与嘉庆初年马铃薯开始推广并不矛盾。故此,严庆云从陕南沔县引种的圆形山药,应为马铃薯。

知州严庆云从沔县捐购的是不是山药或芋头?山药是我国本土作物,

① 光绪《沔县志》卷1《地理志·物产》,光绪九年刻本。

② 萧正洪:《清代陕南种植业的盛衰及其原因》,《中国农史》,1988年第4期,第69—84页,及1989年第1期,第74—82页连载。

③ 翟乾祥:《16—19世纪马铃薯在中国的传播》,《中国利技史料》,2004年第25卷第1期,第49—53页。

④ 毕沅:《兴安升府疏》,《三省边防备览》卷14《艺文》。

各地均有栽培，山西各县方志中也多有记录，严庆云何故要舍近而求远于千里之外？况且浑源地处雁门关之外，自古不种山药，直到现在当地民众都呼马铃薯为山药，而呼山药为长山药，大多为外地采购①。又芋原产东南亚，其性喜高温湿润，如何能在高寒干旱的山西浑源种植，并且还能抗旱备荒？凡此种种，有悖常理，故而不取。

综上，初步推断这种“圆形山药”就是马铃薯，至迟在乾隆四十七年，也就是1782年就已由地方官自陕南引种至山西浑源州，五年之后推广种植，并在道光年间发挥抗旱救灾功能。

2. 土种的分布及传入路线的证实

各种资料显示，马铃薯在山西的引种及推广并非一人一时所为，以上只是论证了其中的一条途径而已，这条途径证实了马铃薯由川、楚、河南、安徽等地入陕，继而入晋的引种过程。

纵观山西各地方志，除了上文引过的资料，将其余有关马铃薯的记载整理如下：

同治十一年《河曲县志》卷5《物产类》：山药，有长圆二种。

光绪六年《忻州志》卷8《风俗》：葱、蒜、菘、芋、晚菘、药芋味极美异于他处，故园户颇获利。

光绪八年《清源乡志》卷10《风俗·物产》：薯蓣，俗名山药；回山药。

光绪六年《定襄县补志》卷4《田赋·物产》：山药，有圆长二种。

光绪八年《续修崞县志》卷1《舆地志·物产》：山药，有长圆二种，长者即古薯蓣，圆者为回回山药，山地多种之。

光绪八年《寿阳县志》卷10《风土志·物产》：山药，本草一名薯蓣，邑地所产不及他处之肥大，近又有回回山药，相传亦出回国，其形圆，其味似薯蓣，种者颇多。

光绪九年《五台新志》卷2《土田》：……北至县城左近，高粱已少，迤北绝无高粱、黍、稷之外，多玉茭、大豆、番薯（俗名回回山药）。

宣统元年《文水县乡土志》卷8《格致类》：山药古名薯蓣，蔓生，花细白，结实如山药蛋而小，根入土中亦地下茎之根茎类，充蔬菜，兼入药，园圃中多植之。附：山药蛋，山西通志谓之阳芋，一名马铃薯，为地下茎之块茎类。

宣统二年《怀仁县志》卷11《物产》：地豆，亦曰土芋，海外呼曰马铃薯。

民国十二年《芮城县志》卷5《物产略》：土豆。

民国十六年《合河政纪》《实业篇·第一章 农业》：马铃薯，坡地、梁地

---

① 这个信息来自于2010年笔者在浑源等地的田野调查。

均可种植，成活甚易，收获丰富。

民国十七年《襄垣县志》卷2《物产略》：马铃薯。

民国二十年《太谷县志》卷4《物产》：山药，山药蛋。

民国二十二年《沁源县志》卷5《物产表》：山药蛋，即马铃薯。

民国二十二年《临汾县志》卷2《物产》：山药，……红薯，马铃薯。

民国二十三年《灵石县志》卷3《食货志·物产》：红薯、山药、马铃薯、树花、芋头、辣角、回回白，以上七种民国二十三年新增。

民国二十四年《浮山县志》卷33《物产》：马铃薯，形似马铃，俗名山蔓菁。

民国《平顺县志》卷3《物产》：蔓菁，为平顺特产，先时所种者品质极良，称食物佳品，自外洋种输入，收获较前倍丰，其品质滋味不及旧种远甚。性喜凉，南乡种者颇多，一名山药蛋，西名马铃薯，老家是秘鲁。

以上资料显示，种植马铃薯的地区多为山西北部、西北部地区，部分中部、南部地区也有马铃薯的记载。从记录名称上看，主要有马铃薯、山药蛋、山药、回回山药、地豆、土芋、地梨①等若干称呼。对于单记山药的记载，我们无从考证是否为马铃薯，但对于雁门关以北的地区，正如上文所说，由于气候原因，向来不产山药这种本土作物，而民众口中所呼山药均指马铃薯。从时间上看，出现马铃薯记载的时间大致集中为清代同治以后，光绪至民国年间记载较为普遍。

而从对马铃薯的称呼看，一种为“洋芋”、“阳芋”，另一种则为“回回山药”、“回子山药”，还有呼为“山药蛋”等，说明马铃薯在山西的传入途径呈现多元化。其中一条很重要的传入路线，就是尹二苟先生考证的薯种由晋商从俄国或哈萨克汗国引入，这与“回回山药”这一名称相应对。

大同地区位于山西北部，是中原政权与北方少数民族政权的联系通道，自古商业贸易就十分繁荣。隋唐时期，大同即成为隋唐王朝通向北部国家的要冲，是货物的中转站和集散地。元统一之后，中西交通大为通畅，大同通往蒙古和俄国的商路进一步拓展。明代大同成为九边重镇之一，由于政治和军事的需要，随着人口的增加和经济的繁荣，商业贸易也日渐繁荣。汉蒙之间在北部边地互市贸易起起落落，自隆庆俺答封贡以后，逐渐趋于平稳。开辟了许多互市市场，而大同得胜堡、新平堡等地就最先开辟

① 地梨这一称呼见山西神池县人李秉所写《山西神池县马铃薯的栽培及利用》一文，刊于《农业推广通讯》1944年第8期，称“马铃薯……山西俗名为山药蛋或地梨”；又在雍正《山西通志》卷31《水利》中见到怀仁县“南河，县南五十里，内产地梨，居民赖以救荒”，虽然名称相同，但恐怕此地梨非彼地梨。

马市,后来又增设守口堡马市,又在助马堡、保安堡等处设小市市场,而小市则更有利于物品交换。交换的品种也不断增加,蒙古以马、羊、骡、驴等物换取中原的茶叶、绢绸、米、盐等生活日用品。而此时明朝通往九边的三条商路也逐渐形成,主要为东北向的辽东镇、蓟镇、宣府镇,北向的大同镇、山西镇,西北向的延绥镇、宁夏镇、固原镇、甘肃镇,三条商路又都以大同为辐射点,向东北、北、西北发展。①

清代以后,随着漠南、漠北、西北地区诸多驿道台站的设立,以大同为连接点的商道逐渐固定,而这时候晋商也逐渐成熟,大同日益成为山西省内商人及经山西周转对蒙、俄贩运的商帮贸易集散地,②成为中国连接欧洲的重要商路。山西商人贩来茶叶、丝绸、土布以及米谷等,通过大同,一路经张家口抵归化,转运至恰克图③,这主要是由归化城通往漠北进行贸易。由归化城往西的贸易也从未间断,"大贾皆自归化城来,土人谓之北套客,其路乃客赂蒙古人所开,自归化至迪化僅两月程,但须携锅帐耳"④。与通往漠北的商路有三条一样,从归化城通往新疆的商路也有三条,北路经乌里雅苏台、科布多至古城(奇台),西行至乌鲁木齐,中路由武川、白灵庙西行,经阿拉善、额济纳草原至古城,南路经包头、宁夏、兰州等地达古城。⑤ 乌鲁木齐是漠西卫拉特蒙古与内地贸易的集散地,向东通内地,向西可达中亚地区。随着贸易的往来,由俄国或哈萨克汗国引马铃薯入大同,继而再传往山西其他地区也在情理之中,大同、五台等县所记"回回山药"应该是对这一传入路线的印证。

3. 品种改良及新品种在山西的普及

山西普遍种植马铃薯应当在清朝后期至民国时期,并且在这一时期取得一定程度的发展。马铃薯的种植及食用,对社会经济、民众生活都产生了一定的影响。

品种改良。当马铃薯初入山西之时,由于传入路线的不同,引种的品种应该会呈现多样化的特征,再进而发展为本土化。清末又有新品种引种山西,并且逐步替代以前的品种,也有一个本地化的过程。"山西从前所种马铃薯,悉系本省土种,外皮粗糙,块根亦小,自清光绪二十年后,有从外国

---

① 王尚义:《晋商贸易活动的历史地理研究》,北京:科学出版社,2004年。

② 王尚义:《晋商贸易活动的历史地理研究》,北京:科学出版社,2004年。

③ 山西省政协《晋商史料全览》编辑委员会、大同市政协《晋商史料全览》编辑委员会编《晋商史料全览·大同卷》,太原:山西人民出版社,2006年,第11页。

④ 纪昀:《乌鲁木齐杂记》,王锡祺辑:《小方壶斋舆地丛钞》,第二帙。

⑤ 许檀:《清代山西归化城的商业》,《中国经济史研究》,2010年第1期,第83—92页。

传入之种子,皮色细致,块根肥大,收量颇多,故现时山西所种者,多为洋种”①。《沁源县志》中记载较详细,显示了马铃薯品种更新之后在省境内的传播,“马铃薯俗名山药蛋,在清咸同年间吾县始知栽种,惟止宜于寒地,以故初种时惟三区各村及东西山一带有之,一二区较暖之地则不宜。自光绪二十四五年后,由五台传来红皮白皮之种,收量最多,每亩收获曰二三千斤,惟味气不正。续种数年后,味虽正而收量减矣。按:山药蛋初来时系黄皮种,光绪中叶传来红皮白皮二种,俗名洋山药,自此二种传来,黄山药人遂罕种。”②由此可见,沁源县于咸丰、同治年间开始栽种马铃薯,也只能在寒地种植,而后至光绪二十四五年,也就是上文资料所说的外国洋种传入山西后的时间,从五台县传来红皮白皮两种新品种。味气方面的记载则显示了洋种马铃薯本地化的过程,并且逐渐取代之前的旧品种,广泛种植。《平顺县志》的记录也充分体现了民国时期山西马铃薯品种的更替,“自外洋种输入,收获较前倍丰,其品质滋味不及旧种远甚。性喜凉,南乡种者颇多,一名山药旦,西名马铃薯,老家是秘鲁”③。实际上这两则资料反映了不同品种的特性,旧种质高味佳但量少,新种味稍差而产量高,随后新品种有一个适应并本土化的过程。

山西所种马铃薯只有土种和洋种两种,土种马铃薯外皮粗糙且根形稍小,收量不多,当时仅有山岳地带尚有种植。而洋种马铃薯又分为夏山药蛋和秋山药蛋两种。夏山药蛋花开红白二色,肉质细致,炒食腌食皆佳,秋山药蛋黄白色,淀粉含量极高,蒸食煮食最好,还可以作制造酒精和面粉的原料,“大同所设酒精厂,即以此项秋山药为原料者也”④。20 世纪 40 年代,晋北雁门关西的神池县种植马铃薯,以皮色来分,有白皮种、紫皮种、黄皮种、红皮种等,其中白皮种为晚熟种,四月中旬播种,八九月收获,淀粉含量少,人们都喜欢当菜食用,但是这种产量较少,亩产约一千斤至一千五百斤;紫皮种也是晚熟种,淀粉含量高,一般用于蒸食,亩产一千五百斤至二千斤;黄皮种为早熟种,四月播种,六月中旬或七月初即可收获,一般供煮食或菜食,亩产一千二百斤至一千五百斤;红皮种为早熟种,一般供家畜饲料与酒精原料,亩产一千五百斤至二千斤⑤。这样看来白紫二种马铃薯为

① 实业部国际贸易局编:《中国实业志(山西省)》第 4 编《农林植物》,1937 年。

② 民国《沁源县志》卷 2《农田略》,民国二十二年(1933 年)铅印本。

③ 民国《平顺县志》卷 3《物产》,民国间修,中国地方志集成 · 山西府县志辑 42,据整理铅印本影印,凤凰出版社,2005 年。

④ 实业部国际贸易局编:《中国实业志(山西省)》第 4 编《农林植物》,1937 年。

⑤ 李秉:《山西神池县马铃薯的栽培及利用》,《农业推广通讯》,1944 年第 8 期。

晚熟种，黄红二种为早熟种，和前文资料略有出入，笔者考虑是马铃薯区域种植后的品种差异所致，并不一定是资料的问题。

马铃薯宜于砂质土壤栽培，从耕作技术看，马铃薯通常与谷子、高粱等轮种，播种前必须整地。一般在秋后深耕一次，临种时将粪撒于地面，再深耕一次，也有犁地时同时撒入犁沟的。肥料以牲畜粪、堆肥、草木灰为最佳，每亩用量大概一千斤左右。夏马铃薯（早熟种）在清明前后下种，秋马铃薯（晚熟种）在立夏前后种植。下种时择肥大无伤之根，用利刃顺芽眼削开，一颗可削三四片。削下以后，拌上草木灰，放于通风干燥之地，经三五天稍干，再行下种。可以预防疾病。下种方法，如果是小规模种植，可以人工点播，如果大量种植，采用条播，即以役畜深耕，由一人在深耕的行内随走随点，再将肥料撒于种片之上，耙耱平坦。也有点种以后，不再施肥者。每亩田种约七八十斤至一百斤。发芽日期约十一二天，苗长二三寸时，除草一次。长至一尺上下时，再除草一次，壅土埋根。锄地次数愈多，块根生长愈大。故每伏应该除草壅土一到两次。神池县农民对于每种作物中耕只有一次，或者不中耕，但是对马铃薯必须中耕较深，而且得有二到三次中耕，多在开花初期、开花结果后施行①。

种植结构的调整。在玉米、番薯、马铃薯等美洲作物未引种前，山西普遍种植本土作物，主要有黍稷稻，谷粟粱，麻麦豆等，又根据水热条件的不同，南北中各有特色。北部冷凉高燥、沙碛硗确，以莜麦、荞麦、胡麻等物为特产，中部、南部稍显温暖，主要种植谷、麦等作物，“中部天气较寒，盛产谷。南部天时温和，盛产麦”②。马铃薯初入山西，由于种植条件、引种路线、民众需求等因素，主要对北部地区农业种植结构产生影响。如上文所说的大同、繁峙、马邑诸县，在光绪以前的县志中出现了圆形山药的记录，并且被人们以各种方式烹饪饮食。光绪之后所修各种方志都对马铃薯加以记录，与番薯、玉米出现在谷类作物中不同，马铃薯的记录大多出现在各县志物产下的蔬菜类中，民国时期出现将其作为粮食类农作物来记录。马铃薯的广泛种植与其特性密不可分。马铃薯适宜在寒冷干燥的地方生长，因而山西北部地区种植比较合适，在南部温暖湿润的地方，马铃薯多生长不良。就生长所需的土壤来说，砂黏土及腐殖质土最合适，所以一般新开垦的土地，种植马铃薯最合适，如果在胶黏卑湿的土地，不仅收成不良，根

① 李秉：《山西神池县马铃薯的栽培及利用》，《农业推广通讯》，1944 年第 8 期。

② 山西省史志研究院编：《山西旧志二种》之《山西风土记》（民国二十三年），中华书局，2006 年。

内的淀粉也很少。

民国时期,山西大部已经普遍种植马铃薯。“洋芋植尤广,边县以为粮,俗呼山药蛋,东西人尤嗜之”①。东亚同文会编的《山西省志》中也记载了若干县域马铃薯的种植,例如“忻州、崞县、代州之间,五台山与阴山山脉东西对峙,相距数十华里,走向大致平行。两山间有很多耕地,盛产高粱、马铃薯、麦类等。代州、大同之间,广武镇至山阴县之间,道路尚称平坦,车行容易,沿途有很多耕地,产高粱、谷子、马铃薯等。怀仁至大同,附近一带系桑干河流域的平原,土地平坦,远不见山,沿途阡陌纵横,盛产高粱、谷子、马铃薯等”②。民国《山西省各县产物调查表》中记,“天镇县:山药,产量颇多,销售于本地。浑源县:山药,宜倡制山药粉以供食用”③,等等。

卜凯《中国土地利用统计资料》中各类作物占农作物公顷面积百分比表显示,马铃薯的种植比例在宁武、大同、静乐的比例分别是6.3%、5.6%、7.4%,相对比较高,临县、寿阳、忻县为3.5%、1.5%、1.2%,太古、清源、晋城等不到1%,还有安邑、平定等县没有种植。④

据民国二十六年实业部调查显示,山西粮食类共计栽培面积50266077亩,常年产量58576488担。小麦、小米常年产量各计1000余万担,高粱马铃薯各计800余万担,黍、莜麦、黑豆各计100余万担。其中山西68县栽培马铃薯,面积共计1232579亩,平均每县18126亩。面积最大者为朔县,计112800亩,宁武次之,计107119亩,天镇又次之,计90000亩。晋南种植很少。常年产量,68县合计为8051157担,平均亩产6532担,产量最多者为岚县,计761088担,次为大同,计750000担,天镇应县,各计五十余万担,朔县宁武右玉,各计四十余万担,灵丘也有三十余万担。民国二十四年产量,大致与常年相仿,总数为8052330担,平均亩产6533担。⑤

又据日伪山西省公署调查显示,1943、1944年时,部分县的马铃薯种植情况为,“五寨县:马铃薯,播种面积140顷。总产量:56000担。宁武县:马铃薯,播种面积141顷。每亩产量500斤。总产量7050000担。静乐县:马铃薯,播种面积1050顷。每亩产量250斤。总产量262500担。

① 山西省史志研究院编:《山西旧志二种》之《山西风土记》(民国间稿本原本),中华书局,2006年。

② 东亚同文会编纂:《中国分省全志》第17卷《山西省志》,民国九年(1920年),见于《山西旧志二种》附录中翻译版本。

③ 《山西省各县产物调查表》,民国二十一年(1932年),山西省政府视察股汇填。

④ [美]卜凯主编《中国土地利用统计资料(1929—1933)》,上海商务印书馆,1937年。

⑤ 实业部国际贸易局编:《中国实业志(山西省)》第4编《农林植物》,1937年。

代县：马铃薯435.7顷，每亩产量250斤。总产量1089.25担。曲沃县：马铃薯3.87顷，每亩产量200斤。总产量774担。输出地点：县城及各村。（民国三十二年）”①等等。平均种植面积有三四百顷，亩产量二三百斤，宁武亩产五百斤，和马邑县的“每亩多至二千余斤”②相比，稍嫌少了些。和民国二十六年的调查相比，宁武县的播种面积有所增加，产量亦增加三十余万担。

我们可以从一个县内的作物种植比例来看马铃薯的种植情况，如以上文所引马铃薯种植最多的静乐县为例，除种马铃薯1050顷之外，还播种春小麦43650亩，大麦5137亩，莜麦52738亩，高粱4167亩，谷子86610亩，糜子49500亩，稗子25182亩，大豆1918亩，小豆3509亩，豌豆13109亩，黑豆15900亩。③ 又如民国三十二年，神池县种植春小麦15.03顷，荞麦13.70顷，莜麦1376.20顷，谷子128.55顷，糜子162.26顷，豌豆274.24顷，黑豆95.58顷，马铃薯播种面积22097亩，每亩产量300斤，总产量406524斤，本地消费。④ 可见不同地区马铃薯的种植比例不同。

还可以看看个人种植的情况。1941年的时候，兴县杨家坡村的一个雇工杨迎命给地主种地，主要种：枣子4垧，豇豆□垧，糜黍5垧，高粱3垧，谷10垧，黑豆15垧，豌豆1垧，扁豆2垧，山药蛋2垧，大麻2亩，等等⑤。显示出晋西北兴县地区马铃薯种植还是比较多的。

马铃薯的引种及推广，改变了当地的作物种植结构，由于其抗旱救荒特性，马铃薯的种植提高了区域土地承载力，一定程度上缓解了人口与耕地的压力。

4. 清至民国马铃薯在山西民众饮食结构中的地位及影响

抗旱救荒到饮食结构的调整。对于马铃薯的救荒作用，民众认识深刻。马铃薯传入山西后，资料中主要体现了它的备荒救灾作用。如浑源州续志中所记的马铃薯自乾隆五十二年由于抗旱而广为布种后，在道光壬辰、丙申的两次旱灾中又发挥了救荒的作用。《植物名实图考》中也称其

---

① 《日伪山西省长子、五寨、崞县、静乐、长治、晋城等县果树、蔬菜、特产及农作物产量调查表》（1943年8月至1944年），山西省档案馆，B48—5—50。

② 民国《马邑县志》卷1《赋役志·土产》，民国七年铅印本。

③ 《日伪山西省长子、五寨、崞县、静乐、长治、晋城等县果树、蔬菜、特产及农作物产量调查表》（1943年8月至1944年），山西省档案馆，B48—5—50。

④ 《日伪山西省方山、繁峙、汾阳、祁县、盂县、沁水等县农产物调查表》（1943年2月至1944年5月），山西省档案馆，B48—5—54。

⑤ 《晋西北行署申培林、王熊关于兴县杨家坡村佣工会议调查记录及有关佣工的材料》（1941年），山西省档案馆，A88—3—32。

“疗饥救荒”,多为民众所储藏。

其实马铃薯的这种救荒作用是与其耐寒耐旱的特性相关联的。正是因为喜冷凉高燥,喜沙质土,马铃薯传入山西的时候,北部地区多有种植,而南部地区则鲜见记载。引种山西之后,当地民众认识到马铃薯耐寒耐旱的特性,开始大量种植,以备荒旱。农作物的选择反映出民众对当地自然环境的一种适应,在旱灾频发的时期尽量降低灾害的损失,马铃薯的种植就是这种选择的结果。

当然,农作物救荒作用的发挥也是有条件的。马铃薯能耐寒耐旱,但也需要一定的水热条件才能够成活,旱涝等灾害对于马铃薯的生长都会产生影响。如像光绪初年丁戊奇荒等一些特大旱灾发生的时候,连年干旱,颗粒无收,马铃薯的生长受限,救荒作用未能良好体现。

随着时间的推移,马铃薯由一种救荒作物逐渐转变为山西民众,尤其是北部地区、部分山区民众的主要饮食需要,且烹饪方法多样,“羹臛煨灼,无不宜之”①,“制粉面多于豆粉藕粉者”②,成为赖以养命的重要食物。就现代研究来看,马铃薯富含碳水化合物、蛋白质、矿物质、维生素等,具有很高的营养价值和药用价值。不仅食用方法多样,还是农产品深加工和轻工业的重要原料。“马铃薯之块根,粉质颇多,不但可作米面之辅助品,并可作工业原料,又因性喜寒冷,故省北种者颇多”③,清末民初,山西民众对于马铃薯的认可,以及广泛种植马铃薯,不能不说是一种睿智的表现。

据卜凯对宁武20户农户101人79.5成年男子单位在1932年全年所做食物消费情形调查显示,有马铃薯的农户为100%,97%的农户马铃薯由田场自给,每人每日平均消费的公分量为558,每成年男子单位每日消费的公分量是568,和莜麦一同基本位于各类食物之首。对大同19户农户144人113.9成年男子单位在1929年全年的调查结果是,每户都消费马铃薯,100%的马铃薯由田场自给,每人每日平均消费的公分量为377,每成年

---

① 吴其濬:《植物名实图考》卷6《蔬类·阳芋》,台南:台南北一出版社,1975年,第136页。

② 民国《马邑县志》卷1《赋役志·土产》,民国七年铅印本。

③ 实业部国际贸易局编:《中国实业志(山西省)》第4编《农林植物》,民国二十六年(1937年)。

男子单位每日消费的公分量是385，位于各类食物之首。① 在讲到山西武乡县饮食习惯的时候，提到冬季中餐主要有三种：“(1)将高粱粉与黄豆粉合做之面条，煮于小米、南瓜与马铃薯合煮之粥汤中。外加盐、醋、生葱、蒜等。(2)糯小米与普通小米，南瓜与马铃薯等，混和煮食，农人称为“甜食”。蔬菜如白菜、腌菜与腌萝卜干等。(3)和和饭系南瓜、马铃薯、小豆等与小麦、小米粉合制之面条子合煮而成之饭食，农人认其为最佳之食品。”②春夏秋三季，农事繁忙，晋北地区人民一般一天三餐，但是一到冬季，农事得闲，白昼缩短，所以一般都一日两餐，食物也主要是谷米、高粱、莜麦等为主，有稀饭和稠饭之分，其中有类“山药稀粥”，“山药，就是马铃薯，晋北出产很多，为主要菜食。将山药和谷米，同时煮入沸水锅，将熟，再撒入一二把莜麦面和少许食盐”③。说明那个时代，在生产马铃薯的地区，人们的饮食基本是杂粮与马铃薯混合食用。

当时马铃薯种植基本是满足自给自足，够本县食用之余还外销的只有几个县而已，外销的地点大概为忻县、崞县、祁县、太谷、平遥、太原等处。马铃薯基本是普通百姓的食物来源。就具体实例来看，20世纪40年代，一般贫民都能吃到山药，但是雇工稍差些。如对兴县雇工刘老蛇的调查中就提到：“老蛇做工的时候，家中四口人，每天只吃两顿饭，早饭是一把米，一碗 kin kin(煮熟的黑豆，用斧头搾成片片)，一碗苦菜的稀饭，午饭是黑豆 wo wo，苦菜，喝白开水。这是经常的吃法。……由此可见老蛇生活之苦，甚于一般。一般贫民能吃到山药瓜和酸菜，但老蛇没有。一般贫民能有柴草烧，但老蛇没有，只得烧炭。一般贫民饮食能多些变化，吃各种米谷和菜，但老蛇办不到。”④刘老蛇打的是长工，另一个自己有几垧地的温贵昌打的是短工，他家里“妻一，8岁儿一，6岁儿一，不打短工时本人也在家吃，全年消费：山药蛋10布袋，约800斤，黑豆2石，粗粮8斗”⑤。雇工一

---

① ［美］卜凯主编《中国土地利用统计资料(1929—1933)》，上海商务印书馆，1937年。实际上这个食物消费统计资料还是存在一定问题，比如对于大同所记均为山药，不见马铃薯，其实当地所称山药即是马铃薯，又还有静乐等县统计的有山药和马铃薯，比例不符合，而其后的作物比例表中马铃薯比例又很高，很可能是统计时将山药和马铃薯弄混了，但是尽管这样，对研究而言，还是不可多得的资料。

② ［美］卜凯著，张履鸾译：《中国农家经济》第10章《食物消费》，上海商务印书馆，1936年。

③ 吴亿：《晋北人民的饭食》，《西北论衡》，1937年第5卷第4期。

④ 《晋西北行署申培林、王熊关于兴县杨家坡村傭工会议调查记录及有关傭工的材料》(1941年)，山西省档案馆，A88—3—32。

⑤ 《晋西北行署申培林、王熊关于兴县杨家坡村傭工会议调查记录及有关傭工的材料》(1941年)，山西省档案馆，A88—3—32。

般是吃糊糊、炒面、稀饭、酸菜,主要吃黑豆和高粱。温贵昌家里有地,情况比刘老蛇好点,其中马铃薯的消费还是占有一定比例。当然马铃薯的种植和大众消费与地域环境密切相关,这里只是举了兴县一个例子。但足以说明20世纪三四十年代,在马铃薯适宜生长的地方,马铃薯在人们的饮食结构中都占有较大的比例,具有长期相沿的习惯。并且从神池县的例子看,马铃薯的栽培地亩占主要地位,基本是人们的主要食物,而且“在此抗战期间,后方食粮缺少,极应大量推广栽培,较其他作物为有利”①。

对人口的影响。讨论历史时期人口数据,参考《中国人口史》的研究成果,清至民国这一时期的工作主要由曹树基和侯杨方完成。曹树基在分析影响人口变动的战争、灾荒和移民等相关因素的基础上,修正并重建了乾隆四十一年(1776年)、嘉庆二十五年(1820年)的山西分府人口数据,得出这两年山西的人口总数分别为1226.2万和1433.9万,并与1953年的1621.4万相对照,认为无论是《嘉庆一统志》还是《清朝文献通考》,所载山西户口数都是相当准确的。② 全省人口调查,始于清末,据修正民国元年内务部汇造宣统年间民政部调查户口统计表所载,全省户数为2097082户,人口为10099135人。又据修正民国元年内务部户口的统计,全省户数为2099618户,人口10081896人。③

侯杨方综合民国时期山西地区行政区划的变动,将山西地区的人口分别合计:1922年2716819户,13596691人。1928年2679773户,14351923人。1931年2539088户,13649346人。1936年2572509户,13684719人。1946年3364378户,16426530人。1947年16895272人。1948年17183785人。并指出1911—1936年的人口平均年增长率为12.15‰,1911—1928年的人口平均年增长率高达20.67‰,这个如此高的增长率可能是绥远地区大量的移民迁入导致的。1936—1946年间人口平均年增长率为12.15‰,而1946—1948年统计数明显偏高。1949—1953年人口平均年增长率为26.97‰,表明此阶段有较大的人口迁入。④ 当然,这个山西地区人口数包括了山西省、晋绥区、晋察区等地区的人口数总和,和清时期以及1953年的统计地区会有所出入。

① 李秉:《山西神池县马铃薯的栽培及利用》,《农业推广通讯》,1944年第8期。

② 葛剑雄主编,曹树基著:《中国人口史》第5卷《清时期》,复旦大学出版社,2000年,第393页。

③ 周宋康编《分省地志·山西》,中华书局,1939年。

④ 葛剑雄主编,侯杨方著:《中国人口史》第6卷《1910—1953年》,复旦大学出版社,2001年,第120—123页。

何炳棣、葛剑雄等都认为玉米、番薯、马铃薯等美洲作物的引种是出现"人口奇迹"的重要因素。通过上述数据的引用，我们确实看到清至民国时期人口的增长，乾隆四十一年到嘉庆二十五年增长207.7万，从宣统年间至1928年增长425.3万，从1928年至新中国成立前增长283.2万，那么除却诸位学者所说的影响人口变动的战争、灾荒、疾病、移民等原因外，饮食结构的调整以及营养摄入的变化应该对人口变动有所影响，但是影响的力度有多大，现在终究无法给出一个定量的数据，我们也只能说马铃薯的引种及发展，改善了人们的饮食结构，有助于增加民众蛋白质、维生素等营养的摄入，对于山西人口的增长起到一定的作用。

综上，笔者对马铃薯引种山西的时间进一步细化，认为马铃薯至迟在乾隆四十八年（1783年）就已由地方官自陕南引种至山西浑源州，不仅发挥抗旱救灾功能，并逐步成为北部地区民众的主要食物来源。随后依据调查资料和档案资料进一步分析马铃薯引种山西之后的分布与发展，主要集中在民国时期，并对其所产生的社会经济影响及意义做了相关探讨，认为民国时期，马铃薯在山西已有较大面积种植，在能够适应它生长的地方，主要是北部地区和部分山区，马铃薯的种植比例较高，从而引起作物种植结构的变化，大部分地区马铃薯种植都是自给自足，并且引起人们饮食结构的调整，马铃薯成为人们的日常食物，在若干地区人们的饮食结构中占有较大比例。另外，这里延伸讨论民国时期的马铃薯种植情况，首先是出于区域习惯相沿特性的考虑，以此可以看出清末甚至更长一段时间的马铃薯种植发展状况，其次是出于论述主题完整性的考虑，虽稍嫌繁冗，但对于清代晋北地区马铃薯引种与发展的主题论述还是很有意义的。

马铃薯引种山西对当地社会经济都产生一定程度的影响，改变当地作物种植结构，进而提高土地承载力，它使人们的生产生活随之发生改变，对于营养的摄入也具有一定作用。至于对于人口的增长，不能说没有马铃薯的作用，但也仅此而已。马铃薯的抗旱救灾功能在其传入早期表现突出，之后渐渐成为常见食品，被当地人所接受。凡此种种，都显示了传统农民对于传统经济生产所具有的智慧及理性，"在传统农业中，生产要素配置效率低下的情况是比较少见的"①，传统农民对于市场的变化能够做出迅速而正确的反应，在长期看似一成不变的农村经济中，传统农民都以他们的睿智达到资源的最优化配置，适应环境和社会的各种变化。

---

① ［美］西奥多·W·舒尔茨著，梁小民译：《改造传统农业》，北京商务印书馆，1987年，第29页。

五、稻类作物

据雍正《山西通志》的记载，山西稻有粳、糯、籼三种，粳稻不黏，可以为饭，糯稻主要用以做糕酿酒，籼稻比粳稻小而更不黏，种的比粳稻早，所以民间又呼籼稻为早稻、粳稻为晚稻。从现代分类法来看这是用不同的分类标准对稻类作物进行的分类，如果按照土壤水分的适应性则又可分为水稻、深水稻、陆稻。其中陆稻即旱稻，较水稻耐旱，在旱地直接播种栽培，产量要低于水稻，米质也比较粗糙，粳稻和籼稻中都有旱稻类型，旱稻在水源不足的地区都有种植。

山西种稻，"忻汾蒲绛四州，阳曲、太原、清源、交城、文水、太谷、定襄、临汾、襄陵、洪洞、赵城、曲沃、稷山、夏、闻喜、介休诸县俱出"①，除了忻定以外，山西北路一带极少种稻。稻类作物并不是本区农业生产的大宗。

清代晋北稻类作物的种植主要集中在滹沱河、桑干河，以及黄河沿岸等一些水热条件较好的地区。如五台县，在滹沱河两岸，可以种稻，但不是很多，主要集中在五台县大南路的东西两潭、大西路的泉岩村、小东路的龙湾等地。乾隆以前，滹沱河南岸，西起潭上村，东至张家庄，"弥望青葱，皆稻田也"②，乾隆五十二年（1787 年），滹沱河涨发，冲入南岸，稻田被沙冲压，"粮虽报豁，土已不毛，数不及徙前之十之二三"③。滹沱河北岸的小营河地区，也有水稻种植。在泉岩，小营河的发源之地，大小泉较多，数以百计，民众就地作畦，种植稻田非常茂盛，但数量有限。小营河引渠灌田的南岸，由于滹沱河的冲蚀而坍塌，坍入河滩的地方，光绪年间民众开始种稻，但河水一旦涨发，便将稻田冲没，种植极不稳定。小东路的龙湾泉，所种稻米极佳，只是田不足顷，数量有限。实际上五台县山多地少，田更少，沿河两岸的村庄，也只能在近河之地种稻，数量有限。民众日常生活中，"稻米则供客或病人煮粥，偶一见之"④，米并不是普通老百姓常吃之物。

滹沱河流域内各河沿岸也多有水稻种植，各州县志的物产项内均见"稻"的记载。定襄县，"林木村渠，在高村西南，经庄头至林木村合泉水灌稻田"⑤，但仅仅"惟中霍、小霍、东霍、官庄、牛台砂村等村有之，软硬二种，

---

① 成化《山西通志》卷 6《土贡》，四库全书存目丛书编纂委员会编，《四库全书存目丛书·史部一七四》，济南：齐鲁书社，1996 年。

②③ 光绪《五台新志》卷 2《水利》，光绪年间刻本。

④ 光绪《五台新志》卷 2《风俗》，光绪年间刻本。

⑤ 雍正《山西通志》卷 33《水利》，雍正十二年刻本。

脱壳则为大米"①。忻州"海满泉,出嘉禾(村),灌稻田十余顷;前山泉,在州南营屯,灌稻田十余顷"②,代州"惟聂營、金盤诸村及滹沱南北岸地皆下溼,独宜于稻"③,等等。崞县引灌滹沱河水村庄,"至上封村始开渠,河滩分畦种稻"④,引用泉水的大蒲湾渠,"引白村泉水溉稻田"⑤。繁峙县引滹沱河水灌溉,河水南北两岸疏水分畦种稻,只是"惟河身迁徙不常,诸村渠道畸零,不能计其顷亩也"⑥。滹沱河的经常摆动,对于沿岸忻、代二州的水利建设和稻田种植也多有影响,一般在河水沿岸都是滩地种植,遇水涨发经常会冲压稻田,所以这种滩地生产具有一定的不稳定性,"沿河诸村皆淤田也,渠非一所,兴废无常"⑦。

汾河流域的静乐县,"原不产稻,或近河之家间试播种,霜迟亦能告成。自加粮为害而数十年来绝种矣,乃虚粮则不可除也,康熙三十八年三月详院委潞安府鞠勘实,候题不果,惜哉"⑧。实际上静乐县的这则资料可以说明的问题很多,首先表明至少在康熙之前静乐县不产稻谷,只是在靠近河边之处偶有尝试播种,假若遇上无霜期长的时候也能够成活收获。再者,所谓加粮为害应该意指赋税的沉重,那么在康熙二三十年便不再种植了。最后,虽然不再种植稻谷,但赋税依旧没有去除。其实静乐除了因为加粮为害而不种稻外,河患也是重要的一个原因。静乐山冈多,平地少,平地之中沿河又多被水灾,更有朝田暮河之词来形容,所以勿说种稻,其他农作物种植一样受限。

桑干河及其支流,是本区主要的生产生活水源。和滹沱河一样,桑干河沿岸一些地区,也会种植水稻。"稻,大同所属近桑干河一带居民间种植之,然有粳稻,而无糯稻也"⑨。大同府怀仁县南埠村曾经种植,在宣统时期,怀仁县种稻俗呼粳米。道光时期大同县"稻有红水清水二种"⑩。

稻类作物种植数量也一样很有限,朔平府有稻类作物记载,但也说"惟马邑近河地闻有之,然天寒霜早多不能熟"⑪。不仅种植数量极少,是否能够成熟也是未知数。除了谷、稷、高粱、莜麦、豆类等外,在水利较好的地方也有水田种稻,如天镇县南川大石庄东西太保等村,间或有水稻种植,只是

---

① 光绪《定襄县补志》卷4《田赋·物产》,光绪六年刻本。
② 康熙《山西通志》卷12《水利》,雍正十二年刻本。
③ 乾隆《直隶代州志》卷2《田赋·物产》,乾隆五十年刻本。
④⑤⑥⑦ 光绪《山西通志》卷69《水利》,光绪十八年刻本。
⑧ 康熙《静乐县志》卷4《赋役志·物产》,康熙三十九年原本,民国间石印本。
⑨ 乾隆《大同府志》卷7《风土·物产》,乾隆四十七年刻本。
⑩ 道光《大同县志》卷8《风土·物产》,道光十年刻本。
⑪ 雍正《朔平府志》卷7《赋役·物产》,雍正十三年刻本。

只有粳稻而无糯稻。

晋西北的黄河沿岸一带，也偶尔会有稻类作物种植。如保德州，“原本石梯滩出，后水没成河”①。看来这种偶尔有种植的地区，却又因为环境变迁而淹没成河。河曲县黄河滩地较多，人们多在黄河洲中种植，在县西北八十里出平泉，“平地涌出，居民引以溉稻，有石臼”②。

总之，山西全省适宜种稻的地区很少，产量方面而言，据民国三年(1914 年)的调查统计，整个山西省的稻米产量才为 78342 石，晋北地区只是在滹沱河上游平川地方和大同盆地生产稻米，均为旱稻。③

第二节 经济作物的生产和分布

一、油料作物

清代晋北地区的油料作物主要是胡麻，种植广，产量大，可以说是本区的一个特色作物，清代本区各地几乎都有胡麻的种植，“一种色黑榨油甚宜，宜名胡麻，生则性寒，炒则性热，岢岚等地饶焉”④。胡麻适应晋北高寒干旱的环境，河曲、保德、大同等地种植较多，并且胡麻能够充腹耐饥，胡麻油则生香解秽，不仅能田畴救荒，并能营运出境。

大同府，“胡麻，茎如石竹，花小，翠蓝色，子宜榨油”⑤，吴其濬《植物名实图考》中将大同府记载的这种胡麻归入“山西胡麻”条，“胡麻，山西云南种之为田，根圆如指，色黄褐，无纹，丛生细茎，叶如初生独帚发杈，开花五瓣，不甚圆，有直纹黑紫蕊一簇，结实如豆蔻，子似脂麻，滇人研入面中食之。大同府志：胡麻茎如石竹，花小翠蓝色，子榨油。元大同岁贡油面输上都生料库，今民间枭之油曰大油，省南北以茹以烛，其利甚薄，惟气稍腻”。在其前“胡麻”条解释为“胡麻即巨胜，今脂麻也。昔有黑白二种，今则有黄紫各色，宜高阜沙壖，畏潦，油甘用广，其枯饼亦可粪田养鱼，叶曰青蘘花，与秸皆入用”，实际上这反映了油用麻类作物的不同种类，这里所说的胡麻应该都属于吴其濬“山西胡麻”一类。

---

① 康熙《保德州志》卷 3《土产》，康熙四十九年原本，民国二十一年重修铅印本。

② 康熙《山西通志》卷 5《山川》，康熙二十一年刻本。

③ 东亚同文会编纂：《中国分省全志》第 17 卷《山西省志》，民国九年(1920 年)，见于《山西旧志二种》附录中翻译版本。

④ 雍正《山西通志》卷 47《物产》，雍正十二年刻本。

⑤ 乾隆《大同府志》卷 7《风土 · 物产》，乾隆四十七年刻本。

朔平府,“胡麻种者极多,取其籽以磨油”①。由此看来,朔平府广泛分布胡麻,产量也较高,用以磨油。

宁武府神池、五寨等县,海拔高,气候干燥,表现为黄土缓丘,农作物里除了黍、豆等以外,莜麦、胡麻最多,莜麦,正如我们前面所说,大部分人家都种植,并且产量很高,是当地百姓的主要食物来源,而本地所产胡麻,子肥大,色紫黑,含油量高,是主要的油料作物。并且神池、五寨两县胡麻出油最多,其中又以五寨所出为佳。

晋西北保德州,“饮食非祭祀宾客不设米饭,居常食胡麻、荞麦而已”②,“胡麻,其子色黄多汁,榨取成油,贫富日食之,且可燃灯为用最广,油净则取渣滓饲牛,又其粗者谓之麻糁,可肥田”③。偏关县胡麻产量也较多,县内所产莜麦供本土民食,而胡麻则多贩运出境,是偏关县的主要出口物资,“而偏关又处晋北之极边,土硗民拙,本无特产之可述,大抵植物以荞麦为最,胡麻次之。……胡麻油多贩运出境,是为本关大宗出息”④。

其他县也见有胡麻记载,如定襄县,“麻有胡麻、蓖麻、青麻等名,取其子以磨油,麻皮可作绳线”⑤。静乐县有产胡麻的记载。大同县胡麻有红白二种,等等。

二、棉、麻类作物

棉花和麻类作物都是纺织材料,但是在晋北地方,由于气候寒冷、地土瘠薄,实际上棉、麻类作物种植并不广泛,尤其是棉花,一直到民国时期经过政府的强制推行和新种植技术、新品种的引进,才有了棉花的栽培种植,在此之前,本区都没有棉花的种植,“岩谷荒寒,桑蚕无植,土田瘠薄,棉种难成”⑥。所以在此对于棉花的种植与分布问题我们也无从谈起。

在棉花没传入以前,麻类作物是我国传统的纺织材料。雍正《山西通志》记:“一种大麻,色苍而圆,可榨油。李时珍曰大麻即火麻,亦曰黄麻,处处种之,剥麻收子,有雌有雄。雄者为枲,雌者为苴。其皮可作布作履,亦可为绳索,其秆白而有稜,轻虚可为烛心。辽沁等地饶焉。”⑦雄麻为枲,

① 雍正《朔平府志》卷7《赋役·物产》,雍正十三年刻本。

② 陆耀:《切问斋集》卷8《保德风土记》,乾隆五十七年刻本,收于四库未收书辑刊编纂委员会编:《四库未收书辑刊》10辑19册,北京:北京出版社,1997年。

③ 民国《保德州乡土志》《格致·物产》,民国五年石印本。

④ 民国《偏关志》卷上《地理类·风土》,民国四年铅印本。

⑤ 光绪《定襄县补志》卷4《田赋·物产》,光绪六年刻本。

⑥ 光绪《岢岚州志》卷10《风土·物产》,光绪十年刻本。

⑦ 雍正《山西通志》卷47《物产》,雍正十二年刻本。

只开花不结果，所以为纤维作物，雌麻为苴，子可以榨油。这里大致描述了麻类作物中大麻的植株特征，并且说大麻多在辽州、沁州等地种植。在晋北地区方志中也会出现纺织用麻类作物的记载，但很多都属于泛泛记载，如保德州记有蓖麻、火麻、苏麻等，有的甚至就和通志记载如出一辙，如道光《繁峙县志》中的记载。晋北地区出现较多的还有蓖麻一种，保德州、山阴等有记载。此外大同府的广灵、灵丘。也有麻的记载。实际上作为榨油用的胡麻，麻子榨油，麻皮则常被民众加工后纺织成麻料，作为纺织用品。

三、其他经济作物

除以上油料作物和棉麻等经济作物外，蓝靛、烟草等也是常见经济作物，但实际上，蓝靛和烟草在晋北种植非常有限，蓝靛除了在怀仁县出现过记载，其余诸州县几乎没有记载。

烟草记载相对要多一点，乾隆时期陆耀所著《烟谱》中出现过对山西保德州种植烟草的描述，“余尝随宦至山西之保德州，凡河边淤土，不以之种禾黍，而悉种烟草，尝为河边叹云云。盖深怪习俗惟利是趋而不以五谷为本计也”①。怀仁县记，“烟草，本省呼曰叶子烟，又曰黄烟，国初呼曰淡巴菰”②。烟草也属于美洲作物，从怀仁县的记载看，这里种植的很有可能是从俄罗斯传入我国北部地区的黄花烟。保德州黄河岸边和怀仁县桑干河沿岸，一向属于水热条件较好的地区，前面我们所说的能有宿麦和稻类作物种植的地区也在这些地方。人们常说晋北地瘠民贫，砂土硗确，然而在一方农业条件较好的区域范围内，除了环境的选择，利益的驱使也成为当地作物种植结构改变的一大动力。清末山西罂粟的大量种植更好地说明了这一点。

罂粟，“俗呼鸦片烟，花开紫白二色，结实有汁，取而煮之，气味香美，多服损人精神，子可榨油，壳可入药”③。罂粟为罂粟科植物，其提取物是多种镇静剂的来源，但种植罂粟最直接的目的是制取鸦片，罂粟是制取鸦片的主要原料，鸦片是一种毒品，所以直到现在，罂粟除了药用、科研用以外，是禁止种植的。19 世纪 20 年代，我国开始种植罂粟，最初是由印度传入云南，后又从云南传至四川、贵州、甘肃、陕西、山西等地④，有的学者认为

---

① 陆耀：《烟谱》《生产第一》，昭代丛书本。
② 宣统《怀仁县志》卷 11《物产》，宣统二年铅印本。
③ 民国《保德州乡土志》《格致 · 物产》，民国五年石印本。
④ 李三谋：《鸦片在山西的危害》，《晋阳学刊》，1990 年第 6 期，第 24—25 页。

是晋商带来了山西罂粟的种植①,更有研究者通过史料分析,认为山西栽种罂粟的时间可能不会超过道光十一年(1831年)②。

对于山西种植罂粟的地区分布,从两任山西巡抚曾国荃和张之洞的部分描述中可以观得大概。曾国荃说,“近则罂粟盛行,北路沃野千里,强半皆种此物,畎亩农夫,吸烟者十之七八”③。张之洞言,“晋民好种莺粟,最盛者二十余厅州县,其余多少不等,几于无县无之”④,“查晋省种烟最盛之地,南为交城,北为代州。交土、代土之名,闻于邻省,而交城尤为之冠”⑤,等等。从这样定性的描述中,我们得知光绪时期晋中和晋北罂粟种植比较广泛,产量也较多。又,“山西种烟通省皆是,省南向以霍州、洪洞、赵城、汾阳、永宁、交城、文水等州县为最多,夏县、曲沃、河津、长子、长治、潞城等县次之;省北向以代州、河曲、浑源、丰镇、归化、萨拉齐各厅州县为最多,五原、托克托城、五台、繁峙、崞县等处次之”⑥,这样的记载尚称细致,联系此前引用保德州的记载和下文即将引用的兴县的资料,我们大致可以复原出清代晋北种植罂粟的地区,也就是代州最为繁盛,晋西北的保德、河曲、兴县等地,代州的五台、崞县、繁峙等县,大同的浑源州等,包括丰镇、归化等口外地区,广泛有罂粟种植。除此之外,据民国《左云县志》记,“近年奉文禁种罂粟,而百姓亦无有敢种私烟者”⑦,左云县也有罂粟种植。另有吴朋飞等研究者结合各县志中出现《禁种罂粟示》等劝民禁烟歌谣、文献等记载而认定了一些州县存在罂粟种植⑧,如广灵、忻州等地,通过查阅资料,较为可信。

罂粟一经传入山西,山西立即成为全国的种植大省,而在之后的近百年,晋中和晋北地区又成为罂粟的主要种植区,这种作物种植结构的巨大转变对当地社会经济生活的影响是不可忽略的。从吸食到种植再到吸食,人人鸠形鹄面,个个怠惰颓靡,地力耗尽,家家谷粟不存,社会生产力大大

---

① 王金香:《近代山西烟祸》,《山西师大学报(社会科学版)》,1989年第3期,第38—43页。

② 吴朋飞、侯甬坚:《鸦片在清代山西的种植、分布及对农业环境的影响》,《中国农史》,2007年第3期,第37—46页。

③ 《曾忠襄公奏议》卷8《申明栽种罂粟旧禁疏》,《近代中国史料丛刊》第44辑。

④ 《禁种罂粟片(光绪八年六月十二日)》,苑书义、孙华峰、李秉新主编:《张之洞全集(第一册)》《奏议》,河北人民出版社,1998年。

⑤ 《陈明禁种莺粟情形折(光绪九年十二月十二日)》,苑书义、孙华峰、李秉新主编:《张之洞全集(第一册)》《奏议》,河北人民出版社,1998年。

⑥ 《清朝续文献通考》卷52《征榷考24》《洋药》。

⑦ 光绪《左云县志稿》卷1《天文志·风俗》,光绪年间修,民国间石印本。

⑧ 吴朋飞、侯甬坚:《鸦片在清代山西的种植、分布及对农业环境的影响》,《中国农史》,2007年第3期,第37—46页。

下降，无怪时任山西巡抚曾国荃说："此次晋省荒歉，虽曰人灾，实由人事。自境内广种罂粟以来，民间积蓄渐耗，几无半岁之粮，猝遇凶荒，遂至无可措手……南路重山复岭，绝少平原，北路固阴冱寒，每忧霜雹，纵令全行播种嘉谷，已不足给通省卒岁之粮，况复弃田之半以种罂粟，民食安得不匮？"①其后巡抚张之洞亦总结"查晋省盛种罂粟，夺我稼穑，致有光绪三、四两年之奇灾。今灾象犹在目前，而此风毫不悛改"②，其间很明确地将丁戊大旱灾的原因归结为全省盛种罂粟，并且反映了罂粟种植屡禁不止的现象。

如张之洞所说，不止光绪八年仍有罂粟种植，直到丁戊奇荒的三十多年后，罂粟还是广泛分布，一位旅行者就曾记录到太谷县的罂粟种植。光绪三十四年六月（1908 年），这位旅行者自天津出发，从河北至山西，行至太谷县境，见"居民酷嗜鸦片，田间种植，灿然如锦，红白相间者，皆罂粟花也"③。民国时期，禁烟禁种都阻挡不了鸦片烟的利益诱惑，罂粟花依旧绚烂地绽放在田间地头。《合河政纪》记载了民国六年左右山西兴县抵制鸦片的困难，其间记录颇为生动，这里略摘一二，以观大概。

> 山深林密查禁不易一也，历年办理均欠严二也，近邻陕西开放烟禁三也。一禁种。兴县东山一带多属森林，每有外来客民勾结本地莠民私自下种，他处亦间有偷种者。六年春间规定简章，选派士绅分区分段巡回周查，尚有发现。七年分人民闻陕西开放烟禁，石林沟一带偷种至五百余亩之多……二禁运。陕西开放烟禁，罂花遍野，与本县仅隔一河，欲求禁绝入境实所万难。七年八月添设稽查队专事搜查，而河岸延长，队兵不敷分布。凡贩运烟犯，大率骑羊皮混沌乘间偷渡，大多漏网。八年二月遵令发渡河执照，凡因事赴陕者均须到署领照，并委托四区区长代发，以便河边商民。④

从种植环境上说，兴县深山密林一带多有客民、土著偷种罂粟，稽查起来非常不便；从数量上说，仅石林沟一带偷种就多达五百余亩。另有陕西

---

① 《曾忠襄公奏议》卷 8《申明栽种罂粟旧禁疏》，《近代中国史料丛刊》第 44 辑。

② 《札各属禁种罂粟（光绪八年十月）》，苑书义、孙华峰、李秉新主编：《张之洞全集（第四册）》卷 86《公牍》，河北人民出版社，1998 年。

③ 《山西旅行谈》（宣统二年四月初七日本会特别讲演），讲师璀伯（口译陶履恭，笔述王延祉），《中国地学杂志》，1910 年 5 期。

④ 民国《合河政纪》《内务篇・第八章卫生》，中国方志丛书华北地方第七一号，据民国十六年铅印本影印，成文出版社，1968 年。

与兴县隔河相望,邻境陕西广泛的罂粟种植对兴县也是一种干扰,水运烟货也多不能禁。这些都导致兴县禁烟不利。罂粟种植因利而起,禁烟也与海关税收等密切相关,山西咸丰时期加征栽种罂粟厘金,却使得罂粟种植合法化,各地广泛种植,光绪时期严令禁止栽种、地方官私收税亩,却也是上有政策,下有对策,兴县为傍依深山老林偷种罂粟,在口外地区则是冒称旗地不纳赋,凡此种种,都使得罂粟种植屡禁不止。

实际上,从道光时期进入山西,再到三晋大地漫山遍野罂粟花开,中间只经历了短短几十年的时间,而与此同时,也是中国社会历经重大变革的时期。对于晋北的农业种植环境来说,玉米、番薯等美洲作物的传入,并没有引起太大的影响,除了马铃薯的引种,其种植和传播速度在一定程度上比较显著。经过前文分析,晋北环境的不适应性是玉米和番薯不能广泛种植的原因,那么现在看来,大众对经济利益的追求使得罂粟种植广泛,地土尽占,水利尽分,从而谷粟不得种,麦豆不能收,这是否也影响了晋北玉米和番薯的种植呢?因为我们知道,到民国后期,这两种作物已渐有栽种,甚至现在去北部大同、浑源、应县等地看来,春播作物几乎都是玉米,除了气候、环境、技术等方面的原因外,人为大力推广的因素是否可以考虑在内?当年张之洞禁种罂粟之时就提到,"并令地方官各视土宜,教之种桑、种棉、种麻、种蓝、种芋、种菜籽、种花生,以敌其利"①,禁种罂粟章程中第十项即为化俗,称"则泽、潞两郡,丝亦著名,如果教以蚕事,何见晋省不逮东南?他如木棉、蓝靛、烟叶等有益之物,用力少而收获多,利亦足以相敌,并为辨其土宜。蒺藜蔓生,其属宜瓜、宜花生、山药、红白薯等种。苍耳挺生而籽有油,其属宜脂麻、大麻、小麻诸出油物。不特除莠,亦可垦荒。由官绅等各就本地情形,谋其籽种,教之树畜,务使舍旧谋新"②。分辨各地土壤特性,因地制宜地种植其他也能获利的农作物,以图建立新的种植习惯,彻底革除种植罂粟的陋习。总的来说,作物种植结构发生改变,与新品种的引进,当地农业耕作环境,风俗习惯,利益驱动等多种因素相关,清代中后期晋北地区罂粟的种植引起当地作物种植结构的改变,其后人为禁种的行为也是一个重塑种植结构的过程,这种变化,对于当地的社会经济产生了重大的影响。

---

① 《陈明禁种莺粟情形折(光绪九年十二月十二日)》,苑书义、孙华峰、李秉新主编:《张之洞全集(第一册)》《奏议》,石家庄:河北人民出版社,1998 年。

② 《札各属禁种罂粟(光绪八年十月)》,苑书义、孙华峰、李秉新主编:《张之洞全集(第四册)》《公牍》,石家庄:河北人民出版社,1998 年。

第三节　小结

作为传统旱作区，清代晋北地区的主要农作物种植和分布具有北方传统旱作农业的特点，同时又具有一定的区域特性，形成区域内若干小农业区域地理单元，显示了自然环境、农业生产条件对于农业生产的重要影响，如区域内的晋西北黄河沿岸区，大同盆地、忻定盆地区，以及晋西北高原区等，都形成了各自的农业种植特征。另一方面，特殊的地理位置，重要商路的商品集散地，不同的民族习惯等，都对晋北地区的农业发展产生一定的影响，如马铃薯等作物的传入和种植，就在一定程度上改变了晋北地区的农作物种植结构和人们的日常饮食结构，给农业发展注入了新的要素与发展动力。同时也要注意到，随着社会经济的发展，晋北地区的农业生产也受到若干影响，如清中期以后走西口的盛行，使得劳动力不断向口外流动，又如清后期的罂粟的种植，引起了当地作物种植结构的较大转变，对社会经济也产生了重大的影响，随着禁种的实行，作物种植结构重新架构，当地社会经济亦受影响。

第六章　清代晋北地区土地利用空间格局

通过前面几章的讨论，已经基本明确了清代晋北地区土地利用的过程、状态和变化，但是本研究区域位于农牧交错地区，地形地貌复杂多样，土地利用方式除了本研究重点讨论的农业以外，还有林、牧、矿等其他多种利用方式的存在，并与农地利用和当地民生都有非常重要的关系。所以为了更全面地理解晋北地区的土地利用问题，下文将从生计多样性角度入手，考察清代晋北地区农、林、牧、矿等多种土地利用方式，并分析其区域差异。

关于生计多样性与土地利用研究的目前进展，绪论中已经有所交代，实际上都属于利用现代调查、统计方法对现代问题的考察，并没有对历史时期相关问题提出看法和意见，但是关于生计多样性的问题，历史地理学界也有一定的关注，关注的出发点正是基于人地关系的讨论。

生计在史料中多反映为营生，也就是谋生。传统社会，民众最基本的营生方式就是从事农业生产、田间劳作，营生是民众对于环境感知的行为反应，既存在传统的延续，又存在适应中的变化，这实际是一个调整的过程。[①] 关于环境与人类生存方式关系的讨论，学界也多有研究[②]，人们对于环境与营生的关注，正是对环境与人类活动相关问题的再探讨。清代山西北部地区民众的营生问题，许多学者从不同角度或多或少进行了相关内容的研究，即使没有冠之以“营生”二字。[③] 然而到底是怎样一种调整与适应，相关研究不多见。笔者认为，正是因为营生方式的选择反映了人类活

---

① 韩茂莉《2000年来我国人类活动与环境适应以及科学启示》一文提到“所谓人与环境适应即指人类面对不断变化的环境而调整自己生产与生活方式的行为，是人类对环境变化的响应”，该文发表于《地理研究》2000年第19卷第3期。

② 萧正洪：《环境与技术选择——清代中国西部地区农业技术地理研究》，（北京）中国社会科学出版社，1998年。萧正洪：《传统农民与环境理性——以黄土高原地区传统农民与环境之间的关系为例》，《陕西师范大学学报（哲学社会科学版）》，2000年第29卷第4期，第83—91页。侯甬坚：《一方水土如何养一方人——以渭河流域人民生计为例的尝试》，《社会科学战线》，2008年第9期，第138—148页。刘炳涛：《明清时期黄河小北干流西岸地域环境与村民营生方式选择》，《中国历史地理论丛》，2009年第2期，第87—95页。

③ 李三谋：《清代晋北农业概述》，《古今农业》，1998年第1期，第10—16页。李心纯、林和生：《山西生态环境的变迁与晋商的兴起》，《晋阳学刊》，2006年第4期，第30—34页。王杰瑜：《政策与环境：明清时期晋冀蒙接壤地区生态环境变迁》，太原：山西人民出版社，2009年。

动和自然环境变化的密切关系，可以从此处着眼，比较分析清代山西北部地区土地利用类型的区域差异。山西北部地区虽较山西中部、南部笼统称之为北部，实际上区域内部又存在若干区域差异，民众营生方式存在多样化特征。

本区为农牧交错带，民众生活亦农亦牧，依据具体自然环境，农牧土地利用方式也有若干差别。本区有着丰富的煤炭等矿产资源，民众自古就有以采炭、驮炭等为生的谋生方式，从这里又可以看出矿业的生产与分布等区域特征。山西多山地丘陵，本区更有吕梁山地北段及太行山系的大小山脉，尤其西部的芦芽山、云中山和东部的恒山、五台山等地区，山地丘陵的自然环境对于当地的农业、牧业、林业、矿业等各项土地利用方式都有一定的影响。从区域划分上来说，无论是滹沱河流域忻定盆地所属的忻代二州，内外长城之间桑干河流域的大同盆地、阳高天镇盆地及广灵灵丘地区，还是晋北高原朔平府地区，晋西北山区，抑或是与陕西、内蒙古毗邻的晋西北黄土丘陵地区，在气候、土壤、水文条件等多方面存在一定的差异，各地土地利用方式也各具特色。

第一节　农业生产的区域差异

晋北位于农牧交错带，地广人稀，农业生产大多采取粗放式经营，广种薄收，民众大多农牧兼营。前文详细讨论了清代山西北部地区的农作物种植情况，反映了部分作物的生产、分布特征，这里将从生计多样性的角度入手，考察本区农地利用的区域差异，并且还将通过具体个案的分析来讨论这种区域差异。

一、忻、代二州

太原以北的忻、代二州，东北有恒山五台山，西为云中山，南靠系舟山，滹沱河在山间穿流而过，是山西北部水资源较为丰富的地区，农业发展条件相对较好。清朝初年沿袭明制，这一地区主要隶属太原府，并置有振武卫及下属雁门守御所。雍正二年升忻、代为直隶州，四年裁振武卫，除了本州地外，两州辖县主要有静乐、定襄、五台、崞、繁峙诸县。

太原以北的忻、代二州，总体而言是“寒早燠迟不宜棉，地沙不宜麻枲，城不宜桑拓”①,“气寒而霜早,收获未尝过寒露”②,农作物主要是以黍、稷、稻、高粱等五谷杂粮为主,“民食以粟为主,佐以荞麦、燕麦”③。但是从地貌类型上讲,盆地和山区的农业生产,还是有明显差别的。在忻、代二州的辖境内,忻州、代州本州、崞县、定襄等县位于忻定盆地内,是北部地区主要的粮食生产区,忻定盆地内农业生产条件在整个晋北地区而言还是较为突出的,滹沱河中下游地区水利较为发展,如在代州滹沱河沿岸地区多有种稻,并且从历史上讲,这一地区长久以来有种稻的习惯,“濒河屯田数百顷,利于稻,居民业之数百年矣”④。五台、繁峙、静乐等县在恒山、五台山、云中山等丘陵山地,山区的农业种植与盆地相比,又有不同。其中五台县傍依五台,滹沱环绕,山区和平土区的农业生产差别表现较为突出,这里就以五台县为例展开论述。

(一)平土区和山区的农业种植

五台县,位于忻州东北部,遍地皆山,导脉恒岳,五台山在县治东北一百二十里,环五百余里,上面有五峰高出云表,“顶皆积土,平广如台”⑤,因而谓之台,五台因此而名。“东跨五台,南襟沱水,西带泉岩,北枕杨岭。岩阜环拱,川谷重復,弹丸一邑,岿然中藏。”⑥五台县山多地少,平土地尤其少,“山居十之八,土得十之二,二分之中,坡陀居十之七,平土得十之三”⑦。境内北高南低,故而北寒南暖,气候最暖为大小南路。大南路在滹沱河两岸,气候与定襄、忻州、崞县相仿。从东治镇迤东北,地势渐高,气候渐寒,愈北愈寒,至五台山则“气候较大南路差五旬”、“大南路柳絮漫天,桃杏已成荫结子,五台山柳条乃初变黄色也”⑧。小南路地势更低,较之大南路气候尤暖。但是五台县城以东、以北之地得雨较易,稍有寸雨即可布种作物,而大南路一带则易干旱,地土厚而坚实,所以“雨非三寸不能布种”、“若遇雨足之年,则收获优于北路,然患人满,丰年亦资北路之粟”⑨。从这句资料可以看出,大南路虽然气候稍暖,但是受降水影响较大,雨水丰足,那么收获会高于北路,但是到了光绪时期,地狭人稠,受人口因素影响,

---

① 万历《忻州志》《物产》,万历三十六年刻本。
② 乾隆《直隶代州志》卷1《舆地·风俗》,乾隆五十年刻本。
③ 乾隆《直隶代州志》卷1《舆地·风俗》,乾隆五十年刻本。
④ 光绪《代州志》卷5《赋役志》,光绪八年刻本。
⑤ 乾隆《五台县志》卷2《星舆志·山川》,乾隆四十五年刻本。
⑥ 乾隆《五台县志》卷2《星舆志·形胜》,乾隆四十五年刻本。
⑦ 光绪《五台新志》卷1《疆域》,光绪年间刻本。
⑧ 光绪《五台新志》卷1《气候》,光绪年间刻本。
⑨ 光绪《五台新志》卷1《气候》,光绪年间刻本。

即使丰稔之年也要仰仗北路粮食供应。

清代五台县农作物也主要以杂粮为主,南路地暖,种植高粱、麦、稷、黍、豆、荞麦等作物。北至县城附近,高粱较少种植,再往北就绝无高粱、黍、稷之属,多种玉米、大豆、马铃薯①。北近五台山之地,则以种植玉米、莜麦为主。南路种麦少,北路较多,但只种春麦,不种宿麦。

平土区。五台县若干平土区主要分布在城南小南路、小西路之间,阁子岭之北,窦村川,大南路等地。小南路、小西路之间的平土区,东西南北皆不过十里,中间还夹有冈阜。阁子岭之北的平土区,东西十五里,南北不足十里。窦村川在窦村岭下,东西十余里,南北不足十里。大南路在滹沱河两岸,平土区狭长,东西不足十里,南北长二三里至一里不等。在南岸的建安、河边等村,间有平土,大多较为偏狭。滹沱河两岸,可以种稻,主要集中在大南路的东西两潭、大西路的泉岩村、小东路的龙湾等地。东西两潭,在滹沱河南岸,民人种稻之外,还兼植藕,"秧绿蕖红,颇似南方风景"②。乾隆以前,西起潭上村,东至张家庄一带,种植稻田比较茂盛,而至乾隆五十二年之时,滹沱河涨发,河水冲入南岸,稻田被沙石冲压,稻田大量减少。滹沱河北岸的小营河地区,是五台县水利发展较好的地方。泉岩,是小营河的发源之地,大小泉数以百计,但是未能汇合成渠,于是居民便就地作畦,发展稻田,颇为茂盛,但为数不多,数量上不及建安、东西两潭之半。小营河引渠灌田的南岸、小东路的龙湾泉,在光绪年间也有居民种稻,只是要受河水涨发的限制,种植极不稳定。本县种稻数量也极其有限,百姓的日常生活中也极少食米,并不是民众的主要食物。

山区。五台县平土区之外皆为冈阜,田高下如阶,近山则都为梯田。五台山在县境的东北部,一支主干山脉东南走向,南接盂县、定襄县,一支主干山脉由东西莪岭走繁峙县、代州,达于雁门。其中东南走向的一支,横岭侧峰,蜿蜒起伏,多峭削如壁,有石无土。两山之间夹为深沟,绵亘二百多里,北部叫上峪,南部叫下峪东峪,而在上下峪之间,由于石多土少,民众通常采用淤积的办法进行农业生产。

---

① 光绪《五台新志》中记为"番薯,俗名回回山药",道光《大同县志》中记有"白薯,其大如拳,俗名回子山药",何炳棣先生认为此是番薯,而尹二苟先生认为这个回子山药应是马铃薯,笔者认为两县志所记均为马铃薯而非番薯。五台县南北气候不同,愈北愈寒,大同也是风高霜早,无霜期短,番薯喜温暖多光,耐旱耐碱却不耐霜,显然不适宜在这两地种植。而马铃薯性喜冷凉高燥,最宜沙土种植,所以从习性上讲马铃薯较为符合。关于这个问题,前文已有详细论述。

② 光绪《五台新志》卷2《水利》,光绪年间刻本。

> 上下峪石多土少，民沿河砌石为池，候山水涨发，浊水入池，挂草根而淤。积数岁，淤至五六寸，即可耕种，淤至尺余，即成良田。故上下峪产粟最多，丰年溢济邻境。①

这则资料的记载反映了五台县山区农民因地制宜地开展农业生产的情况。山区没有土地怎么办？当地民众所采取的办法是借助山水的涨发，在水下砌石池，等待雨水冲刷，山水携带泥沙草根入池，随后假以时日，成为淤泥，五六寸时即可耕种，如果淤泥高达数尺，则可以成为良田了，由于这样的淤泥非常肥沃，产量也很高，丰稔之年甚至可以资济邻近州县，这一点也印证了上文大南路要靠北路粮食资济的说法。

这种借水淤地的办法堪称巧妙，而且所积之土膏腴，农产量较高。但是需要注意，借水淤地的缺点就在于农业生产非常不稳定，生产的予夺之权全在山水。一旦大水涨发，"土皆冲刷净尽，止余粼粼白石"②，若再想种地，必须砌石再淤，这样就得等到数年，甚至十年后才能有田可耕。所以山区的这种农业种植不具备长久性，属于临时性的农业种植。除此之外，没有田地的人会冒险登山，在山石之中的片土之地进行农业生产，刨掘下种，希冀收以斗升，上下有时达二三十里。一旦略有收获，又必须"肩负数十里，始易金钱贸布絮"③，生活的艰辛可想而知。

至于五台县百姓的日常生活，下面的一则资料显示得非常生动，对于我们了解五台县的农业生产情况以及民众的生活状况都大有帮助，故而悉数列出。

> 五台地本贫瘠，其俗之俭为犹甚。种山田数十亩，秋获幸遇丰年，仓箱皆满，必预计曰：完粮须粜若干，留种若干，某谷可食至明年几月，某谷有余可粜，某谷仅敷食，某谷不足，妇女皆能核计。数米而炊，无敢浪费者。……麦珍如珠，非祭先供客婚丧不用，无故而食白面，人以为不祥。稻米则供客或病人煮粥，偶一见之。家腌萝贝蔓菁一瓮以御冬，春夏多食野菜，以葱韭豆腐鸡卵为甘旨，菘薯为珍味，贫家终年不见肉，至度岁乃割片肉为水角。④

① 光绪《五台新志》卷2《土田》，光绪年间刻本。
② 光绪《五台新志》卷2《土田》，光绪年间刻本。
③ 乾隆《五台县志》卷2《星舆志·民业》，乾隆四十五年刻本。
④ 光绪《五台新志》卷2《风俗》，光绪年间刻本。

五台县这样山区和平土区农业生产的特点,在其他区域也有表现,只是依据不同的环境,具体的区域特点也各不相同。

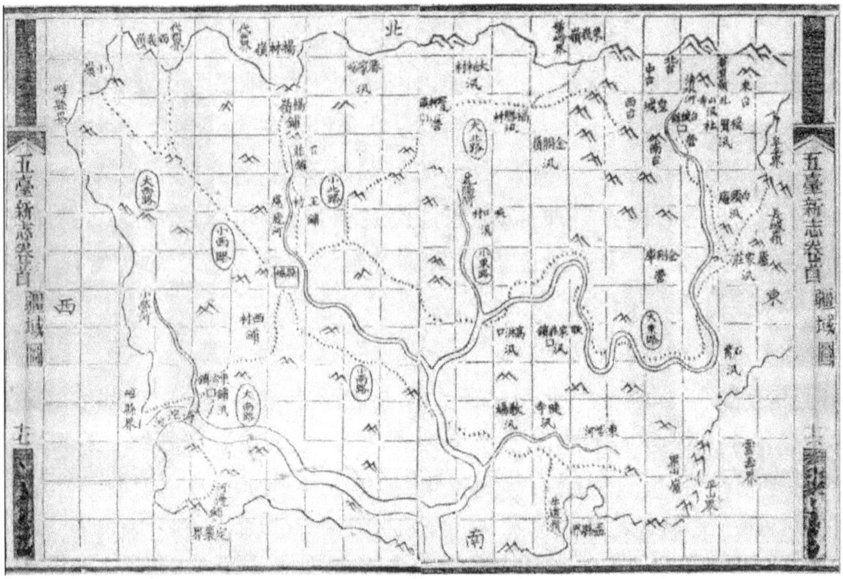

图 6-1　清光绪时期五台县疆域图

资料来源:光绪《五台新志》卷首《疆域》,光绪年间刻本。

(二)区域环境变迁与农业生产

环境变迁对于各区域的农业生产会产生一定的影响。如前面讲到五台县稻类作物种植的时候,河水的涨发摆动,对于稻田的种植有极大的影响,水冲沙压之后,原先的稻田很可能就不存在了,这是其中一种情况;还有一种情况,是河水冲塌岸边成淤泥,当地居民又可以在这一处坍塌之地进行农业生产,这些情形都说明了环境变化对于区域农业生产的影响。政府对于五台山寺院经济的认识及赋税政策调整等问题也可以较好地说明这一问题,下文即以五台山寺僧田产的征税问题来看区域环境变迁与农业生产。

五台山是佛教圣地,寺院经济与民间社会也有相同相异之处。清朝土地中有相当数量的寺观田产,寺观田产作为宗教活动的经济支柱,在中国其实由来已久。原则上寺观田产禁止僧人买卖,但实际上寺观田产还是会有变化,寺观田产中还包括不少山林、洲坦,寺观山林中禁樵禁牧,实际上也还是屡禁屡犯。寺观中的僧人基本也是与山争地,而对于是否免清丈征粮等问题,明代五台寺僧与政府展开了不断的斗争,从中我们可以看到环境变迁与农业生产等问题。按照旧例，五台各寺僧不纳税粮，而在嘉靖四十五年去任袁知县听信吏书妄言，说诸山十二寺中，僧有万馀，马骡千匹，积粟万石，种地千顷，却不纳粮等等，之后僧录司、都纲司俱申，经太原府查报："及查山场各地，各上司公平路经亲眼睹视，俱是阴山陡□，峻岭峡沟，并无征粮之地。纵有护寺山坡，止以镢砍自种苦荞、燕麦、麻、菜，僧众聊日度生，又况山高风猛，不收五谷，何得积粟万馀？"①认为假若征粮纳税，各僧逃窜，则空遗名山古刹，缺乏焚修。后至万历九年清丈，准备将五台山寺地土与本县民田一例清丈摊粮，而雁平道查得："五台山寺多系奉敕建盖，地土原非县民额田，历来查无征粮事例。况俱瘠薄山岗，阴寒陡涧，且籍僧不过百十馀顷，俱系四外游来，依山暂住。今欲与民一体编派，势必题请，纵使征粮，亦不过数十石耳。"②如果非要施行的话，必至逃窜，贻累百姓。最终建议仍循旧例，免清丈征粮。实际上，随着时间的推移，僧寺田产还是有一定的扩大，从万历四十一年(1613 年)的"五台山各寺免粮记"中可以得知，早先各僧就寺开垦，恐人挟诈，报作山粮，陆续增至四百五十馀石，一概混入屯粮内。后来因"年远土浮，止存石山，砍之不下，耕之不得，赔粮贻累"③而屡经告豁，经查，振武卫额设屯粮三千八百石，节年增出山粮亦近三千八百石，是两项粮石，现今查来，除了报部的这两项外，又新增粮五百五十馀石，所以认为寺地"未必尽系阴寒石涧，难以悉蠲"④。又据都纲司报册，尚有堪种地九十二顷一十七亩，该粮一百五十七余石，认为应照旧征粮，而不堪种地一百六十七顷六十一亩，该粮二百九十七余石，应该免除，最终获得批准，即五台山各寺不堪种地粮，自万历四十年起，照数除豁，其堪种地照旧征纳，不许拖欠。也就是说，从嘉靖年间的聊以度日，到万历初年的阴寒陡涧，再至万历四十一年的部分豁免，部分征收，并且这个豁免的亩数一百六十七顷远大于征收的九十二顷，实际上五台山的寺观田产是不断变化的。

又如静乐县，对于赋税征收也强调注意环境的变化以及地亩的差别，认为静乐县"国初之平为原为坂，而年被冲决，多为沙为碱矣；国初之坡为丘为阜，而日有潺湲，多为壑为石矣。亩分拟若倍蓰，而厚薄之数十不当一

---

① 张正明、科大卫主编：《明清山西碑刻资料选》"卷案碑"，太原：山西人民出版社，2005 年，第 317 页。

② 张正明、科大卫主编：《明清山西碑刻资料选》"免粮卷案碑"，太原：山西人民出版社，2005 年，第 327 页。

③④ 张正明、科大卫主编：《明清山西碑刻资料选》"五台山各寺免粮记"，太原：山西人民出版社，2005 年，第 341 页。

焉。况究竟今时之平坡,又有名虽同而实不可以概言者,概肥沃于硗薄而缓其赋,则南乡甘概冈脊于堎堰而急其征,则北乡苦要,惟县川九十里之居民犹各自为甘苦耳"①。很明显,这一段资料强调了随着时间的推移,农业生产环境发生变化,平原区土壤沙化碱化,山区水土流失严重,地亩虽有扩大,但是土地的贫瘠程度却不容忽视。那么对于一些由肥沃而变得瘠薄的土地,赋税可以缓征,而对于一些原本的冈阜渐渐发展水利的地方,就可以催其纳赋,要依据不同的农业生产情况来征收赋税,这个做法是比较切合实际的选择。

平土区、山区民众生存方式的选择,充分体现了民众对于不同环境特征的认知。平土区地土宽广,适宜农业生产,在滹沱河两岸水热条件较好的地方更有水稻的种植。山区高山冈阜,石多土少,民众又巧妙采取借水淤地的办法进行农业生产,这不能不说是人与环境的互动。人类与环境的关系也正是在这种变化与调整中不断改变。

二、雁北大同府地区

雁门关以北,内外长城之间,就是人们常说的雁北地区,清朝大多属大同府管辖,按照绪论中的交代,我们主要讨论现代行政区划的大同地区,这里主要包括大同盆地、阳高—天镇盆地、广灵—灵丘盆地等。清代大同地区政区变化相对较大,主要集中在东部与直隶省界的变化,雍正年间西部朔平府的析出设置,以及乾隆以后长城以外地区归绥道的设置。这里地处塞北,风高霜早,地土硗瘠,长期以来又是北部游牧民族的数度徘徊之地,处于我们现在所说的农牧交错带,农牧兼事。除此之外,这里还是重要的商品集散地,交通枢纽区,贸易往来,自古不暇。

由于地寒霜早等气候条件的制约,清代大同地区农业生产也只是田成一季,作物种植结构较为简单,除了黍、稷等传统作物的种植外,麦类作物只种春麦,稻类作物只在桑干河沿岸有所种植,莜麦、荞麦等作物种植较为广泛,农业生产多为粗放式经营。实际依赖桑干河水系的灌溉,大同地区的农业生产在整个北部地区而言还是相对突出的。虽然清初受战争影响本区的田土大量抛荒,生产停滞甚至倒退,但经过清政府的休养生息和逐渐恢复,加之口外地区的放垦,清末大同地区乃至整个北部地区的粮食生产已经可以资济山西中部地区,"省北大朔代忻及归化七厅,向来产量尚

① 康熙《静乐县志》卷4《赋役》,康熙三十九年原本,民国间石印本。

多,每年秋后粮贩自北而南委输,络绎不绝,近至省城,远踰韩侯岭"①。那么就大同府而言,各县农业生产因环境不同而各有特点,下文即从民众营生方式的角度来看小区域的农业生产。

(一)因地制宜发展农业生产

大同县玉河之东,寺儿村、小南头村之间,在道光八年淤出滩地一区,两地村民竞相争垦,后来知县黎中辅断案,让寺儿村分种三顷五十亩,小南头村分种二顷。这个两村争地的例子反映了民众对于耕地的需求,淤出的滩地一般较为肥沃,产量也会较高,所以村民才会竞相垦种。

在大同县东乡一带,农人在冬天多会积粪,从而东乡的土地比起其他地方来显得较为肥沃,而在大同县西乡一带,农人一到冬日则多去贩煤,不注意积肥,故而西乡一带的田地较之于其他地方而已,显得尤为贫瘠,因而对于大同县的东乡和西乡,俗语称之为"东村买粪不贫,西村卖炭不富"②。反映不同环境下民众选择农业、采炭等多种生计方式。

县令作为亲民之官,对于本县营生所施因地制宜之策,往往切合实际、极具影响力。浑源州知州严庆云,陕西汉中府沔县人,为乾隆庚午举人,辛未进士,乾隆三十六年(1771 年)任浑源州知州,在任十二年,政绩颇多。比较引人注目的是,严公在任期间,见浑源地土硗瘠,考虑到若遇荒歉没有储备,便从家乡沔县捐购圆形山药至浑源,并且教民沙地试种,竟颇得利,此后乾隆五十二年(1787 年),"岁不登,惟山药大熟,民资济饥,因复广为布种",后至道光壬辰、丙申两次旱灾之时,"小民藉山药存活不可数计"③。除此之外,在浑源州城西偏木市一带,地势卑湿,不宜种黍谷之类,严公便"教民掘井,种靛、蔬等物",民众因此获利颇多,进而转相仿效。这些举措,对于山峻土硗,百货不产,"民恃以养生者惟农耳"④的浑源来说,意义重大,不仅拓展了农作物种类,甚至可以说改变了作物种植结构,因地制宜,在不适宜粮食作物种植的地区大力发展经济作物的种植,这也不失为一种为民生着想发展农业生产的有效举措。

应州知州吴炳对于应州的田土慨然而叹:"腴饶难种麦麻,斥卤皆成盐碱,上地仅收十之五六,下地只获十之二三。"⑤吴炳,进士出身,江西南丰县人,乾隆三十一年十一月由陕西陇州知州调任,三十四年升平定直隶州

---

① 《曾忠襄公奏议》卷 8《申明栽种罂粟旧禁疏》,《近代中国史料丛刊》第 44 辑。
② 道光《大同县志》卷 8《风土》,道光十年刻本。
③ 光绪《浑源州续志》卷 9《艺文・严公德政记》,光绪七年刻本。
④ 康熙《浑源州志》上卷《封建志》,康熙元年刻本。
⑤ 乾隆《应州续志》卷 3《田赋志》,乾隆三十四年刻本。

知州。他在应州首推招徕之法，招抚逃亡民众承种抛荒地，并且采取了许多大兴水利的措施。

应州东西北三面俱为平地，只有南面一区层峦叠嶂，地势高亢。在百姓眼中，通常认为南路地高，掘三四丈甚或至八九丈才能见到水，加之这里土质又很疏松，所以必须用砖砌井才能储水，而且即便这样，也只能浇灌农田五六亩。而北路地势低，挖井比较容易，但是因为地多盐碱，水多苦咸，用水浇地反而损伤禾苗，所以北路开井的并不多。至于塘浦等方面，必须结实土地才能储水，而应州大多为沙地，俗称胶地的泥土不过十之二三，寥寥无几。因为胶地价高，所以大多留种田禾等粮食作物。民众不肯刨挖塘浦，所以应州向来没有开塘之说。

对于这些南北路农业种植环境，吴炳实地考察测量之后，认为南路近城村庄也有挖二三丈就能见到水的，北路不靠近河边的村庄也有水不苦咸的，所以他就号召“现办开渠工程，容俟开毕后，劝谕确验井眼深浅，核算本利多寡，再次第兴举”①，主张还是具体问题具体分析，一项一项来，不能一概而论，从细处兴修水利，发展农业生产。

阳高、天镇两县，原为阳和高山卫，天城镇远卫，雍正三年改卫为县，属大同府。两县地处北塞，高土黄沙满目，低土黼卤难耕，所以地广人稀，土虽多而耕者少。当然，区域内也有一些水利条件较好的地方，除了种植谷、稷、高粱、莜麦、豆类等外，这部分地方也有水田种稻，如天镇县南川大石庄东西太保等村间有水稻种植，只是只有粳稻而无糯稻。民食以粟为主，佐以莜麦及芋，粉黍为菜，而白面大米“惟朔望令节始一食之”②。

（二）盐碱地改良

大同县一些弃而不耕之地谓之碱滩，大多是由于山水弥漫，夹沙带泥，淤积而形成盐碱滩。这种盐碱地对于农作物的种植影响很大，土壤中所含的盐分影响到作物的正常生长，盐碱化严重的地区作物几乎都不能生长。知县黎中辅相度土宜，认为必须拦沙护堰，疏沟引水，而后碱性可变，地尽可耕③。黎中辅认识到盐碱地的危害，为了扩大可耕地，就得进行土壤改良，他采取的办法即是引水洗地，降低土壤中的碳酸盐含量。

这种挖沟引水排碱的方法直到今天还在发挥作用，方法大同小异。笔者在2010年去大同附近浑源、应县等地考察，看到在许多农地的田间地

---

① 乾隆《应州续志》卷9《艺文志·覆苏大中丞通饬兴修农田水利等事宜禀》，乾隆三十四年刻本。

② 光绪《天镇县志》卷4《风土记》，光绪十六年刻本。

③ 道光《大同县志》卷尾《杂志·志余》，道光十年刻本。

头，多挖有很深很宽的一个大沟，据当地人介绍，这就是用于引水排碱的排碱沟。在田野访谈中，乡民对当地盐碱地改良情况、农业生产状况等是这样讲述的：

郝大爷：我们这里四月种玉米，机井灌水，几十年前是用浑河水。现在村里大部分养牛、驴、羊，也种地，也放羊。地里主要种玉米和香瓜，香瓜三个月最多就熟了，白皮，红黄瓤，只要浇两次水就行，每亩能挣二千元以上，像去年种了二亩半地，卖了二万块。香瓜套黑豆，种香瓜一个月之后种黑豆。……这里几十年前是盐碱滩，刚解放的时候，人站在地上转圈踩踩，水就出来了，现在水位都下降了，小井都没水，二十米以下才出水。现在到夏伏天，浇浑河水或者机井水，一浇，碱就下去了，或者打起坝，浇很深的水才行。……

王大爷：我家也是种香瓜，玉米费地但不费时。……也是浇井水，要打三十多米深，还是咸，水硬度高。都是大沟排碱。以前一米深就有水，现在地下水位下降。几十年前是涝，旱还有收入，涝就没收入。我们这里土壤不透气，不种山药蛋，浑源地势就高，适合种土豆。……我们这土壤板结，长不成果树。还在大集体时修的渠道，现在私人管水井，谁家浇地谁掏钱，修渠也是。①

三、晋北高原朔平府地区

晋北高原，地面呈波状起伏，上覆薄层黄土，以缓坡丘陵为主，清初为大同府统一管辖，后雍正年间设朔平府，至清末主要是朔平府在此建置。清雍正三年（1725年），改右卫置朔平府，设右玉、左云、平鲁三县治，又析朔州、马邑隶朔平；嘉庆元年（1796年），并马邑入朔州；清末，本区主要为朔平府所辖右玉、左云、平鲁、朔州。

朔平府所辖右玉、朔州、左云、平鲁四县，农业生产大致相仿。一般立春前后有大风，春分后才开始准备农事，清明节前种麦豆，谷雨后种莜麦、胡麻，小满后种荞麦，这种种植习惯和口外的归化城等地也很相似。白露前后即已霜降，这时莜麦、荞麦都已收获，田野中再无作物，霜降后天寒地冻，百工不兴，故而一年田成一季，岁无再收。朔平府土地大多由卫所屯田

① 访谈时间：2010年4月8日下午。访谈地点：朔州市应县义井乡哑忽庄（清代应州属大同府；义井乡哑忽庄在应县县城正北稍偏东方向）。访谈对象：郝大爷，62岁；王奎王大爷，60岁。

改归,人均耕地较多,耕作粗放,“在雁北朔县、右玉及左云一带,人口与土地分配情形却与此相反,此一带耕地,以五亩为一计算单位,拥有土地两三顷之家极为普遍,其在耕作方面,颇类似新开发国家”①。

各县又稍有差别,“朔平在山西极北,节气得迟。右玉、平鲁西北临边,寒早暖迟,所种惟莜、荞麦、胡麻;左云东接大同,朔州、马邑南临关内,稍觉和暖,麦、谷、豆、黍种植尤多,虽属一郡而节气各不同也”②。右玉、左云、平鲁等地在明代都为临边卫所要地,明政府派大兵驻扎,左云县,在右玉杀虎口未开之前,还是“粮饷商旅多所经过,城关接连,室庐相望,颇称富庶”,而自杀虎口一开,“东西往来皆由北路,遂成偏僻,微觉寥寂”③。平鲁县自改县后归并边堡,风气稍有改观,但民众仍然大多舍本逐末,不是很重视农业生产。朔州则与右玉、左云不同,“地势平衍,号称沃野,力田务农,家给人足”④,实际这也是相对而言,因为据州志所记则为,“朔又在并之北,地方百里中三之一平壤,杂斥卤,谷五种尚有。北西南皆山,十之五六多凸凹硗确,产惟山宜,赋即不上中,而所获不及腹裹之二三……”⑤。马邑地虽狭小,但郡名自古即有,农业生产条件相较北部右玉、左云等较优越,正如上文所述,马邑在近河之地可以种稻,只是种者无多。

四、晋西北沿黄河区和西北山区

晋西北黄土高原地区隔黄河与陕西、蒙古地区相邻,本区大多是黄土覆盖的丘陵沟壑,地面破碎,是水土流失严重的地区之一。而西北宁武、神池等地,又属于高寒山区,广布草场和林区,农业生产属于山区耕作。清代主要为太原府、宁武府管辖。清初主要隶太原府管辖,后雍正二年(1724年)升保德为直隶州,析河曲、兴县入保德;雍正三年(1725年),岚县直隶太原府,同年,改宁武卫置宁武府,统宁武、偏关、神池、五寨四县,后雍正八年(1730年),又将兴县改隶太原府。至光绪时期,本区建置大致为太原府之岢岚、兴县、岚县,宁武所统宁武、偏关、神池、五寨,保德所领河曲。

保德沿黄河与陕西府谷隔河相望,属晋西黄土高原,保德为全省山坡最多之地,“全境皆山,屈曲凹凸,真无半里平原”⑥,风则沙飞,雨则土溃,

① 祁之晋:《“土地村有”下之晋北农村》,《国闻周报》,1936年第13卷第11期,第21—26页。

② 雍正《朔平府志》卷2《节气》,雍正十一年刻本。

③ 雍正《朔平府志》卷3《方舆志·风俗》,雍正十一年刻本。

④ 雍正《朔平府志》卷3《方舆志·风俗》,雍正十一年刻本。

⑤ 雍正《朔州志》卷7《赋役·田赋》,雍正十三年刻本。

⑥ 民国《保德州乡土志》《地理·山》,民国五年石印本。

深沟陡涧。地土不肥,力虽勤而只能糊口,荒年冬储蔓菁,春则谷糠野菜,聊以度日。农作物主要以小米、糜、荞麦等为主,尤其值得注意的是这里能够种植冬小麦,“麦,秋种冬长春穗夏熟,具四时之气,磨而成面,食之最为养生,其稭可造纸”①。

河曲在山西西北角,与陕西、内蒙古两地相邻,西抵黄河岸陕西府谷县界二里,西北抵蒙古边界三里,这使得河曲的农业生产等诸多事务都与这两地相关。如在与蒙古交界地方,经乾隆四十八年(1783年)定自河岸以西五十里至十里长滩归河曲管理。当地民众以种地为生,然而终年拮据,仅得一饱。就其经营方式而言,有田者出资本招佃户,年终所获分作三份,田主得二份,佃户得一份,这种方式称为安牛犋;倘若佃户出资本耕作,年终所获则分为两份,田主与佃户对分,这种方式称为伴种②,这一点在前文土地关系讨论中也有过详细论述。依田力肥瘠,这里土地又可分为水田、山田及赔粮地,近河水田一亩之收可抵山田十余亩,水田一亩值数十金,山田一亩不过数金,而所谓赔粮地即为沙碛土,即使贱价亦不能售出。

兴县附近主要分布黄土梁状丘陵,土壤水分条件和肥力不如塬地,近黄河地段,地面土质以沙黄土为主,结构松散,整体农业生产不发达。兴县南北西等处较宜种植糜黍,大致分为两种,“一软种,一硬种,种植甚宜”,并且坡地、平地产量不同,“每亩平均山地可收一斗,平地可收二三斗,每斗约值大洋七角”③。在兴县全境都最宜种植的记为谷,并且多种于梁地,谷性耐寒耐热,容易种植。兴县也有莜麦分布,“东乡一带山岭较高,气候寒冷,(莜麦)播种甚易,每亩平均可收二斗,每斗约值大洋九角”④。黑豆在兴县等地多种于山坡地,“性质耐寒、耐热,种植甚易,每亩平均可收一斗,约值大洋八角”⑤,当然,这与兴县山坡地几乎占到耕地百分之九十五的状况有很大关系。兴县黑豆东南北三区都有种植,而相对耐热畏寒的豌豆多种植于南区,而全境都种植的绿豆,也多种于坡地,绿豆不耐寒热,但也容易种植。

岢岚地处山中,土地硗瘠,除务农之外别无他业。农业地广人稀,耕作

① 民国《保德州乡土志》《格致·物产》,民国五年石印本。

② 同治《河曲县志》卷5《风俗类》,同治十一年刻本。

③ 民国《合河政纪》《实业篇·第一章农业》,中国方志丛书华北地方第七一号,据民国十六年铅印本影印,成文出版社,1968年。

④ 民国《合河政纪》《实业篇·第一章农业》,中国方志丛书华北地方第七一号,据民国十六年铅印本影印,成文出版社,1968年。

⑤ 民国《合河政纪》《实业篇·第一章农业》,中国方志丛书华北地方第七一号,据民国十六年铅印本影印,成文出版社,1968年。

必借佃户之力,终岁所获再分其一半,这样所剩只够一家糊口而已。本地人极少经商,商贾皆来自外乡,若有一二小贩也只是货粟相易。

宁武一区则属于高山严寒地区,自古就是战略要地,明时设卫所堡寨,清雍正初年设府置县,其周边的管涔山、芦芽山、云中山等森林广布,尤其宁武最高峰荷叶坪山是优良的高山草甸,自古就是天然牧场,林业、牧业较为发达,农业环境却很不理想,"宁武山多地狭,艰于稼穑,气旱寒,田无重获。……植宜松柏,禾宜荞黍"①。这里农作物种植以谷类作物、荞麦、莜麦为主,尤其由于气候寒凉,莜麦种植比较广泛。由于环境所限,宁武很多地方都属于山区农业,如在宁化、芦芽以及西山一带,居民都环山而居,山间有村屯堡寨。

清康熙二十三年(1684 年),据宁武同知李文焕勘察,宁化所所属之芦芽山,宁武所所属之高乔等山,西屯神池堡所属之虎鼻等山,岢岚州所属之乱村沿等山,镇西卫五寨堡所属之店坪等山,"周围长阔约二百余里,内有居民村庄九十余处。……俱称纳粮民山,且诸山地属苦寒,不产五谷,居民俱借砍伐椽木,采取药苗、蘑菇,货卖以输粮养生者"②。其中可见山区内农业种植困难,除了务农之外,百姓或伐木、或采摘药材、蘑菇,用以维持生计。

第二节 林业和牧业

一、森林分布与林业盛衰

本研究区域山地纵横,从北到南有恒山、五台山、太行山等。西部为吕梁山地,从北向南依次有黑驼山、管涔山、芦芽山、云中山等。在天镇、阳高和大同东北诸山,属于阴山余脉。西北部的右玉、左云、平鲁等地部分山地为洪涛山脉,也属于广义上的阴山余脉。

史念海先生曾对历史时期黄土高原地区森林草原的覆盖情况做过深入探讨,认为在黄土高原曾经森林草原广布,天然植被分成森林、草原和荒

① 嘉靖《三关志·宁武地理总考》,山西省宁武县地方史志编纂委员会编《宁武旧志集成》,四川出版集团巴蜀书社,2010 年。

② 张正明等编著《明清山西碑刻资料选:续二》"民山碑记",太原:山西经济出版社,2009 年,第 5 页。

漠三类①，翟旺等先生也对山西森林历史时期分布情况做过详细研究，认为山西曾经森林遍布②。众多的研究表明，农耕区的进退与森林草原的破坏与恢复密切相关，明清时期黄土高原的森林变迁显著，主要表现为人类活动对森林草原分布的改变。尤其在明代，山西森林遭到严重毁坏。本区域的山地也曾广布有森林草原，在明代一样遭到人为摧毁。雁北山林的摧毁与明朝实行的边疆政策大有关系。明代为了防御蒙古贵族的南下入侵，在长城沿线大兴土木，广筑城堡，反复增修内外长城等防御工事，必然毁坏大片山林。同时明朝在长城沿线派重兵驻扎，大同即为明代九边重镇之一，为了养活众多的卫所官兵，明政府采取大兴屯田之策，这样不仅有来自耕地的毁林开荒诉求，还有燃薪烧炭等生活诉求，都加重了雁北地区森林的毁坏。代王府等王府宅第修建，官府衙门、寺庙的修建以及京师建材、燃料等方面对于木材的需求，也都使得北部地区的森林日益缩小。

除此之外，明朝为了防止蒙古兵的袭击而采取的出塞烧荒政策，对长城沿线的草原林木也多有毁坏，清朝为了防止蒙汉勾结也采取烧荒政策，例如黑界地的出现③。尽管在明代也有部分的植树造林活动，但并不是为了生态环境的好转而是为了更好的防边④，而且这种并没有产生多大的效果，明末雁北所留不成材残林仅约占总面积的2%，内长城一带山林几近毁灭⑤。

晋西北的管涔山、芦芽山等地也是如此，明代大量的军屯也使得这里林木日渐稀少。至清代，山西北部地区的森林所剩无几，林地较为兴茂的在五台山、管涔山等地，这里还有少量残林，例如对于繁峙县来说，这里左连五台之胜，右接三关之雄，崇岩峻岭延袤三百余里的即为恒山余脉，其中的岩头山"树木葱茏，峰峦青翠"⑥。在管涔山区的东侧云中山几乎无林，南部静乐有少量残林，管涔山北侧、神池西南的虎北一带高山，高远深山还有一些残林，而最高的荷叶坪、芦芽山西北侧、五寨东南的残林较多。清末

① 史念海：《历史时期黄河中游的森林》，《河山集·二集》，北京：生活·读书·新知三联书店，1981年。史念海、曹尔琴、朱士光：《黄土高原森林与草原的变迁》，西安：陕西人民出版社，1985年。史念海：《黄土高原历史地理研究》，郑州：黄河水利出版社，2001年。

② 翟旺、米文精：《山西森林与生态史》，北京：中国林业出版社，2009年。翟旺、米文精：《五台山区森林与生态史》，北京：中国林业出版社，2009年。

③ 张世明：《清代"烧荒"考》，《清史研究》，2005年第3期，第85—88页。

④ 邱仲麟：《明代长城沿线的植木造林》，《南开学报（哲学社会科学版）》，2007年第3期，第32—42页。

⑤ 翟旺、米文精：《山西森林与生态史》，北京：中国林业出版社，2009年，第202页。

⑥ 道光《繁峙县志》卷1《山川》，道光十六年刻本。

北部地区最大的林区在以宁武为主，尤其以芦芽山、管涔山等高山为中心的宁武山林区，向西延至岢岚东端，西北至五寨东南端，北至神池南端①，部分地区的民众依靠林业还可以资济生活，如五寨县“南山林木所出，民物殷阜，饶生计，塞上一都会也”②。从管涔山、芦芽山往西北而近黄河，已经没有什么山林。在内外长城的雁北地区，几近无林，零星可见林木的记载，如与左云县四峰山连接的大峪山，“林木森郁”③等。

林区的盈缩和林业的盛衰密切相关，明末山西北部地区森林几乎被砍伐殆尽，清政府也难以进行大批量的砍伐，加上清初的天灾人祸战乱，人口锐减，农业停滞，在晋西北的管涔山、芦芽山等地的森林砍伐显得没有明代那么兴盛，但是由于利益的驱使，大量砍伐的行为一直没有停止。这期间也有地方官员意识到毁林伐木的严重性，采取一些积极的措施，使得部分森林免于毁坏，如宁武府同知李文焕对于宁化等处山林砍伐的制止，使得这一带林区得以保护。李文焕查得“宁化等山，产木之处无几，所有一二，亦皆系桦柳杆树，非真有大木乔松可以为栋为梁者。且山厂四下居民屯地甚多，输纳正供，由来久矣。……况以有限之山林，当不时之斧斤，旬月间抛必至于木尽山穷，人逃地荒。不惟新立之木税未敷，且恐旧额之屯粮无出矣。……其中毕生小杆桦柳，止堪作椽木，微有大杆，或盘坡田之上下，坟墓之左右，或长沟涧陡崖之中，或长山岭峭石之上。”④并痛斥奸商许国柱等人明知山林无多还要获得宁化、岢岚等山采伐权，纯属为一己之私谋取暴利，扰国殃民。假若任由砍伐，一两年之后便山穷木尽，税无所出，更始农田尽毁，人逃地荒，赋额有亏。经过李文焕的上书抗拒，最终使得这一片残林免于砍伐。

显然，区域森林的砍伐与农业、牧业等息息相关，清政府的招徕垦荒、休养生息的农业政策对于山区的土地利用产生了一定的影响，人口的繁衍、聚落的增加，都会使土地利用发生一定的变化。例如兴县，全县百分之九十五的耕地都是坡地，在咸丰、同治以前兴县东南乡还是森林葱郁，为天然林区，而“嗣后逐年采伐，开林种地多年，森林任意毁弃，放火焚山亦不之惜，迨种植数年，地方已尽转成童山濯濯矣。一经大雨，直泻而下，川面良

---

① 翟旺、米文精：《山西森林与生态史》，北京：中国林业出版社，2009年，第255页。

② 乾隆《宁武府志》卷3《城池》，山西省宁武县地方史志编纂委员会编《宁武旧志集成》，四川出版集团巴蜀书社，2010年。

③ 乾隆《大同府志》卷4《山川》，乾隆四十七年刻本。

④ 张正明等编著《明清山西碑刻资料选：续二》“民山碑记”，太原：山西经济出版社，2009年，第5页。

田亦被冲为沙砾，且山林已去，旱象易成，是森林之关于农事尤钜，未可忽也"①。在兴县采伐开垦的大多是外来的客民，他们租佃山田，刚开始耕种的时候土壤肥力高，作物生长茂盛，然而不到十年，地力已尽，加上山岭陡立，最容易受旱。这种毁林开荒的行为并未换来农业生产的发展，相反使得水土流失更加严重，生态环境恶化。随着森林的大规模砍伐，林区萎缩，伐木业、木材经营却越发有利可图，这种不间断的砍伐也使得原本不多的林区更加稀少，"近年大加采伐，运售出省，所余无多"②。

对于林区的保护，还有一些人也非常重视，那就是寺僧庙宇宗教群体。我们知道，佛教、道教等宗教活动场所多修建于名山大川之中，晋北地区的五台山、恒山等就是全国著名的佛教、道教圣地。实际上，佛教、道教等宗教群体对于林区的发展具有两面性，一方面佛家讲求物质皆空，清静修为，或者道家所倡导的天人合一、顺应自然的生态观，对于林区的保护有一定的积极意义，然而随着寺院经济的发展，宗教场所的修建也需要大量的木材，尤其是康雍乾等清朝帝王大力推崇藏传佛教，并多次巡幸五台山庙宇，寺院前来游学讲经之士增多，等等，都增加了修建大量活动场所的需求。寺院也认识到了这一点，出于朴素的木材需求愿望，他们会有意识地保护林区的树木繁育。例如在同治年间宁武县清居寺的一通碑刻就反映了这方面的问题。由于叙述中表露信息较多，笔者还是有意将其抄录如下：

> 缓稽是寺之始建也，正殿、南殿、西殿、钟鼓二楼，以及牛马王殿、龙王庙、关帝庙、寺南麓之恒山庙、圣丹庙，至禅室之正楼、南楼、东楼、西楼，一应寺属庙宇，莫非此山之饱林俊木焉。能有是美轮美奂之美，备大栋大梁之大观乎！迨至近年，欲伐山林，亦已濯濯乎殆尽矣！九属，寺属，凄曰惨心，咸叹斯寺之雕坠补葺为难矣！孰意地杰者坤倍灵满，山中突起小楹，稠密如缝，再久保养，望其林成山饱，修补有赖，充用无穷，岂懿欣！因此神灵有感，人心有觉，募化四方，将寺属各殿各庙均行补修，神工告竣，焕乎维新。虽不愧前之美观，惟冀后之振兴。常愿日月孔昭，千秋不坠，永永无穷。于是寺僧与各村寺主公议，所在正沟渠阳背两坡，禁止砍伐，永久保涵。斧斤不得入。牛羊不得牧。

① 民国《合河政纪》《实业篇·第五章林业》，中国方志丛书华北地方第七一号，据民国十六年铅印本影印，成文出版社，1968年。

② 民国《合河政纪》《实业篇·第五章林业》，中国方志丛书华北地方第七一号，据民国十六年铅印本影印，成文出版社，1968年。

务使复还如故，茂对如初，以防翼后修举神工之费，木植之需，微答佛家生木之灵。……大清同治拾年肆月贰拾壹日同立（参与立碑人名单略）

碑存宁武县石家庄乡清居寺遗址。①

从开篇描述来看，清居寺所修佛殿不少，而作者自己也感叹这是得益于此山中茂密的林木。等到同治年间想要伐木修寺的时候却发现山林早已被砍伐殆尽，成了濯濯童山，还好山中尚有一小片林区，如果用心保护的话，待到若干年后树木长成，还可以用于修葺寺庙。于是与周边村落商量，建议对这一片林区采取保护，禁伐禁牧，封山育林。之所以这样做是因为林地资源有一定的可再生性，在兴县民间就有三十年还林之说，即将山中坡地任其荒芜，不必下种，三十年即可自然成林，并且在民国间实行的造林政策时就有部分村落自然还林。

至清末，在民国时期的统计资料中，宁武县有林278872市亩，为北部地区之首，在全省中排第二位，再者是五寨县，有林54370市亩，繁峙县49830市亩，岢岚37685市亩，神池县28700市亩，代县15314市亩，灵丘、山阴、大同等地有林四千亩左右，兴县和左云在一千亩左右，其他各地有林在百亩上下②。

综上，清代晋北地区的林地主要分布在晋西北管涔山、芦芽山、五台山等山区，晋西北宁武、兴县等地的农林转化比较突出，反映了土地垦殖对环境的影响。山区乡民已经认识到滥砍滥伐、毁林开荒等所带来的严重影响，都采取了一些护林措施。

二、草地分布与牧业

清代晋北地区畜牧业发达。清朝实行八旗和绿营相结合的军事制度，骑兵是八旗和绿营的重要组成部分。八旗中除了驻防京师的禁旅八旗，还有驻防全国要地的驻防八旗。而几乎所有的驻防八旗都设有牧厂。在长城沿线的农牧交错地带即是驻防的要点之地，也是牧厂的广泛分布之地。如“右卫驻防，官员马四十匹，兵丁马六百匹。每兵一名额马二匹。设牧厂一处于杀虎口外古尔巴尔济地方，长一百十余里，阔五七十里不等；绥远城

① 张正明、科大卫主编：《明清山西碑刻资料选》之“重修清居禅寺禁伐山林植碑序”，太原：山西人民出版社，2005年，第12页。

② 山西省地方志编纂委员会编：《山西通志》第九卷《林业志》，北京：中华书局，1992年，第9页。

驻防,官员马三百九十二匹……设牧厂于大青山后,东西阔三百里,南北长二百里”①。清初在陕西省设苑马寺七监,大库口外设种马厂,康熙四年裁寺监,九年令大库口外种马厂事务改属太仆寺,设察哈尔左右两翼牧厂。晋北、晋西北及太原府一带多有马厂分布,大同、朔州等地的养马业相当发达,“军前需用马匹,在大同府属牧养者甚多”②。

本区与省内其他地区相比,草地资源相当丰富。清朝前期,晋北农业资源的优势表现在拥有许多大片大片的草地,较利于畜牧业发展。其中主要有:位于代州诸县的五台山草地,处于保德、岢岚、宁武、五寨一带的荷叶坪草地,方山、静乐一带的赫赫岩草地,朔州的麻家梁草地,临县、兴县之间的紫金山草地,平鲁、朔州等处的打草坪草地,归化厅一带的大青山草地。还有位于丰镇、广灵、灵丘、大同、静乐各府州县的恒山草地、垫子梁草地、金家贫草地和马家窑草地。丰富的草地资源,使得这些地区的畜牧业非常发达。百姓大多用牧业辅助传统农业,养羊业更为普遍,皮革业发展,“北路各州县及口外各厅地多沙碛,宜于畜牧,如骆驼、山羊、骡马之属,均为出境货品之大宗,乡人业此致富者甚多”③。如五台山六月骡马大会就从一个侧面反映了北部地区牧业的兴盛。每年农历六月间,五台山气候凉爽,山高坡宽,水草丰盛,是十分理想的天然牧场,明清时期周边农牧民都纷纷在此期间来五台山进行牲畜交流,伴随着朝山拜佛的香客居士,僧俗活动都非常隆重,近年来更是吸引了内蒙古、河北、青海、陕西、宁夏等省的牧民前来交易,盛况空前,年胜一年。

晋西北大多州县多以牧养为生计,主要以养羊为主。神池,“羊,土人养之,每家不下数百,其毛坚厚,取皮为衣,冬深御寒”④。保德州羊有绵羊、山羊两种,毛卷尾大者为绵羊,毛直尾小者为山羊,羊性乐群,羊皮可以为裘,毛可为毡,乳可养孩,骨可炼燐,还可供食,故此,“州人畜之,动以百数十计,此大宗也”⑤。偏关县,闲民大半以牧羊为职业,有自己牧养,也有为他人牧养的,“其为人牧者,合数家或数十家之羔,達以时孳乳而蕃息之,取其佣值,故有授一二羔于牧人,及数岁所获不啻倍蓰”⑥,普通人家多以

---

① 《钦定大清会典事例》卷647《兵部·马政》。

② 《钦定大清会典事例》卷265《户部·蠲恤》。

③ 民国《山西风土记》《职业篇第三》,见于山西省史志研究院编、任根珠点校《山西旧志二种》,中华书局,2005年。

④ 光绪《神池县志》卷9《物产》,光绪六年修,民国抄本。

⑤ 民国《保德州乡土志》《格致·物产》,民国五年石印本。

⑥ 道光《偏关志》卷上《地理类·风土》,道光二十六年增修,据民国四年铅印本影印,中国地方志集成·山西府县志辑57,凤凰出版社,2005年。

牧羊之利为子女婚嫁之资,牧业发达。羊毛、驼绒等或织为毡毯,或为囊橐(口袋),都是偏关的物产之一。

塞北的阳高、天镇两县,农牧兼事,"阳高,其风朴略,其俗径遂,勤耕耘,务牧养;天镇,地临边塞,人情朴鲁,男务耕牧,女不绩纺,天寒地瘠,民贫俗俭"①。《天镇县志》"列女传"中提到一位阎氏,"年二十五而孀,茹荼守志,抚子林儒以长,母子为人牧畜糊口,卒年七十二"②。半农半牧是这一区域比较典型的营生方式。

山西大型牲畜主要有牛、马、驴、骡、骆驼、山羊、绵羊、猪等,在 1949 年的统计中(其中晋北区和晋西北区大致和我们讨论区域相仿),晋北区大牲畜合计为 167416 头,晋西北区为 101839 头。其中牛占比例最多,晋北区牛 102893 头,晋西北区 72585 头;马的数量在晋北区为 3486 头,晋西北区为 1306 头;驴在晋北区为 55028 头,晋西北区为 26452 头;骡在晋北区为 6009 头,晋西北区为 1496 头;羊的数量在晋北区为 313945 只,晋西北地区为 412857 只③。

综上,晋北地区草场分布比较广泛,晋北大朔地区、晋西北宁武、保德等地,五台山地区等都广泛分布草地资源,所以这一地区牧业非常普遍和发达,也充分体现本研究区域农牧交错的地域特征。

第三节　矿业分布与生产

一、煤矿分布与煤炭生产

山西煤矿资源非常丰富,甲于全国,"山西府州惟石炭不甚缺,间有缺处亦以樵山较易于凿窟,非因辽绝不可致而后易之以薪也。俗称煤炭,有夯炭,微烟;有肥炭,有烟,出平定者佳;有煨炭,无烟,出广昌、广灵者佳,精腻而细碎,埋炉中可日夜不灭"④。山西北部地区也几乎处处都有煤炭,按照《中国实业志(山西省)》中的划分,本区的煤炭储藏大致分属于以下几区:河兴离隰煤区,该区位于黄河东岸,其中的河兴煤田在偏关、河曲、保德、兴县等地,这里的煤质属于烟煤;太原西山煤区,静乐县的一小部分在

① 乾隆《大同府志》卷 7《风土》,乾隆四十七年刻本。

② 光绪《天镇县志》卷 4《列女传》,光绪十六年刻本。

③ 山西省农业建设厅、统计局编印《山西省农林水利统计资料汇编(战前—1956 年)》,第三册。

④ 雍正《山西通志》卷 47《物产》,雍正十二年刻本。

这个煤区内,有阳静煤田,煤质多属于烟煤和半无烟煤;宁武煤区,主要分布于宁武、崞县、静乐以及神池县的一小部分,处于汾河上游,该区煤田主要包括宁武内斜层东翼石炭纪二叠纪煤田、宁武内斜层西翼石炭二叠纪煤田、宁武侏罗纪煤田,其煤质属于烟煤,储量估计有7866358500吨;大同煤区,主要分布于大同、左云、怀仁、右玉、朔县等地区,产煤地带位于大同朔县间的平原西北,包含石炭二叠纪煤田之东北部、石炭二叠纪煤田之西南部、侏罗纪煤田,储量估计为9601742000吨;浑五煤区,分布于浑源、广灵、灵丘、繁峙、五台等县的零星煤田,主要包含有浑源恒山煤田、浑源西窝煤田、浑源银牛沟煤田、浑源白道子煤田、浑源松树湾煤田、浑源仝嘴西北煤田、灵丘银厂煤田、五台西天和煤田、五台寨里煤田、广灵侏罗纪煤田、繁峙北山煤田11个煤田,所产煤为烟煤和半无烟煤,储量估计为1576995332吨。山西煤田基本都属于石炭二叠纪及侏罗纪,大同煤田覆盖于寒武纪石灰岩之上,宁武、广灵等地煤田,都属于侏罗纪①。

从民众采炭为生等营生方式中可以看出清代晋北地区的煤炭开采情况。明代的采煤业发展迅速,明政府对于煤炭开采的控制并不像对于其他金属矿那样严格,允许民间自行开采经营,政府从中抽分或者收取课税。且因重视解决燃料问题,故而也采取了一些利于煤炭开采业发展的措施,比如免抽分、免税课等。明代对山西煤炭就曾进行了大规模的开采,大同煤炭在正统年间就供居民和军队烧用,天顺年间,朝廷还赐予一些封王煤户②。保德州在明代旧规每年纳税银一两八钱,但大多为官府侵用,后来万历三十八年知州胡柟尽行蠲除,用平价买卖,但没过多久就又重蹈覆辙③。清代煤炭的开采在明代的基础之上又进入一个新的发展阶段。清政府意识到煤的重要性,更加重视煤炭生产,继而放松了对于开采煤炭的限制。统治阶级对于煤炭开采也有持反对意见的,主要源于两方面,一是认为开采煤炭扰乱地脉,破坏风水,再者就是害怕煤窑聚集人多,扰乱社会治安。但是到了乾隆时期,乾隆皇帝力排众议,解除矿禁,鼓励煤炭开采,所以在乾隆时期,全国煤窑数量激增,煤炭产量大增。

清代山西仍属大同、阳泉一带的煤炭开采最多。大同、怀仁西山中产煤极多,如怀仁县,"炭产西山,北起七峰,南迄偏岭,绵亘百余里,无处无

---

① 实业部国际贸易局编:《中国实业志(山西省)》第5编《矿业》,1937年。

② 《明英宗实录》卷287,见李峰、张焯主编《明实录大同史料汇编》,北京燕山出版社,1998年,第288页。

③ 乾隆《保德州志》卷3《风土》,乾隆五十年刻本。

之,谚称三十六窑峪是也”①。广灵则有煨炭一种,“精腻细碎而无烟,埋炉火日夜不灭”②。朔平府的马邑县,“离城十余里及三四十里北山一带,皆有矿,俗语之煤窑”③。口外归化城等地也大开煤窑,但在这些煤窑所产之煤没有大批量流通之前,边墙之外卫所需用煤炭还得依靠内地的贩运,如乾隆六年,山西巡抚喀尔吉善就曾两次奏请将内地开采的煤炭运出口外,以济口外卫所,“今查大同、朔平二府属之丰川卫、宁朔卫、镇宁所、怀远所地方,附列该二府边墙之外,与归化城相距或二三百里,或三四百里不等,甚属远。该卫所居民垦种日盛,生聚日繁,风气早寒,煤炭之用不惟炊爨兼以御冬。虽归化城现在议开煤窑,一时尚未流通。若先将内地煤炭禁止出口,则该卫所居民无从购买,不免悬釜以待,民情惶急”④。

五台县煤炭开采也很普遍。据方志记载,山西太原以南,煤炭兼产,关北则有炭无煤。而五台县产炭,所以民间农隙,都以驮炭为业。炭,即石炭,清代志书中大多解释为似煤而有烟。五台县治东北的天和山及东南的窑头山产炭最多,炭窑计达百十余处。“窑头在万山之中,地产石炭,人多以耕山攻炭为业”⑤。山路崎岖难行,高者至数十里,民皆驱赶驴骡前往驮炭,没有运输工具的就只能肩背而下,身体强健的能背百余斤。“夜半往,旁午归,一路鱼贯而行,望之如蚁”⑥。所负之炭除了供本县使用外,还销于周边崞县、定襄、忻州等地,农民完课授衣婚丧杂费几乎都有赖于此。光绪《五台新志》录有徐继畬《驮炭道》一诗,徐继畬即五台东治人,他所居之东治镇,在五台南界,为驮炭者聚集之处。徐继畬自幼目睹驮炭者的艰辛,遂感而作诗:

隔巷相呼犬惊扰,夜半驱驴驮炭道。
驴行黑暗铎丁东,比到窑头天未晓。(产炭之地名窑头)
驮炭道,十八盘(山岭地名),羊肠蟠绕出云端。
寒风塞口不得语,启明十丈光团栾。
窑盘已见人如蚁,(窑口外积炭之地曰窑盘),烧得干粮饮滚水。

---

① 光绪《怀仁县新志》卷4《风俗·物产》,光绪三十一年刻本。

② 乾隆《大同府志》卷7《风土》,乾隆四十七年刻本。

③ 民国《马邑县志》卷1《赋役志》,民国七年铅印本。

④ 《清高宗实录》卷149;《朱批奏折》,第263页,转见中国人民大学清史研究所、档案系中国政治制度史教研室合编《清代的矿业》,中华书局,1983年,第445页。

⑤ 张正明、科大卫主编《明清山西碑刻资料选》“白炳文墓碑”,太原:山西人民出版社,2005年,第229页。

⑥ 光绪《五台新志》卷2《生计》,光绪十年刻本。

(糗物曰干粮,热水曰滚水)。

两囊盛满捆驴鞍,背负一囊高累累。

驮炭道,何难行! 归时不似来时轻。

人步伛偻驴步碎,石头路滑时欲倾。

日将亭午望街头,汗和尘土面交流。

忽闻炭价今朝减,不觉心内怀烦忧。

价减一时犹自可,大雪封山愁杀我。(逢大雪山路即断,或至旬余。)①

一首驮炭诗将清代五台县驮炭为生的劳苦大众的生活描写得淋漓尽致,其间可以看出以下几点:

其一,驮炭者人数众多,这种职业是将煤窑所产之煤运到山下,驮炭人数众多,可见窑头产煤之数亦不会少。

其二,驮炭工具主要是靠驴骡等大型牲畜,所走之路皆为山路,山路迂回曲折,路远难行,驮炭者至少在半夜就要动身上山前往窑头。

其三,尽管驮炭的营生艰苦,也要受到炭价的涨跌影响,但比起大雪封山不能去驮炭还是要好许多,因为炭价的涨跌只是盈利多少的问题,而山路中断就是能否盈利、直接关系乡民生存的问题。

除五台之外,崞县产石炭也较多,质量较好,居民也多以此为生。崞县官地山,在县治西四十余里,山前为官地村,田土较为平坦,而"缘山多炭窑,远近驮者络绎不绝,并产木炭以及粗瓷瓮盎白瓷盌、砂壶、砂锅、砂盆、铁器,贩鬻四处。按:县属西山,北接代州,南至轩冈口,重峦峻岭,横亘绵延,产炭处极多,炭之肥,南不如北,以故有南口北口之分。北口者,谓官地山以北也,山田硗瘠,居民依此为生计焉。"②结合上文所述,崞县应属于宁武煤区,从其描述看,崞县官地山为主要产炭区,煤窑众多,前来驮炭的百姓也是络绎不绝,同时还有煤炭的伴生矿物瓷土,以及砂、铁等其他矿产。这也说明了煤与瓷土的伴生现象,一直到现代,大型煤矿周围一般都有大的陶瓷工厂,这不仅是因为陶瓷厂要烧煤,更是由于瓷土可以直接取自煤矿,因为在一些煤层的顶底板是柔软的高岭土,质地优良,适宜作陶瓷原料。在明代时这种煤窑和瓷窑共同发展的现象已经非常普遍了。除此之外,黄铁矿也是与煤共生的另一种矿物,从上文本处还产铁器来看,应该也

① 光绪《五台新志》卷2《生计》,光绪十年刻本。

② 光绪《续修崞县志》卷1《舆地志·山川》,光绪八年刻本。

属于这种伴生现象。从煤质上说，南部所产不如北部所产，北部地土跷瘠，所幸产炭肥美，乡民以此为生。

此外，繁峙县出产一种柴皮炭，但质地不如五台、崞县的石炭，“柴皮炭，出县东北石梯山，形类木而湿梭，色无光，枝干肤理，了了可辨，暴干则纹裂，质顿轻矣，焚之□弱而多烟。又一种出大营东滩中，色黑，作泥层，挤之有水，土人名为活牛粪，干亦可燃，而皆不甚发火，故县中所用多五台崞县之石炭，贫家及滨山诸村则掘取以代煤。”①《中国实业志（山西省）》中提到石炭二叠纪煤系的煤质，主要分为无烟煤、烟煤、半无烟煤及褐炭四种，而这个褐炭则只产于繁峙县北部。那么结合这则资料，繁峙县所产的这种柴皮炭应该就是褐炭。这种炭多烟，没有五台、崞县等地的石炭好，所以县民也多不用此炭。

晋西北河曲旧县城西五里的火山，临近黄河，“岩石俱赤，烟气灼人，岩有石罅，以薪投之，轰然焰出”②。这则资料中火山的记载，和《水经注》中记载大同地区的“火山”一样，“黄水又东注武州川，又东历故亭北，右合火山西溪水，水导源火山，西北流，山上有火井，南北六七十步，广减尺许，源深不见底，炎势上升，常若微雷发响，以草爨之，则烟腾火发”③，都是拿薪柴靠近，即可点燃的描述，许多学者认为这样的记载实际描述的是自燃煤矿。偏关火山在关西一里，与河曲火山同属一脉，关人多取煤于其下，开凿窑口，昼夜灯火不绝。

河曲县“山童无木而炭窑最多”④，炭窑即山上所产石炭穴，窑口仅容人行其中，阔狭浅深都因人力为之。其中关于采炭描述颇为细致：

> 砍炭者，持斧镢入窑，伐以猛力，铁石相击之声日夜不绝。置炭于箩筐，担者伛偻而行，出诸窑外。窑初入甚浅，后乃渐深，极深可至数里。结伴而入，分坎而伐，日久则面目熏黑，见者呼为窑黑子。盖力作之苦未有甚于此者也。⑤

如果说五台县的驮炭诗让我们亲历了煤炭开采出来后驮炭者贩运至各地的艰辛，那么河曲县的记载则让我们深切了解了清代煤炭开采的真实

① 光绪《繁峙县志》卷1《地理志·物产》，光绪七年刻本。
② 同治《河曲县志》卷3《疆域类》，同治十一年刻本。
③ 郦道元著，杨守敬、熊会贞疏：《水经注疏》卷13《漯水》，南京：江苏古籍出版社，1989年。
④ 同治《河曲县志》卷5《风俗类》，同治十一年刻本。
⑤ 同治《河曲县志》卷5《物产类》，同治十一年刻本。

场景。根据描述，当时采煤的民众手持刀斧、镢头结伴入窑，分段采煤，其间用猛力砍伐，然后将煤炭装于箩筐，腰背弯曲蹒跚着背出窑外。

灵丘县令宋起凤对于明清时期煤矿开采的程序及采煤技术方法等也多有描述，资料详细，特选录如下：

> ……方使至，平昔一二无赖矿徒，偷窃遗砂，未厌所欲，利公家名目，相率投中涓，所号曰炉头。招集四方叛亡恶少，人各领一队，属其指使。凡度地脉，辨土色，举火凿石，淘沙汰铅，运煤发粟诸事，悉以听。计一日力，公家额给工资，为炉头中涓内外人役朋扣差半。在山洞力役者，终岁腰斤锤凿，首戴火炬，足踏泉流，不知天日阴晴寒燠，其人竟同罗刹鬼蜮，惟日给食米黄齑充腹而已。并半扣工资，杳然不闻，此害在工作之民，穷远难告有如此。……岁计输纳有益，以为开采系自然之力，不扰民，不病国，公私交便，策无善于此……由是矿役日盛。灵邑弹丸，首见破败。昔之所谓匠作诸人，乡村头畜，渐驱而逃，人力不支，地脉尽泄。凡山中矿道，迂回数十里，非顽石不可攻，即水泉滮发，动深尺许。人裸行穴间，日夜锤挖不休，所出矿砂及入罐锻炼后，仅得余钱，会计工费反倍之，岁额坐困。……迨其后数十年来，矿洞空虚，山灵消歇，地气春秋每一腾伏，则岁必大震，震则雷碾车毂声，民舍城垣，屡为推毁，其间人文阻丧，三四十年间无一杰发。邑之凋残困苦，至今犹指遗矿诸山为怨薮云。①

这是灵丘知县宋起凤为禁采矿而著的《矿害论》。早在明神宗万历年间，灵丘县就已经有炉头召集民众采矿。从开采过程看，矿工们需要头戴火炬，做照明之用，脚下踩着流水，说明这种矿坑已经有了一定深度。采挖过程中，矿工作业非常辛苦，但实际获利很少。开采之后若干年，山洞空虚，还会引起震动，宋起凤认为时不时发作的地震就是由于开采过于猛烈而导致的。

保德州煤炭储备也较为丰富，“煤产东北部铁匠铺带山及南部诸山，惟产东北者色黑块大质纯易燃，其中尤以傅家峁产为最良。州地苦寒，食需炭火，寝必热炕，赖有此而”②。当地民众的生活也和煤炭生产联系密切，一些民事纠纷就是围绕着开矿挖煤而产生的，其中滋事伤人等情况多有

---

① 康熙《灵丘县志》卷3《艺文志》，康熙二十三年刻本。

② 民国《保德州乡土志》卷2《保德州乡土志格致》《第一章·物产》，民国五年石印本。

出现。

> (乾隆五年七月二十七日,刑部尚书那苏图等题)为报明事:刑科抄出原任山西巡抚觉罗石麟题前事,内开,乾隆五年六月二十五日,据山西按察使萨哈谅呈,问得犯人一名王宏前,年四十七岁,系山西直隶保德州人。状招,宏前赋性愚鲁,罔知法纪,与先存今被伊扎伤身死之王毛矬子同村居住,素无嫌怨。缘毛矬子胞兄王二汉子与堂兄王建其伙开煤窑生理,宏前之子王和小子曾于窑内打煤四日,建其取用两驮,二汉子取用一驮,欲照乡例算典窑钱。宏前以己家穷,其子又系伊等族甥,向索三驮煤价。乾隆五年二月初八日临晚,建其嗔宏前索讨煤钱,声言以后不许赴窑打煤,致相争论,……宏前向前欲殴,二汉子亦欲回身抵敌,被(王)建都拦阻。讵毛矬子潜至宏前身后助殴,宏前情急,不合辄用手持铁烟袋往后抵扎,冀其退避,不意中伤毛矬子不致命右眼胞倒地,移时殒命。……据此,应如该抚所题,王宏前合依斗殴杀人者不问手足他物金刃,并绞监侯律,应拟绞监候,秋后处决。臣等未敢擅便,谨题请旨。①

资料中,王氏兄弟合伙开煤窑,属于矿主,王宏前之子王和小子去煤窑内打煤,时间不长,只是四天,按照当地惯例就得向矿主交典窑钱。据其后王二汉子的描述,在当地,如果去窑里打煤只是烧用的,是不要典窑钱的,但如果打煤去卖的,不论多寡,每日抽煤半驮,算典窑钱。那么本案中的王宏前以和矿主是亲戚并且自家贫穷为由,不愿意付这个典窑钱,故而起争端酿成命案。从乡间惯例等叙述可知,在保德州采煤已经非常普遍,对于具体开采事宜都有约定俗成的习惯制约。百姓可以去煤矿采煤,可以打短工,矿主是要收取费用的。我们知道,保德州所在属于河兴煤田,据民国时期资料该煤田跨有河曲、偏关、保德、兴县四邑,长达二百七十余里,保德县南之扒楼沟有在保德州石灰岩下开采厚达十五公尺之煤层,保德东南之罗汉沟则可开采之煤层有五,共厚达十四公尺,在保德东北之铁匠铺更有在含煤系之上部开采四尺及三尺之煤层②,这和乡土志中的记载大致相同。正是由于丰富的煤炭储量,在保德等晋西北地区才会出现长久以来形成的

① 《刑科题本》,转见中国人民大学清史研究所、档案系中国政治制度史教研室合编《清代的矿业》,中华书局,1983年,第444页。

② 农矿部地质调查所技师王竹泉著:《山西煤矿志》,首都国民印务公司,1929年。

采矿惯例。

综上，晋北地区煤炭资源丰富，晋北、晋西北、五台山等地都广泛分布，故而煤矿开采等采炭业与乡民生活息息相关，是清代晋北地区主要的生计方式之一。

二、铁、银、盐等其他矿产的分布与生产

清朝初期的矿业政策是较为谨慎的，不轻谈开矿，清朝中后期，对采矿有所放松，使得各类矿业生产有了较大发展。与铜、银、铅等金属矿不同，清代的铁冶业始终是由民间经营，官府负责抽税。清康熙早期，南方的铜、铅等金属矿并没有得到大规模的开采，康熙二十四年（1685年）之后，清政府在云南境内大举开矿，铜、铁、锡、铅、银等矿藏都得到普遍开发。至于金、银，清初和历朝历代一样，不准开采，到了乾隆时期，对于金银矿的开采逐渐放松，民间都可以自由采掘，嘉庆时期又重新封禁部分银矿，政策摇摆不定。清代前期，铜、锡、铅、锌、银等五种金属矿的大矿区多在云南，就山西北部而言，铁矿在怀仁县有分布，银在五台、应州等地有分布，此前明代铜还在五台、保德州等地分布有生产，金在忻州有生产①。

山西铁矿分布虽广，但矿脉都属于零星分布，并没有特别集中的地方，"山西府州产铁之地十之八九，其不产地十之一二，而鼓铸胥资焉。按本草所在坑治有之，川蜀湘东滋多，而太原、泽州、阳城、高平、广灵为尤胜"②。山西北部地区铁矿分布不多，大同府怀仁县出铁，"铁产邑西鹅毛石井悟道等山"③。保德州东部逍遥山产铁，"苗不甚旺，色黑兼红黄，质不匀净，作器物易碎，乡人和以潞铁能造大锅、犁头、炉口、炉条"④。

乾隆时期大同府有民众偷挖银矿的记载，"于（乾隆十二年）七月二十五日，据该参将禀称，察访得镇边堡口外北山干柴洞地方，聚集三四百众，刨洞口二三十处，偷挖银砂，各有窝铺容身，安炉烧炼，内有供用盘费头领人等，等情"⑤。其间可见在大同北部镇边堡口外地方挖矿达二三十处，已经渐成规模。

繁峙县，在乾隆二十七年（1762年），山西巡抚明德奏"查该县地方有

① 夏湘蓉、李仲均、王根元编著：《中国古代矿业开发史》，北京：地质出版社，1980年。

② 雍正《山西通志》卷47《物产》，雍正十一年刻本。

③ 光绪《怀仁县新志》卷4《风俗・物产》，光绪三十一年刻本。

④ 民国《保德州乡土志》《格致志・物产》，民国五年石印本。

⑤ 《朱批奏折》，转见中国人民大学清史研究所、档案系中国政治制度史教研室合编《清代的矿业》，中华书局，1983年，第598页。

矿厂二处,一名驼背梁,距县一百二十里,现挖矿洞五口,一名虎窖山,距县一百里,现挖矿洞三口。一月以来,两处矿厂共得砂九百九十八斤,炼银六十六两四分,黑铅二十二斤七两四钱。……臣询问有无铜砂,据称开挖数月俱系银砂,并无铜砂。臣查繁峙县驼背梁、虎窖山虽俱系银矿,若能旺盛,于钱粮亦属有益"①。据同年十一月明德奏称,驼背梁的这五处银矿洞,四洞砂线已经枯竭,只有一洞有线,还在石缝之内,虎窖山上的三洞银矿,虽然都还有线,但都在石缝之内,凿取极难,实属试采无效,所以力请封闭银矿。同时根据资料来看,繁峙县这几处只有银而无铜矿。

盐矿,属于非金属矿,山西久负盛名的河东盐主要产于河东解池,清代这里为解州直隶州安邑、解州两州县辖境,其行销区也基本稳定在山西、陕西、河南三省的部分地区。清代基本上沿袭了明代的食盐贸易制度,在各大盐区推行食盐的官商专卖政策。那时运商多为介休、太谷、洪洞人,共有58家,包揽了晋、豫、陕172个州县(后到嘉庆时减158个州县)的食盐运销。在确定官商专卖的基础上,清政府又实行了盐引制,授给官商销盐执照(符契)——盐引,用以杜绝盐枭私贩,保证官商的专卖权利。引,既是一种行商执照,又是一种计量单位,每引为200斤。盐引只能用1次,用后即售完一批货后,及时上缴,换领新引,不得连续使用②。对于山西北部地区而言,当地民众食河东盐和蒙古盐,除此之外,晋北自古产盐,或者自己食用,或者销往其他地区,至民国时期,应县、山阴、怀仁、大同、天镇、阳高、朔县、浑源、代县、崞县、定襄等地都产盐,其中尤以应县、山阴、怀仁三县为最旺之区③。

在地多鹻卤的桑干河流域,产盐之地较多。大同出煎盐、捞盐,所出土盐分白盐、红盐两种,郑家庄为产白盐最多之地,其次有神咀窝、西静岭、同家庄、旧站村等地也产不少;小盐坊村产红盐最多,其次为辛村、孙家港、大井村、杨家岭等地,产红盐也不少。至民国时期,大同全县盐户,新旧共计四十七家,大小盐锅四十九口,白盐、红盐分制。普通熬制白盐多用大锅,直径五尺,底深一尺六寸,熬红盐则多用小锅,直径最小二尺五寸,底深同

① 《朱批奏折》,转见中国人民大学清史研究所、档案系中国政治制度史教研室合编《清代的矿业》,中华书局,1983年,第598页。

② 山西省史志研究院编:《山西通史》第5卷《明清卷》,太原:山西人民出版社,2001年,第589页。

③ 复宿:《晋北盐务调查》,《新农村》,1933年第3、4期合刊。

于大锅①。

应州产小盐，盐分红化白三种，根据土性熬制。城西城北多熬白盐，西北多熬化盐，东北和城南各村多熬红盐。至民国二十四年，共有盐锅二百六十九口，盐户二百一十五家。白盐的制作方法较为简单，就是将盐土滤出盐水，然后上锅煎，红盐是在白盐的基础上掺入水后再进行煎煮，而化盐是在红盐的基础上继续熬制而成，一般呈黄色结晶体，粒大味美，也是价格最高的盐种。至于销售范围，应州红盐一般销于繁峙、广灵、五台、大同、盂县等处，白盐多销于浑源、广灵、灵丘、灵丘等处。

怀仁县，盐产东乡，"其法刮土漉汁，武火熬成，其色纯白，谓之润盐，再以白盐和𪉟汁覆煎成方隅碎块，色变赤，谓之红盐"②，𪉟产南邑者为佳，多于盐，其法与煎盐略同，有红黑白三种。怀仁县的高镇子、海北头、上海子、下海子等村都产盐。从规模上看，全县原有盐户四十家，至民国年间，停歇三家，盐锅五十三口，熬制化盐者稍多。早年怀仁县盐由商贩自由贩卖，民国二十二年后改为官盐仓制度，由晋北盐务督办处管理征收。县内所产之盐，基本只能供本地食用，有时还嫌不足。

山阴产小盐，即为煎盐。桑干河流入山阴县境，"一望斥卤，土人以煎盐碱为生"③，时至民国时期，山阴县的土盐还"销售本省雁南雁北各县"④。据民国时期的资料，山阴县的盐碱地占到全县面积的五分之二，盐田面积约 3734 顷，县内民众多利用盐碱地，用土法熬盐，也分红、白、化三种，化盐锅最多，达五百余口，红盐锅六十余口，白盐锅二百余口，共计盐锅七百六十余口，年产量化盐达到五百万斤左右。山阴所产土盐，行销各地，如河北邻近的各县，以及山西境内的崞县、繁峙县、代县、五台、盂县、寿阳、平定等州县，都有山阴盐。

阳高也产土盐，这种盐和怀仁县一样，称为"润盐"，民国时，全县共有盐池二百七十八个，年产量约为六百二十五万多斤。浑源县也产盐，至民国时期盐田面积三十顷，有盐户九家，盐锅九口，基本行销本地。

天镇南川产盐，县川产𪉟，都是煎土而成，村民多以此为业。天镇县境

① 实业部国际贸易局编：《中国实业志（山西省）》第 5 编《矿业》，1937 年。复宿《晋北盐务调查》和本书中的资料基本一致，本文下面用到的一些民国时期的资料来源于两份资料的综合，特此说明。

② 光绪《怀仁县新志》卷 4《风俗·物产》，光绪三十一年刻本。

③ 光绪《山西通志》卷 28《府州厅县考六·雁平道一》，光绪十八年刻本。

④ 民国《山西省各县产物调查表》，中华民国二十一年八月，山西省政府视察股汇填，第 48 页。

内诸村，产盐者多，这里产出的盐“色白如雪，而味颇清淡，又皆细末不能成粒，土人谓之小盐”①，这种土盐远不及蒙盐之美，所以至光绪年间，以煎土盐为业的渐渐稀少，只是仅仅够南乡诸村食用而已。至于鹻，随地有之，更有富商大贾“备器具，募工匠，徧役作房，岁所得不下百万斤，贩往京畿，每获重利”②。但是这些商贾都来自汾太诸县，而本地人则无此重资，只能“刮土淋卤，稍得工值，余润所及，差免冻馁”③，虽然获利无多，但对于不毛之地以之代耕，也能够以为生计。民国间天镇县有晒池三四座，年产量在四万斤左右。天镇、阳高产盐，熬锅不多，一般都为晒池，普通设有滤土池、养卤池各一个，都是长方形，长约二丈，宽约一丈二尺。

朔平府马邑县，“边民寒苦，无力食河东官盐，择沙卤废地不成田者起土面煎之，曰小盐，计锅数以纳官课，自民国计斤征税。……碱，与盐同起地之卤土熬而成之，然无多也，宫课亦计锅数催纳”④。朔平府产盐多为红盐白盐两种。

滹沱河沿岸的忻代等地，部分地区也产土盐，只是为数不多。如至民国时期，忻县共有化锅四十八口，筒锅五十七口，代县一共有盐户三十余家，产量也不是很多，还不够各自县内民众食用，因此在上文我们看到应州、山阴等地的土盐会销往忻代地区。

在宁武府，“卫所之民近于蒙古，俱食蒙古白盐。后虽改设偏关、五寨二县，其二县之引，仍依旧例，属同知总销。其宁武、神池二县处盐务，旧系中路同知之所管理，居民俱食山阴黄盐。雍正三年，改县之后，盐税归于宁武、神池二县分管，后神池县详明改食蒙古白盐，惟宁武仍食山阴黄盐。又偏关旧例，盐税出诸四营十七堡，营丁颇为患苦，其后县人食蒙古之盐，乃税其卖盐者而营兵始免于累”⑤。

从以上资料不难看出，清代土盐主要产自北部地区桑干河流域大同、怀仁、山阴、应州等处，民间多称其为小盐或黄盐。生产过程看，土盐的生产方法还是非常简单，一般生产的时间都在5月至9月之间，大多采用蒸煮的方法。盐和碱相伴生，煮盐之地往往也可以熬碱，碱的品种也有红白黑三种。从质量上说，这种土盐多不如蒙盐或者河东盐白细，吃起来口感

① 光绪《天镇县志》卷4《风土记》，光绪十六年刻本。
② 光绪《天镇县志》卷4《风土记》，光绪十六年刻本。
③ 光绪《天镇县志》卷4《风土记》，光绪十六年刻本。
④ 民国《马邑县志》卷1《赋役志》，民国七年铅印本。
⑤ 乾隆《宁武府志》卷4《田赋》，乾隆十五年刊本，山西省宁武县地方史志编纂委员会编《宁武旧志集成》，四川出版集团巴蜀书社，2010年。

不好,但是大多数民众在无力购买河东盐的情况下,还是以吃土盐为主。并且一直到清末民国时期,民国时期土盐装运一般就是麻袋、布袋、肩挑、背驼、车推或者骡驴驮载。这种土盐还行销整个山西地区,有一定的销售范围和销路。

综上,较之于铁、银等其他矿产,清代晋北地区土盐的分布和产量等问题比较突出。晋北土盐主要分布于大同盆地和忻定盆地,也与区域土地利用问题密切相关。

第四节　其他营生方式的选择

一、因地制宜营生方式的选择

在山西北部地区除了我们以上所提到的农、牧、林、矿等营生方式以外,还有一些采集业、商业等民众赖以谋生的手段和方式。例如在忻州近山之处,民众或有入山砍柴者,或有打野味者,负归卖于街市,易一升粟,换取粮食。宁武府中一些山区民众也是如此,靠采集、打猎等方式谋生,换取生活资料。忻州所产晚菘、药芋味极美且异于他处,种菜园户多因此获利。蔬果中梨最为有名,忻州与崞县所产梨并称,"贩行甚远亦颇获利"①。崞县县治东南六十五里的魁光岭,岭东为北铜川数十村地,此地宜果木,"居民除耕种之外,首务栽植梨果,贩鬻四外。每岁二三月花开时,岭头一望红白相间,灿若云霞"②。五台县,"(五台山)五峰周遭如城,其颠风甚烈,不可居。而佛寺之大者五六皆在谷中,其地寒不生五谷,木有松无柏,亦有民人以樵採射猎为业"③。

保德州近边鄙,少富商大贾,但是周边地区的生活物用皆取于保德集市,如陕西府谷"沿河一带物用皆取于州"④。在距州城九十里的冯家川,南接兴县,西通陕西,北顺黄河为西南乡农民互市之区,每年八月为贩枣聚处。由于地近黄河,民众也有以船筏等业谋生的。由包头镇顺流而下的货船,可载二万斤,船行到此,"必用土人执舵乃可平稳出峡"⑤,行若干里之

① 光绪《忻州志》卷8《风俗・物产》,光绪六年刻本。

② 光绪《续修崞县志》卷1《舆地志・山川》,光绪八年刻本。

③ 顾炎武著,华忱之点校:《顾亭林诗文集》卷5《五台山记》,北京:中华书局,1983年第2版,第103页。

④ 乾隆《保德州志》卷1《因革・市集》,乾隆五十年刻本。

⑤ 民国《保德州乡土志》《地理・水》,民国五年石印本。

后至冯家川，有渡口，对岸为神木县之小本村，再顺流而下三百六十里，即至临县碛口镇，快则三日，慢则需六日。我们现在所说的晋商大贾多走此线运输货物，但沿河地区礁石横生，激流甚多，因此需要当地人执舵，这样才能顺利出峡。除此之外，河中产鱼，居民多从事渔业为生，"其下出鲤鱼，青黑如鲫，肥美胜常，俗名石华鱼，过此一里即同常味矣，土人业渔为生者，官为制额，岁贡"①。沿黄河一带多因商业的兴盛而带来民众营生机会，山区则伐木采货，以及渔业、牧业、采炭业的选择，充分体现因地制宜的营生方式。

用"靠山吃山，靠水吃水"这句话来总结以上资料所述，生动地反映了区域土地利用特征，展示了最朴实的人地关系。

二、出口谋生营生方式的选择

出口谋生一项，在山西北部地区较为常见，不少地方都有出口谋生一说，出口之人，大多为山西中部、北部民众。人们因为这样那样的原因远走他乡，或为灾害连年，人们流离失所，或为清朝康雍乾三朝社会稳定，人口增加，土地承载力下降，人们不得不出外谋生，或者地土硗瘠，入不敷出，衣食无着落，只能出外讨生活，其实归根究底，就是原本人们生活的地区无法满足人们生存需求，只能去更广阔的地域寻找生存的可能，而此时清王朝统一了长城内外，人民有更多的选择，正如安介生先生所说，"造成山西平民走向口外的首要因素是贫瘠而恶劣的自然环境给当地百姓造成的生存危机，而清朝长城内外的统一则为山西边地居民的生产生活开辟了崭新的机遇"②。

河曲地界境边，与陕西府谷均和内蒙古察哈尔旗地相连，不少河曲人耕商塞外，"春夏出口，岁暮而归，但能经营力作皆足糊口养家。本境地瘠民贫，仰食于口外者无虑数千人"③。这些人食米麦面、牛奶、羊肉，衣则皮革毡褐，所居村落称为营盘，其屋为帐房。

偏关民众也多出口外谋生。偏关距北界十里为禁地，其南则募人开垦。由于明以后的边疆战事纷扰，昔年沃土遂成石田，农业因之受损。而明中叶于此益兵增将，营帐星罗棋布，市场贸易又因此繁盛，商贾致富者颇

---

① 陆耀：《切问斋集》卷8《保德风土记》，乾隆五十七年刻本，收于四库未收书辑刊编纂委员会编：《四库未收书辑刊》10辑19册，北京：北京出版社，1997年。

② 安介生：《清代归化土默特地区的移民文化特征——兼论山西移民在塞外地区文化建设中的贡献》，《复旦学报（社会科学版）》，1999年第5期，第78—83页。

③ 同治《河曲县志》卷5《风俗类》，同治十一年刻本。

多，清人主中原之后，边疆压力减小，兵将逐渐裁汰，市易顿衰，原本经商谋生的关民逐利日难，故此，关民多有出口外谋生的。

再如忻州地区，据乾隆十二年《忻州志》的记载，忻郡土满人稠，耕农之家十之八九，贸易商贩十之一二，乾隆以来家有余丁，多分赴归化城谋生计，主要从事农业垦殖。春季载耒耜而往，秋季有所收获之后返回。知州窦容邃调查之后才知道原因，大概人烟辐辏，生齿日繁，故家中少壮都出口外谋生，只剩老弱留于家。这样春去秋返的雁行人逐渐增多，边外垦殖日益扩大，“至边外种地农民兼事畜牧，春来冬去，若候雁然。率非土著，多穴土为室以蔽风雨，近则渐成井邑矣”①。出口外谋生者，还有从事商贸活动的民众，如左云县，“本邑缸油布当粟店多系代州、崞县寄民，而土者之民合伙贸易于邑城者甚少，大半皆往归化城开设生理或寻人之舖以贸易，往往二三年不归，以致征粮之际，或偕室以行，或家无男丁，有司不能过而问焉，且有以贸易迁居，大半与蒙古人通交结，其利甚厚，故乐于去故乡而适他邑也”②。

民众出外营生，不仅外出人员艰辛劳作，守望在家的亲人也是倍感凄凉，从天镇县知县张坊的“劝民歌”中，大概能感受一二：“家园日月委难行，一去他乡各自营，白首慈亲音信断，衰年老子梦魂惊。俯怜妻小知谁主，上念宗祧忝所生，寄语游人思父母，看见孙分早回程。”③

出口谋生这种营生方式充分体现了民众在一定的生存环境下做出的谋生选择，反映了本区域劳动力的外流，对区域土地利用会产生一定的影响。清政府对于民众出口谋生的行为采取了一定的政策进行管理，对口外土地的开垦，由最初的禁垦到政策摇摆，再到最终光绪年间的放垦，这中间是有一系列变化的，下文将对这些问题详细论述。

第五节　小 结

从山西北部地区民众生计多样性的角度入手，分析了晋北地区土地利用方式的区域差异，并且通过若干具体案例分析，认为民众能够较为理性地选择生存方式，并能适时调整行为，适应环境变化。作为充分体现人地关系的土地利用这个界面，营生方式的选择很好地说明了这一点。

---

① 乾隆《大同府志》卷7《风土》，乾隆四十七年刻本。
② 民国《左云县志稿》卷1《风俗》，民国间抄本。
③ 光绪《天镇县志》卷4《风土记》，光绪十六年刻本。

从务农为主所见的农业生产,区域差异表现明显。不仅在忻定地区、大同地区、晋北高原、晋西北黄土丘陵地带等这几个区域之间存在差异,对于每一个区域内部而言,这种差异也是存在的。在农业生产条件较好的忻、代二州,滹沱河沿岸忻定盆地内的农业生产和山区州县的农业生产就存在一定差异,这种平土区和山区的农业差异在五台县表现的比较突出。通过五台县典型案例的分析,可以清楚地看到气候、土壤、地形地貌等环境条件对一个地区农业发展的巨大影响。这种差异,不仅反映在作物种类、作物种植结构等具体方面,更体现在区域农业生产方式、方法等诸多方面,例如山区农业发展需要靠淤积山水等方法筹措田土,然而这种淤地通常是不稳定的。那么又通过五台山寺僧田产明代万历时期的状况和清初静乐县的情况来说明环境变迁与农业生产之间的密切关系,强调了农业环境的改变对于农业生产的影响。山区和平土区农业生产的差异在大同地区也有所表现,本区域的研究重点突出了民众充分发挥能动性,因地制宜地发展农业生产,并针对盐碱地改良等问题加以扩展论述。晋北高原主要把握区域的特点和区域内的细微差异,尤其像靠近北部长城沿线的右玉、平鲁等县和稍偏南部的朔州、马邑等县的差别。晋西北靠近黄河的保德、河曲等地和高寒山区的宁武、神池等州县的差别,都可以从具体论述中体现出来。另外,通过前文有关区域土地关系部分的讨论,忻定地区、大同地区、晋北高原、晋西北黄土丘陵地带等地区的区域差异还表现在社会经济、生产关系等各个方面,充分说明了区域内部各要素的相关性和系统性。

林地方面,本区山地丘陵众多,历史上曾经森林遍布,林业优势也较为突出,但是在明末清初之际,本区的林业资源几乎被消耗殆尽,虽然经过清前期一段时间的恢复,本区的林业资源依旧日渐稀少。清代晋北地区的林地主要分布在管涔山、芦芽山、五台山等山区,晋西北宁武、兴县等地的农林转化比较突出,反映了土地垦殖对环境的影响。山区乡民已经认识到滥砍滥伐、毁林开荒等所带来的严重影响,采取了一些护林措施。

牧业方面,本区草地资源丰富,牧业发达,从民间的习俗以及民众以牧养为生等方面来看,本区农牧兼事的特点表现突出。草场分布比较广泛,晋北大、朔地区、晋西北宁武、保德等地,五台山地区等都广泛分布草地资源,所以这一地区牧业非常普遍和发达,也充分体现研究区域农牧交错的地域特征。在局部地区,牧业已经成为一种基本的谋生方式,是晋北地区主要的土地利用方式之一。

清代晋北地区煤炭资源丰富,雁北、晋西北、五台山等地都广泛分布,故而煤矿开采等采炭业与乡民生活息息相关,是清代晋北地区主要的生计方式之一。较之于铁、银等其他矿产,清代晋北地区土盐的分布和产量等问题比较突出。晋北土盐主要分布于大同盆地和忻定盆地,也与区域土地利用问题密切相关,尤其反映了区域内盐碱地的利用。研究表明,清代晋北土盐的生产及销售对于当地甚至山西全省而言,都具有一定意义。

除了农林牧等土地利用方式外,晋北地区民众还多依靠区域实际情况采取多样的营生方式,比如采集业的发展、沿黄河航运业的发展等谋生方式的选择,体现了人对环境的适应调整。最后,对本区域的人口外流情况予以关注,认为这种环境压力下的出口谋生行为实际上也是本区土地利用情况的一种反映。清代中后期以后,山西有大批的民众由于各种各样的原因外出谋生,这其中以北部、西北部地区的百姓为主,出口谋生的方式也多种多样,主要从事商业经营或进行边外垦殖。因此,北部地区民众的这种出口谋生营生方式的选择,不仅是对本区域土地利用、人地关系的绝好体现,更是与清代口外地区的土地开发、土地垦殖、农牧转换、矿业发展等土地利用情况密切相关。

下 篇

土地利用驱动机制与环境变化生态响应

第七章　自然驱动因素与社会响应

第一节　自然常态制约

本区位于农牧交错带。所谓农牧交错带，就是指以种植业与舍饲畜牧业为主过渡到以放牧业为主的地带，通常是指北方“半农半牧”区，一般年降雨量在250mm~500mm之间，大体集中在长城沿线至黄土高原的区域，中国北方农区与天然草地牧区接壤的过渡地带。在这条农牧交错带的北部主要是游牧区，其南部则是农耕区。农牧交错带多是曾因地理环境变化而在宜牧背景下宜农与宜牧环境条件交错分布而又发生交替变化的地带，也是受天然水分条件制约、由旱作不稳产区过渡到气候干旱致使无灌溉不适宜发展作物种植的地带，是农业生产上一条很重要的界限，这条界限在我国北部反映在西起河套、东至大兴安岭南端的地带。

气候变化对于农牧分界线的南北移动至关重要。中国季风区气候敏感带位于东亚夏季风的前沿地带，对于湿度变化非常敏感，中国季风区对于全球变化的响应主要体现在干湿变化方面①。农牧交错带位于季风区和非季风区的结合带，而本研究区域就位于季风区内，属于气候敏感地带。

这种敏感性突出地表现在气候、土壤、地貌等自然因素在区域土地利用中较为显著的制约作用。通过第一章所述，晋北地区地形地貌、气候、土壤、水文等自然环境特征得以展现，也正是诸多要素综合，构成了本区域土地利用的整体生态环境背景。后续的讨论将逐步展现区域内多种区域差异的存在，这些客观存在的区域差异能够切实并且具体地对区域内的土地利用产生影响。这种影响主要表现在以下两个方面。

第一，对农作土地的影响。区域自然环境特征制约着晋北地区农作土地的多少、分布以及土地类型。例如气候因素直接影响着农牧用地的分布与转换，邹先生就认为在康乾时期气候逐渐转暖的情况下，农牧分界线越过了长城北扩至蒙古地区。除此之外，按照现代划分标准，本区划分为几

① Weijian Zhou, M. John Head, Lin Deng, Climate changes in northern China since the late Pleistocene and its response to global change, *Quaternary International*, 83-85 (2001) 285-292.

个气候区:大同农业气候区(温凉、春轻旱、夏微旱区)、忻定农业气候区(温和、春干旱、夏轻旱区)、河、保、兴丘陵农业气候区(温凉、春干旱、夏轻旱区)、晋西北农业气候区(温寒、春轻旱、夏不旱区)、恒山、五台山农业气候区(高寒、春微旱、夏不旱山区/温凉、春轻旱、夏微旱区)。① 这种农业气候区分类充分显示了北部地区农业生产条件的复杂性,也充分展示了自然因素对于农业用地分布和变化的制约作用。

区域地形地貌的复杂多样直接造成了晋北土地类型的多样化,同时直接影响着土地生产力的高低。晋北山多田少,坡地多平地少的情况十分普遍。在各方志田赋的记载中,反映山西北部地区的土地类型主要有平地、坡地、沙地、山地、平坡地、山坡地,大部分州县用上地、中地、下地来反映税收差别,还有一些县记载比较细致,如沙薄下地、碱薄下地、盘梁山坡下下地、下山坡地、下石沙地、河滩地等。尤为重要的是,山地、坡地、沙地等的比例在一县田地之中所占比例还是比较大的,比如太原府的岢岚州,民田内,平地 13143 亩,坡地 5985 亩,沙地 24537 亩,山地 25851 亩,明显平地才占到 23%。晋西北高原山区的宁武府宁武县,屯田内山地 4084 亩,沙薄下地 10628 亩,碱薄下地 124753 亩,盘梁山坡下下地 31926 亩。以及在桑干河流域的大同盆地,上、中、下地的分配情况也说明了土地质量分配不均,如应州上地为 82322 亩,中地 226953 亩,下地 121709 亩,中地和下地都要超过上地的数量。这些田赋数据所反映的土地类型,清楚反映了区域地形地貌特征,结合当地气候、水资源等因素,综合构成区域生态环境背景,这些自然常态因素对于区域内土地利用的影响和制约是显而易见的。

第二,对于作物布局、种植制度、土地生产力的影响。其实在清代,当地民众对于山西北部的这种自然环境的复杂性和制约性已经认识的非常深刻了。乾隆《大同府志》描述说:“其农力作勤苦,然薄于粪壅,又多砂碛硗确,风高霜早。清明前后始种麦豆,五月种谷、粟、秫、稷、荞、莜麦各种,丰岁亩不满斛,故日仅再食。”②这种风俗的描述显示了民众对于当地生态环境的认识,薄于粪壅,说明人们耕作时较为粗放;砂碛硗确是对当地土壤的认识,这里并不是肥沃的易于农作物生长的土质;而风高霜早,则形象描述了晋北地区寒冷、无霜期短的特征。在这样的农业生产条件下,能够种植的农作物种类有限,亩产量方面一亩不过五斗,农民生活拮据。

晋北的气候条件和内部区域差异对于农业生产的制约作用还清楚地

① 郭裕怀、刘贯文主编:《山西农书》,太原:山西经济出版社,1992 年,第 78—81 页。

② 乾隆《大同府志》卷 7《风土》,乾隆四十七年刻本。

表现在农作物的种植上。“省北大同、朔平、宁武、忻、代等州府，据称地气早寒，向来布种春麦”①，“寒早燠迟不宜棉，地沙不宜麻枲，堿不宜桑拓”②。至于耕作制度，由于无霜期短，受当地自然环境所限，当地一年只能田收一季，不能复种，也没有出现两年三熟制等情况。“地界北边，气寒土瘠。春分后始播麦，六月终始熟，亦有立秋后始登麦者。谚曰：齐秋拔夏是也。谷雨立夏布谷，芒种后种黍，俱俟秋分收获。邑乏水田，尽待雨露养之，岁无再获之地”③。

这是乡民对于当地气候、土壤等自然条件的实际认知，认识到在当时这样的气候环境下，麦类作物只能种植春麦而很少种植冬麦，棉花等经济作物无法种植，而地土贫瘠、盐碱化严重，无法种植麻类作物和桑树等植株。晋北地区农业作物种植比较单一，基本都是北方常见作物，本区较适宜生长、种植比较广泛的作物主要为谷类的粟、黍等作物和麦类的莜麦、薯类作物中的马铃薯以及经济作物中的胡麻等作物，还有荞麦等救荒作物的种植。尤其前文中所述五台县的例子，一县之内，由于地形地貌、气候等因素的影响，作物种植结构从南向北明显发生变化，越往北靠近五台山的地方，越少种植高粱、黍、稷等作物，而普遍种植玉米、马铃薯、莜麦等耐寒作物。就如同在晋北高原朔平府地区、以及晋西北高原山地宁武府等地，民众广泛种植莜麦、胡麻等作物，甚至在神池县的利民堡，只能种植莜麦，而不能种植其他作物一样，这些都受到高原地形地貌、气候条件、方位等因素的制约。在宁武等高寒山区，地势高、坡度大、气温低，在芦芽山、管涔山等地还有部分残林，村庄聚落都在大山丛中，百姓环山而居，种种因素都不利于农业生产，农业发展受限，农业土地利用率低下。而在晋北高原地区，虽然大多以缓坡丘陵为主，但是受高寒、土质差等自然因素制约，左云、右玉、平鲁等地也只能种植莜麦、胡麻等作物，荞麦的收获还要受到霜降时间的限制。

盆地内的生态环境一样影响当地的农业生产。与高原山区的作物种植受限情况不同，盆地内水热条件相对较好，在一些地区出现了多种作物种植的记载，比如在滹沱河沿岸和桑干河沿岸的稻类作物种植，以及部分地区可以种植冬小麦的记载。盆地内的水资源较为丰富，但是盆地内的土壤盐碱化也给当地生产诸多限制。例如大同盆地内大片的盐碱地，盐分含

---

① 中国科学院地理科学与资源研究所、中国第一历史档案馆：《清代奏折汇编——农业·环境》，北京：商务印书馆，2005年，第34页。

② 杨维岳：《忻州志》《物产》，万历三十六年刻本。

③ 道光《大同县志》卷8《风土》，道光十年刻本。

量较高而严重阻碍农作物的正常生长,那么当地民众认识到这一点之后,采取了引水排碱等措施,以便能够进行农业生产。河流的来回摆动和冲刷对于沿岸附近居民的生产生活也会产生一定影响。开垦的良田可能被河流冲毁,而冲刷过后新淤成的土地又可以变成良田。这或许可以归于水资源因素的制约作用。山西北部地区的水资源环境也具有自己的特色,水资源相对短缺,区域内汾河、桑干河和滹沱河,几乎都处于上游地带,并且由于下垫面、河流形状等因素影响,境内河流差异比较明显。在静乐、宁武等汾河上游地区,地形地貌复杂多样,受年季降水不均的影响,经常发生洪涝灾害。代州、五台等县位于五台山下,有的地方河流落差大,也经常容易发生洪涝灾害,不利于当地水利开发和水利建设。所以晋北大部分地方都是靠天吃饭,水利事业落后。

晋西北的黄土丘陵地区地表破碎,大多为黄土覆盖的丘陵沟壑。例如在兴县附近主要分布黄土梁状丘陵,土壤水分、肥力等都不如塬地,而在靠近黄河地段,地表土质又以沙黄土为主,结构松散,整体而言都不利于农业生产的发展。地近黄河的保德州作为全省山坡最多的地区,全境皆山,风则沙飞,雨则土溃,水土流失现象非常严重,这种环境下的农业生产只能以小米、荞麦、胡麻等作物为主。

民国时期的山西,"雨量最多期间在夏秋,春季最少。往往播种失时,收获极歉。故有'三年雨旱,山西大难'之谚。然淫霖泛滥,其祸尤酷。故农民畏雨水之多,竟较畏旱为尤甚。由此可知山西降雨量因湿干期而极不平均,因降雨量的激烈变化,而使山西陷于洪水和旱魃交攻之下"①,"晋在中国之北边,与蒙古接壤,气候甚寒,……风,则西北风居多,而北府更甚,冬春之际,扬沙飞石,行路苦焉。……而春冬之雨雪,尤为稀少,惟北府三冬多雪。以地气冷,偏南为雨者,北即为雪,非春暖不消,故见其多耳"②。《山西》省志说,"晋北地方,地势高亢多山。西带黄河,北负长城,东据恒山,扼飞狐之险,临平刑倒马等关,中抱雁门关。滹沱河斜贯其东南,桑干河导源他的中央而东流,西洋河经他的东北,清水河导源他的西北,为燕赵的藩屏。出得胜、杀虎二口,即通绥远,故历代以其地为陉北陉南的重镇。气候北部寒冷,因为居高原而没有障蔽的缘故"③。东亚同文会编的《山西省志》对于各县环境都有描述,如说到右玉县,则记"大同以西二百华里,

① 周宋康编《山西》第二编《地文志》,中华书局,1939 年。
② 山西省史志研究院编:《山西旧志二种》之《山西乡土志》,中华书局,2006 年。
③ 周宋康编《山西》第一编《绪论》,中华书局,1939 年。

归化城东南二百二十华里处。地形情况是四面环山，群峰林立，地处海拔一千三百二十米的高原，盛夏亦不太炎热，据说气温不超过华氏八十六度。此地每到春季便由蒙古地方刮来大风，风势猛烈，挟来大量黄沙，使房屋耕地深受其害，城墙的东、西、北三面常被丈余深的黄沙所掩埋，据说每年清除黄沙，所费不赀”①，等等。

晋北地区位于农牧交错带，农牧交错带这种称谓本身就反映了区域土地利用状况。在广大的地域范围内，人们长期保持着亦农亦牧的生活状态，实际上这种生活状态就反映了自然常态因素对于区域土地利用的制约与影响，尤其制约了本区的农业土地利用，不仅反映在耕地数量、作物种植制度方面，也反映在作物种植结构、农业生产技术等方面。又如在管涔山、云中山等山区林业的发展，以及五台山、荷叶坪、紫金山等草地牧业的发达，这种土地利用格局的形成都充分体现了自然因素的制约作用。至于前面所说的农牧界限的移动以及区域内农牧土地利用的转换等变化，则充分说明了本区域土地利用对于驱动因素的敏感性。

第二节　清代晋北地区主要自然灾害与社会应对

一、自然灾害对土地利用的影响

（一）农业生产力下降

自然灾害对于土地利用的影响，主要表现为农业生产受损，农业生产力下降。这其中又包括以下几个方面。

第一，破坏农作物的正常生长，直接造成农作物的减产或绝收，引起粮食危机。如拿旱灾来讲，干旱灾害平均每年要使20%～25%的耕地面积遭受不同程度的损害，晋北旱灾严重影响农业生产，造成树死土焦，颗粒不收，致使出现生存危机。晋北地方田成一季，春季干旱少雨，错过播种时机，夏灾实际也相当于秋灾，充分体现环境脆弱性。如灵丘米价昂贵，朔州饿死者盈途，岢岚谷不成实，斗米三千余②，等等。旱灾的次生灾害对农业生产的影响也非常显著。干旱缺水为蝗虫的快速繁殖、短期内爆发成灾提供了可能。蝗灾严重时，蝗虫尽食禾苗，农业收成无望，饥馑成灾，造成人

① 东亚同文会编纂：《中国分省全志》第17卷《山西省》《第二编 城市》，大正九年（1920年），见《山西旧志二种》附录中翻译版本。

② 中国气象灾害大典编委会编：《中国气象灾害大典（山西卷）》，北京：气象出版社，2005年。

民普遍流亡的现象。晋北地区的蝗虫,多由境外地区飞来,或来自蒙古,或来自直隶,一旦进入,持续时间又较长,且蝗虫属于暴食性的害虫,所到之处,不仅吃光农牧作物,更是连人、畜、衣、物等也不放过,给当地百姓生产生活带来严重危害。清初顺治四年、五年,即1647—1648年间,灾情涉及整个晋北地区,雁平道的大同府、朔平府、代州直隶州、保德直隶州和忻州直隶州,以及冀宁道太原府的岢岚州等地区都有蝗灾发生。从程度上讲,蝗虫数量多,灾情严重,持续时间长,反复成灾,阳高县达到"七年方绝"①。再如道光十六年(1836年),怀仁县飞蝗入境,秋禾食尽,百姓卖妻鬻子,流离死亡者过半,平鲁县十室九空,五台县饥民遍地。

第二,对作物种植结构的影响。在区域自然环境及自然灾害发生特点的影响下,农业生产中的作物种植结构会出现选择性的调整,为了避免更严重的损失,通常一些对区域自然灾害抵御能力强的作物就会得到推广种植,而另外一些抗灾能力差的作物就会逐渐被淘汰。例如晋北地区普遍种植莜麦、荞麦、胡麻等耐寒抗旱的作物,以及前面讨论过的马铃薯的种植与推广,都充分体现了这一点,而与环境不相适宜的冬小麦,在晋北地区就很少种植。晋北多为一年一熟的耕作制度,一旦受灾,民众会补种一些作物,如荞麦、胡麻等,这些作物还有救荒的作用,也正是基于这些生长特质,这些作物才能够得到广泛种植。还有一些不能适应本区域生产环境的作物就不能得到推广及普及,比如棉花的种植,晋北地寒霜早,不宜植棉,在作物耐寒品种没有更新及新技术没有引入之前,晋北地区一直都是鲜有棉花种植的。

第三,危及人畜及房屋等财产安全,破坏水利设施,对生产生活造成极大威胁。与旱灾相比,水灾带来的灾难是瞬时的、强烈的,这一点从乾隆帝对于水旱灾害的处理态度中也可看出,"朕念水旱之灾,同宜赈救,而水为尤甚。旱灾之成以渐,犹可先事豫筹,水则有骤至陡发之时,田禾浸没,庐舍漂流,小民资生之策,荡然遽尽,待命旦夕,尤当速为拯救"②。如乾隆五十九年七月,代州、五台、繁峙等县因大雨连绵而暴发的山洪灾害,冲刷地亩,损伤人口,秋收无望。再如兴县、静乐、朔州等县反复出现河水冲毁堤坝的情况。静乐县的碾河在嘉靖三十二年河水大涨,冲毁南郭民庐三百所,至隆庆、万历时期,碾河堤屡修屡决,至康熙十五年重修,三十二年、三十九年碾水再冲堤,人们再修。朔州的小北岔口一带,"两山雄峙,水势乘

① 雍正《阳高县志》卷5《祥异》,雍正七年刻本。
② 《钦定大清会典事例》卷270《户部·蠲恤》。

雨而来,若不设堤防,则奔溃四出"①。兴县的蔚汾河在夏秋时而骤涨,清康熙二十年、二十一年、二十三年、二十六年、三十四年、三十九年,反复冲西关与东关。洪涝灾害对于社会生产生活的稳定都有极大的危害,忻定盆地定襄县的滹沱河"经县境约九十余里,大半平坦,河流迁徙靡常,渠道易于淤塞"②。"披水歉收"、"屋宇尽坍"、"栖无所"等记录也显示了洪涝灾害的危害性。顺治七年(1650年),"滹沱河水溢,将西营小羊房村、北关等地淤浸,民皆流离"③,乾隆五十一年(1786年),五台县滹沱河发洪水,河南岸从覃上至张家庄一带,稻田全部水淹,压沙数尺,变为沙滩。洪涝灾害对于沿河民众的生产生活影响也十分巨大,这种非旱即涝的环境特征极大影响了北部地区的农业生产。自然灾害经常会造成人畜伤亡,使农业生产中的劳动力、生产资料、生产工具等受到破坏,使农业生产受阻,不能继续开展下去。

(二)土地承载力下降

在生态环境极其敏感的农牧交错地区,自然抗灾能力较差,频繁发生的自然灾害更加重了人民生存的压力,土地承载力下降,大量人口外流,这从清代中后期大量北部地区民众的出口谋生行为活动中便可窥见一斑。这种出口谋生,以及春去冬回的雁行人现象在山西西北部地区表现突出,多是由于地瘠民贫,人民不得已才出外谋生。人口外流还表现在自然灾害压力下的人民逃亡。拿旱灾来讲,北部的大同盆地,位于黄土高原东北边缘,地形复杂。每年10月到次年5月受西伯利亚冷气流影响,盛行西北风,最大风力8级,多风、少雨、缺水。6月~9月降水集中,但由于东南部恒山、太行山阻挡,降水过程短暂,降水量小。全省降水量最小的地区即为大同市,多年平均降水量382.7mm。西北部的保德、河曲等地,地表破碎、沟壑纵横、植被稀少,水土流失严重,气候干寒,这里成为旱灾发生较严重的地区。降水量年内季节分配不均和降水变率大,极易形成春旱、冬春连旱等灾情。晋北地气早寒,通常只有一年一熟,春分后始播麦,六月终始熟,若遇雨水衍期,地土干燥,无法播种,继而"秋收歉薄"甚至"颗粒无收",结合赋税压力,人口外流现象非常严重。

以上分析表明,自然常态因素和灾变环境对于本区域的土地利用、农业生产都有非常重要的影响力,在这种常态和灾变的综合生态环境下,形

① 光绪《山西通志》卷68《水利》,光绪十八年刻本。

② 光绪《山西通志》卷69《水利》,光绪十八年刻本。

③ 雍正《定襄县志》卷7《灾祥志》,雍正五年刻本。

成了清代山西北部地区独特的土地利用分布格局,并且区域内土地利用对自然因素的制约作用表现敏感。

二、救灾制度所体现的应对

清代的救灾制度,也就是荒政,包括备侵、除孽、救荒、发赈、减粜、出贷、蠲赋、缓征、通商、劝输、兴工筑、集流亡十二个方面,若按照救灾的基本程序主要就包括报灾勘灾和临灾救助。而救灾最主要的方式就是蠲免、赈济和工赈等。蠲免是指得到帝王同意后,国家将应向人民征收的赋税减少以至免除;赈济则是将银、米直接发给灾民,以帮助他们维持生命,渡过难关;工赈也是经常施行的赈济方式,是指在灾年由官府出资兴办工程,日给银米,以招募灾民。救灾制度充分表达了社会应对环境灾变的意愿及措施。在实际灾害发生时,政府并不是单一地运用一种手段来进行抗灾救灾,通常会从多方面考虑,这体现了荒政的整体性。同时面对不同的环境灾变,政府赈灾的方式又需要各有侧重,这体现了统治者对于灾害特征的把握,荒政具有针对性强的特点。下文将详述山西北部地区灾害发生后,政府救灾制度和自然灾害的关系以及救灾制度所体现的社会应对。

救灾制度的整体性来源于自然灾害的复杂性,不仅因为灾害种类的繁复,还来自多种灾害的相关性、连续性,以及对于人类社会产生影响程度的复杂性。正如前文所述,气象灾害方面,不仅水旱连年,更有旱蝗相继,同时饥疫并存,民不聊生。那么在这种情况下,政府必须制定一套完整的救灾制度以应对各种灾害的发生,不仅救灾的方式方法出现差异,并且基于灾害发生发展的程度,赈灾的力度也各不相同,救灾程序上也会有所变化。在各种自然灾害发生之后,如旱灾、水灾、雹灾等灾害使农业生产减产,形成饥荒,政府对当地实行蠲役、蠲赋、平粜、发赈等形式的救助方式,减轻灾害的影响。尤其对于特大灾害,政府救灾的宏观调控就显得尤为重要。如光绪初年我国北方发生的“丁戊奇荒”特大旱灾,清政府宏观调控就从灾情缓急等方面考虑。“……山西情形最重,河南情形稍轻,所有此次备赈银四十万两,著以七成拨归山西,以三成拨归河南。……四年又谕,山西上年被旱极重,叠经拨给银米以资赈济,本年六月间又遭大旱,被灾之区仍复不少,残喘余生,何堪重困,著加恩拨给山西漕米十二万石,以济赈需。”①

救灾制度又具有一定的灵活性,因为受灾程度和灾变的不同,统治者制定的制度会有不同程度的变通。如清政府对于被灾之地,要按户给赈;

---

① 《钦定大清会典事例》卷274《户部·蠲恤》。

赈饥方面,在近城之地设粥厂,煮粥赈济,远至四乡的,便在二十里之内,各设米厂,按口一月一领米。又如对于赈济时分为极贫、次贫等级别进行赈济,这也是灵活变通的一种体现。对于极贫加赈,五六月至七八月不等,次贫加赈三四月至五六月不等。对于农业生产只能种植一季的地区和能够种植两季的地方酌情对待,“各省地土种植,止有一季,夏灾即准照秋灾办理。其种植两季之地,若夏季后不能复种秋禾,亦即与秋灾无异,至冰雹为灾,多在夏月,统照夏灾办理”①。这些都展示了赈饥方式的灵活。按照距离的远近设置粥厂,对于灾歉连年的地方延长赈济时间,具体问题具体分析。对于山西等地极贫、次贫的划分,制定与执行的矛盾促使在实际操作中进行改变,目的就是能够更好地赈灾。而对于不同的区域来讲,一样的灾害,受灾程度又不一样,所以会有夏秋灾的合并处理。结合地方灾害的处理,可以清楚看到制度在执行过程中的灵活。例如在乾隆五十三年(1788 年)大同府属发生旱灾,乾隆即对被灾七八九分的极次贫民加赈一个月。而在嘉庆十一年(1806 年),因为山西连年荒歉,嘉庆帝即令山西巡抚将粥厂展限至三月底止,后又发觉距离麦收之期尚早,如果将粥厂停止,恐怕民众口食无资,于是继续加赈一个月,直至四月底。②

这种救灾制度的灵活,不仅表现在区域不同处理方式不同,对于灾害的特性把握,也促使了制度执行的灵活性。例如清政府对于水灾的应对处理。乾隆二年规定,如果地方突遇水灾,督抚要一面题报,一面派官拨公银,会同地方官调查被灾户数,房屋冲塌,无力整修,或者房屋虽存,实在无法生活者,都要酌情赈恤。至乾隆三年规定,一旦遇灾,各督抚应该亲自迅速访察,加以赈恤。

制度是约束人与人之间的规范,是一种涉及社会、政治和经济行为的行为规范。救灾制度是涉及人类行为和环境变化的行为规范,制度的推行一定程度上能够调节人与自然的关系,减轻灾害的影响。宏观上讲,荒政下的社会应对具有整体性和灵活性,有利于地方社会的抗灾、减灾和救灾。制度的制定,既需要依据各种自然灾害的发生发展特征,但也需要满足社会、经济、人事等各方面的条件,调控各阶级利益。

三、各类灾害下的社会应对

根据不同自然灾害发生特点及影响,社会应对的方式与方法也多有不

① 《钦定大清会典事例》卷 271《户部·蠲恤》。
② 《钦定大清会典事例》卷 273《户部·蠲恤》。

同,下文即对各主要自然灾害下社会应对的情况加以分析,其间体现政府和民间等方面的应对措施。

(一)旱灾和饥荒

乾隆五十二年(1787 年)、五十三年(1788 年)大同地区大旱,乾隆帝对于这次旱情多有关注。乾隆五十三年四月,从归化城回来的富泰给乾隆上报了沿路看到的大同灾情,大同地区一年一季,四月初还未得雨耕种,等同于秋灾,所以有众多百姓逃往口外讨生活。乾隆责怪山西巡抚明兴为什么没有上报,故而传谕责问。至五月初,明兴奏报说大同等地在四月二十二三日已经普得透雨,乾隆认为这时候虽得雨能够播种,但是秋收欠粮在所难免,所以还是要着手处理,不管是在借给籽种还是督促农务方面,都要认真执行,关键是到秋收的时候要再次勘察。虽然这次旱灾不是很严重,但对于农业生产环境脆弱的地带,稍一遇旱即成灾,统治者对此也非常了解,从执行方面看,体现了对于旱灾的处理方式中可以提前筹措,持续观察采取措施等方面的特点。

旱灾对农业生产影响极大,增加爆发饥荒的可能。清政府荒政中的赈饥一项,就是针对灾害发生后产生的饥荒给予处理的措施。一般的赈饥包括赈粥、赈米和赈钱。从赈济效果看,赈粥不如赈米,赈米不如赈钱,但是赈钱虽然方便,却也很容易给官吏中饱私囊的机会,所以从杜绝弊端方面来讲赈钱不如赈米,赈米不如赈粥,"惟赈粥实在,饥民可以均沾而弊实少,故赈饥而至于粥,此亦法之变而穷焉者也"①。除了官方广设粥厂,地方乡绅也经常出资赈济乡民。乾隆五十一年(1786 年)代州饥,知州王秉韬设粥厂济贫民,并劝士绅出粟助赈(采访册:州民祁丕昭出粟三十余石赈饥)。② 又如康熙年间请假归田的中书科舍人韫斋霍公,就曾在康熙二十九年(1689 年)马邑旱灾中积极救助,活人无数。其中尤其注重施救方法,更多是以救助为目的义行,"公轸念民艰,忧形于色,乃出粟平价通粜,日晨起立门,计口而给,有求多渔利者则叱去,其极贫垂颠者慨赈之,或米、或糠,或家园之蔓菁菜根,或水磨之团糁油屑,苟可以延养人命者,倾囊以施"③。并且对于远道而来的灾民,担心会因突然吃得过饱而伤及性命,便将粥煮烂,慢慢地让灾民吃下,这样救活了更多的人。

乾隆时期广灵县县令郭磊采用家乡之法建立恤族仓,以备荒年。所谓

① 孙鸿淦:《赈饥议》,乾隆《兴县志》卷 17《艺文》,乾隆十四年刻本。

② 光绪《代州志》卷 12《大事记》,光绪八年刻本。

③ 民国《马邑县志》卷 3《艺文志》,民国七年铅印本。

恤族仓就是仿效社仓之法设仓于族群中，广灵当时成族者多的达到数百户，少的也不下数十户，族内贫富相参，在族内设仓，一旦遇有荒旱饥馑之年，恤族仓便可发挥作用，使一族之内能够互相救助。除此之外，郭磊还号召大家建恤儒仓以救济寒士。所谓寒士，就是受过教育但又没有取得功名的读书人。政府注重对寒士的救济，有学者认为既体现了古代荒政的人文关怀，又是封建时代等级观念在荒政中的体现。① 而对邑令郭磊而言，年轻时在家乡见到因为遭遇灾荒，一些读书人从散赈者手中毫无尊严地得到些许粮食，让他觉得非常气愤。乾隆十二年(1747 年)郭磊出任广灵县令，乾隆十九年(1754 年)，县内绅士出资修纂县志，书成之后仍有余财，郭磊便用这些余财买谷若干，自己又捐谷若干，建成恤儒仓以救济寒士。他更订立了恤儒仓如何运作的规章制度，让恤儒仓能够真正发挥作用。这种丰年设仓以备荒年的做法，就是地方官结合地方实际采取的一种防灾抗灾之策，平时积谷成仓，一旦稍遇灾荒便可发挥救灾作用。

(二)水灾

与旱灾相比，水灾的处理显得更加需要时效性。乾隆五十九年(1794 年)，山西代州及所属之五台、繁峙等县，自六月二十三四至七月初七八等日，大雨连绵，山水陡发，冲塌房屋，淹刷地亩，损伤人口。山西巡抚蒋兆奎携带银两，亲自前往督率抚恤。对于所有冲塌房屋，淹毙人口者，均按例加两倍给予赏恤银两。对于被淹地亩，秋收无望，便奏请乾隆先行抚恤一月口粮，再行勘明灾分轻重，分别加赈题豁。乾隆随即答复："将代州及所属之繁峙、五台三州县被水处所本年应纳秋粮，概行豁免，以纾民力。仍著蒋兆奎，即先行出示晓谕，俾各安居复业，仍速勘明灾分户口，分别加赈，及酌借籽种口粮等事，实力抚恤。"②代州、五台、繁峙县处于五台山下，夏季降雨量的增大导致的山水暴发，冲毁田庐，损伤人口。蒋兆奎处理的情况也是携带银两边勘灾边报灾，只是没有接到乾隆的谕旨，较为广泛的赈灾措施还没有开展。乾隆帝加赈态度很明确，均照两倍给予尚恤，先赐一个月的口粮，夏秋粮均行豁免。

水灾的情况比较复杂，北部地区不仅山水成灾，河水成灾也比较显著，这还是与本区降水量的年季分布不均以及区域内多山地丘陵有关。部分县的修堤挖渠现象其实也体现了乡民对于水灾的应对措施。

兴县，南滨蔚汾河，蔚汾河夏秋时骤涨，有石堤在县南。明即反复修

① 周致元:《明代荒政文献研究》，合肥:安徽大学出版社，2007 年，第 129 页。

② 《清高宗实录》卷 1457，"乾隆五十九年七月辛亥"。

筑,清康熙二十年、二十一年、二十三年、二十六年、三十四年、三十九年,蔚汾河反复冲城西关与东关,究竟为什么会这样呢?康熙四十七年(1708年),知县乐廷芳考察后发现,兴县凭借蔚汾河泄万山之水,蔚汾河从岚县发源,至兴县达于黄河,延袤百余里。河身原来沿南山而行,距离县城一里多,然而近二十余年,居民房屋常遭漂溺,原因即在于河水从东来,到城东水磨沟村,有石横于前,河水边硬折而南流,至南山之麓,再转而西流。南山一支余脉拦在河内,据当地里老所言,这个小山在数十年前,只有一山嘴挂落水面,不过丈余。因而河流至此稍折,仍依故道西行。但是自康熙十年之后,河流湍急,这个小山弯曲处正当水冲,狂澜专注,沙土漂缩。所以现在河身较以前南徙十有余丈,以前只有丈余的小山现在也变成了十余丈宽。那么这番考察之后,乐廷芳就认为,现在应该将砥流支山凿平数丈,让河面变宽,从而能够杀其逆转之势。要在北岸筑建石堤一道,用以抵挡其北来之冲;除此之外,还要将旧河身挑濬深广,让其仍归故道,从而让河水多宣泄之路。至于南关对面山下,原有的石隘梗塞水口,所以现在要稍加铲削,让水势顺利流过。在北岸也要筑起石堤一道,仍然宽留河面,让河水能够顺利流过。他认为如果这样的话,河流就不会横溢,城垣就不会坍塌了:"遂于闰三月肇工,挑濬淤平旧河身,袤三百六十三丈六尺,凿河南岸东首顶流乱山石嘴二尖角形,东袤八丈,西袤六丈,西首石山角一弓形,袤六十丈。遂筑护城堤,袤四百五十九丈,面阔六丈,底阔八丈。内东首石堤袤一百二十五丈,西首石堤袤一百三十丈。堤外加筑小石堤,袤四十丈。五月竣工。"①

筑堤以防山水的工程在北部地区较为多见。例如明万历时人卢时泰《西关外古城水利碑记》就记到朔州:"小北岔口一带,两山雄峙,水势乘雨而来。若不设堤防,则奔溃四出。而此山以东,朔城以西,地皆沙瘠,岁苦狂霾。惟雨后山水所到,胶泥随涌,能使风伯不灾,播种无患。故昔人于要害处筑堤以杀其势,濬渠以导其流。"②这里讲的就是朔州西关外分水堤的功能。

静乐县的情况也是如此。碾河堤在城东外,这道堤在嘉靖三十二年(1553年)的时候即河水大涨,冲毁南郭民庐三百所,至隆庆、万历时期,屡修屡决,万历二十六年(1598年),知县杨登科用石甃砌,延伸堤坝袤九十七丈高六尺,底宽一丈五尺,顶广一丈三尺,等等,一直将水逼至东南而流。

---

① 光绪《山西通志》卷66《水利》,光绪十八年刻本。
② 光绪《山西通志》卷68《水利》,光绪十八年刻本。

至康熙十五年重修，三十二年、三十九年碾水再冲堤，乡民又再修。

以上的例子都是展现了山水时而涨发的环境下，乡民想尽办法筑堤用以防灾的情况，灾害的发生与区域环境特征密切相关。河流迁徙也会引起水灾，如忻定盆地定襄县的滹沱河“经县境约九十余里，大半平坦，河流迁徙靡常，渠道易于淤塞”①。

（三）震灾

地震的发生更具瞬时性和危害性，政府的救灾措施偏重于灾后蠲恤救助，如在嘉庆二十年（1815年），山西运城等处同时地震，房屋坍塌，压毙人口至数千名之多，嘉庆帝即降旨“迅速查明，比照向例，蠲缓赈恤，务令实惠及民。其掩埋人口，修理房间，并受伤人口酌给医药，因伤致毙者，仍给掩埋银两，露处资贫民，煮粥接济等情，俱著妥速办理”②。除了政府的救灾，面对地震这种猝不及防的灾害，邑令、乡绅号召民众开展灾后重建工作，也能取得一定成效。以五台县为例，康熙二十二年（1683年）原平（崞县）地震，五台县遭到严重破坏。地震之后上任的邑令周氏，看到灾后的惨败景象，便号召乡绅民众开展了一系列的灾后重建工作。地震过后，五台县文庙震裂，周氏即与县内举人阎襄、贡生曲尔昌等绅士捐资重修文庙，令其焕然一新。又由于地震影响，城北门坍塌，而河水离五台县城越来越近，周公便捐资疏通渠道，修筑城墙，台邑之民亦“挟畚锸、负笼笊”③，云来星集，共同出力修筑。五台县的资料向我们展现灾后民众自救行为，这些行为对于灾后的重建具有实际作用，往往是比较直接有效的救灾方式。例如前文所述的赈饥，乡绅出资出力救助，或散米或散粥，让灾民得到实际救助。

（四）蝗灾

道光十六年（1836年），在大同府境内和保德直隶州河曲县发生蝗灾，时任浑源州知州方熙，就大力号召民众捕蝗，并取得一定成效。方熙告知百姓捕蝗之法，并“令捕蝗百斤给制钱百三十文”，“一时乡民□捕踊跃，囊负车载，赴城交者络绎不绝，或付汤镬，或畀烈火，蝗毙积如山”④，第二年蝗种绝，没有蝗灾之害。

蚂蚱和蝗实非同种，但一样可以跃入田中伤损谷苗，遗种为来年之害，乾隆时期广灵县令郭磊注意到这一点，并带领民众从作物种植、扑打技术等方面采取具体措施，使其难以为灾。郭磊令人在山脚下掘长沟，夏至前

① 光绪《山西通志》卷69《水利》，光绪十八年刻本。

② 《钦定大清会典事例》卷270《户部·蠲恤》。

③ 王汝雕编著：《山西地震碑文集》，太原：北岳文艺出版社，2003年，第417页。

④ 光绪《浑源州续志》卷8《职官》，光绪七年刻本。

后山上蚂蚱生时便雇人自上而下将其赶入沟内，压之以土，这样几次之后，十之七八已经被消灭了。农业种植方面，郭磊也总结出要在山旁挖沟之地种夏田，蚂蚱生时夏田已收。还要在夏田旁边种高粱，高粱粗劲，蚂蚱伤不了。在高粱旁种豆，豆叶涩苦，蚂蚱不吃。种豆之侧种黍，黍苗微酸，不如草味带甘，蚂蚱也不怎么吃。粮食作物中只有谷与草相差无异，蚂蚱专吃谷苗，因此必须在远山近村之地种谷，即使蚂蚱能跨过沟去，还有草叶可以吃，对谷的危害性就小多了。① 总之，利用蚂蚱不能高飞的特点将其赶入沟内，再利用农作物的特性减轻蚂蚱的危害，从而达到抗灾减灾的目的。

（五）禳灾

禳灾就是人们通过祭祀祈祷天神等以图消除灾害的做法，认为通过对某些超自然力量的祈求或控制，就能达到预防或者消除自然灾害的目的。随着时间的推移，这种方式变得越来越完备，祈求的仪式越来越复杂，逐渐形成一种禳灾制度及措施。传统社会，禳灾在人们的防灾减灾意识中占有重要位置，上至帝王将相，下至平民百姓，通过向自然、神灵祈祷，达到灾害被消除的记载屡见不鲜。我们前文所述各种灾害，都普遍具有各种禳灾方式，比如对于消除旱涝的祈祷，逐渐在民间形成一种风俗习惯："祈祷有三：旱则祈雨，潦则祈晴，病则祈愈。……（一）祈雨。岁旱，地方官祈雨，先禁止屠宰，持香步行而出，绅随之，祷于龙神庙。或有水泉处，乡民则设坛于村，或三日，或六日、九日，视旱之久暂以为断。……至忻州之祀杨娘娘，太原县之祀水母，兴县之祀钻天大王，则荒怪难稽矣。……其奉龙神出游者，名曰抬龙王，尤易滋事，南北路皆有之。北路更有以刀挟于臂，而奉神以出者，名日扎刀子，往往戕其生而雨辄应，亦不可解。（二）祈晴。雨甚妨稼，官祷于关圣，或城隍庙，或并祷风神。亦设坛，令僧道诵经，禁屠宰，雨晴而止。（三）祈病。祈病之俗，以太原、汾州、平阳、蒲州、解州、潞安、泽州、大同、忻、代为盛，祀狐者尤多。"②其中的祈雨和祈晴分别是针对旱灾和涝灾的禳灾方式，祈雨方式显得比较突出。从资料显示，一般的祈雨仪式，都会在龙神庙举行，或者是在有水泉处，各地祭祀的神灵也不一样，还有一些抬龙王的游街活动。谈及山西北部地区还有一种扎刀子的祈雨方式，更显激烈。

这些都是人与自然博弈过程中产生的种种认识。历代帝王出于对自

---

① 乾隆《大同府志》卷26《艺文》，乾隆四十七年刻本。

② 民国《山西风土记》《宗教篇第五》，见于山西省史志研究院编：《山西旧志二种》，中华书局，2005年。

然的崇拜，还会经常拜谒名山大川，山西境内恒山、五台山等，都被认为是颇有灵气的仙佛圣境，乾隆就曾多次巡幸五台山。除此之外，州县官民在遇到灾害的时候，往往也会祈祷朝拜。如顺治十七年(1660年)，浑源、广灵大旱，此时张崇德任浑源州知州。张崇德，“辽东籍，永平府昌黎县人，由贡士顺治十五年以渭南令升任”①。他于庚子(顺治十七年)五月壬午朔日庚辰祷恒山之神，祝词中记：“客岁三冬未睹雰霏瑞雪，今年数月稀降霶霈甘霖，终朝徙雨风霾，累月未经云叆，……东作无成，西收何望，况去年会遭冰雹，少壮已散四方，若今岁再值亢阳，老羸必填沟壑，……”②，而之后的《郡侯张公德政碑记》中记为：“岁遇庚子三冬无雪，春夏不雨，米价腾贵，百姓慌怖，公减膳撤悬祈祷于永安寺，未几而大雨淋漓，既霑既足，所谓至诚而不动者未之有也。……”③。前后记载相对，显示出顺治十七年浑源大旱，知州张崇德禳灾的方式似乎取得成果，终得甘霖。再者，针对蝗灾而建的八腊庙和刘猛将军庙等，在晋北地区也是非常普遍。除此之外，北部地区还建有雹神祠和霜神祠。浑源州知州桂敬顺，“江苏泰兴人，生员，乾隆二十三年任。……浑居北，早寒，孟秋多降霜损稼，公立霜神祠，率州人祷之，丕著灵应，民戴焉。”④资料充分显示了山西北部地区早霜的气候特征，人们主观的认为建立一些祠庙，多加祈祷、祭祀，就会免于过早的霜灾，这也是清代当地民众的一种禳灾方式。

禳灾制度的发展反映了人类对于自然的认知不足和无奈，而禳灾思想渐渐成为习惯则反映了制度的稳定性。现在的研究多把禳灾当作对灾害的消极应对，在当时的社会环境下，这些抗灾减灾方法是支撑人们抵御灾害的精神支柱，反映了人类对于自然的不解与敬畏。

综上，对清代晋北地区各类主要自然灾害给予一定程度的整理和分析，自然灾害对人们的生产生活产生极大影响，考虑到传统社会生产特点，笔者主要对自然灾害对土地利用造成的影响进行重点分析。自然灾害发生，社会各部门及广大民众有一定的应对措施，这种应对就是人类对于环境变化的响应，反映了人与环境的互动关系。

清代晋北地区各类自然灾害发生频繁，各类灾害给民众的生产生活带来严重危害。结合区域自然环境特征，自然灾害对于清代晋北地区农业生产有重要影响，农业生产力、土地承载力下降，人口外流等现象均与此相

---

① 顺治《浑源州志》上卷《职秩志》，顺治十八年刻本。
② 顺治《浑源州志》下卷《艺文志》，顺治十八年刻本。
③ 乾隆《浑源州志》卷9《艺文》，乾隆二十八年刻本。
④ 光绪《浑源州续志》卷8《职官》，光绪七年刻本。

关。荒政的整体性与灾害的复杂性密切相关,不仅因为灾害种类的繁复,还来自多种灾害的相关性、连续性,以及对于人类社会产生影响程度的复杂性。在长期的生产实践过程中,清政府及当地民众对于灾害采取了多样的应对方式。抗旱、捕蝗、改良农作物、重建、水利工程的兴修、祈祷等行为,都是民众对于各类自然灾害的积极或消极的反应。水灾筑堤部分的讨论,反映了人类对于环境的认知以及防灾的重视。民众应对方式的多样化,在一定程度上对抗灾减灾具有实际意义。自然灾害的发生、影响及各种社会应对充分展现了人地关系问题。

第三节　清代晋北地区自然环境与农业技术选择

区域农业技术是当地民众长期以来与自然环境不断博弈的历史过程中逐渐形成的,反映了当地民众对于区域环境的认知、适应及应对,属于自然环境变化(包括自然常态和自然灾变)条件下区域民众的社会响应,也综合反映了区域内自然环境、社会经济因素、文化因素等相互作用、相互影响的过程。

一、晋北地区农业技术发展回顾

农业生产的连续性决定了农业技术的历史传承性,清代晋北地区的农业技术是在以往历代农业科技的基础上逐渐发展而来。山西位于黄河中游,黄土高原东部,其北为蒙古草原,其东为华北平原,南接中原腹地,素有表里山河之称,是中华民族及华夏文明的主要发祥地之一,也是中原农耕文明和北方游牧文明相互交融的主要区域之一。早在远古时代,这里就有先民的活动,距今十万年左右的旧石器时代中期的文化遗址阳高许家窑遗址,出土有早期智人化石以及大量的石制品和动物化石,其中旧石器时代具有典型意义的狩猎工具石球,在许家窑遗址中最为丰富,从中可以看出早期人类的石器剥片技术和生存行为。石球作为狩猎工具有其独特的优势条件,有利于古人类在狩猎中扩大成果。① 新石器时代一个重要标志就是磨制石器的出现,怀仁鹅毛口大型石器制造场就说明了石器制作技术的进步与石器生产规模的扩大,其中适于刮削兽皮用的圆刃刮削器和盘形刮

① 李超荣:《石球的研究》,《文物季刊》,1994 年第 3 期,第 103—108 页。马宁、裴树文、高星:《许家窑遗址 74093 地点 1977 年出土石制品研究》,《人类学学报》,2011 年第 3 期,第 275—288 页。仪明洁、高星、裴树文:《石球的定义、分类与功能浅析》,《人类学学报》,2012 年第 4 期,第 355—363 页。

削器的存在，间接说明其狩猎行为，较多的石锄和少量的石镰等农业工具的存在，说明其经济生活应以农业为主。①

先秦时期黄河中下游地区成为中国农业发生最早的地区之一，形成了以植粟黍为主的旱作农业，出现了生铁、铁铧犁等农业技术及生产工具，形成了精耕细作的生产传统。商代已经开始重视保持土地肥力，除了“抛荒”、“休耕”等方法外，还注意人工施肥。西周时期以休耕制代替抛荒制，并进行田间施肥与病虫害防治，并且认识到要因地制宜、因时制宜地发展农业生产。春秋战国时期“精耕细作”的农业传统逐渐形成，精耕细作主要是指农业上认真耕作，从选种、耕翻土壤、播种、中耕除草、灌溉施肥、防治病虫害以及最后收获，都给农作物以最好的生长环境与条件，来达到丰收的目的。这一时期《吕氏春秋·士容论》中的《任地》、《辨土》、《审时》三篇就细致提到农业耕作理论与方法，如我们较熟悉的“上田弃亩，下田弃甽；五耕五耨，必审以尽。其深殖之度，阴土必得；大草不生，又无螟蜮；今兹美禾，来兹美麦”②，就是解释了要根据具体的自然环境来耕种土地，或作凹畦种地以避燥，或作高畦种地以避湿，种植前后要分别耕锄五次，耕地要见墒，从而才能够没有虫害，不致荒歉，今年可以长好谷子，明年可以长好麦子，谷子和麦子的相互轮作倒茬以提高土地利用率，表明这一时期的耕作制度已经发展到新的水平。

随着农业动力、器具、设施的进步，黄河流域农业生产技术也经历了不断革新的过程，在作物品种、耕作栽培以及田间管理等方面，都有很多新的技术措施相继萌发，后来便逐渐形成一整套生产体系和技术规范，此后运用了两千多年，这就是人们所谓的传统农作技术。铁器和牛耕的出现，铁制农具和畜耕动力的普遍使用，是传统农业技术确立的两大主要标志。秦汉时期，冶铁业的发展为铁制生产工具的普遍使用创造了物质前提，农业生产工具中，主要是耕地和开垦用具犁与铧。大同怀仁鹅毛口出土过汉代犁铧，岢岚出土过汉代铁锄头，起源于春秋战国之前的牛耕在秦汉时期则相对普及。两汉时期，人们从黄土高原干旱与半干旱地区农业生产的长期实践经验中积累总结出了“代田法”和“区种法”，前者适用于对大面积土地的利用并使之增产，后者是适用于小面积土地上的一种抗旱高产栽培技术。代田法还比较适于荒地开垦，汉代河东农区范围拓展到了今兴县、岢

① 贾兰坡、尤玉桂：《山西怀仁鹅毛口石器制造场遗址》，《考古学报》，1973年第2期，第13—26页。

② 夏纬瑛校释：《吕氏春秋上农等四篇校释》，北京：中华书局，1956年，第38—39页。陈奇猷校释：《吕氏春秋校释》，上海：学林出版社，1984年，第1731页。

岚、神池、山阴、大同一带,在其拓展过程中,代田法也发挥了垦荒的先锋技术作用。① 这一时期比较重要的农书是《氾胜之书》,该书反映的是西北旱作农耕为中心的技术体系,抗旱保墒是其根本思想,这部农书对于黄河流域乃至北方旱作农区都有指导意义。

北朝时期,传统农业生产技术体系在山西地区基本定型,北魏贾思勰所著《齐民要术》一书在总结以往农业生产经验并进行调查、实践的基础上对土地耕作、作物栽培、田间管理、产品储藏加工等多个方面进行了详细记载,论述了谷物、蔬菜、瓜果等多种作物的栽培方法,包括浸种、施肥、中耕、防治病虫害等多个环节。《齐民要术》记述重点在大田作物的耕作、栽培和田间管理技术,坚持把"耕—耙—耱"的保墒耕作体系贯彻在各种作物种植中,提出不同土壤和作物的耕作原则和耕法。同时强调了中耕的松土保墒作用,主张多次中耕。还记录了各种轮作复种方式,其中谷类和豆类轮作、绿肥作物与粮食作物轮作,都包含了用地养地相结合的技术思想。例如讲种谷子时,良田宜种晚,薄田宜种早,山田种强苗以避风霜,泽田种弱苗以求华实,"凡谷田,绿豆、小豆底为上,麻、黍、胡麻次之,芜菁、大豆为下"②。本书总体来讲是对北方旱作区农业生产技术的总结和反映。

随着农业生产工具的改进、水利事业的发展及农业技术的普及,隋唐五代时期山西的农业生产技术相应有所发展,同时这一时期山西北部地区的牧业随着唐朝养马监的设立也逐步发展,民间的养马业、养羊业也很发达,牧业在北部地区的经济中占有一定的比重。宋辽金元时期,王朝更替频繁,社会动荡,山西农业生产也受到严重影响,只在社会相对安定的间隙中得到一定的恢复和发展。这一时期山西创造了淤田法,淤田法使产量增加,滹沱河、汾河等河沿岸都进行了一定规模的人工淤灌,在放淤肥田和改良盐碱地方面,淤田法起到一定的积极作用。③ 山西北部地区于公元936年即划归辽统辖,辽对当地农业生产也较为重视,农业有一定的发展。牧业持续发展,北部地区的朔州是当时比较大的畜牧基地。④ 元代山西属于腹里地区,农牧业都有一定程度的发展,北部地区相对牧业经济较为繁盛一些。

① 卜风贤:《重评西汉时期代田区田的用地技术》,《中国农史》,2010年第4期,第20—27页。

② (北魏)贾思勰原著,缪启愉校释:《齐民要术校释》卷1《种谷》,北京:农业出版社,1982年。

③ 温泽先主编,《山西科技史》,太原:山西科学技术出版社,2002年,第237页。

④ 山西省史志研究院编,《山西通史》第4卷《宋辽金元卷》,太原:山西人民出版社,2001年,第132—136页。

明清两代,政府在王朝建立初期都采取了若干措施恢复和发展农业生产,取得了一些成效,山西社会经济持续发展。对于农业技术而言,这一时期传统农业技术日益走向成熟,整体水平有所提高,但就其纵向发展而言,实际还是相对缓慢的。统治者认识到农业技术的重要性,也颇为重视,如康熙帝就曾多次提到边地的农业生产问题,“朕凡所至之地,先察其土田。边外耕种,必培护谷苗,使高其垄,此皆由土性寒而风又凛冽之故,不如此,则谷苗不能植立矣。”①“边外寒冷,当及时广播麦种,将田垄深耕,勤谨耘耨,耘时将草根无令土压,若草重发芽,则有妨田禾。耕种若太稠密,田禾随觉可观,所得实少;若稀疏耕种,所垂之穗既好,而所得甚多。”②又如对于种植作物的关注,“北地风寒,宜高其田垄,寻常之谷断不能收,必艺早熟之麦与油麦、大麦、糜黍方为有益。去岁往彼垦种之人,朕曾以此命之,因违朕旨,多种荞麦,以致田禾失收。尔等须问土人宜种何谷易得收获。朕曾问老农,皆云将雪拌种可以耐旱,尔等试为之。”③康熙多次强调农业种植因地制宜的原则,对锄草、中耕、间苗等农业耕作技术多有涉及,并同时注意到各处因环境不同而适宜种植的作物不同,以及防旱抗旱技术措施。其中康熙提到的边地荞麦种植问题,其实荞麦在大同、归化等长城内外地区多有种植,晋西北的偏关县也以种植荞麦为多,荞麦虽好,生长期短,适宜旱地种植,可以救荒,但是荞麦的种植要掌握好时间,若秋霜早到则会影响收成,“初伏乃种,霜早则尽萎”④。实际上农业种植的区域差异性非常明显,尤其更小区域范围内的农业技术差异也普遍存在,“无论从时间角度还是从空间角度来看,农业技术的区域不平衡性都是非常突出的。以清代西部论,这种不平衡性不仅存在于较大的区域之间,而且存在于较小的区域之间。即便在同一个较小的区域之中,河谷与丘陵、山南与山北,往往也存在着较为显著的技术差异。……较大的区域之间的技术差异通常表现为类型的差异,而较小的区域之间的技术差异多数表现为技术方式或者技术环节的差异。”⑤

二、晋北地区农作制度

作物种植制度是农作制度的主要内容,主要是指一个地区或生产单位

① 《清圣祖实录》卷153,“康熙三十年辛未十二月丙戌”。
② 《清圣祖实录》卷154,“康熙三十一年壬申二月丙戌”。
③ 《清圣祖实录》卷158,“康熙三十二年癸酉二月丙子”。
④ 雍正《朔州志》卷7《赋役志·物产》,雍正十三年刻本。
⑤ 萧正洪:《环境与技术选择:清代中国西部地区农业技术地理研究》,北京:中国社会科学出版社,1998年,第4页。

的作物组成、配置、熟制与种植方式的总称。包括种什么作物,各种多少,种在哪里,也就是作物的布局;作物在耕地上一年种一茬还是几茬,以及哪一个生长季节或哪一年不种,即复种或休闲;种植作物时采用什么样的种植方式,即单作、间作、混作和套作;不同生长季节或不同年份作物的种植顺序如何安排,即轮作或连作。

对于黍、稷、粟、粱等传统作物来说,晋北地区都有种植,即使各地称呼不同,甚至互有混淆。黍和稷是较为耐旱、耐瘠薄和抗逆力强的农作物,它们可以在经营粗放和土壤旱瘠的条件下获得收成,因此在晋北这样自然条件欠佳和耕作比较粗放的地区种植比较广泛。稻和麦则需要较好生长环境和较高的耕作水平,晋北地区几乎只种春小麦,冬小麦种植较少,清代后期种植相对增多。稻类作物只在黄河、滹沱河、桑干河沿岸等农业生产环境较好的地方少量种植,产量有限,并不是民众的主要饮食。在晋西北地区,稷、糜等都是当地主要的粮食作物,种植广泛。山西北部地区麦类作物种植比例不高,只有极少数的几个地区可以种植宿麦,如保德州和大同怀仁等地。本区多种植耐寒耐旱的作物,最具地方特色的物产是莜麦、荞麦和胡麻,其中胡麻是经济作物。莜麦耐寒,人们吃了耐饥,山西北部大部分州县都种有莜麦,朔平府、宁武府、大同府等地均广泛种植。荞麦常作为灾后补救作物,尤以灵丘苦荞著名。

清代山西北部地区的玉米、番薯等作物种植并不广泛,马铃薯的生产与种植相对较为突出,从一些资料的分析,认为至迟在乾隆四十八年(1783年)就已由地方官自陕南引种至山西,并逐步成为北部地区民众的主要食物来源。马铃薯的引种改变了当地作物种植结构,进而提高土地承载力,它使人们的生产生活随之发生改变。经济作物方面,胡麻的种植是清代晋北地区经济作物种植的一大特色。种植广泛,产量较高,甚至偏关县的胡麻还是该县重要的出口物资。棉、麻类作物种植较少,其中北地几乎没有棉花种植。经济作物中另一个较为突出的作物就是罂粟的种植。清代晋中、晋北地区是罂粟广泛种植的地方,从各地禁种罂粟的艰难和罂粟种植屡禁不止来看,利益的驱动、人为因素等是作物种植结构发生改变的重要因素。

复种指数与耕作制度有着密切的关系,改革耕作制度,在单位面积耕地上将原来一年只播种一季农作物的耕地,重复播种一季或两季,变一年一熟的耕作制度为一年两熟或三熟,从而增加复种指数。我国古代历来重视增加复种指数以提高土地生产力,但是晋北地区的农业耕种环境使得复种基本不可能。历史上看,早在汉武帝时期,武帝就倡导要积极种植宿麦,但是晋北无霜期短,气候寒冷,无法种植宿麦。北魏时期北部地区农业得到一定发展,但总体仍不发达,虽然贾思勰著《齐民要术》内容涉及山西和山东地区,而山西地区则也主要总结了山西中部和东南部的农业科技成就,农业生产各地都有差异,但是农业本身要求自然和社会为其提供的条件,在各地都是一样的,从这个意义上说,农业的整个理论技术体系,也都适用于各地,只是各地农业在发展和技术应用上,各有各自的特点。明代的民垦和军屯进一步扩大了山西的耕地面积,尤其发展了北部和西北部地区的农业。明代也尤其注重兴建水利工程,在前文水环境部分的论述中就可以看到北部地区大部分水利设施都是在明朝修建,这也使得晋北农业得以继续发展。

清代普遍发展的轮作复种制和间作套种制,在北方一年一熟地区,就普遍发展了轮作换茬的理论和技术①。在前面关于豆类作物种植的考察中就曾提到谷子、小麦、高粱、黍稷等作物适宜与豆类作物轮作,大多是与黑豆轮作,豆谷轮作是北方杂粮产区维持地力和提高产量的基本方式。祁寯藻《马首农言》中总结的轮作换茬经验非常丰富,认为谷子、小麦、高粱、黍稷等谷类作物的前作,都以豆类作物为佳,"谷多在去年豆田种之;春麦于去年黑豆、小豆田春分时种之;高粱多在去年豆田种之;(黍)于去年谷田、黑豆田,芒种时种之",反过来说,豆类作物的前作一般以谷类作物为宜,"黑豆多在去年谷田或黍田种之"。晋北广泛种植的莜麦,也"多于去年黑豆田、瓜田种之"。豆类作物、谷类作物等都不能重茬复种,"重复黑豆子种谷(子种:无粪下子),一年一个没甚吃"。麦田种过之后,可以种植荞麦,"荞麦多在本年麦田种之"②,即荞麦一般种在当年为小麦茬的地里,荞麦生长期短,通常也作为一种补种作物,但是荞麦茬后一般不宜种谷,"荞麦茬种谷,抱住脑袋哭"③。除此之外,谷的前作也不宜为糜子,俗称"糜茬种谷,见了就哭"④。

从农时来讲,晋北地区一般在清明前后才动农事,大同府灵丘县等地要到五月才开始播种谷子、荞麦、莜麦等作物,因为这时候才寒气减消,地土刚刚回暖,可以从事播种等农业生产活动。至于套种方面,以现在的农业生产来看,晋北大部分地区实行的是玉米和香瓜等经济作物的套种,这

① 郭文韬编著:《中国古代的农作制和耕作法》,北京:农业出版社,1981年,第19页。

② 本段几条资料见祁寯藻著,高恩广、胡辅华注释:《马首农言注释》《种植》,北京:中国农业出版社,1999年。

③④ 民国《灵石县志》卷12《谚语》,中国方志丛书·华北地方·第八七号,据民国二十三年铅印本影印,成文出版社,1968年。

样两种作物农业收成较好，经济效益比较高。

晋北地区平均每户经营几十亩甚至上百亩的土地，农业生产技术普遍比较落后，农业生产状况大部分广种薄收，并且主要种植耐寒耐旱作物。亩产量方面，晋北亩产最高不超过五斗，平均在二三斗左右①。

总体来讲，晋北地区属于旱作农业，区域地理环境直接影响了北部地区的农业垦殖。北部地区地广人稀，面积虽广但土地贫瘠，山坡地居多，农业生产条件较差，春迟夏短冬来早，“寒早燠迟不宜棉，地沙不宜麻枲，墄不宜桑拓”②。本区几乎不能栽桑养蚕、种棉植麻，稻类作物种植也并不广泛。清代晋北地区基本是一年一熟制，这与本区地理位置较为偏北、气候较为寒冷的生态环境条件密切相关，本地区的耕作较为粗放，有的地方虽也讲究精耕细作，但受制于自然条件，程度有限。同时晋北地区地形地貌复杂多样，形成了小区域范围内不尽相同的农业生产条件。境内多有山地、丘陵，间有断陷盆地展布，山区和盆地农业生产条件差距较大，农业技术也各有不同。晋西北黄河沿岸、宁武汾河上游、忻代滹沱河流域以及大同桑干河流域水利、水害、灌溉情况各不相同，土壤耕作条件也相差较远，所以在长期的生产实践中，太原以北的晋北地区广大民众对于各地具体的生态环境都有较为清楚的认知，并且在此基础上进行了相应的农业技术选择。

三、主要种植技术

因为各地种植制度和作物结构并不相同，相应的种植技术也各有特色。从土壤耕作方面看，对应山西地区的干旱环境，以保墒为中心的旱地耕作方式表现比较突出，同时由于区域内大多土地贫瘠，还很注意保持土壤肥力。因此在耕地时大多讲究耕—耰—耱的耕地法，通常需要深耕，有时对耰耱的时间有所讲究，下种的时候，有的作物需要提前整地，将粪肥撒过之后翻入土中，有的作物则需要将粪肥与种子混在一起，随犁入沟、耰耱平坦下种。说明经过长时期的生产实践，人们已经认识到耕耙耱这些耕作

① 关于晋北州县亩产量的问题，李三谋先生已经做过详细的研究，见《清代晋北农业概述》、《清代北方农地使用方式》等文章，从查到的资料看，情况基本相符，这里就不重复论述，只是资料中均显示“亩产……斗……”，这个亩是地方亩还是清代的标准亩，斗是大斗还是小斗，还需考量。因为在满铁调查资料中，记晋北地区普通年每亩产量，“高粱四至五大斗，小麦三大斗，粟六斗，黍四至五大斗，马铃薯1040斤，燕麦二至五大斗”，见满铁经济调查会：《北部山西经济调查书》（1935年6月），黑龙江省档案馆编：《满铁调查报告（第1辑）》，影印本，桂林：广西师范大学出版社，2005年。资料中斗、大斗同时出现，所以关于地方亩制和地方容积的问题非常重要。

② 万历《忻州志》《物产》，万历三十六年刻本。

技术可以使得土地疏松,便于种子出芽,还能够使作物的根系生长旺盛,同时降低雨水渗透的速度,不至于流失过快。土质疏松的话,还可以便于锄草和防治病虫害,阳光可以照入土地内,给作物生产提供一定的温度和湿度,使空气流通,增加土壤中的养分等等。

谷子是晋北地区比较常见的农作物,种谷子的时候可以和豆田轮种,亦可在去年的黍田里种植,甚至可以连种,但需要注意的是此时需要调换谷子的种类。并且"未种之先,耕一次,耙二次,以多为贵"①,强调多耕几遍的重要性,"耕三耙四锄五遍,八米二糠再没变"。同时提到在旱平地的话,就在谷雨后至立夏前播种,下湿地则从立夏至小满都可以播种,旱平地播种深度为二寸,每亩用种子半升,下湿地播种深度约一寸多,每亩用种子半升多。种完后用碌碡碾压,如果土壤太湿,要等干了以后再碾压。

黍子在北部地区也比较常见,就其种类来讲,有黏和不黏两种,黏黍和谷子同时播种,不黏的黍子又依据大小、颜色分为大小白黍、大小黑黍、大小红黍几种。总体说来,大的黍子播种早,成熟晚,颗粒比较大,能抗风,小的播种晚,成熟早,不抗风。耕种的时候,黍子适宜在前一年种过谷子和黑豆的田里种植,一般在芒种时播种。播种前先深耕一次,播种时再浅耕一次,每亩用种子六七合。播种之后要耱两次,先用木板拖一次,防止"没纹"(指幼苗被泥水灌心而死),然后碾压一次。土地要整平,不宜有土坷垃,出苗前遇到雨对出苗影响不大。三四片叶子时进行间苗,株距一寸多,双苗、单苗相互间隔,"稠糜忽阑黍,黑豆地中卧下狗"②。

春小麦在前一年种过黑豆和小豆的地里种植,北部地区一般春分前后至清明节播种,种以前或是种的时候雨水不充足的话,麦根不能深入,收成便不好。有两种播种方法,"以犁耕而种者"和"以镢勾开地界而种者"③,用犁开沟的播种法,旱平地每亩用种子六升,下湿地用七升到八升,若是能浇水且肥力较好的地,最多用一斗。耕完以后,耱两次,最好多耱几次。假若是用镢开沟的办法播种,每亩用种子稍多于用犁开沟的量,下籽以后用足覆土,踏实。两种办法播种下的麦子成熟期不一样,用犁开沟种得比较深,成熟期推迟,而用镢开沟种的比较浅,成熟期较早一些。就全省而言,

---

① 祁寯藻著,高恩广、胡辅华注释:《马首农言注释》《种植》,北京:中国农业出版社,1999年,第14页。

② 祁寯藻著,高恩广、胡辅华注释:《马首农言注释》《种植》,北京:中国农业出版社,1999年,第23页。

③ 祁寯藻著,高恩广、胡辅华注释:《马首农言注释》《种植》,北京:中国农业出版社,1999年,第18页。

春小麦山西省南部种的很少，北部地区种植较多，种的时候，“各处大概是把粪和种子混合在一处，装入柳栲栳内，随犁抓入犁沟，耱糖覆土便了”①。

莜麦是晋北地区种植较多的一种作物，多在前一年黑豆田、瓜田里种植，喜欢寒冷稍湿的气候。旱平地播种，每亩不超过三升，下湿地每亩有的可以达到四至五升。夏莜麦在清明前后至立夏播种，在初伏收割，秋莜麦与黍子同时播种，在秋分后收割，还有一种莜麦叫“二不秋”，与小豆同时播种，在处暑后收割。在防治病虫害方面，已经认识到如果播种的时候遇到下雨或者刮东风，穗子就容易出现黑霉病，所以应该避免在这种天气播种。还认识到如果在下种时用少量的烧酒拌种，莜麦茎秆会长得健壮，不被风吹倒。

黑豆在晋北地区种植较多，因其既耐寒、耐湿又能耐旱。黑豆一般都种在前茬为谷子或黍子的地里，但不能种在前一年是荞麦的地里，也千万不能重茬播种，“重复黑豆子种谷（无粪下子谓之子种），一年一个没甚吃”。一般多在谷雨以后开始播种，旱平地每亩用种子三升半，播种深度为三寸，下湿地播量相同，播种深度为二寸。种在旱平地的时候宜稠，三四寸留一苗，下湿地宜稀，但也不能超过一尺。苗小的时候浅锄，苗大的时候深锄，锄第二次的时候进行培土。收获以后要立即耕地，准备第二年种谷子与高粱。

荞麦是一种成熟很快的农作物，晋北地区种植较多。一般在当年的小麦茬田里种植回茬，也可以在遇上春旱，没有种上秋田地里种植，秋庄稼苗不全的时候还可以补种荞麦。播种时有的先耕地，然后用耧播种，耕地的适宜深度是二寸，耧种深度不超过一寸，播种后耱一次。另有一种为将种子和粪土混合进行点播，耕地深度为一寸多。点播的时候也有两种方法，其一是点在犁沟内，这时候耕的稍微浅一点，其二是点在垄背上，耕的就稍微深一些。还有一种播种法是将种子撒于地面，然后用犁耕一次，用耱覆土。最后这种撒播法种下的荞麦虽然容易结籽，但是成熟以后植株分散比较难起拔，不如前两种方法好。

从耕地技术来讲，犁地的深浅有一定的方法，假如想深一点，就向前稍微倾斜，若是想浅一点，要向后稍微倾斜。若想查看犁地的深浅，在耕过的地方用手刨开就能看出来。“春犁宜浅，秋犁宜深。深不过二寸半，浅不过

---

① 山西农学编辑会编，《山西农学耕种论·耕种各论》第一编《谷类》，1912年。

一寸或寸余。然亦有特用深犁者,地力不齐也”①,就是说依照耕种的时间,春天需浅耕,秋天要深耕,也有耕得特别深的,这是因为各块田地的肥力不一样的缘故。同时对于沟垄交替耕作,今年耕犁沟,明年耕今年的小垄,这样地力就提高了。

犁地的时候一般深不过六寸,浅不过一寸半。针对不同的土地类型,耕作的方法也不一样。“山田四寸为中。河地,秋三寸,春二寸半”②,山坡地耕种稍微深一点,河滩地相对浅一些。山地和平地的区别,用碌碡压地的时候也有不同,“山田,秋宜压,春宜磨(磨似耙,木齿形如鹿角)。平田,春宜耙,秋宜犁”,是因为“山田干燥,恐熟土为风吹去,来年禾稼不长,故用压、用磨”③,碌碡是用来压地的工具,山地因为怕风把熟土耕作层吹去,故而需要用压和磨的办法,平地就不需要了。

四、主要农业工具

农业工具的使用与区域地理环境、具体种植的作物是密切联系在一起的,不同的农业种植环境对农具的要求各有不同,同样,种植不同的作物,整地、下粪、中耕等生产过程所需要的劳动工具一样是各有特色,不难理解,这也是农业技术的一种环境选择。就整个山西地区而言,农具“多系旧式,但种类亦颇完备”④,具体各种耕地、选种、栽种、破碎、碾压、锄耘、浇灌、收获等农具门下种类齐全,都为我国北方常见传统农业生产工具,在小区域范围的使用上略有差别。

耕地农具主要有犁、锹、镬、抓子等几种,其中犁又分为平地犁、山地犁、两用犁(犁耳能左右活动,山地平地均可使用)、木辕犁、铁辕犁等;锹有大小之别;镬有尖镬、羊蹄镬、条镬、宽镬等类别,宽镬又有长圆式、月牙式、铲式之分;抓子有二股、三股、四股、五股、六股之别。耕地农具就是用来耕翻土壤的农家必备工具,从功用上讲,疏松土壤可以使种子容易发芽出土,根系易于蔓延,翻转表层土壤,可以使土壤新旧交换,能够除草防虫,使土壤多受阳光照射以及增加风化作用,能够使雨水缓慢渗入根系,防治

① 祁寯藻著,高恩广、胡辅华注释:《马首农言注释》《种植》,北京:中国农业出版社,1999年,第31页。

② 祁寯藻著,高恩广、胡辅华注释:《马首农言注释》《种植》,北京:中国农业出版社,1999年,第32页。

③ 祁寯藻著,高恩广、胡辅华注释:《马首农言注释》《种植》,北京:中国农业出版社,1999年,第33页。

④ 刘大钧:《我国佃农经济状况之晋省农佃状况》,李文海主编,《民国时期社会调查丛编》(二编)《乡村经济卷》,福州:福建教育出版社,2014年,第156页。

水分流失等作用。北部地区多用一种两用犁,这种犁犁耳能够左右活动,使用的时候,假如向左耕,就把犁耳拍在左边,让耕起的土翻在沟里面,如果向右耕,再把犁耳拍在右面,让耕起来的土翻在墒沟里面,所以只用一面的时候往返耕作也可以把地耕一遍,山地、平地都能够使用,所以叫作两用犁,“省北大朔宁三属多使用”①。从材质、尺寸上说,犁身多用榆木或者桦木制成,长三尺二寸;犁辕多用熟铁打成,长三尺七寸,宽约一寸三四,厚约六七分;犁底多用枣树、杏树、榆树、桦树等木材制成,长一尺六寸,粗约三寸五六;犁耳用生铁铸成,高八寸,宽一尺;犁铧也是用生铁铸成,长九寸八分,宽约八寸;犁身、犁底、犁耳连接处有一顶鏻,也叫如堵,用熟铁打成,犁耳能够左右活动,就是来自顶鏻的作用,长约八九寸,宽约寸许,厚约三分;其余犁钩、犁楔等与平地犁相差不大。

镢是刨土必备的工具,刨土虽不如锹挖得均匀,但是坡地上使用镢就比使用锹来得省力,工作效率也较高,因为使用的地方不同有尖镢、条镢、宽镢三种。尖镢刀刃很尖,入地快利,多用来开山地或者刨黏土地。宽镢也叫板镢,镢头宽大,入土虽不很方便,但是分土比较宽广,又能刨翻土壤,所以普通耕地和刨土豆等工作都很适宜。另有一种长圆式宽镢,稍有改变,刃端尖圆,入土比宽镢快利,所以用来刨窝子和挖土豆更方便合适。

抓子是和泥、淘粪、刨地、垄畦必要的农具,二股抓也叫二股镢,有大小两样。大抓抓股粗大,入地快利,适于淘粪、翻粪和开垦荒地。小抓抓齿细小,便于和泥。三股抓较二股抓多了一齿,刨土淘粪不如二股抓,但是翻转粪土却比二股抓容易。四股抓、五股抓、六股抓等也各有优势,有的便于和泥,有的便于耙碎土壤,适用于不同的生产过程。

另外从栽种工具的使用上也可看出技术的区域环境选择特征。栽种工具就是下种和移植所用的农具,主要有耧、钩、锄、耙子、铲子等。耧是一种很好的条种器具,能够将种子均匀地种在地里,又能提高效率,山西各处使用比较普遍。根据使用的地方不同可分为坡地耧和地耧,根据构造又可分为分子耧和混子耧,根据耧的腿数可分为三脚耧和两脚耧,假若按照用途来分,还可以分为子耧和粪耧两种。分子耧种子各种一腿,没有倾斜不均匀的弊病,所以山地、平地都可使用。混子耧由一个孔分注各腿,地势不平则种子分布就不均匀,所以只在平地使用。三脚耧行间距比较窄,在晋北等地寒冷的地方种莜麦、胡麻最为合适。两脚耧行间距略宽,适宜种高

---

① 山西农学编辑会编,《山西农学农具图说》第一编《耕地器》,1912 年。

梁、糜谷和黑豆、扁豆等作物。①

农具中的破碎器，就是用于破碎土块、摊平地面的器具，有耙、耱和木狼三种。耙的使用较为常见，一般在黏土地里使用，主要功能在于使土质疏松，利于种子出土，让土壤多受阳光照射，吸收降水，防治害虫等，尤其天旱的时候使用耙多整地是非常必要的。耙有二字耙、人字耙和手提耙三种，一般二字耙也叫平耙，多在平地使用，丘陵山地就不适用。主要由齿档、边档、踏档、铁贯、铁齿、铁箍、铁环七部分构成。使用的时候，耙前架上牛马，一人手捉住牛马的尾巴，站在耙上，向前拉过去就可以把地耙好。人字耙就是一种两叉相交的破碎器，前小后大，能减少摩擦力，适于在坡地使用。手提耙则只有一根齿档，尺寸也较小，所以无论什么类型地都可以使用，它的耙齿略长，共有十根，但是它只能疏通土壤及割断草根，不能够耙平土地，好处在于手提耙比较轻便，样子和耧差不多，使用较为省力，用的时候加上耙杆，套上牛马，就可以使用。

耱也叫盖或者耢子，木质结构，齿子也比较笨拙，只适用于松开地皮，耱平土地，不能深入土壤内部，所以在沙地或者土质疏松的地里使用比较合适。主要由三根横档、两根边档和多个耱齿构成。木狼也叫打地槌，主要用于打碎土块，一般在黏性土地或者新开垦的土地上容易有土块，小的土块用耙可以处理，而大的土块这就需要木狼来捶打。木狼由木槌和木柄构成，木槌一般多用榆木桦木或者梨枣等木质坚硬的木料制成，木柄一般多是用桦木制成，长三尺到三尺五六，粗一寸三四。②

另有碾压器也是使用较多的一种农具，为碾压土地而使用，有碌砘和地辊两种。碌砘也叫石砘子，主要能够碾碎墒沟内的土块，并且能够压实覆土，使墒土不被风吹干，这样种子就容易发芽出土，一般在种上糜谷或者麦子以后使用。同时，碌砘还有压死害虫，不损伤田苗的作用，一般在谷类作物小苗出土以后使用，防止苗被蚜蚄吃掉。种类上讲，有两串、三串、四串的样式，山西各处都有使用。地辊子也叫碌碡，也是主要用于压地保墒，或者在种麦的时候使用，可以使麦秆结实，防止被风吹倒。山西使用也较多，主要由石辊和木辕两部分组成。石辊一般用青石或者砂石做成，两端各安一个铁橛，以便安辕使石辊便于运转，石辊一般长三尺五寸到四尺五寸，粗一尺以内。木辕一般用榆木等制成，四面有四根档子。使用的时候

---

① 山西农学编辑会编，《山西农学农具图说》第三编《栽种器》，1912 年。

② 山西农学编辑会编，《山西农学农具图说》第四编《破碎器》，1912 年。

拴上夹套,驾上牛马,由一人向前牵着牛马,来回碾压即可。①

其他还有诸如锄、铲等耕耘器具和镰刀、杈子等收获器具的使用,也都跟具体的农作环境和农作物生产有关。例如收获工具中的一种叫作连枷的农具,也叫落柯或者枷板,主要是用于打落作物颗粒的器具,根据其扇子的大小不同可以分为绞扇、编扇、叉棍三种。其中一种绞扇连枷,就是把连枷条用皮筋或麻绳绑成扇子的一种连枷,这种扇子很结实,成为收打莜麦时很重要的工具②。其构造主要由杆、扇、轴、绞绳、绞棍五部分组成。使用的时候,两手举起杆子,把扇子向后一贯,就力向前一按,借轴转动的作用,就可以把扇子打在下面,打下后举起来,照样再打,如此反复,就可以把铺在下面的庄稼颗粒打下来。凡此种种,农作工具的使用充分展现了农业技术的环境适应性特征。

第四节　小结

土地利用变化驱动力研究是土地利用动态变化研究的核心内容,一般分为自然驱动力和人为驱动力,结合具体研究区域及研究内容,笔者主要从自然环境和人文社会两大方面来讨论清代晋北地区土地利用变化的驱动力问题,本章主要讨论了清代晋北地区土地利用变化的自然驱动力问题,包括自然环境常态下的制约问题与环境变化下的生态响应问题。从自然环境常态方面考虑,晋北地区位于北方农牧交错带,属于气候敏感带,区域自然环境的制约作用表现明显,气候、土壤、地貌等自然因素在区域土地利用中有着较为显著的制约作用。这种制约主要表现在对农作土地的数量、分布以及土地类型等方面的影响,同时对于作物布局、种植制度及土地生产力等方面的影响也颇为深远。从自然环境的灾变情况考虑,自然灾害首先会造成农业生产力的下降及土地承载力的下降,致使区域内人口外流现象较为突出。所以在这种自然常态和灾变环境的综合作用下,直接影响了清代晋北地区土地利用的分布格局和变化特点,自然驱动因素是区域土地利用变化的直接制约因素。

灾变环境下清政府的救灾制度以及各类灾害发生后社会整体应对情况则突出反映了环境变化下的人类社会、人群响应问题。由于灾害种类的多样性及复杂性,救灾制度表现为一定的整体性、系统性及灵活性特征。

① 山西农学编辑会编,《山西农学农具图说》第五编《碾压器》,1912 年。

② 山西农学编辑会编,《山西农学农具图说》第八编《收获器》,1912 年。

诸如旱灾、水灾、地震灾害、蝗灾等灾害发生后，政府及民间各有多种方式的勘灾救灾及一系列的防灾减灾措施，在长期的生产实践过程中，各种方式、措施逐渐成熟，形成了一整套的行为规范及制度体系，集中反映了人类社会对于环境变化的行为响应。

其后讨论的生态环境与农业技术选择问题则是从技术角度探讨了环境变化与人类活动的关系，因为农业技术本身所具有的复杂性和多样性等特征，对农业技术的考察实际上就是对一定区域环境下人群适应和人群响应的分析。晋北地区传统农业技术同样是在长期农业生产实践的基础上形成与发展起来的，就其本质而言，带有北方传统旱作农业技术的鲜明特征，受自然因素与人文因素等多种因素的影响，清代晋北地区的农作方式显得较为粗放，农业技术的区域不平衡性也较为突出。耐寒耐旱作物的种植，与之相应的旱地耕作技术，长期以来形成的生活风俗习惯，构成了清代晋北地区民众的生产生活方式，日出而作，日落而息，传统农业在周而复始的循环中缓慢前行，基本保持稳定。其间不乏若干小范围的生产技术更新，如清中后期马铃薯的引种，改变了当地作物种植结构，也带来了相应的耕作技术发展及生产工具的改进，进而提高土地承载力，使人们的生产生活随之发生一定程度的改变，但是我们同时也应该认识到，在近现代农业技术变革之前，晋北地区的农业生产并没有实质性的改变，依然保持传统农业的基本特征。

第八章　主要人为驱动因素及驱动过程

本章主要对清代晋北地区土地利用变化驱动力系统中的若干主要人为驱动因素进行分析,包括对土地垦殖政策、政区变动、田赋制度、人口、战争、技术、民族、宗教、风俗等驱动因素的讨论,分析过程中注意考察若干人为驱动因素是否对土地利用具有驱动作用,是如何产生驱动力的,各驱动因素之间是否存在相互关系,又是以何种方式形成驱动机制。

第一节　土地垦殖政策

清代各个时期的土地垦殖政策有所不同。顺治朝至雍正朝为前期垦政推行时期,在这一时期,顺治十一年推行的兴屯政策,由于收取屯租过重、起征时间过促,以致屯民消极抵制,两年后方终止。顺治十四年开始将新垦地照当地旧税率三年起科并责成地方官召垦,此时出现了第一次全国性的报垦高潮。康熙初年,第二次报垦高潮兴起,垦荒劝惩力度扩大。康熙中期,又规定垦地起科年限宽限至六年,并令民间已垦地隐漏地亩未报者准其首报,免于追究,于是出现连续数年的第三次报垦高潮。雍正初年,规定旱地开垦十年起科(水田仍为六年起科),这是对旱地开垦的特加鼓励。雍正朝又有过期首报隐地和限期完垦荒地的严令,于是再次出现连续数年的第四次报垦高潮。乾隆初年,乾隆帝将雍正时期各省虚报垦额一概清除。并且在乾隆时期,平原地区的开垦已达饱和,清政府对于农民进行的山区、水域垦辟,采取了先是鼓励、放任,后是限制的不同态度,至嘉庆、道光时期则是进退维谷。到了同治、光绪年间,主要是江、浙、徽、陕等省在镇压农民起义之后的荒地垦复,以及在东北、内蒙古地区的陆续放垦。①

那么这些垦殖政策对于各地土地利用是否会产生影响?对区域土地利用变化是否驱动?如何驱动?驱动程度如何?等等,希望通过下文的讨论能有所解答。结合研究区域,主要从清朝前期的垦荒和清末边外的开垦两个方面来讨论。

---

① 彭雨新:《清代土地开垦史资料汇编》,武汉:武汉大学出版社,1992年。

(一)清朝前期垦荒政策

清政府意识到社会经济急需恢复,从顺治元年即开始颁行垦荒政令,这种鼓励垦荒的政策一直延续到乾隆时期。如"顺治元年议准,州县卫所荒地无主者分给流民及官兵屯种,有主者令原主开垦,无力者官给牛具籽种。二年准新垦荒地免租一年,又定原荒之田三年后起科,原熟而抛荒之田一年后供赋。六年始定州县以上官以劝垦为考成,凡地方官招徕各处逃民,不论原籍别籍编入保甲开垦荒田,给以印信执照,永准为业,三年后有司亲察成熟亩数,抚按勘实,奏请征粮,不得预征私派。州县以劝垦之多寡为优劣,道府以督催之勤惰为殿最,每岁终载入考成"①。一直到雍正、乾隆时期,清政府还在颁行鼓励垦荒的政令,"雍正元年,户部议准山西、河南、山东等处间旷之地,令各州县卫所确查,如有未垦荒地有无从前种地之人劝谕开垦,有力者令自备牛种,无力者官借牛种,秋收后还官,起科之后官给执照永为世业"②,乾隆四十九年,山西巡抚农起题浑源州劝民开垦荒地一事,"查定例地方实有可垦荒地,令该地方官劝垦,陆续耕种旱田以十年题报"③,等等。

清初复垦政策,主要涉及以下三方面。一是为劳动力分配及确定生产资料,将无主荒地分配给流民或官兵屯种,有地的百姓在原有土地上开垦,国家帮助恢复生产。其二,在赋税征收上放宽年限,新垦荒地可以免科一年或三年之后起科等。其三,对地方官施加压力,将招徕垦荒放入考成,成为职场升降的重要标准,从而更好发挥地方官这个纽带作用,将复垦政策落实。

政策制定之后,执行程度如何?结果如何?垦荒政策的颁行,在地方官的实施下,大部分州县逐渐从民生凋敝的战乱中走出来,社会经济日渐步入正轨。我们可以看到邑令对于这项政策的推行:

> 郎永清,辽东广宁人,顺治六年以监生知浑源州,时姜逆初平,永清首立义冢全残骸,乃招流亡,督开垦,详豁逋赋一万余两……士民始有起色……
>
> 宋起凤,字紫庭,沧州人,顺治十一年以副榜贡知灵丘县。灵丘经闯寇继以姜变,民散田无赋役缺正额者以万计,起凤力请蠲除豁免粮

---

① 《皇朝政典类纂》《田赋》,《近代中国史料丛刊续编》,文海出版社,1973 年。

② 《清朝文献通考》卷 3《田赋 3》(万有文库本),商务印书馆,1937 年。

③ 《清朝文献通考》卷 4《田赋 4》(万有文库本),商务印书馆,1937 年。

银三千二百六十两,徭银一千七百三十余两,其他积逋并报罢,流民渐复业……

何玉相,沈阳人,康熙四年任山阴知县,召民开垦荒田四百四十余顷,履亩劝课,岁倍收获,屯田为民力请给军分种,邑人至今感德不衰。

薛侯,陕西三原人,康熙十七年以举人知怀仁县,宽平爱民,频岁饥,力请蠲免正赋,赈济有方,百姓赖以活者甚众。……募民开垦荒地,调任壶关。

吴一蜚,字翼生,江南苏州人,康熙丁未进士,授山阴知县。甫莅任即捐俸修葺文庙,召民开垦,清出额内荒田九十三顷。十九年邑大荒,详请缓征,民甚德之,后累官至吏部尚书。①

对于顺治十年至十三年的兴屯政策,大同地区反应明显。

顺治九年孟乔芳、刘余谟等人就上疏奏请兴屯,顺治十年,筹议湖广、江西、河南、山东、陕西五省兴屯,顺治十一年户部对兴屯道与地方官垦政职权进行划分并颁奖叙规定。山西宣府、大同两镇的兴屯,从顺治十年开始时,就上疏请求复设屯牧道以利屯垦,原因是“虽边塞二镇,难较腹里五省,然监司裁去较多,人民屠戮较甚,新旧荒芜之地较广”②等。顺治十一年,宣、大兴屯道佥事邢以忠便称:“今宣、大二镇朔漠之区,地多沙迹,即成熟之地,所获无几,况新开垦地与成熟者不同,较之腹里之地更大相悬绝矣。如一例分收,不惟入屯者咸苦租重而有悔志,即未入屯者,俱各畏难而多观望。……本道再四思维,莫若因地制宜,相土定赋,其量给工本者,照边地分上中下,酌定收十分之二;其不领工本自为开垦者,照定上中下收十分之一,俱以三年后准为永业,庶百姓欣然乐趋,不用朝廷多金,官地自可广辟矣”③。然而到了顺治十三年,就因屯租过重、士民皆称苦、屯田效果甚少而停止兴屯。

兴屯的失败说明了政策的实施很大程度上取决于区域环境,政策制定是宏观层面,而具体实施起来就需要因地制宜,具体而论。兴屯政策的落实在北部边地遇到阻力,充分展示了区域自然环境的制约性。

随着垦荒条例的实施,社会经济逐渐有所好转,这一点,我们可以通过

① 乾隆《大同府志》卷18《官蹟》,乾隆四十七年刻本。

② “山西宣府大同两镇请求复设屯牧道以利屯垦”,彭雨新编:《清代土地开垦史资料汇编》,武汉:武汉大学出版社,1992年,第52页。

③ “屯租过重,宣、大兴屯道请求减低租率”,彭雨新编:《清代土地开垦史资料汇编》,武汉:武汉大学出版社,1992年,第53页。

土地垦殖方面的册载田亩数据得到证实。从明清山西北部地区的在册田赋数据表来看，顺治到乾隆初年，太原府辖三州县、忻州、代州、保德州等州县田赋数据均有所上升，大同府、朔平府总数为 7915643 亩，较顺治朝 5982156 亩增加了 1933487 亩，这不能不说是复垦政策的功绩。如大同府，“顺治十四年，大同府属各州县卫所由大同知府蔡永华督率各路州县卫所城堡召民开垦，共成熟本折地 2340 顷 52 亩”①，具体如浑源县，“顺治八年起至十三年止开垦荒地七百一十六顷四十一亩，兴屯并报入兴屯共地一千三百四十三顷八十四亩……顺治十三年召民开垦荒地四十七顷三十八亩，十四年召垦荒地一百一十一顷三十五亩，十五年召垦荒地一十九顷一十九亩，十六年召垦荒地一百二十七顷二十七亩……”②。这些都说明清朝初期的垦荒政策对于本区的土地开垦是起积极作用的。

垦殖政策对于土地利用具有驱动作用，但是这种驱动作用如何运作，达到何种程度，都是需要继续深入考察的问题。清政府持续实施的垦荒政策，不是在每个地区都有持续作用。康熙二十一年，灵丘县就已经“川地平原俱已招徕承种，山坡高脊万难尽力耕耘，捐资有限，牛种岂能偏给，催科迫切，甲户未免包赔”③，这种记载充分反映了灵丘土地承载力的饱和。实际从根本上说清政府的垦荒政策并不是为了扩大农业垦殖，而是为了增加税收。那么在一些山多田少、自然环境不适宜农业生产的地区，或者已经没有可垦之田，或者田土易于抛荒，这种垦荒就没有多大实际意义。结合上面所说的兴屯案例，笔者认为政策因素对于北部地区的土地利用具有一定作用，但受区域环境的制约比较明显。

（二）对边外地区垦殖政策的调整

边，指长城，边外，即指长城西北的蒙地。边外并不是本文所研究的区域，但却与本区域有着非常密切的联系，实际上清代的山西北部地区行政区划还包含有清水河、丰镇、托克托、萨拉齐、和林格尔、归化城（今呼和浩特）、宁远口外七厅。位于晋西北的河曲、偏关等县，属于晋陕蒙交界地区，东北部阳高、天镇等县则位于晋冀蒙交界地带。因此，清政府对于口外蒙古地区的垦殖政策对于本区域的土地利用也有考察的必要。

明王朝固守长城与蒙古贵族抗衡，但是长城内外的经济文化交流并未由于长城的阻隔而停止过，清朝问鼎中原之后，为了稳定北部边境秩序，严

① “顺治后期山西大同府属各州县开垦额”，彭雨新编：《清代土地开垦史资料汇编》，武汉：武汉大学出版社，1992 年，第 346 页。

② 顺治《浑源州志》上卷《赋役志》，顺治十八年刻本。

③ 岳宏誉：《荒地详文》，康熙《灵丘县志》卷 4《艺文》，康熙二十三年刻本。

禁蒙、汉来往,对北部蒙古地区实行的是民族隔离和禁垦政策,“顺治十二年,各边口内旷土听兵垦种,不得往垦口外牧地”①。这样做的目的是害怕蒙汉联合,威胁清政府统治。随着社会经济发展,从康熙年间开始,清政府逐渐放宽边内民人的出口垦殖政策,对于蒙地的开垦由封禁到弛禁。雍正、乾隆时期丰镇厅、宁远厅、归化、和林格尔、清水河等直隶厅的陆续设置,也反映了口外垦殖政策变化后社会经济的发展。而这种长城内外的统一与和睦,为广大山西平民走出口外,参与塞外农业开发创造了条件,并且在归化土默特地区的汉族居民中,山西移民占有最高比例②。北部地区民众出口外谋生的情况也格外引人注目。

清政府对于民众出口谋生,一直怀有一种模棱两可的态度,政府政策始终摇摆不定。最初清政府统治者禁止民众出外垦荒,口外为蒙古游牧地,禁垦。后来走出口外垦种民众增多,至雍正二三年,陆续添设古北口、张家口、归化城同知,加强对当地的管理。雍正五年,“将见在寄居民人与种地民人,查明姓名、籍贯,造册咨查各本籍,仍令各省州县官,将所有出口种地民人记档,以备日后查对。嗣后再有出口种地之人,俱著该同知一面安插,一面移咨本籍,查无过犯逃遁等情,准其居住,耕种年终,造册报部”③。雍正十一年山西巡抚石麟奏报应州、怀仁、马邑等县地处边地,土力瘠薄,必须节年歇种,又因地近口外归化城等处,民众多有弃产出口佣工租种者,地方官不便禁其不往,从而导致积欠难清等情况,雍正帝认为石麟所说纯属胡言乱语,认为“从来只有人多地少之处,小民不得不糊口于他方,未闻本处现有旷土而轻去其乡、谋生于口外者”④,强调地方官应该招徕抚绥安集民众,而不是听任其出口谋生。乾隆十一年(1746年),又将上年因口内歉收而就食归化、无力回籍的贫民“查明酌给口粮,委员护送至朔平,交该州县照例安插”⑤。

民众因灾歉收而逃往口外的情况屡见不鲜,如乾隆五十三年,大同一带因上年因旱歉收,本年又缺雨,地土干燥,不能播种,民众卖儿鬻女并逃往口外觅食,导致口外地方因就食者多,粮价昂贵。乾隆除了责怪山西巡抚明兴没有及早奏报,未能酌筹接济、减价平粜外,并“传谕明兴,即亲往大

---

① 《清朝文献通考》卷1《田赋》(万有文库本),商务印书馆,1937年。

② 安介生:《清代归化土默特地区的移民文化特征——兼论山西移民在塞外地区文化建设中的贡献》,《复旦学报(社会科学版)》,1999年第5期,第78—83页。

③ 《清世宗实录》卷53,“雍正五年丁未二月庚辰”。

④ 中国第一历史档案馆编:《雍正朝汉文谕旨汇编(第二册)》,广西师范大学出版社,1999年,第179页。

⑤ 《清高宗实录》卷265,“乾隆十一年丙寅四月甲申”。

同,将各属被灾情形及应如何赈恤抚绥,并出口民人究有若干之处,迅速据实复奏,毋令地方拦回,以为讳饰,致干咎戾"①。至嘉庆十五年,仁宗虑及距圣祖、世宗屡次降旨管理、立法稽查口外已去百年,自雍正间添设同知后,现又增设官员若干,便谕内阁查明复奏,寻户部奏:"……归化城种地民人由该同知通判各按所管地界,照编造保甲之例,每年将旧存、新到及回籍病故人数各若干,注明系何州县民人,造册咨送臣部查核。除嘉庆十四年人数尚未造报外,计十三年分实在民人四千九百余名。古北口以外滦平、丰宁二县向系土著民人,按册输粮,热河迤北一带系蒙古外藩游牧处所,自乾隆四十三年改设州县以后,民人集聚渐多,山厂平原尽行开垦,均向蒙古输租,有家资稍裕搬移眷属者,亦有偶值歉收投亲觅食者。……"②

此外,从牧场的变化也可以有所反映,如"右卫驻防牧厂,乾隆三十一年奏准,留镶黄正白镶白三旗牧厂,即敷牧放,余五旗牧厂,交地方官召民垦种,取租充公。道光四年奏准,因庄头承种原拨厂地,沙淤硗瘠,不堪耕种,勘丈八旗马厂周围七十余里,敷计地二千六百二十五顷八十四亩,内除山河沟渠沙滩等地一千三百余顷外,净有可垦地一千三百余顷,拨给庄头地三百一十八顷五十七亩,均归朔平同知充补兵饷,尚余地一千顷有奇,足敷右卫牧放八旗驼马之用。绥远城驻防,乾隆六十年奏准,牧厂辽阔,将东西空出地四十余顷,交归化城同知募民垦种征租,以给养赡恤赏之用。嘉庆三年奏准,开垦厂地内有沙地五百余顷,复收回仍作牧厂,十一年,丈出余地,开垦二千七百二十五顷,仍由归化厅同知征租"③。有时候政府还根据牧厂的情况做一下调整,"嘉庆二十四年谕,成格奏镇标马厂,水草不敷牧放,请赏给入官地亩一折,山西大同镇及得胜助马二路营马旧有牧厂,今年长草不能畅茂,以致马匹未能一律膘壮,现既查有丰镇厅所属迤北龙王保佐领下承安入官地亩三百余顷,水草丰茂,堪作牧厂,著照所请,即将此项地亩赏给大同镇六营,作为马厂,俾资放牧,其拒墙堡口外旧厂,交地方官另行召垦,照例升科"④。

同治年间,对于口外开垦,清政府已经开始希冀通过口外荒地的开垦来增加国库收入,"直隶、山西等省西口、北口外马厂荒地,均经陆续开垦,卓有成效,……近来库款支绌,奉省饷需不敷拨解,仅借厘捐日捐权宜济

① 《清高宗实录》卷1303,"乾隆五十三年戊申四月壬子"。
② 《清仁宗实录》卷226,"嘉庆十五年庚午二月己酉"。
③ 《钦定大清会典事例》卷647《兵部・马政》。
④ 《钦定大清会典事例》卷648《兵部・马政》。

饷。如果荒地可以开垦,则各项可渐次裁撤,裕课便民,洵属妥善"①。光绪三年、四年发生的"丁戊奇荒",饿殍遍野,饥民众多,也有官员看到边外荒地甚多,米粮颇贱,"请于从山西沿边州县筹款,以供资遣,有难民愿往者,予以一月之粮,导之出边,延其生路"②,光绪帝却指出其赈灾款尚不足,何以从沿边州县筹款,虽事不成,但出口外谋生的营生方式在大灾之年体现得尤为迫切。实际山西口外厅属,大多毗连察哈尔旗游牧地,关乎蒙古牧民生计,清政府是不允许私垦的,但是随着口外垦务的发展,"近年蒙古生计久不在牧而在租"③。至光绪二十七年(1901年),光绪帝准山西巡抚岑春煊奏,"晋边西北乌兰察布、伊克昭二盟,蒙古十三旗荒地甚多,土脉膏腴,自应及时开垦,以实边储,于旗民生计,均有裨益。著派贻谷驰赴晋边督办垦务,即将应办事宜,会同该将军巡抚,随时筹议具奏"④。贻谷垦务就此开始,随后陆续全面放垦蒙地,其中察哈尔右翼的放垦,自光绪二十八年开办起至三十四年四月止,丈放丰镇所属正黄正红旗等地、宁远所属镶红镶蓝旗等地、兴和厅属正黄旗及牛羊群等地、陶林厅属镶蓝旗等地,合计放地二万五千三百多顷。

放垦不等同于开垦,包含的内容十分丰富⑤,但是通过清末垦务,大面积的土地被开垦,表现还是非常明显,至民国时期在察哈尔右翼地区共计放地2554770亩,这对于蒙古地区的农商经济发展有着非常大的影响。在口外地区的开垦中,以晋北地区民众出口垦种最多,"清水一郡,所属幅员辽阔,至千余里,原系蒙古草地,所有居民并无土著,大抵皆内地各州县人民流寓,而附近边墙之偏关、平鲁二县人为尤多,其风气各就所隶之地以成俗,亦与边外各处不甚相远也"⑥,"河套寄居汉民以本省之保德河曲二州县人为多,次则陕西府谷县人,再次乃直隶河南人,大率皆游手好闲之徒,在籍无以谋生,流寓到此,稍有资本者向蒙旗包租地段,自号商人,安设牛犋,名曰公中,濬渠修堰,引河水以灌溉"⑦。

口外陶林、托克托等地,原本人烟稀少,随着口外的垦辟聚落逐渐增多,社会经济日渐发展,"地广人稀,民以垦荒为业,各就所属挖窑洞,或架

---

① 《清穆宗实录》卷59,"同治二年癸亥二月壬寅"。
② 《清德宗实录》卷68,"光绪四年戊寅二月己酉"。
③ 《皇朝政典类纂》卷3《田赋·田制》,《近代中国史料丛刊续编》,文海出版社。
④ 《清德宗实录》卷490,"光绪二十七年辛丑十一月戊子"。
⑤ 韩昭庆:《荒漠 水系 三角洲——中国环境史的区域研究》,上海科学技术文献出版社,2010年,第62页。
⑥ 光绪《新修清水河厅志》卷16《风俗》,光绪九年刻本。
⑦ 光绪《归绥道志》卷21《风土记》(光绪三十三年),呼和浩特:远方出版社,2007年。

土室以居,故时有一二家村落。……二百年来客民日多,近益垦辟,阡陌居庐逐渐增广,蒙汉同处,类皆勤于稼穑,习于牧羊"①,到 20 世纪 30 年代,这一地区的生产生活方式已经农牧并重,甚至达到以农为主,以牧为从,"过去人烟稀疏,牛羊成群的地方,现在已是闾阎稠密,鸡鸣树巅了。过去是一片广袤无涯的平原,现在已是田园毗连,禾麦油油了。如察哈尔、土默特、伊克昭盟,都有一大部分的蒙古人,转变了传统的游牧生活,而成为'有事南亩'的农民了"②。

其实土默特等地的蒙古生计早在乾隆时期就已经发生了改变,"又数十年以来民人聚集归化城贸易,并携眷在各村与蒙古杂处种地者四五十万,是以地方日窄,而蒙古生计日窘"③。清咸丰时期和林格尔厅周围共计大小村庄二百二十八处,其中"蒙古村庄一百四十四处,多系口内忻、代等州,祁、崞、太原、太谷、阳曲、大同、左云、平鲁等县民人租种蒙古地亩,在内居住;其民人粮地村庄八十四处,无蒙古在内"④。

实际上口外垦殖和边内民众出口谋生是同一个问题的两个方面。清政府迫于内地民人的生存压力而对口外垦殖采取弛禁政策,在逐渐放垦的过程中,又有大批的口内民众出口外谋生,或者说这是民众自发的寻找生态与生存的平衡。口外的放垦,对于口外农牧比例变化具有明显影响作用,同时对于口内地区来讲,这种影响也存在。尤其经过上文分析,由于受自然环境、农业生产条件限制,本区大部分地区都属于粗放型农业经营,风高霜早,山多地少,土地贫瘠,不适宜农业生产的发展,出现所谓的"垦殖饱和",众多逃民不堪重赋,出外谋生。

清政府对边外地区的垦殖政策是一个调整过程,这种调整,既是有清一代社会经济发展的反映,也是口内、边外地区环境、人口、民族等多种因素相互作用的体现。清政府对于边外地区的放垦,一定程度上缓解了口内地区民众的生存压力,造成了雁行人、走西口等人口的机械移动,劳动力减少,对口内地区的土地利用造成一定影响。而这种政策制定的过程,也是对于长城内外环境变化的一种响应,环境制约下生存压力过大,导致了人口的主动迁徙,继而也迫使政府政策发生调整,调整之后的政策,又会引起

① 光绪《归绥道志》卷 21《风土记》(光绪三十三年),呼和浩特:远方出版社,2007 年。

② 贺扬灵:《察绥蒙民经济的解剖》,商务印书馆,1935 年。

③ 《山西巡抚喀尔吉善等乾隆七年十月十五日奏》,中国科学院地理科学与资源研究所、中国第一历史档案馆:《清代奏折汇编——农业·环境》,北京:商务印书馆,2005 年,第 70 页。

④ 《阿道克达春稟稿·附录咸丰八年各厅奉本道札饬查稟地方情形》,光绪《归绥道志》卷 35《艺文》(光绪三十三年),呼和浩特:远方出版社,2007 年。

区域土地利用的变化。所以说,清代晋北地区土地利用受政策因素的驱动作用、驱动机制还是比较复杂的,多种因素相互制约、互动,形成驱动力,作用于土地利用。

第二节 卫所行政化

明清易代之后,山西北部地区行政区划出现一定变动,卫所改州县的现象比较明显,进而对土地利用变化产生一定影响,这里将其列为土地利用变化人为驱动因素之一进行讨论。

明朝实行卫所兵制,以卫所作为军队基层组织。卫所制度是总结历代边疆行政管理制度与兵制的基础上产生的,是军事制度与地方行政管理制度在地理上相结合的产物,是明代基本的军事制度。都司卫所属于军管型政区,管理有一定的地理区域,和地方州县所属的地方行政管理分属于军事和民事两大管理体系。明代卫所制度涉及管理体系、土地制度、户籍制度、人口迁移等一系列问题,许多前辈学者都给予关注①,前文论述中对其中部分问题也稍有涉及。清朝确立之初,在全面接收明代卫所体系的同时,对其开始重建与修改。主要的表现形式就是卫所的地方行政化,或者将卫所裁撤,或者将卫所并入原有的府、州、县,或者将卫所设为新的府、州、县,通过这一措施,逐渐完成地方行政体系的统一。

山西北部地区在明代军事政区管理方面主要由山西都司和山西行都司分别管辖。明代这里是长城沿线的军事重地,明政府在这一带长城沿线地区广设卫所,将其纳入军事管理体系,以便更好守御疆土,抵御外敌。本区域主要由山西都司和山西行都司分别管辖,太原及其以北附近地区属山西都司,大同及其周边地区属山西行都司管辖,下设若干卫、所,实际北部地区的大部分地区,都是被卫所这一军事体系所管辖。卫所的增减也是随着与蒙古王公对峙的情形而有所变化,到了明代中后期,区域内卫所设置基本稳定。本区域山西都司主要有太原左卫、太原右卫、太原前卫、太原后卫、振武卫、振西卫、偏头守御千户所、老营守御千户所、雁门守御千户所、宁武守御千户所、宁化守御千户所、保德守御千户所、八角守御千户所,位

① 顾诚:《明帝国的疆土管理体制》,《历史研究》,1989 年第 3 期,第 135—150 页。顾诚:《卫所制度在清代的变革》,《北京师范大学学报(社会科学版)》,1988 年第 2 期,第 15—22 页。谭其骧:《释明代都司卫所制度》,《长水集》(上),北京:人民出版社,1987 年。周振鹤:《中国地方行政制度史》,上海:上海人民出版社,2005 年。郭红、于翠艳:《明代都司卫所制度与军管型政区》,《军事历史研究》,2004 年第 4 期,第 78—87 页。

于大同地区的山西行都司下辖大同前卫、大同后卫、大同中卫、天城卫、镇虏卫、高山卫、阳和卫、大同右卫、玉林卫、大同左卫、云川卫、威远卫、平虏卫、井坪守御千户所、朔州卫、安东中屯卫、山阴守御千户所、马邑守御千户所、蔚州卫等卫所。

清王朝从顺治时期即开始进行卫所裁并,到了雍正时期大规模展开。顺治十一年,裁山西振武卫右、中、前、后四所,镇西卫左、右、中、前、后五所,太原左卫中、前、后三所,太原前卫右、中、前三所,……雍正三年,设山西朔平、宁武二府,改右玉卫为右玉县,左云卫为左云县,平鲁卫为平鲁县,并割大同府属之朔州、马邑县,俱隶朔平府管辖。改宁武所为宁武县,神池堡为神池县,偏关所为偏关县,五寨堡为五寨县,俱隶宁武府管辖。改天镇卫为天镇县,阳高卫为阳高县,移原驻阳高通判驻府城,俱隶大同府管辖。改宁化所为巡检司,隶宁武县管辖。朔平、宁武各设知府一员,宁武府设同知一员,右玉等九县设知县九员,典史九员,宁武设巡检一员。裁太原府中路西路同知二员,右玉等卫守备十员,宁武等所千总十三员。

卫所行政化的完成,标志着都司卫所军事设置的解体,带来一系列土地、人口等方面问题的变化。为保证军队的兵源及供给,明政府推行了军户和屯田制度。屯田制度是明政府在继承前朝屯田之法的基础上,在全国范围内推行的一种土地利用和土地开发制度。山西北部地区的这些卫所屯田,除了山西都司的部分卫所坐落零散州县外,其余屯田都相对集中,坐落卫所本地。北部地区的大部分地区,如西北的偏关、东北的阳高等地,都是被卫所这一军事体系所管辖。清初都司卫所的军事性质逐渐消失,但是卫所附属的行政职能又和地方州县不一致,所以会有官员如山西巡抚诺岷等的改县请求。卫所裁撤或改县之后,随之而来的就是卫所屯田及屯丁归并地方州县管辖,裁撤的卫所,屯田、屯丁继续归原来坐落州县管理,在原本没有州县的地方,卫所屯地直接变为州县屯田。至雍正三年(1725 年),清政府基本完成了晋北地区的卫所改归州县的行政化改革,新设右玉、左云、平鲁、宁武、神池、偏关、五寨、天镇、阳高等县,同时将卫所屯田变为州县屯田,包括部分卫所屯田归并至州县,由州县统一管理,赋税由州县官征,卫所屯田逐步完成民地化。

表 8-1 清代晋北地区州县归并卫所屯田、屯丁简况表

府州县		原额卫所屯田数(清亩)	归并卫所屯田		归并卫所屯丁	
			原属卫所	屯田数(清亩)	原属卫所	屯丁数(丁)
太原府	岚县	2345			太原右卫	38
太原府	兴县	2226				
大同府	大同县		大同前卫、镇边堡、聚乐城	573972	大同前卫及各城堡	4142
大同府	怀仁县		大同前卫怀仁所	102921	大同前卫怀仁所	924
大同府	浑源州		大同前卫中前所	69359	大同前卫中前所	350
大同府	应州		安东卫	122737	安东卫	1482
大同府	山阴县		山阴所并大同前卫	54958	山阴所并大同前卫	905
大同府	阳高县	282220	镇门堡、守口堡	38743		
大同府	天镇县	351595				
朔平府	右玉县	167980	威远卫	226397		
朔平府	朔州		朔州卫并马邑所	960713	朔州卫并马邑所	8877
朔平府	左云县	104283	高山城	2583		
朔平府	平鲁县	354583	井坪所、乃河堡、贾家堡	102967	井坪所、乃河堡、贾家堡	1470
宁武府	宁武县	206207				
宁武府	神池县		宁武所、太原左卫、前卫	431644		
宁武府	偏关县	200556				
宁武府	五寨县	306745	偏头所	3750		

续表

<table>
<tr><td rowspan="2" colspan="2">府州县</td><td rowspan="2">原额卫所屯田数（清亩）</td><td colspan="2">归并卫所屯田</td><td colspan="2">归并卫所屯丁</td></tr>
<tr><td>原属卫所</td><td>屯田数（清亩）</td><td>原属卫所</td><td>屯丁数（丁）</td></tr>
<tr><td rowspan="3">忻州</td><td>忻州本州</td><td></td><td>保德所、太原左卫、前卫</td><td>10398</td><td>太原左卫、前卫</td><td>65</td></tr>
<tr><td>定襄县</td><td>34519</td><td></td><td></td><td>太原左卫、前卫</td><td>424</td></tr>
<tr><td>静乐县</td><td>6050</td><td>太原左、前二卫并右卫归并前卫、宁化所</td><td>8870</td><td>太原卫</td><td>174</td></tr>
<tr><td rowspan="4">代州</td><td>代州本州</td><td>53417</td><td>振武卫、雁门所</td><td>153061</td><td>太原左卫、前卫、振武卫、雁门所</td><td>5361</td></tr>
<tr><td>五台县</td><td>15005</td><td>振武卫</td><td>2103</td><td>太原右卫归并前卫、振武卫</td><td>210</td></tr>
<tr><td>崞县</td><td>7964</td><td>振武卫</td><td>8367</td><td>太原前卫振武卫</td><td>544</td></tr>
<tr><td>繁峙县</td><td>83776</td><td>振武卫</td><td>111698</td><td>振武卫</td><td>851</td></tr>
<tr><td>保德州</td><td>保德州本州</td><td></td><td></td><td></td><td>保德所</td><td>253</td></tr>
</table>

资料来源：光绪《山西通志》卷58—63《田赋》，光绪十八年刻本。

清初，卫所屯地归并州县以后，相当一部分归于民田，要按照不同科则征收赋税，并且在与旧有民田的关系上逐渐复杂。

顺治七年提准，卫所屯田，分给军丁承种，其科征较民地稍轻，今既裁汰归并州县，凡有运粮之卫所屯田，仍旧征收，其无运粮之卫所屯田，均照坐落州县民田例起征。九年覆准，运军已经改民，其军卫田地照民地例输纳，各按坐落地方，使有归著，以杜混淆。……十三年覆准，屯卫钱粮考成，照依州县正项钱粮定例。十四年覆准，军民册籍不分，赋役易于紊乱，嗣后民册当差者，卫所不得告攀，军册有役者，州县不得重派。民佃军田者，照地纳租，毋得再派军役，军佃民田者，止完正赋，毋得派及民役。①

① 《钦定大清会典事例》卷165《户部 · 田赋》。

而对于山西来讲，田赋科则为：

山西民赋，田每亩科银一厘七丝至一钱零不等，粮一合五勺至二斗七升不等，屯地每亩科银二厘三毫至一分四厘零不等，粮一升八勺至一斗九合零不等，更名地每亩科银五厘至一钱四分不等，粮七勺至二斗不等，卫所屯地每亩科银一分四厘。①

随着社会经济的发展，屯田与民田征收赋税的差异也造成不小的矛盾，正如前文中所分析的那样，清政府也着手调整旧有屯田与民田的丈量、科则等问题。但总的来讲，卫所屯地归并州县，实际上就是划入民田管理，各种记录的不同也只是针对赋税的征收而已。

通过以上的分析，可以认识到卫所行政化实际上反映了地方行政制度的变革，并且还有随行政变革所产生的社会经济影响。从内容上看，地方行政制度的变革实际上要包括行政区划的变革和地方行政组织的变革。那么对于地方行政制度变革的意义，表现较为明显。国家的发展与社会的进步无不赖于中央与地方行政制度的协调与完善，尤其地方政府是联系中央与民众的中介机构，基层地方政府更是直接管理的行政机构，因此在某种意义上来说，地方行政组织的重要性有时还超过中央政府②。

卫所行政化也包含了这两方面的内容，除了区域界限的变动，还有行政组织的裁撤。在顺治年间，清政府就陆续裁撤了卫所的千总、百总等职官，顺治十一年裁大同前左右卫，平鲁、天城、朔州、安东、中屯等卫千总一员，并且陆续裁撤卫所，同年裁山西振武卫右、中、前、后四所，镇西卫左、中、右、前、后五所等。雍正二年，山西巡抚诺岷上疏，“山西掌印都司一官，专司督催屯粮，兼辖卫所。今卫所现在议裁，钱粮刑名，原系藩臬二司兼理，请将该都司及都司首领经历，一并裁汰”③。卫所归并州县后，也有地方官请求添设地方组织以加强地方管理。如安东中屯卫的归并就引起巡检司的添设，“安东卫设自前明，至顺治十六年裁并归州县，地离城自一百里至一百六七十里不等，西山一带深林邃谷，与同郡之山阴、怀仁、朔郡之朔州、右玉、左云等州县犬牙交错，兼以逼近边口，五方杂处。自裁并官地

① 《钦定大清会典事例》卷162《户部·田赋》。

② 周振鹤：《中国地方行政制度史》，上海：上海人民出版社，2005年。

③ 《清世宗实录》卷23，“雍正二年八月丁酉”。

以来,州牧控制鞭长莫及,以致逋赋薮奸日甚一日,雍正九年今总宪雷公署任应州,详请添设巡检司稽查匪类,催比钱粮。抚军据议入告得邀谕旨,数十年来□苻无警,输纳应期"①。

清代晋北地区政区变动除了卫所改为州县,还有其他州县间的政区变动,比如雍正二年,析忻、代、保德等为直隶州,又析定襄、静乐入忻州,五台、崞、繁峙县入代州,河曲、兴县入保德州。雍正三年,岚县直隶太原府。雍正六年,以大同府属之蔚州归直隶宣化府,广灵、广昌、灵丘三县仍属大同。八年又将兴县改隶太原府。十年,又以大同府属之广昌改隶直隶之易州。嘉庆元年(1796年),并马邑入朔州。总体来说,这些变动都是集中在府(直隶州、直隶厅)—(州)县二级与三级政区之间,主要有升县为直隶州,并在直隶州下划入一定的县,还有一个较为明显的变动,表现在与直隶边界的划定上。

调整政区的管辖范围并且升降政区的级别,这都表现了中央政府对于这一管辖区域的管理态度,实际上也反映了这个区域所面临的社会经济问题。比如在卫所裁撤或改州县的问题上,时任山西巡抚诺岷就曾经上疏,有过改动的请求,认为这样才有助于加强对地方的管理。从这个角度分析,这些府州县政区变革也有可能是卫所归并州县以后带来的后续调整,或者至少有这方面的原因。

政区的改动对于区域经济发展具有一定推动作用,虽然朔平府所记"自雍正三年改设郡县以来,商贾辐辏,人民云集,适我乐郊者殆无虚日,则土著者又宁,不日增而岁益耶"②略显夸张,但这种作用还是很明显。另外,对于卫所改州县以后,以及卫所屯地改归州县之后,也会带来田赋科则难以划分的问题。"朔州、马邑旧隶大同,赋有成额,至新设右玉、左云、平鲁三邑,向系边卫,土田大半军屯,且地多荒碛浮砂,种迟霜早,天时地利两无所恃,而山陬村落居民率皆轻去其乡,土旷人稀,故辨田定赋较他郡为难"③。但是整体说来,卫所屯地归并州县以后,州县对其管理有所加强,实现统一征税。府县级政区的变动也是如此,并且卫所归并州县也很有可能是引起后续府州县政区调整的原因之一。因此,整体上讲,卫所行政化在驱动力方面表现为间接作用,通过这种政区变动来加强对地方区域的管理,从而使政策能够更好实施,民情可以传递,屯地民地化也使得田赋征收

① 乾隆《应州续志》卷3《田赋》,乾隆三十四年刻本。
② 雍正《朔平府志》卷7《赋役》,雍正十一年刻本。
③ 雍正《朔平府志》卷7《赋役》,雍正十一年刻本。

更易于管理。

第三节　田赋制度

田赋制度对于土地利用变化的驱动作用,在前文论述中已经略有涉及,比如赋税中的减免升科,就可以有效地促进土地开垦,而调整民、屯之间的赋税科则,也是有利于稳定农业生产的赋税政策。那么在下面的讨论中,将重点分析两个问题,一个是耗羡归公,一个是摊丁入亩,这两个问题都是影响全国赋税征收的制度改革,同时又在山西地区具有比较鲜明的特色,故而在这里提出来讨论,正确与否,还要祈请方家指正。

一、耗羡归公

耗羡归公,就是将火耗归公、分给官吏养廉的办法,目的是为了限制官吏多征浮收,但实际上,耗羡之弊始终未能清除。清初赋役制度沿袭明代,以田赋和丁役作为国家的主要收入。田赋是一种征收土地收益的直接税。征收田赋的办法,有本征,有折征,也有本折各半的。本征叫漕,漕有正粮和杂粮。折征,就是定为银钱征收。征税根据农业每年两次收获的季节而制定,夏粮在五六月,秋粮在九十月。“摊丁入地”以后,就合称地丁银。而耗羡,是赋税正额以外的一种附加税。这种火耗是随着万历时期征收折色税而开始的,由于征收的碎银越来越多,需要熔为整块,所以才有了火炼之耗。那么粮食也是一样,进仓存储之时,难免会有熏霉鼠雀之耗。各地区地方官也是通过借口征收耗羡而达到增加自己收入的目的。到了清初,这种耗羡征收就成了官府随意滥征的借口,百姓苦不堪言,当时山西这种情况尤为严重。

于是在雍正二年(1724年),山西巡抚诺岷便提请火耗归公(高成龄的提议),奏请将全省所有州县私征的火耗银提归国库,用以补充国库亏空,并于第二年请求将火耗银的大部分以养廉的形式发给官吏,作为生活补贴,余数充作地方公用。随后,山东、河南、湖北、湖南各省,纷纷效法山西,开始火耗归公和养廉之法。其间也受到质疑,但是最终还是在雍正帝的公开支持下推广全国。

实际上火耗归公就是将秘密的滥征变为有定额的多征,虽然没有取缔,但是总归是确有定额,对于整顿财政有一定积极意义,“如山西一省,现将州县火耗逐一详查酌减,较之昔日已减大半,若不限以一定之数,不肖州县,反得任意多征,今既固封粮柜,又较定分数,州县不能入己,谁肯多征,是提解耗羡,即禁止滥加,亦抚字之一法也”①。

雍正二年,诺岷提请山西火耗归公具体办法:

山西省大同一厅,太平、大同、怀仁、山阴、朔州、临晋、虞乡等七州县,每两收耗银一钱,岳阳、永宁、宁乡等三州县,每两收耗一钱二分,其余各州县每两收耗一钱三分,丰镇、宁远二厅每两收耗五分。大同、朔平二府属官收官运米豆,每石收耗四升,纳户自运者,每石收耗二升,太原等府州属、同知通判州县经管者,每石收耗二升,州判仓官巡检等官经管及太原理事通判督同仓官征收者,每石收耗三升。又忻州每石收耗三升,所属定襄县,每石收耗二升七合,静乐县收耗二升八合。②

然而最初制定的耗羡,并不是一成不变的,随着时间的推移,具体实施过程中会逐渐地增多,这也是官员增加收入的一种方式。

雍正十三年十一月十七日奉上谕,闻晋省大同朔平二府办纳本色米豆一项,向例按里征收脚价,距仓三四百里者,每石征至脚价银三四钱不等,输纳太重,民力难支,此不但与通省钱粮之火耗悬殊,即以大朔二府所属州县相距仓厫远近而计,离仓愈远脚价愈多,亦不免偏枯。嗣后除离仓最近之州县向系粮户自行赴仓交收者,仍听民便,令其自运不征脚价外,其余州县每石米豆止征车脚银一钱,此外不敷之运价,著于司库存公,耗羡银两内拨给添补,令各该州县官承领雇运,不得丝毫克减及私行派扰。再闻米豆一石向例征收加耗粮八升,亦觉太重,嗣后每石免耗粮四升,止征耗粮四升,以二升为州县等沿途亏折之耗,二升为存仓鼠雀之耗,谅无不敷,均自本年始,永遵为例,户部即行文该巡抚遵旨办理。③

清代的耗羡主要有田赋(地丁)耗羡、漕粮耗羡、盐课耗羡、关税耗羡和杂赋耗羡。田赋耗羡是既因征收钱粮时,补钱色倾销之耗折,又于解送时补路途之盘费而附加的。虽然耗羡归公,但并不是免除附加税,而是向

① 高成龄:《议覆提解耗羡疏》,《皇朝经世文编》卷27《户政》。

② 《钦定大清会典事例》卷164《户部·田赋》。

③ 中国第一历史档案馆编:《雍正朝汉文谕旨汇编(第二册)》,桂林:广西师范大学出版社,1999年,第358页。

百姓公开征收正赋之外的附加税,这种税则的制定,在具体操作中就会有处理的不同。最初诺岷定大同等州县每石收耗粮官运四升,自运二升,至雍正十三年(1735年),已经升到耗粮八升,雍正帝才又给减到四升。另外征收本色米豆时运送的脚价银,按距离远近增减,这样做的结果只会是给百姓带来更大的负担,雍正帝不得不进行调整,以纾民力,稳定财政。所以说这个耗羡的问题,实质上还是赋税是否繁重的问题,由于从各地运送本色米豆去官仓,就会有距离远近问题而产生耗粮收取的不一,加收过多,农民负担过重,逃亡不归。

二、摊丁入亩

摊丁入亩是清代一项重大的赋税改革。雍正元年(1723年)七月,雍正帝根据直隶巡抚李维钧的建议,正式下令在全国次第推行"摊丁入地",就是把原来按丁均摊的丁银,匀入田地中进行征收,这样既保证了国家的税额,也简化了税制。大概到乾隆中期为止,除少数地区外,全国都已实行"摊丁入地"。将人丁税摊入地亩,按地亩之多少,定纳税之数目。地多者多纳,地少者少纳,无地者不纳,是谓"摊丁入亩",一举取消了人头税,是我国财政赋税史上的一项重大改革。

这项赋税制度的改革,也是封建社会发展到一定历史阶段的产物,改革之前,地丁分开征收,而各地农民逃亡、田地抛荒现象严重,使得差丁不足、工役难兴。所以需要丁随田定而实行摊丁入亩。现实中土地兼并、丁徭分配不均的现象也使得官绅认为应该摊丁入地统一征收,一如山西布政使高成龄的奏折:

> 地亩生息有常,户口贫富不等。富者田连千亩,竟少丁差,贫民无地立锥,反多徭役,请照直隶新例,将丁银并入地粮,官民两便。①

雍正帝随即批复,山西省应逐渐实行摊丁入亩。然而实际上,摊丁入亩在乾隆时期才在山西实行,而且推行的并不是很完整,有的州县直到道光年间才开始实行。之所以如此,原因在于这些地方的土地兼并与其他省份相比不太严重,自耕农较多,尤其是山西,所以仍然维持从前的赋役征收办法,随着土地兼并的加大才真正实施摊丁入亩制度②。土地兼并虽然是

① 《清世宗实录》卷24,"雍正二年九月甲寅"。
② 李三谋:《清代"摊丁入亩"制度》,《古今农业》,2001年第3期,第51—55页。

主要原因,但在山西来讲不愿实行摊丁入亩还有其区域环境特征、工商业人口较多、种田者较少等方面的原因。乾隆八年(1743年)山西巡抚刘于义的奏折反映了这一现象,并得到乾隆帝许可。

山西巡抚刘于义奏:"晋省粮轻丁重,非如江浙等省丁轻粮重,易于均摊者可比。若将丁银归入地亩,竟有原额粮银一两,今每两加至三四钱者。查晋省每年钱粮,奏销以前全完,从未见有以丁银拖欠,完纳不清申请者。且通省地土肥瘠不相同,如平阳之吉、隰等州,太原之岢岚州,并大同、宁朔所属各州县地土实系瘠薄,诚恐一例归并,倘年岁稍欠,即钱粮逋负。况晋省逐末者多,力田者少,丁粮归并,亦恐重累力耕之民。"得旨:"是。得其理而后为之可也。"①

晋北地区从乾隆年间开始陆续执行摊丁入亩,办理的办法也各不相同。乾隆十年,只有浑源州摊三分之一丁银入地,河曲摊丁银十分之一入地,此时山西全省尚有二十多个州县不愿实行摊丁入亩,这些州县"或系贸易民多,输丁为易,农民不愿代纳;或系接山傍水,地瘠民贫,丁银难于摊征;或系地邻边隅,田多沙𡌴,不便加征地粮;或系多征本色,丁徭最重,额赋不能强同,仍照前丁分办"②。本资料详细展现了山西推行摊丁入亩不彻底的原因,这四种原因中,很多都是山西北部地区州县的区域实际情况,集中反映了区域自然环境特征及社会经济状况,如位于边地、地土沙碱、地瘠民贫等特征,使得晋北地区许多州县不愿实行摊丁入亩。直到道光四年,仍有岢岚、宁武、偏关、神池、五寨、右玉、平鲁等县仍不愿意均摊③。

乾隆二十三年以后,五台、崞县、朔州、静乐、代州等才陆续实行摊丁入亩,五台县、崞县将丁徭全部摊入地粮,朔州照中下、下下二则,按地多地少分纳,静乐县以十分之三摊入地粮,代州以每丁概纳一钱三分三厘余摊入地亩。乾隆三十一年(1766年),天镇县全数摊征。乾隆五十八年(1793年),大同县、怀仁县全归地粮。道光四年,岚县、阳高、应州、灵丘等州县愿意实行摊丁入亩,兴县一半摊入,繁峙、广灵县请全部摊入。道光十八年(1838年),平鲁摊入地粮④。贸易民多、地瘠民贫、田多沙𡌴、征本色而赋

① 《清高宗实录》卷193,"乾隆八年五月辛亥"。

② 《钦定大清会典事例》卷157《户部·户口》。

③ 《清宣宗实录》卷74,"道光四年丁丑"。

④ 《钦定大清会典事例》卷157《户部·户口》。《清宣宗实录》卷74,"道光四年丁丑"。《清宣宗实录》卷302,"道光十七年戊申"。

重,种种原因导致了北部地区大部分州县不愿意均摊丁银。在岢岚、保德二州,“地本苦寒,罕通贸易,现在寄籍者陆续还归,即土著亦多迁徙,以致丁银缺额,摊赔滋累”①。

兴县在道光四年(1824年),将一半丁徭摊入地粮,摊入之前就已经申诉多次。雍正五年(1727年),兴县知县杨智胜因为摊丁入亩的事情召集了县里的士绅代表查问情形,士绅民众大多希望遵循旧制,实行地丁分征。

> ……兴邑隶保德州,与朔平、大同接壤,北至边疆,仅隔一河,地处万山之中,石砾绵亘,林丛蒙密,间有川原,极广不过一里。纵遇丰年,平坡所收每亩不过二斗,山坡不过一斗,而按亩征粮,平坡每亩八分八厘,山坡四分四厘,其中年湮日久,或山林荒碛,或崖塌水漂,有完粮数两而止得地数亩者,至岢岚怀远二都,林麓居十分之六,有纳粮数两而不得平坡地一亩者,较之朔平大同其跷瘠更百倍矣。……是兴县自来并无逃丁,而地粮内现有逃粮一千余两,皆因地瘠粮重,疲累脱逃,遗累本支本族代纳,支族无人则累本甲本都包赔。……总之他处有逃丁而无逃粮,兴县有逃粮而无逃丁,他处乃丁累粮,兴县则粮累丁。今若按一两之粮更加丁银二钱有奇,则地粮愈重而逃者愈多,是欲宽民而民反蹙,欲裕课而课反滞。……伏起转申将兴县照大同朔平二府之例照旧地丁分征……②

一直到雍正九年(1731年),兴县一直都是因为上述原因而不愿意地丁合办。乾隆十年(1745年)山西将摊丁入亩的事情分类详细办理,即如果丁粮轻,摊入地粮以后所加不过一二钱以内的,全部摊入地粮,而如果丁粮重,摊入后需要加二三钱以外的,那么就只摊一半的丁徭银,或者每丁只照下则征收,将其不敷之数摊入或者将无业穷丁摊入,有地之丁仍旧并以地粮多少来定差,要是有地土实在瘠薄的就给予通融等。然而即使在分类办理的情况下,兴县依然申请照旧例分征,理由是现在地粮八千二百余两,丁徭四千四百余两,如果全数摊入的话每两需要加征五钱三分,故申请分开。最终的结果就是前文所提的引文,山西以“接山傍水地瘠民贫,难以丁银摊征”为理由提请兴县丁粮照旧分办。

至乾隆二十三年(1758年),山西经过乾隆元年、十年两次查办已经将

① 《清仁宗实录》卷364,“嘉庆二十四年十一月壬午”。
② 乾隆《兴县志》卷9《户口》,乾隆二十八年刻本。

63州县丁银摊入地粮，仍有42州县地丁分办，而在这42州县内，山西北部地区就占到21个，占到一半的数额，兴县依旧在内。然而到了乾隆二十六年（1761年），兴县情况稍微发生改变。是年，士民牛晖云、刘岱、樊福、刘如福等申请丁归粮办：

……摊丁入粮通省久有普例，他处俱已照例奉行，止留兴县仍依旧规。但先年时丰人众丁银可以力办，自二十年以来连遭饥荒，二十四年山右被灾，惟兴为最幸，……不料二十五年瘟疫流行，伤残尤甚，丁犹昔日之丁，民非昔日之民，疲累脱逃，或遗害于本支本族，或致累于同都同甲，竟有一贫民而赔纳数丁者。夫以一贫民而营一丁尚不能办，况复以一贫民而应数丁，将何以堪？近年徭赋虽起而单头之受害何可胜道，况政因俗移，法随时变，若不将本地情形吁请上达，恐将来逃亡日甚，不惟徭不能办，亦且粮无所起……①

但是与此同时，又有王之鹏、王辑、康基隆、贺执谷等诸多人陈请依循旧制分开征办，这样新一轮的论证又开始了。经过太原知府亲自调查讨论，认为二十四年灾变以后人丁减少，徭银苦累确实是事实，但是同为一县之民，为什么王之鹏等人却要求照旧呢，所以事情应该有轻重，不能以少代多：

兴邑四面环山，并无田亩，止有坡地……且幅员颇广，坡地即仅四千余顷，余皆田林石碛，不可耕种，即可种者亦硗瘠凉薄，每亩不能获二三斗者，数升而止。故十耕九欠，向有逃粮一千余两。今复连遭灾欠，离城十里之外荒废者十之四，全村空闲者十之三，现在逃粮又复千两有余而赔累者不可胜计。今复以四千有零之徭加入八千有零之粮，每粮一两应加五钱三分有零，是竟以不及二千顷硗瘠之地纳一万二千之粮……是丁可时减时增，而地则一成不易，今兴邑有丁无地之户不过数家，乃欲以数家一时之苦累贻通邑万世之害，此其不可不待辨而明也。且兴邑地土大半系流民佃种，正丁虽遇灾伤尚自安土重迁，流丁则大半逃散，地亩荒闲。……今伊等止知丁之减少苦累，独不思丁既减少谁复耕地，地既不耕粮从何出。正粮尚无所出，欲附加过半之赋于并不耕种之地，即据伊等所云徭不能办粮无所起，亦知粮断不可

① 乾隆《兴县志》卷9《户口》，乾隆二十八年刻本。

再加……①

并且认为牛晖云等俱为保甲户头,有催纳钱粮之责,现在以一己之私而变乱成法,最终将为首的牛晖云重责三十板以示儆。

这样直到大同怀仁等县陆续合办之后,兴县才在道光四年一半归入地粮征收。以上的引文尤其关于兴县的例子,向我们生动地展示了摊丁入亩这一制度变革在实施过程中所遇到的种种问题。需要指出的是,这些记载都属于官方上报的情况,具体情形怎样,从其他记载中可见端倪,“兴邑弊极矣,向也为都有九,今降而四矣,盖赋重而人窜,人窜而赋愈重也。其弊有三,一曰荒芜地税殆及千金。各州邑先经汇报请蠲,此独泄泄失时也。一曰前此为令者违众邀功,悬报新丁税银七百余两,流民税银百二十余两,贻累无既而不易除去也。一曰里书作奸飞洒隐巳之粮,隐富者强者之粮而混加于贫者弱者,叛乱规则也”②。由此看来,实际情况远比上报的情况要复杂得多。

岢岚县、保德县应该也有类似的情况,“(嘉庆二十四年)晋省岢岚保德二州,地本苦寒,罕通贸易。现在寄籍者陆续还归,即土著亦多迁徙,以致丁银缺额”③。正如雍正五年兴县的申诉中所说的“法必因地而施,政以安民为要”,制度的执行过程必须考虑到区域因素,区域环境特点时刻制约着制度的实施。摊丁入亩的出发点,就是要缓解土地兼并下所带来的丁役不均的问题,但是举国上下,经济发展水平并不是整齐划一的,不同地区各具特性,或是来自自然环境的限制,或是来自历史问题的遗留,总是会有特例的存在,而这却也正说明了区域特征的重要性。当然还有被损利益团体的阻挠,土地兼并严重的地区受到的阻力应该多来自于此,如经济发达的江南地区。另一方面,制度除了其稳定性、系统性以外,也具有一定时效性,并且是逐渐变化完善的,因为时代在发展,制度是没有理由也不可能一成不变。就如同在具体地丁合办的过程中,并不是所有的都全部摊入,而是根据区域的不同,部分丁银摊入地粮,这里面有环境的因素,有卫所屯地尖丁的因素,有经济发展水平等方面的原因。并且在整个制度执行的过程中,随着时间的推移、社会经济的发展、区域环境的变化等方面,摊丁入亩

① 乾隆《兴县志》卷9《户口》,乾隆二十八年刻本。

② 季廷櫰:《清核兴邑粮徭碑记(顺治十七年)》,乾隆《兴县志》卷17《艺文》,乾隆十四年刻本。

③ 《钦定大清会典事例》卷268《户部·蠲恤》。

政策在整个山西乃至全国慢慢开展,并不是一蹴而就的。

至此,笔者讨论的都是摊丁入亩政策在实施过程中和区域环境、和人类活动所产生的相互关系,那么这个政策实行以后,产生了何种作用,具体意义如何,政策是否具有驱动作用,而这些驱动力又是如何运作的等问题,都需要进一步讨论。摊丁入亩这一赋税制度的重大变革,就是把原来按人丁均摊的丁银,匀入田地中进行征收,从而既保证了国家的税额,也简化了税制。总体来说它使得人们不再参加徭役劳动,在很大程度上不再因为差役负担沉重而逃亡,减弱人身依附关系,解放生产力,促使社会安定,缓和阶级矛盾。再者就是限制了土地兼并,赋税加大,大地主不会大量购置田产。当然还需要注意的是,政府税收会有所增加。对清政府而言,制度的制定是为了维护统治者的利益,民众生活稳定,社会经济发展,清政府的统治也就更加巩固。从全国整体看来,顺治、康熙、雍正三朝的人丁数与田地数都是在逐步增长,乾隆、嘉庆、道光三朝,人口数不断增加,存仓米谷数起初是在三千万石上下浮动,后来乾隆后期达到四千五百多万石。山西省的情况,除了人丁、人口数的增长,在田地方面,顺治到雍正时期增长幅度较大,增加九百多万亩,乾隆初期有所下降,嘉庆时期又逐渐增多,咸丰、同治时期没有变化,为五千三百多万亩①,仅从趋势上看,田地数还是处于不断增长的趋势。山西北部地区,从前文县级田赋数据统计表来看,总数上来讲,万历时期最高,嘉庆、光绪时期都没有超过乾隆初年数额,各县的情况也是如此,几乎没有什么太大的变动,并且经过前文部分州县的数据修订,也显示清代雍正时期到光绪时期变化不大。

以上分析显示,田赋制度的变革在山西北部地区具有一定的驱动作用,但是影响的程度有多大,通过上文分析,这种影响及作用还是很有限。不仅如此,在制度实行的过程中,区域自然环境因素非常明显地制约了制度的执行,甚至使制度在实行过程中产生不同程度的变化。制度的制定具有一定普遍性,但就其适应性而言,并不是在所有地区都适用,故而制度在区域执行上显示出差异性。同时,制度实施后通过人类活动对环境产生一定影响,但这种影响的程度,也与当地区域环境密切相关。另一方面,环境的变化亦能引起人类行为的变化,促使人们产生对于制度变化的诉求,从而引导制度的制定。

① 详细数据见梁方仲:《中国历代户口、田地、田赋统计》甲表 74“清顺治、康熙、雍正三朝的人丁及田地数”,上海:上海人民出版社,1980 年,第 248 页。

第四节 其他驱动因素

一、人口因素

人口是社会经济发展的一个重要指标,所以在上文的分析中都要引用不同时期的人口数据作为参考。整理清代山西北部地区人口(丁)数据,雍正时期为丁数,共为二十四万余丁,嘉庆以后为册载人口数,从嘉庆的270多万口,至光绪九年(1883年)的262万余口,光绪十二年(1886年)为278万余口。数据显示自光绪九年以后人口增加趋势,至1953年增加100多万口。由于雍正、嘉庆等时期的数据不全,不具备可比性,但是从大同府的情况可以窥得一斑。乾隆时期本区大同府各县共计693176口,嘉庆时期为764923口,但此数据为清代大同府的行政区划人口数,包括口外地区,光绪九年为1007185口,明显多于乾隆及嘉庆时期人口数,光绪十二年为1022915口,1953年人口数为1484589人,总体趋势呈上升趋势。

表8-2 清代晋北册载田赋数据与人口(丁)数变化表

	雍正十二年	嘉庆	光绪五年	光绪十三年	1953年
田赋(清亩)	14083754	13229098(含丰镇厅、宁远厅)	13276073	13273673	24802557(市亩)
人口(人)	247778丁	2553731(不含岢岚、岚县、兴县人口数)	2628277	2788047	3742059

资料来源:张正明、赵云旗编《山西历代人口统计》(山西人民出版社,1992年)。

结合前文田赋数据,清代整体没有太大变化,嘉庆的数据要多一些是因为含有了宁远厅的数据,光绪五年至光绪十二年稍呈上升趋势。这样看来,本研究区域的土地垦殖情况变化不大。我们知道乾隆以后大面积的旗地、牧地放垦大多是在口外地区,而本研究区域属于人口外流区域,并非人口移入区。从大同府的田赋数据看,乾隆初年为5135376亩,嘉庆二十五年(1820年)为5128219亩,光绪五年为4882094亩,光绪十三年为4895051亩,显示从乾隆到嘉庆而至光绪年间呈下降趋势,光绪五年之后数据略有上升。并且从部分修订后的县级耕地数据来看,耕地数字变化的趋势是一样的。

以上关于人口数据和册载田赋数据的列举，是想通过对比而确定二者之间的关系。整体来讲，在康熙五十一年（1712年）实行“滋生人丁永不加赋”政策以后，在人口日益增多的同时，耕地数据在康雍乾时期稍呈上升趋势，乾隆以后直到清末，稍呈下降趋势，变化不大。那么实际上这就说明晋北地区清代人口的增加并没有与耕地的增加呈正相关。但需要注意，这只是注意到了人口的自然变动方面，而人口在空间上的位置移动，也就是人口的机械变动，人口迁移问题，也会对区域内土地利用变化产生影响。所以人口问题应该与区域土地承载力有关，土地承载力下降又与区域内大量的人口外迁相关。

人口因素是土地利用变化驱动力研究考察的重要因素之一，以往的研究及比较直接的观点是人口的增多带来了耕地增多，这通过一些人类活动影响比较大的区域的研究①可以有所反映，并得到较好验证。但是在其他区域的情况到底如何，还是需要具体的区域研究加以说明，区域差异需要重视。关于本研究区域人口因素的考察，经过前文分析，实际应该和康雍乾以后大规模的口外移民运动联系讨论，同时也应该与口外蒙地的变化情况结合分析，所以人口因素的驱动作用也需要与区域环境、政策制度等多种因素相结合，综合作用于区域土地利用。

二、技术因素

技术因素是土地利用变化驱动力研究中的普遍考察的因素之一。前文在分析土地利用的自然驱动力问题时，讨论了区域自然常态条件下和自然灾变环境下对土地利用的影响，以及各种环境下人类社会的适应、应对和改变，其中从这个角度，对区域农业生产技术的发展和特征做了详细的考察，对清代晋北地区农业技术问题有了较为全面和清晰的认识。那么这里主要从土地利用变化的驱动力角度对农业生产技术进行讨论，即农业技术是否对区域内土地利用变化具有驱动作用，驱动程度如何。

明清时期山西地区的农业技术日渐走向完善，出现了比较有代表性的区域性农学专著《马首农言》，区域内北方传统旱作农业技术特征表现明显，整体水平有所提高，但从长时段来讲，农业技术的提升有限，发展较为缓慢。尤其受环境和人文因素影响，清代山西北部地区的农作方式表现较为粗放，农作种植较为简单，小区域之间的技术差异明显存在。那么基于此种农业技术条件，清代晋北地区的土地利用受其影响的程度还是很有

① 如关于东北地区、口外蒙地的研究等。

限,这一点从前文所分析的清代晋北地区土地利用变化情况便可有所验证。整个有清一代,北部地区的土地垦殖情况并没有出现较大的改变,经过清初期的复垦,至乾隆时期晋北地区土地垦殖达到峰值,其后逐渐降低,再没有超过乾隆时期的土地数值。我们从以下几个方面进行讨论。

首先,从作物种植制度来说,清代山西北部地区基本是一年一熟,个别水热条件较好的地区存在两年三熟或者一年两熟,宿麦种植较少,稻类作物也只在黄河、滹沱河、桑干河沿岸等生产环境较好的地方少量种植,并且产量有限。所以就晋北地区大部分而言,一年之内并没有太多的时间可以从事农业生产活动,这从我们前面的考察中也可以看出来,基本从春耕开始,太原以北的广大地区在农作时间上都要普遍晚于太原以南地区,一般北部地区下种的时间都要到了清明前后,雁门关以北有的地区甚至要到了5月份才开始耕种,这也充分显示了晋北地区环境对农业生产的制约作用。尤为重要的是,长久以来形成的晋北地区的种植制度在整个清代并没有发生太大的改变。如从作物种植结构来讲,先秦时期就已形成的以种植粟黍等为主的旱作农业,清代晋北地区依旧保持这种耕种结构,主要种植黍稷等耐旱作物,除了到清中后期之后,宿麦有了一定的种植,再加上一些美洲作物的传入,使晋北地区的作物种植结构稍有变化外,整个清代晋北地区作物种植结构并未发生重大变化。再如从倒茬轮作角度来看,《吕氏春秋》中就曾提到"今兹美禾,来兹美麦",即让谷子和麦子相互倒茬轮作,可以提高土地利用率,那么经过长期实践,时至清代,虽然对这种耕作制度有了一定的深入认识,如祁寯藻就总结出谷子、高粱、黍稷等谷类作物和豆类作物的换茬轮作,并且谷类作物和豆类作物都不能重茬复种等生产经验,但是总体而言,还是以继承为主,轮作复种的技术还未提升。那么实行这样的农作种植制度,不能增加复种指数,也就不能提高土地生产力,所以实际并不能够对晋北地区的土地利用状况产生很重大的影响及推动。

其次,从作物主要种植技术来看,山西太原以北的广大地区实行较为粗放的种植技术,虽也经过长期的耕种实践,但大多数的技术变化表现在局部改良方面,大多为进一步的完善而不是跨越式的变革。例如对于耕地时的耕耙耱技术,在《吕氏春秋》、《齐民要术》等著作中已有提及,强调"五耕五耨"的旱地保墒技术,至清代《马首农言》更细致地发展了耕耙耱系统耕地法,提出要深耕,下种时使用粪肥,随后再糶耱多次等系统生产过程,强调了要多耕,要注意播种的时间,以及对于不同类型的土地,要注意播种的深度、土壤的干湿度等问题。尽管清代的耕耙耱技术较以往的保墒技术已经多有完善,并且更为细致,但从根本上讲,还是属于传统农业的范畴,而且这样更为精细的耕作需要投入更多的人力物力，实际上对于清代太原以北地区而言，这样的技术在某些区域可能相对不具备可操作性。原因就在于晋北某些地区长期以来所形成的“地广人稀”的土地耕种状况，如在朔平、大同等地，农户耕种土地多以顷、垧相论，大概举全家之力也难以对所有土地在有限的时令季节内实现如此精细的耕耙耱生产过程。当然，也存在有若干环境和人文条件合适的地区，积极采取这种耕作方式后，对于单位土地的粮食稳产增收还是具有一定作用。

从另一个角度说，《马首农言》等农学专著，更多的是一种农业生产总结，同时也担负有宣传、教化及推广的功用，尤其结合农业技术的区域差异性特点，晋北地区的具体农业生产状况实际上是复杂多样的，精耕细作的传统农业技术在区域土地利用中所能起到的促耕增产作用有限，同时这种相对精细的耕作技术在使用时都会被乡民根据具体的生产环境而进行改变，精细到粗放，实际是乡民较为理性的选择，只不过这种选择，并不能够迅速提升农业生产状况或改变土地利用变化，但是假若我们回归历史现场，恐怕这应该是相对比较和谐的一种处理方式。

再者，从农业生产工具来看，清代晋北地区的生产工具几乎都是传统农具的延续，虽针对不同的作物、不同的生产过程均有不同的生产工具，种类较多，分类很细致。从具体农具的形状特征来讲，晋北地区的农作工具大多是与当地的地形地貌、水文、土壤环境等相适宜的，如前文所述耕地农具中两用犁的使用，其既适于平地耕作，也适用于山地种植。当然从这个角度说，晋北地区的农具也是民众长期生产实践的智慧结晶，能够满足日常农业生产的需求，在部分地区有助于局地农业生产的发展和提高。但总体来说，清代晋北地区农具还是属于传统农具的范畴，主要依靠人力、畜力，结合人口、土地关系等情况，对于区域土地利用的驱动作用有限。

最后，从技术的改良过程来讲，清代晋北地区尽管有过一些寻求技术改良的愿望及活动，但最终由于环境、经济等各方面原因，这些尝试最终以失败告终。如晋北地区对于棉花的种植，晋北地寒霜早，原本不宜植棉，各地地方官注意到境内无棉少棉种植的情况，也多有鼓励植棉政策，但是从具体情况看，一直到民国年间美洲棉等耐寒品种的引入，晋北地区才开始规模经营棉花。与此相连带的是清代晋北地区棉纺织业的不断尝试与失败，举一个典型的例子，以北部大同府天镇县、大同县的情况来说明这个问题。康熙五十九年（1720 年），天镇县大力提倡兴办纺织，先令妇女学纺工，然后找到寄居在县内的祁县人侯氏，侯氏擅长纺织，又找到来自文水县，并且会做笼器的岳氏，参照祁县和文水县的方法做器具，当时有所成效，织成的布长四丈五尺，广一尺五寸。而至乾隆三十三年（1768 年），朱宗洛知天镇县后，却见边土素不知纺织，于是觅南中妇女来教习，不久“便机声四起，布价为之减”①，由此可知先前天镇县所倡之纺织并没有相沿成习。后至道光时期，大同知县黎中辅认为北部贫瘠之区更应该勤习纺织之业，并认为首先要置备纺织器具，便选择县内木匠二三人，给予资金，趁夏天前往省南学习制造纺车、织机、梭扣等物，同时从寿阳县觅雇孙陈二姓，携家揭眷，广制器具，并张贴“谕邑人习纺织告示”，给予二人三年工资，安顿住宅，又公举城中士绅经理此事。凡贫苦妇女起手无资者，先给棉花与口食，置备纺机，让其学习。并告诫县民，此事关乎民生大计，不能畏难或以其利小而不为，此事容易学习，只二三月便可能纺能织。并设想至于乡村离城远近不一，难免有难以进城学习的妇女，那么其附近村庄中或多或少都有人进城中亲戚家的，这些人学成回乡后，即可在乡中互相传习纺织，家纺户织，大开衣食之源，生活也就日渐饶裕了。这当然属于黎中辅的美好设想及愿望，这次学习的结果不得而知，但从其后的情况看，大同县并没有相沿成习，未能机杼之声不断，民众生活也没有太大改观。同时据黎中辅所述，他自己在上任大同县之前，就曾在知天镇县时大兴纺织。黎中辅为江西东乡县举人，嘉庆十五年（1810 年）任天镇县知县，道光三年（1823 年）调大同县。也就是嘉庆十五年黎中辅于天镇县在任之时，还在劝民兴纺织，由此可知在他以前，乾隆时期天镇县知县朱宗洛所倡导的那次大兴纺织活动，其实也并没有相沿太久。以上大同府天镇县、大同县的例子告诉我们，清代晋北地区官员多有鼓励民众大兴纺织之策，无奈虽当时略有成效，却总不能长久持续。究其原因，首先，比较重要的，应该是原材料缺乏问题。如偏关县自雍正三年改县之后，县令也多有提倡纺织者，但总是不能长久，后总结分析，认为，“盖本地无木，棉必购诸顺天、保定两处，由顺天、保定至偏关，路逾千里，非直价值必昂，即输运亦多未便，此无源之水所以立涸也。欲兴纺织必劝民间讲求种棉，棉兴而后纺织可久也”②，偏关县的此项认识或可推至全区，晋北历来鲜有棉花种植，这恐怕是纺织难以持续的主要原因。其次是劳动力缺乏。地广人稀是本区的主要特点。除了明清鼎革、清初叛乱等战争因素影响以外，出口外谋生的生存方式也造成本区劳动力人口的大量流失。再者，销路不畅。长期以来，北部地区民众生活所需布帛都来自河北直隶，要想打破这种局面，本地生产的棉布就必

① 光绪《天镇县志》卷 4《循政记》。
② 道光《偏关志》卷上《风土》。

须达到一定的产量,而且本地布帛还必须具备竞争力。但是就前面两项原因分析来看,要做到这些还是很有难度。最后还有部分风俗习惯的影响。尤其本区长期以来农牧交错,相较于纺织等传统手工业而言,牧业生活习俗的影响可能要更强烈一些,“妇女不事纺织,俗多衣皮”①的记载屡见不鲜。

以上分析,说明清代晋北地区亦多有技术改良的行为,但受制于环境及多种人文因素影响,技术并没有实现大的突破,对土地利用、社会经济等并未产生重大的影响。

当然,在清代晋北地区也存在技术改良成功的典范,即在前文农作物种植部分的讨论中,我们详细论述过的乾隆时期马铃薯的积极引种,以及由此带来了一系列的社会经济影响。马铃薯在乾隆年间,至迟是在乾隆四十七年(1782年),由地方官自陕南引种至山西北部浑源州地区,后推广种植,并在道光年间发挥抗旱救灾的功能。马铃薯传入之后被广泛种植,并逐渐形成一种种植习惯,成为晋北地区的主要作物及特色作物,并且不同程度调整了晋北地区的作物种植结构,丰富了区域作物种类,调整了民众饮食结构。同时由于其具有抗旱救荒的特征,马铃薯的种植提高了区域土地承载力,一定程度上缓解了人口与耕地的压力。这个例证向我们展示了马铃薯等美洲作物传入山西以后所带来的一系列社会经济影响,作物种植、种植制度也属于技术的范畴,所以这个例子告诉我们技术改良对土地利用变化、社会经济发展的确会产生驱动作用。

那么,如何看待以上两个技术改良、结果大不相同的案例?笔者认为,这应该突出反映了区域环境,包括自然环境和人文环境,对于技术改良和发展的制约作用,换句话说,就是技术进步与发展要受到环境的制约,技术进步对土地利用的驱动作用同样受到环境的约束,在清代晋北地区而言,自然环境的制约因素占有比较重要的地位。马铃薯之所以能够在北部地区顺利传入,并成功入主民众生活,这与其耐寒耐旱、疗饥救荒的植株、果实特性密切相关,同时辅以政策推行,终有所获,影响区域土地利用。而植棉以及纺织的改良,植株缺乏一定的环境适应性,同时又受社会、习俗等多种因素制约,未能成行,所以最终对土地利用变化并未产生影响。

实际对于农业技术而言,其自身就具有一定的复杂性。学界对此已多有研究,“相对于自然环境和人文环境,技术是农业生产的一个内生要素,是农业生产活动的方式与手段,其变革与发展受到自然环境条件和人文社

---

① 康熙《灵丘县志》卷1《方舆志 · 风俗》。

会环境条件的制约”①。通过以上分析我们已经对此有所认知,并且在上一章的讨论中我们重点考察了自然环境对农业技术变化发展的影响,从中可以明显看到晋北地区农业生产技术受气候、土壤、水环境等自然环境状况制约显著。同时,前文讨论清政府的土地政策、田赋制度,清代晋北地区土地关系、政区变动、人口和战争等因素时,依然可以反映出人文社会条件对技术的变化发展也有诸多制约,甚至后面讨论中将要提及的风俗习惯、民族宗教等社会因素,对农业技术也有一定影响。所以农业技术本身及其发展变化的形成因素就涉及自然和人文两大方面,在此基础之上,讨论农业技术对于土地利用变化的驱动作用,这实际也反映了土地利用变化驱动机制的系统性和复杂性。

科技是第一生产力,农业技术是推动农业发展的第一推动力。但假若没有明显的技术进步,这种推动作用就无法实现。清代山西北部地区的农业技术是在长久技术发展的基础上发展而来,就其本质而言,区域内的农业技术,只是在原有北方旱作农业的基础上不断完善,仍属于北方传统农业的延续。同时由于我们考察的是有清一代二三百年的情况,对于传统农业技术发展来讲,时间相对较短,农业技术的驱动作用虽有所表现,但对晋北地区而言,对农业生产并没有带来本质上的变化,实际上,这是与中国科学技术的发展史相联系的。在前现代时期,技术发明主要建立在实践经验的基础上,17 世纪科学革命之后,技术的发展则主要依赖于大量实验方法的应用,中国早期技术处于领先地位是因为在以经验为基础的技术发明过程中,人口规模是技术发明率的主要决定因素,而 17 世纪之后中国长期落后于西方世界,则是因为中国没有实现由实践经验到科学实验为基础的技术发明转变②。实际上对于李约瑟难题的解释,包括李约瑟博士本人及许多学者研究,认为社会制度以及科举等政府激励机制都是造成中国没有出现工业革命的考虑因素。通过对清代山西北部地区农业技术发展的考察,我们也深刻认识到这一点,在依旧是以实践经验为基础而发展的传统农业时代,技术发展有所限制,技术进步对土地利用变化、社会经济发展所起作用的程度也会有所局限。

---

① 萧正洪:《环境与技术选择:清代中国西部地区农业技术地理研究》,北京:中国社会科学出版社,1998 年,第 5 页。

② 林毅夫:《制度、技术与中国农业发展》,上海:格致出版社、上海人民出版社,2008 年,第 245 页。

三、战争和社会动乱

明末农民战争及清军入关，对于各地的社会经济都产生了一定的影响，清政府在刚刚问鼎中原之后的一段时间，战乱主要表现在清除李自成大顺军余部和镇压全国各地的各类宗教、迷信团体的农民起义。山西北部地区在这一时期的战乱中也成为硝烟弥漫的战场。

清初的战乱对山西北部地区影响较大，其中除了下文将要提及的姜瓖之乱外，还有一次动乱也显得较为突出，那就是顺治二年的朔州善友会动乱。这场动乱也很有意思，属于在北部地区多地呼应而起的一次农民起义。首先是在顺治二年（1645 年），由一位妇人"崔氏"创设善友会，自称"都掌教"，随后各地相继出现所谓"善友会"的动乱。"是时（顺治二年），山西土贼乘间窃发，妖妇崔氏，倡为善友会，自称都掌教，偏关、宁武、岢岚诸属村庄，多为煽惑。黑草嘴贼渠白千、侯运库，朔州贼渠武大宽等，分路响应，所在杀掠，（李）鉴令副将军侯大节，率兵奋击，擒斩大宽，朔州贼党解散"①。

崔氏创善友会之后，主要在晋西北宁武、偏关等地发展壮大势力，朔州等地也有响应。其中宣大巡抚张鸣骏就奏报了朔州善友会动乱的始末。顺治二年三月，宣大巡抚张鸣骏闻报朔州所属蒋家峪等村有"皇天清净善友会"的活动，经过一番考量之后，张鸣骏在三月十七日带领官兵，同朔州李通判等官员一起，各自率领朔州道丁，前往朔州蒋家峪村探明情况，到了之后见到，"满山遍野俱是贼兵，各持枪刀弓矢，其中有拿椽标者。妇女腰系红裙，亦各持椽木双刀，飞舞跳跃，个个前来，势如妖氛"②，双方对峙四小时之后，清兵显得力不从心，于是收兵回城。但是在这场战斗中，清政府抓获了三名主要"妖人"，其中一人蔡羽称自己就是"尉迟"，他会一些拳脚功夫，有一身武艺，据蔡羽招供，蒋家峪中还有一人即为焦赞，此人叫李一梅，比他的武功还要好，至于其他首领还有左金童李二、右玉女邢四等。在顺治二年五月，又有一"妖民"刘伯泗，"掘穴得石匣，内涵天书。又，石弹内有元帅印，遂自称天罡星，宣府巡抚冯圣兆捕获以闻"③。实际上，这位刘伯泗还没来得及拓展兵马，就被清兵缴获了。在清兵的围追堵截中，宁武和朔州的善友会教民也相互声援，但最终在顺治二年（1645 年）六月左

---

① 谢国桢编：《清初农民起义资料辑录》，上海：上海人民出版社，1957 年，第 250 页。

② 中央研究院历史语言研究所编：《明清史料》（丙编中 第五本）"宣大巡按张鸣骏残题本"，北京：北京图书馆出版社，第 355 页。

③ 谢国桢编：《清初农民起义资料辑录》，上海：上海人民出版社，1957 年，第 71 页。

右,巡抚马国柱和总督李鉴纠集各路兵马,斩获白千、邢四等人,并将崔氏斩首,镇压了这场农民起义。

这次起义时间不长,而所谓的动乱,一些官员也认为,这是众多民众在地方驻军将领的无理逼迫下才激起民变的,"该臣看得,蒋家峪等数村,乡愚持斋事佛,其来久矣,未常有他心。自奸弁王守志张告民之示,而"善友"之祸起。始则借端酷诈,继而纵兵抢杀。初以壹家,而延数家,因而壹村,而延数村。彼乡民者,谁无家室,谁无性命?相聚负山,迫于不得已,为逃生之计耳"①。从这样的叙述中看来,善友会的起义也是事出有因,不是提前密谋策划的反清斗争,主要的矛盾还是来自驻军将领的压榨,并且这场起义发生规模也并不是很大,只是在朔州、宁武等地有所响应,时间也只有几个月。张鸣骏所描述的满山遍野俱是贼兵,男女老幼都持枪战斗或许有些夸大之意,但总体显示了当地的动乱状态。所以即使是这样,动乱对于刚刚遭受明清易代战争的这些地区而言,社会经济各方面都受到了一定的影响。

清初,在山西北部地区发生了一场对当地社会经济都产生极大影响的战乱,即顺治五年姜瓖之乱。政治上左右摇摆的姜瓖,终于在顺治五年十二月(1649 年 1 月)于大同举起反清大旗,并且得到山西汉族官绅的响应。战争很快席卷山西北部大部分地区,宁武、保德、岢岚相继失守,雁门关内代州、五台、繁峙也被其所扰,继而南部地区也有起义军响应并且占领大部分州县。同时,清政府对于姜瓖和陕西起义军相互呼应也非常担忧,顺治六年三月,"姜瓖叛逆□羽亲视识勾连陕西叛将接应,是真沿河一带愚民被惑,处处蜂起,且瓖原籍榆林延川,与晋保德、偏关、兴、岚□对□□黄□一水,不满百里地。今保德等处悉为□据,彼□一切情形不能知闻,恐党逆过河与偏宁等贼暗相结聚,万一突然而来,离省咫尺,深为可虑"②。至顺治六年四五月间,对于清廷来说,战争形势已经非常严重,除了太原、临汾等几个城池被清政府控制,山西大部分地区已经被起义军占领。这场反清复明运动坚持了一年多,最终被清军镇压。③

战乱前后,山西北部地区冰雹、蝗蝻、水旱灾害不断,战乱中城堕民屠,致使战后满目荒丘,社会经济严重受创。当时宣大总督佟养量于顺治七年

① 中央研究院历史语言研究所编:《明清史料》(丙编中 第五本)"宣大巡按张鸣骏残题本",北京:北京图书馆出版社,第 355 页。

② 中央研究院历史语言研究所编:《明清史料》(丙编中 第八本)"山西巡抚祝世昌揭帖",北京图书馆出版社,第 243 页。

③ 顾诚:《南明史》,北京:中国青年出版社,1997 年,第 526—546 页。

考察地方州县，“果见其庐舍灰烬，田野荒芜，一庄之民，仅存十之一二，衣不蔽体，菜色堪怜”①。据浑源州知州郎永清、朔州知州胡养忠、大同县知县王度报，战乱之后，“查得浑源州原额地七千九百九十五顷四十九亩零，除先任宣大耿部院题免无主荒地外，又姜叛之后，屠戮复荒无主地四千八百余顷，见今成熟地八百三十二顷三十六亩。朔州原额地三千二百六十五顷八十八亩零，除耿部院题免无主荒地外，又姜逆叛后，人民屠戮，复荒无主地一千六百八十一顷，见今成熟地三百八十九顷七十二亩。大同县额地一万三千七百二十一顷七十六亩八分零，除耿部院题免无主荒地外，又姜逆叛后，人民屠戮，复荒无主地七千一十八顷零，见今成熟地二千四十五顷四十六亩六分零”②。这样经过姜瓖之乱，大同府浑源、朔州、大同三州县共荒地一万三千四百九十九顷，土地严重抛荒。清初晋北土地的严重抛荒从政府的蠲免政策中也可以得到印证，“顺治八年，又免山西省朔州、浑源州、大同县无主荒地一万三千四百九十顷钱粮，仍令有司招民开垦，按年起科。又免山西省荒地一万五千顷额粮”③。

对于山西整体情况，在巡抚白如梅的奏疏中也可以看出一二，“臣查晋省州县多处山谷之中，民鲜素封，地多沙碛，南逼诸河，有浸塌之虑；北邻沙漠，有风霾之患，素称疲敝之省。年来兵火频仍，又兼灾祲，屡见小民叠遭荼毒杀戮，他徙及饥困死亡者十去其六七，仅存三四分之残黎，人丁既少，地土自荒，地土既荒，均徭自缺……”④。

这样的记载更加显示，姜瓖之乱后的残破不堪，并不仅仅来源于一场逆乱。清初的几年中，山西北部地区大大小小的战乱不断，清政府既要忙于镇压大顺军余部，又要提防各种教会团体的农民起义，就像镇压善友会起义的过程中，对付大顺军余部的力量就要削弱，只因为姜瓖之乱波及范围太广，历时也较长，所以是这种残破社会生活的主要原因。

清初的战乱使得晋北大量土地抛荒，人口锐减，社会动荡，经济倒退，土地垦殖率下降，这种影响作用是非常明显的。战乱造成的残破也使得清政府在稍后的时间里，一直坚持推行垦荒及其他一些与土地开发有关的政

---

① 顺治七年十二月佟养量揭帖《清军镇压姜瓖时大同等城遭屠戮及地方荒凉残破情形》，见中国人民大学历史系、中国第一历史档案馆合编《清代农民战争史资料选编》，中国人民大学出版社，1984年，第155页。

② 顺治七年十二月佟养量揭帖《清军镇压姜瓖时大同等城遭屠戮及地方荒凉残破情形》，见中国人民大学历史系、中国第一历史档案馆合编《清代农民战争史资料选编》，中国人民大学出版社，1984年，第154页。

③ 《钦定大清会典事例》卷268《户部·蠲恤》。

④ 《巡抚白公如梅请蠲荒地逃丁钱粮疏》，光绪《左云县志》，民国间石印本。

策制度,从这方面说,驱动作用的机制也是非常复杂的。

四、民族和宗教

山西是个多民族、多宗教的省份,各个民族、各种宗教历史悠久,源远流长。山西北部地区自古更是多民族聚居区,农耕文化和游牧文化在这里碰撞、交融。有的民族一直延续至今,而有的民族,诸如鲜卑、契丹、吐谷浑等则在历史长河中逐渐消失,融入其他民族。至于宗教,是人类发展到一定历史阶段出现的一种文化现象,是人类和民族产生的伴生物。

先秦时期,山西北部先后接纳了土方、玁狁、林胡、楼烦等游牧部落,如《诗经》有云:"靡室靡家,玁狁之故"、"赫赫南仲,玁狁于襄"、"玁狁匪茹,整居焦获"①等,就说明了周王室一直在和北方玁狁部落战事不断。经过长期的斗争和融合,匈奴这个游牧民族兴起,成为汉代北方边境最强大的敌人。匈奴人善骑射,逐水草而居,更以掠夺性的战争为业。东汉初期南匈奴投汉,有大量的南匈奴人入住晋北、晋西北地区,这时,也有一部分鲜卑和乌桓入居雁门和代郡等地。与匈奴部落相混合的鲜卑部落,才被称之为拓跋鲜卑,拓跋是鲜卑父匈奴母相融合而产生的一个族名②,拓跋珪从盛乐迁都平城,带来了数百万的人口迁徙,马牛羊等物资也被源源不断地运往大同地区,大同历史由此也书写了浓重的一笔。北魏时期佛、道两教都很盛行,大同地区的佛教得到空前的发展,大乘佛教和小乘佛教并行。道教则是中国土生土长的宗教,北魏时大致有天师道和楼观派两大宗派。但此时,儒家思想仍旧是主流思想。拓跋鲜卑也一直很注重吸收汉文化,向汉文化靠近。隋唐时期,突厥人开始游走于北方边境,东突厥还曾一度占领雁门关以北的地区。唐通过对东突厥作战,把部分突厥人安置在今忻、代之间。突厥内部分裂后,回纥、沙陀、吐谷浑等民族开始活跃在山西北部地区,一直到五代十国时期,北部地区一直都是多民族杂居的地方。契丹建辽,辽时期完全占有山西北部地区,并立西京大同,西京地区是辽的重要农业区,北部地区又迎来了历史上较为发展的时刻。金时仍为西京大同府,金采取不同的制度管理南北地方。契丹、女真以及以后的蒙古人都信仰多神萨满教,萨满教的基本信仰观念是万物有灵。辽时期佛教也得到进一步发展。而金代的道教则走向了佛、道、儒三家合一的路线,是为全真

---

① 分别出自《诗经·小雅》的《采薇》、《出车》和《六月》,显示了戍边战士要和北方的少数民族玁狁作战以及玁狁时常南侵等情况。

② 马长寿:《乌桓与鲜卑》,上海:上海人民出版社,1962年。

教。元大一统之后，山西为腹里，山西道的行政机关宣慰司设在大同。明代则始终处于蒙古鞑靼部的阴霾之下，在北部地区设九边，驻扎重兵防守，并大兴屯垦之策。明中期以后，民间宗教白莲教逐渐让明统治者感到危机，普通白莲教没有什么明确的政治主张，但是大批的白莲教徒却和蒙古军队相勾结，甚至带领蒙古军队在北部地区烧杀劫掠，数量也非常可观。一直到清初，姜瓖的左右摇摆至最后作乱，北部地区一直都在动荡飘摇之中。

清代山西北部地区依旧是多民族聚居区。清朝是中国历史上又一个由非汉民族所开创的大一统王朝，而且统一后全国各级政区的拓展广度与治理水平，以及境内各民族之间融合的进度与密切关系，都大大超过以往各个朝代①。随着清军入关，带来大量的满族移民，清初这些移民主要迁入北京及畿辅地区。清代山西北部地区的民族主要有汉、回、蒙、满等民族。

至于基督教，明代中叶就有天主教的传教士进入山西传教，并且逐渐有了发展，雍正时期则下令严禁传教。一直到 1840 年以后，西方传教士才大批来华传教，到 1900 年，晋北地区的天主教徒人数达到一千七百多人，大小教堂二百余座。清光绪十五年(1889 年)，天主教在大同城内的都司街购地建设天主堂。1923 年，罗马教廷决定成立大同教区，管辖大同、阳高、天镇、浑源、广灵、灵丘六个县的教务。基督教的新教在山西也有传教。英国内地会最早来山西进行长期布道，在晋北和晋西北都有活动，瑞典圣洁会 1894 年传入朔平府及其辖县左云、平鲁等地，后又传至浑源、应州等地，设立教堂。1906 年英国内地会把大同总堂和晋北布道区划归瑞典圣洁会，教务日益发展，至 1920 年，瑞典圣洁会还传至神池、偏关、五寨、宁武、繁峙等地，可以说在抗日战争爆发前，圣洁会在基督教会中在北部地区的传道最为发展。主要在晋西北布道，英国浸礼会在忻州地区也有布道②，等等。

以上大致梳理了历史上山西北部地区民族融合和宗教发展问题，这其中涵盖的内容非常丰富，但这里主要讨论的是民族和宗教在土地利用方面的驱动作用问题，所以仅作一简述。

那么山西北部地区的民族和宗教问题是否对区域土地利用变化产生作用呢？即使从上面简单的描述中我们也可以看出，这种影响是存在的。

---

① 安介生著：《历史民族地理(下)》，济南：山东教育出版社，2007 年，第 736 页。

② 张子荣：《山西基督教宗派述略》，《三晋文化研究论丛》，1994 年，第 157—203 页。

本区自古就是多民族聚居区，一次次的民族融合都伴随着战争与民族迁徙，游牧文化与农耕文化在这里长期交融，虽然部分民族选择定居在这里，但他们并不能完全舍弃长久以来形成的牧养等生活习惯，也不能给当地带来先进的农耕文明。民族融合的结果是在这片土地上长期农牧共存，并且逐渐成为广大百姓的生活常态。这只是其中的一方面，或许笔者是在追求历史渊源，论述这种习惯影响。

清代实现了长城内外、大漠南北的真正统一，这种民族格局对于长城沿线及其附近的广大地区而言，意义深远，对于土地利用的影响也应是占主要方面。在清代，一个很重要的人口迁徙的方式就是汉族人民向边疆民族地区迁徙，比如走西口，晋中、晋北地区民众大量出口外谋生就是这种迁徙方式之一。口内民众向口外迁徙，实际上也是人们对于当时生存状态综合评估后进行的选择，这种人口外流对于北部地区土地利用的影响还是很明显。清初进行的“圈地运动”，就是为了安置大量入关的满洲移民而采取的优惠政策，即为他们在移入之地圈占土地，规模与影响非常大。山西圈地运动在太原、阳曲附近较为突出，北部地区在长城沿线主要是驻防八旗的旗地，主要包括察哈尔驻防和绥远城驻防，清政府把圈占来的土地分给驻防官兵，也就是驻防庄田。那么与北部地区关系比较密切的在于清政府对于旗地和民田的政策有所不同。作为清政府来讲，维护旗人的利益，最大限度地掌握官田，一直是不变的原则。这种政策上的差异，对于北部地区土地分配、土地所有权归属、土地买卖等方面都产生了一定的影响。清初禁止旗地买卖，但到了清末，旗地私有的现象越来越严重，当然，这也与大量口内民族向口外迁徙相关。清代山西北部沿边地区牧场也有较多分布，最初牧场实施禁垦政策，但随着人口迁徙，大量的牧场也被开垦。

至于宗教，比较突出的方面在于寺院田产的置办和对土地的占有。山西五台山是我国四大佛教名山之一，五台山还是四大佛教名山中唯一兼有汉地佛教和藏传佛教道场的佛教圣地，在中国佛教发展史上占有重要地位。明代宗、明宪宗时期推行收费发碟制度后，佛事大兴。清帝王更是多次西巡五台山，康熙五次西巡，乾隆六上五台，嘉庆也巡幸过五台山。这种情况下，大修寺庙、修建行宫、土地开垦等势在必行。这种寺庙、行宫的修建需要不断地占有土地，而日益激增的寺庙僧侣，也需要有大量的土地开垦来维持生计。每年络绎不绝的佛教信徒进山朝拜，尤其是蒙藏佛教徒驱赶驼马入五台进香贡献，对于五台林地草场的破坏都是显而易见的。寺僧田产的问题前文已有论及，寺庙扩建、置办田产的例子也屡见不鲜。

例如在乾隆四十年竣工的五台山普乐院，就是因为要为前来研习的教徒提供佛殿以及为逐渐增多的僧徒修建住所而拓建的，其间就多次置办田产：

> 俯念京师，四方辐辏，人烟稠叠，夏日未免炎热。每年午月，命来清凉山中，习静译经，迨秋始返。如此者将及二十载矣。始也，暂憩菩萨顶及碧山寺，既于金刚窟之后山，相度形势，建立佛殿，并营屋数椽栖止焉。又以内外汉番僧徒来此，率多年老禅修，且相随恭诵皇经者众，复修整五郎庙为住居所。……香火斋粮庄产开后：乾隆三十二年四月，普乐院庙工未竣，用金刚窟寺名，置繁峙县治占庄产一十七顷八十五亩，并房屋、树株、碾磨、塘井等项共价银一千五百两。乾隆三十二年四月，普乐院庙工未竣，用金刚窟寺名，置繁峙县孙家庄地六顷六十九亩，并园地、房屋等项，共价银四百两。……乾隆三十二年八月，碧山寺僧推舍五郎庙前后香火地亩并金刚窟地一亩七分，原典价银一百三十两。乾隆三十三年十月，普乐院庙工未竣，栖贤寺僧用金刚窟寺名推舍地藏庵一座、护寺地一顷，又契买崖头冯聚屋地八分。乾隆三十三年十月，普乐院庙工未竣，用金刚窟寺名，置李家庄坪地五顷九十亩五分，坡地六顷零七亩，楼房、角屋、场院等项，价银一千六百两。①

五台山各寺庙之间也会出现田产的买卖，如在乾隆二十三年，显通寺佛殿毁于大火，于二十四年兴工修建，将大教场、胡家营香火庄产三处典与台麓寺，典价八百两。至四十三年十月，又转典与殊像寺，典价一千二十两。最后又于乾隆五十一年十月，殊像寺住持和执事又将前两处庄产，不索原价，立约舍回显通寺，永远供众僧②。

道光年间杨业后裔三十二世孙状告五台山菩萨顶侵占杨业墓塔地的案件，也展现了寺僧田产不断有扩张的需求，并与民间产生纠纷。北宋兴国年间杨业忠死，其子杨五郎收骨建塔于清凉山九龙冈，道光年间，五台山菩萨顶喇嘛纵容庄头立石划界、佃户开垦占种杨业墓塔地，杨业后裔上告

---

① 张正明、科大卫主编：《明清山西碑刻资料选》之“普乐院记”，太原：山西人民出版社，2005年，第7页。

② 张正明、科大卫主编：《明清山西碑刻资料选》之“永垂不朽”，太原：山西人民出版社，2005年，第8页。

至五台县无效,后又报至代州及山西巡抚,甚至惊动道光帝,最终经过勘察后,给双方各留地亩,算是平息争讼:

> 照已到案之董典器所执之据退约余地二十八亩九分一厘,与该寺菩萨顶如数丈留。塔南至菩萨顶长四十二步,塔北至殊像寺长十有九步,塔东至梁顶坡水道,塔西到河水心。四至俱已丈清立界,共计地三十八亩,系令公护塔茔地。嗣后永斩葛藤以绝事端,两造如处允服愿甘息讼。……道光十二年奉道宪审定。塔四面各退地十弓,作为护塔地。①

道光二十年,又在各方士绅的努力下,终究获得在杨令公墓塔地禁止樵牧的政府认可。

除了这些寺院侵占民地的情况,还有一些民间自愿施舍与寺院的田产,这些都会产生土地所有权的转移,并对土地开垦、农林牧用地分配等产生影响。山西庙宇多分布于一些古森林区,寺庙历来也很重视植树造林,从某种意义上说,寺院庙宇注重对林区的保护,但事情往往并不那么简单,为了自身的发展,寺院需要一定的田地亩产作支撑,寺院与民间的纠葛也远不止只是土地纠纷那样简单,政府对于宗教的态度和政策也是因素的一方面。

以上主要对佛教与土地利用间的关系展开讨论,道教、伊斯兰教、基督教、天主教的传入与发展和土地利用之间也存在某种关系,由于教规教义的不同以及清政府对待各种宗教的政策不同,各种宗教所产生的社会经济影响也有所不同。清朝帝王推崇藏传佛教,而基督教、天主教等的传入已经接近清末,所以本文暂以佛教为主要论述对象。

五、民俗和习惯

山西北部地区自古以来就是多民族聚居区,北方少数民族的游牧、狩猎等习俗对于山西北部地区的风俗潜移默化地存在重大影响。明代即称"北边大藩镇,其土砂瘠,其俗骄悍,军民杂处,号称难治"②,清时亦称"自古皆言幽并之俗好勇任侠,岂得水土刚急之气多欤?抑地处塞北,负险用

① 张正明、科大卫主编:《明清山西碑刻资料选》之"究五台番僧侵占墓塔地基状(山西巡抚卢案下)",太原:山西人民出版社,2005年,第254页。

② 乾隆《大同府志》卷7《风俗》,乾隆四十七年刻本。

武,其民习兵遂沿为风俗欤？……大同距京师七百余里,被服声教尤近,加以兵革不作,岁屡丰稔,寖寖乎移本易末而壹之中和矣。然而土瘠民劳,俗多俭啬质朴,犹有陶唐氏遗风焉”①。这种风俗的形成与山西复杂的地形地貌、闭塞的交通等自然因素不无关系,如地处芦芽山麓的五寨县,“山高石顽,风烈水劲,民生其间,悍性天成”②。同时,民俗也对社会经济文化等产生深刻影响。

山西民俗包含的内容也很丰富,主要有生产习俗、商贸习俗、生活习俗、婚姻习俗、居住习俗、人生礼仪、岁时节日风俗、信仰民俗、宗教民俗、游艺民俗等等。生产习俗包括农、林、牧业等习俗,通过前面几章的讨论,我们对此已基本了解,比如晋北地区的农业生产方式、农作物种植结构、畜牧传统、林木保护等方面。

商贸习俗在山西表现比较突出,不仅民间就有经商的习俗,更有晋商在全国的崛起。山西商人从明代开始就已经非常活跃,往国外拓展,我们常说的“晋商”一词,就是对明清山西商人的特指③。商贸活动会有一定的行销路线,商业贸易的兴衰会引起某些城镇聚落的繁荣与衰落,贸易往来能够带来产品的流通与交流,甚至引起区域内作物种植结构的改变,商品流通的同时能够带来社会文化的交流与融合,商业贸易还影响部分人力资源的分配,引起人口流动。我们前面讨论过的民众出口谋生一项中,有许多人就是出口从事商贸活动。

明清时期,由于商业繁荣和商业资本大量积累,大批商人把他们的资本也转向土地兼并,山西商业发达,富商大贾在数年之内兼并的土地,即可达到相当的数额,这是学界的一般认识。但是商人对家乡土地利用变化的驱动力问题,还会在不同区域展现不同特点,要分区域加以讨论。秦晖教授在对关中地区的研究中就提出清代关中泾阳、三原、富平等地的陕商在南方湘、苏、川等地颇为活跃,但他们对于关中本地经济却几乎没有影响,在家乡既不兴业,也不置产④。那么晋北地区土地利用变化是否受到晋商以及商贸活动的驱动呢？通过前面章节的分析,晋北地区商人的分布和活动也是有区域差别的,在忻定等地,人多地狭,多有人出口经商,晋西北沿黄河地带也多商贸往来,但在一些交通不便的晋西北山区,罕见商贸活动,

---

① 乾隆《大同府志》卷7《风俗》,乾隆47年刻本。

② 嘉庆《五寨县志》卷1《风俗》,嘉庆十四年刻本。

③ 王尚义著:《晋商商贸活动的历史地理研究》,北京:科学出版社,2004年。

④ 秦晖、苏文著:《田园诗与狂想曲:关中模式与前近代社会的再认识》,北京:中央编译出版社,1996年,第92页。

而在雁北的大同、右玉杀虎口等地,又是非常重要的商贸中转站和关口要隘,所以这种驱动实际也要分区域分析。晋商大贾家族势力多集中在晋中地区,如果说要回乡购买土地的话,也多是影响晋中等地的土地分配,以此论忻定盆地等有晋商家族的地区,应该是成立的。而对于其他地区,商贸活动的影响应该是主要方面,比如在大同、右玉等地,以及晋西北的沿黄河地带,都会出现围绕商贸活动发展的多种生计方式,前面讨论中都有涉及。

而生活习俗应该与环境、农牧生产等密切相关,饮食上只吃简单的五谷杂粮,很少吃白面,或者有的文献中记不以肉食为珍馐,服装方面多以羊毛、羊皮为服饰,而清代在晋北几乎没有棉花种植,等等。这样的描述既是土地利用的反映,另一方面,由于长期形成了这种风俗习惯,又会反过来影响土地利用格局、方式方法等问题。至于其他诸如信仰习俗、宗族信仰等因素,也和生活习俗一样,反映了晋北的土地利用状况,同时作为一种长期形成的习惯,会具有一定的约束力,构成驱动力的一分子,发挥集成作用。

第五节 小 结

清代晋北地区的人为驱动因素较为多样,主要涉及土地垦殖政策、政区变动、田赋制度、人口、技术、战争、民族、宗教、习俗等驱动因素的讨论。

土地垦殖政策方面,依据清代晋北地区实际,主要对清朝前期的垦荒和清末边外的开垦两个方面进行分析讨论。清初主要实行土地复垦政策,在地方官的大力推行下,清初期的垦荒政策有助于区域土地开垦,起到一定的驱动作用,但影响作用有限,受环境制约比较明显。同时关注到在清朝初期,晋北地区还实施了兴屯政策,但却由于和环境不相适应等原因,未能对土地利用产生驱动作用。兴屯案例说明政策的实施很大程度上取决于区域环境,政策制定和具体实施是两件不同的事情,兴屯政策的落实在北部边地遭遇挫折,充分展示了区域自然环境的制约性。对边外地区垦殖政策的考察,将口内、口外地区的社会经济生活联系在一起,经过清初一定程度的土地开发与土地垦殖,口内地区土地承载力下降,大量民众出口外谋生,清政府迫于压力,逐渐放开口外地区的垦殖政策,允许民众出口谋生,一定程度上缓解了口内地区民众的生存压力,形成了雁行人、走西口等人口的机械移动,对口内地区的土地利用造成一定影响。同时,口外地区经过一段时间的土地垦殖,其民众的生产生活也受到不同程度的影响,不仅改变了当地的农牧景观,也影响到当地居民的生活状态和风俗习惯。整体上说清代晋北地区土地利用受政策因素的驱动作用、驱动机制还是比较复杂的,多种因素相互制约、互动,形成驱动力,作用于土地利用。

行政区划方面的影响,在清代晋北地区主要集中表现为卫所行政化所带来的若干影响。清政府从顺治时期开始裁并卫所,雍正时期大规模展开,基本完成晋北地区卫所改归州县的行政化改革,同时将卫所屯田变为州县屯田,部分卫所屯田归并至州县,由州县统一管理,赋税由州县官征,卫所屯田逐步完成民地化。除此之外,晋北地区政区变动情况还表现为其他州县间的政区变动,这些变动主要集中在二级至三级政区之间,部分表现在与直隶边界的区分上。卫所屯地归并州县以后,州县对其管理有所加强,实现统一征税,其他府县级政区的变动也有这方面的考虑,并且卫所归并州县的行为可能是引起后续府州县政区调整的原因之一。卫所行政化在驱动力方面表现为间接作用,通过这种政区变动来加强对地方区域的管理,从而使政策能够更好实施,民情可以传递,屯地民地化也使得田赋征收更易于管理。

田赋制度对于土地利用是否有驱动作用的考察,主要来自两个方面,即耗羡归公和摊丁入亩,这两个问题在清代山西地区表现较有特色。通过讨论,耗羡问题实质上是赋税问题,耗粮收取过多,实际是百姓承担的赋税加重,调整耗羡的征收力度实际就是调整赋税的额度。摊丁入亩是我国财政赋税史上的一项重大改革,是为了解决地丁分开征收所带来的差丁不足、工役难兴以及社会上土地兼并、丁徭分配不均等现象。山西北部地区的摊丁入亩从乾隆时期陆续开始,有的州县至道光年间还未开始实行,这主要是由晋北地区的自然环境特征及社会经济状况所决定的。并且在推行的过程中,也不是所有的丁役全部摊入,而是根据区域具体情况的不同,部分丁银摊入地粮。结合清代各朝田地数与人口数,田赋制度的变革对于晋北地区土地利用变化具有一定的驱动作用,但这种影响作用还是很有限。虽然摊丁入亩简化了税制,减弱了人身依附关系,限制了土地兼并,但是却在晋北地区的实施中受限明显,区域自然环境因素非常明显地制约了制度的执行,甚至使制度在实行过程中产生不同程度的变化。

人口因素是土地利用变化驱动力研究中比较重要的考虑因素之一,原则上人口的增多会使耕地增多,但是通过分析,清代晋北地区人口的增加并没有与耕地的增加呈正相关,从土地承载力角度考虑,结合晋北民众生活特征,应该与清中期以后本区域境内大规模的口外移民运动、口外地区的耕地变化拓展等问题有所联系。所以,人口因素的驱动作用也需要与区域环境、政策制度等多种因素相结合，综合作用于区域土地利用。

由于农业技术本身的综合性和复杂性，技术因素的驱动作用也表现得较为复杂。清代晋北地区的农业技术日渐走向完善，但从本质上来讲，依旧属于北方传统农作技术范畴，同时受环境、人文等多种因素影响，其农作方式表现较为粗放，农业种植结构较为简单，存在小区域之间的技术差异。此种农业技术虽对区域土地利用有所影响，但从具体实际看，驱动作用较为有限，这一点，从晋北地区的土地利用状况及变化即可看出，并从农业作物种植制度、主要种植技术、生产工具与农业生产的关系及技术改良过程等方面都可体现这一点，其中技术改良的成功与否又向我们展示了环境的制约作用。农业技术发展变化的形成因素涉及自然和人文两大方面，在此基础之上讨论农业技术对于土地利用变化的驱动作用，这实际也反映了土地利用变化驱动机制的系统性和复杂性。实际上，在以实践经验为基础而发展的传统农业时代，技术发展有所限制，技术进步对土地利用变化、社会经济发展所起作用的程度也会有所局限。

战争和社会动乱对于土地利用变化的影响也比较直接，通过考察顺治二年的朔州善友会动乱和顺治五年的姜瓖之乱，确实显示出战乱的破坏作用，致使晋北地区大量土地抛荒，人口锐减，社会动荡，经济倒退，作用明显。战乱造成的残破也使得清政府在稍后的时间里，持续推行垦荒及其他一些与土地开发相关的政策、制度，继而推动土地垦殖变化。

晋北地区历来就是多民族聚居区，匈奴、鲜卑、突厥、回纥等多个民族都曾在这一区域活动，时至清代，晋北地区的民族主要有汉、回、蒙、满等民族。历史上游牧文化与农耕文化在这里长期交融，农牧习惯的形成有其历史渊源。清代实现了长城内外的大一统，对长城内外的管理方式也较明代有所不同，出现了长城以内大量汉族民众向边疆民族地区迁徙，这种人口迁徙对于长城内外的土地利用状况都产生了很重要的影响。宗教部分的讨论，结合区域实际，主要对佛教进行考察，通过分析，展现出宗教对区域土地利用的影响，主要表现在寺院田产的置办和对土地的占有。寺僧田产不断扩张的需求也会与民间产生纠纷，影响到土地产权变化，并对土地开垦、农林牧用地分配等产生影响。

民俗问题则是涵盖内容较为丰富的一个驱动因素，包括生产、商贸、生活、婚姻、居住、岁时等多种习俗。商贸习俗在山西地区比较普遍，商贸习俗的驱动作用主要表现为一种间接作用，如商业贸易的兴衰会引起若干城镇的繁荣与衰落，贸易往来能够带来产品的流通，从而甚至引起区域作物种植结构的改变，商品流通能够带来不同区域内社会文化的交流与融合，商业贸易影响了部分人力资源的分配，人口流动增强。生活习俗的影响广泛存在于作物种植、日常饮食等方面，也属于一种间接发生作用的驱动因素。

不难发现，清代晋北地区土地利用变化的各种人为驱动因素几乎都与区域环境密切相关，土地政策、田赋制度的推行程度受环境制约，作用有限，农业技术本身的形成与发展受环境影响较大，技术改良的驱动作用一样受到环境制约，表现并不突出；人口、战争等因素一方面对土地利用变化的驱动作用比较直接，另一方面，人口、战争等因素又与制度、政策等因素关系密切，土地政策、田赋制度等因素可以在一定程度上对人口流动、战争爆发起到驱动作用，同时作用于区域环境上的土地利用；而民族、宗教、民俗等方面因素对于土地利用的驱动作用显示出其长期性、习惯性的影响，具有一定的历史时效性，这种影响是长期结合区域环境、制度政策、人口变化等多方面的因素而共同作用于土地利用。可以说，人为驱动因素中的每一项都不是孤立地对区域土地利用变化产生影响，所谓驱动力实际是各种驱动因素以不同层级、不同组合而形成的一种合力，有其一定的运作机理，即各驱动因素按照一定的方式组合形成的有机系统，是为土地利用变化的驱动机制，需要进一步深入讨论。

第九章　清代晋北地区土地利用变化驱动机制

据目前学界已有认识，土地利用变化的驱动力可以划分为自然驱动力和人为驱动力，前文已分别详细论述了清代晋北地区土地利用变化的自然驱动因素和人为驱动因素，研究显示，区域内自然驱动力的制约作用表现较为明显，同时各种驱动因素并不是孤立作用于土地利用，各驱动因素之间相互影响、相互作用，形成一种驱动力系统，那么各驱动因素之间有何关系，各驱动因素又是以什么模式形成驱动力合力，具体运行机制如何等问题，就是驱动力机制研究所要深入探讨的内容。

驱动力问题是土地利用/土地覆被变化研究的核心问题之一。土地利用变化驱动力是指导致土地利用方式和目的发生变化的主要生物物理和社会经济因素，即自然因素和在自然系统中，气候、土壤、水文等被认为是主要的驱动力类型，在社会系统中，通常将人口变化、贫富状况、技术进步、经济增长、政治经济结构，以及价值观念等作为主要驱动力。土地利用变化驱动力研究对于揭示土地利用与土地覆被变化的原因、内部机制、基本过程、预测未来变化方向和后果，以及制定相应的对策至关重要①。自然驱动力是影响耕地变化的决定性因素，短时间内社会经济驱动力更为活跃明显，经济因素和政策因素是社会经济驱动力的两大组成部分②。目前常用的分析方法有定性分析法和定量分析法，定性分析法是对环境、制度、政策、经济发展等难以量化的因素进行定性描述，定量分析法则是基于统计学原理，通过建立社会经济因素与土地利用变化之间的数学函数关系来进行定量分析的方法，这种方法长于用数据分析找出驱动力变量的权重，但却不能更好地揭示驱动力的复杂驱动机理。尤其对于历史时期土地利用变化的驱动力分析而言，由于历史资料定量分析的难度很大，并且由于驱动力本身的综合性和复杂性，目前的研究更多地倡导对于各因素间系统的、复杂的驱动机制的探讨。

---

① 摆万奇、赵士洞：《土地利用变化驱动力系统分析》，《资源科学》，2001年23卷3期，第39—41页。

② 于天、曹银贵、许靖雪：《基于不同尺度的中国耕地变化驱动力研究进展》，《中国农学通报》，2016年32卷4期，第194—198页。

所谓机制，就是指各要素之间的结构关系和运行方式，所以对于土地利用变化驱动机制的探讨就包括对各驱动因素之间相互关系的讨论和如何形成驱动力的运行方式问题。这里采用系统论的理论和方法来分析整个驱动力系统各部分之间的结构和功能的关系。按照此种考虑，展开以下讨论。

第一节　各驱动因素层级划分

自然驱动因素主要影响土地资源的生产力、土地利用强度和空间分布，人文驱动因素不仅影响土地利用结构的转变，也影响着土地利用强度的变化，中小尺度下一定时期一定区域的研究有助于探讨各种自然与人文因素的变化及其对土地利用的影响①。通过前文对清代晋北地区土地利用变化驱动因素的若干考察，显示环境、制度、政策、人口、技术、战争、民族、宗教、民俗等各项驱动因素在对区域土地利用的影响、驱动方面、驱动方式、驱动结果等都不尽相同，若要讨论各因素之间的关系，首先要搞清楚各因素在整个驱动系统中所处的地位，所以结合已有研究方法和研究成果，先对这些因素进行层级划分，确定各因素在系统中所处的位置，进而才能对其之间的相互关系重点考察，探讨驱动力的形成机制，以寻求更深入的讨论②。

我们之前从自然和人为驱动因素两大类的讨论，更多是注意到了要素的分类，也就是从横向考虑了系统的类型性特征，那么当我们讨论系统的组织和结构时，除了考虑系统的类型性特征，还需要从纵向来考察系统的层次性问题。系统具有层次性，层次性是系统的一种基本特征③。系统本身也具有层级，构成系统的各个要素之间也具有层次性。系统的层次性实际是相对的，此系统由要素构成，此系统或许又是彼系统的要素。如在前

---

① 赵赟：《苏皖地区土地利用及其驱动力机制（1500—1937）》，复旦大学博士学位论文，2005年，第283页。

② 除前文中分析的原因外，关于驱动因素复杂，难免挂一漏万的情况，笔者曾向周伟洲教授请教，周老师指出对于这种情况需要分清主次，详略得当。前文摆万奇先生文中也曾提到驱动力的层次性，可以根据不同需要划分系统层次。另据杨伟兵教授著《云贵高原的土地利用与生态变迁（1659—1912）》一书中也将若干土地利用驱动因素进行层次划分。同时，结合系统论的相关理论，综合考量，笔者认为，先确定各项驱动因素在系统中所处地位，再讨论其相互关系，是较为可行的工作方法。

③ 魏宏森、曾国屏著：《系统论——系统科学哲学》，北京：清华大学出版社，1995年，第213—214页。

文讨论中我们分析的自然驱动力,这一系统中又包含有气候、土壤、水文等要素,而制度政策、人口变化、技术发展、民族民俗等又都是人为驱动力的各组成要素。纵观清代晋北地区土地利用变化驱动力各组成要素,结合前文分析以及具体实际,对整个驱动力各要素进行如下层级划分。

首先将包含有气候、土壤、水文等要素的自然环境因素视为第一层级。基于自然要素的相对稳定性和整体性,以及我们实际的研究尺度,并没有再继续对气候、土壤、水文等各要素进行层级划分,而是作为一个整体进行讨论,其中包括自然灾害的突变构成。该层级在整个驱动力系统中制约作用表现突出,几乎所有的人文因素包括政策、制度、行政建置、民族文化等,都必须落脚于自然常态因素之上,与之互动,作用于土地利用。还有前文论及的土地所有权、经营权、土地租佃等经济因素、农业生产方式、农业技术、作物引种、种植制度等方面的诸多因素,也非常明显地受到晋北地区自然常态因素的制约。而至于自然灾害这种突然的、短时段的制约因素,在自然常态因素的基础上,会让自然灾害的短时段制约作用更加明显。甚至在旱灾、雹灾、霜灾等农业气象灾害方面,一定的灾害发生规律及影响使其可以融入自然常态因素之中,综合影响晋北地区的土地利用。长时段、大尺度空间范围的讨论中,环境变化因子主导了土地利用变化空间格局,而在这里相对较小时空尺度范围的讨论下,环境因素的累积效应、稳定性表现明显,对区域土地利用更多的呈现出一种约束、制约作用。

其次是将土地垦殖政策、田赋制度、卫所行政化等制度政策视为第二层级。从现代含义看,政策是国家政权机关、政党组织和其他社会政治集团为了实现自己所代表的阶级、阶层的利益与意志,以权威形式标准化地规定在一定的历史时期内,应该达到的奋斗目标、遵循的行动原则、完成的明确任务、实行的工作方式、采取的一般步骤和具体措施,它具有一定的正误性和实效性,同时还具有阶级性、表述性,与政治密切相关,在现代土地利用变化驱动因素分析中,就有学者提出将政治列为驱动因素,这里将其一并包含。清王朝制定的各项制度政策,都是为了维护清朝统治者的利益最大化,这些政策与区域内自然、人文等各项因素相互作用,在一定时期内发挥作用。然而由于自然、人文等因素具有区域差异,政策的实行也会出现一定的差别,政策实施产生的效果也各不相同。

针对不同时期土地垦殖情况而制定的土地开发、管理政策、田赋确定及征收制度、政区变动等因素,对于历史时期区域内的土地利用变化有着比较大的激励作用和管理作用,在人为驱动因素中具有比较重要的地位。晋北地方土地利用对于这些政策的实施显现出一定的敏感性,故而放在一个层级进行讨论。该层级在历史时期土地利用变化的讨论中由于其活跃性被广泛关注。

再者，人口因素和战乱因素被视为一个层级的驱动因子进行讨论，为第三层级。人口的增减、移民的流向、战争、战乱的破坏等社会因素，对土地利用变化而言，具有比较直接的驱动作用。这一层级的作用与制度层级、环境层级作用的实施关系密切。其中战争和社会动乱又如同自然驱动系统中的灾害因子一样，具有一定的突发性和实效性，在一定时空范围尺度内驱动力的形成中表现较为活跃，作用明显，影响程度较大。

再有，基于技术因素本身的综合性和复杂性，将技术因素整体视为一个层级，为第四层级。技术层级与环境层级、制度层级和人口战争等社会层级联系密切，不仅其形成发展要受到其他三个层级的影响和制约，技术改良后对于土地利用的驱动作用也还是要受到各个层级的影响。从长时段考虑，技术进步对于土地利用变化具有重要作用，表现明显，而从短时段，尤其在一个特定的传统农业时期内，其所起到的作用与环境层级的作用较为相似，属于一种累积效应，在不同时段内技术因素表现不同，不同技术因素驱动作用也不尽相同，既有活跃，也有消极，表现复杂。

最后，将民族、宗教、风俗习惯等社会文化方面的驱动因素视为第五层级。这一层级又和人口层级有部分重合，但讨论的问题不同。该层级的形成具有很强的历史感，都是长期社会经济发展的过程中形成的文化特征，其驱动作用通常表现为一种潜移默化的影响，或者表现为局部的影响。

第二节　各驱动因素之间的主要关系

一、制约机制

构成自然驱动力的气候、土壤、水文等自然环境层级，在清代晋北地区土地利用变化的驱动力系统中，与其他要素层级的关系，比较明显地表现为制约关系。这种制约，不仅表现在对部分层级要素的产生、发展起到制约作用，还表现在对其他层级要素发挥驱动作用时的制约影响方面。

（一）环境层级对其他部分层级的产生、发展所起的制约作用

例如环境层级对技术层级的制约作用直接表现在对技术层级若干要素的形成与发展方面。清代整体处于小冰期气候期，影响气候的主要因素光照、热量、水分等条件同时也是影响农业生产的水热条件，可以直接影响农业生产中的作物种类、作物种植结构、农业生产技术等方面，基本属于是对土地利用内部生产结构的制约。温度和降水是气候变化的主要方面,晋北地区降水一般集中在400毫米左右,山地局地降水稍多,降水量年际变化大,降水不均。总体显示清代晋北寒冷干旱,无霜期短。

土壤因素方面区域差异性表现比较突出,晋北忻定、大同盆地,虽然分布有利于农业生产的褐土,但土地盐渍化也比较严重,广泛分布盐碱土。碱土呈零星分布,以大同盆地桑干河、白登河两岸的洼地和阳高盆地较为集中。雁门关一带砂质土壤分布较多,在吕梁山、管涔山、恒山、五台山等山区,广泛分布草甸土,农业生产非常受限制。晋西北黄河以东地区,主要为黄土丘陵区,广泛分布黄土梁状丘陵等,土壤水分条件和肥力都不如塬地。在靠近黄河的地段,地面土质以沙黄土为主,结构松散。清代晋北地区的这种土壤特征直接影响技术层级中的农牧比例、作物种植、农业产量、耕作方式等技术因素,最终形成的农业广种薄收、粗放式经营的农作制度也与这里的土壤特征有关。

水文条件来讲,晋北地区的水资源整体比较匮乏,并且由于年内降水分配不均、下垫面复杂多样等原因,清代晋北地区的水资源不仅无法得到有效利用,还时常引发水灾。与此相对应,技术层级中的作物种植结构、作物种植制度以及水利技术等方面因素都受到直接影响,尤其水利技术方面,除了在桑干河、滹沱河流域,清代中后期以后部分州县兴修水利设施,稍有发展,在晋西北汾河源头、黄河沿岸、晋北高原朔平府等地,水利建设始终都没有太大发展。

系统具有整体性特征,环境层级气候、土壤、水文等因素共同构成了自然环境驱动力系统,技术层级的形成及发展受其各驱动因素合力的制约,形成当时当地的技术状况,参与到土地利用变化驱动力运行机制中发挥作用。

再如自然环境层级对于制度层级中土地关系、土地制度特征的制约作用。晋北地区生态环境脆弱,内部自然环境的区域差异性表现明显。正如前文所述几个较为典型的区域,各地区地形地貌不同,分属于不同的农业气候区,区域内所形成的土地租佃关系也略有不同。如晋西北地区大都是黄土覆盖的丘陵沟壑,地面异常破碎,水土流失严重,农业生产条件不理想,抵御自然灾害能力差,农业经济发展受制约。兴县清末土地买卖频繁发生,就显示了不利的农业生产条件对于土地买卖的影响。又如大同府山阴县,“民间因土地硗瘠,粮银为累,往往出推与人,其推约虽略载价钱,其实并未受价，以为无价不成约也"①，也反映了因土质不利于农业生产、地粮难交而出现的土地交易频繁情况。

晋北地区的土地租佃很大程度上受制于区域环境，租佃的期限、形态等状况的形成与当地的环境状况密切相关，区域内部差异表现明显。部分地区永佃的产生来自山地垦荒。如岢岚县、右玉县及五寨县，其永佃的出现主要来自清初的垦荒、山地垦殖以及军租地的存在。这与晋北地区山多地少、土地贫瘠等农业生产环境密切相关，也正是由于这种不理想的农业生产环境，土地承载力较低，使得永佃这种承认佃户对土地长久耕种权的制度对当地民众而言，并不具有太大的吸引力。除此之外，土地租佃区域特色的形成也受自然环境制约明显。如晋西北较多分成租制，反映了区域内较低的生产力，晋西北低下的生产力状况与当地不利的农业生产环境有很大关系。而同时，分成租制的选择也反映了当地乡民对于区域环境的认知，因为在分摊收益的同时，乡民也共同分担着风险，由于区域生态环境脆弱，农业生产条件不理想，自然灾害严重，分租制可以相应减少对于农业生产风险的承担，实际上这种现象正属于经济学所讲的风险规避，这也是晋北地区尤其是晋西北地区分租制比较广泛的原因之一。

（二）环境层级对于部分层级要素发挥驱动作用时具有一定制约作用

制度政策层级、技术层级、社会文化层级等驱动作用的发挥要受到环境层级的制约。例如，在制度政策层级中，清初清政府制定并实施了土地垦荒政策，其中顺治时期的兴屯政策在北部边地执行的失败，就非常明显体现了区域环境对于政策实施的制约作用。依据前文分析，晋北地区风高霜早，地土硗确，终年所获无几，再加上屯租问题，终以失败告终。所以，原本兴屯政策的本意是要推动边地农业生产，加大荒地开垦力度，而这项制度层级的驱动作用，最终受到环境层级的限制，并未真正实现。再如，清初的鼓励垦荒政策，推行了一段时期以后，产生了一定的驱动作用，部分州县土地垦殖有所扩大，但是在一些山多田少、农业生产条件较差的地区，至清代中后期已经没有可垦之田，甚至有的县土地垦殖在康熙时期就已经相对饱和，垦荒政策实际也就失去了意义。这个事例实际向我们展示了自然环境层级对于制度层级在驱动系统中发挥驱动作用程度的限制。

再如摊丁入亩田赋制度在清代晋北地区的推行案例。晋北地区从乾

---

①　前南京国民政府司法行政部编：《民事习惯调查报告录》，北京：中国政法大学出版社，2005年，第141页。

隆年间才开始陆续执行摊丁入亩，有的州县直到道光年间才开始实行，执行的过程也并未将丁役全部摊入地亩，大部分的州县都只是摊入一部分丁徭入地亩。更有兴县地方多次申诉，直到道光四年才将丁徭一半归入地粮征收。晋北地区摊丁入亩政策难以实施的原因，很大一部分来自区域自然环境的制约性，“山多田少、地多沙碱”等原因的描述充分说明了这一点。

（三）制度层级、社会层级对于技术层级的制约

技术本身的综合性和复杂性决定了技术的形成和发展同时受环境和人文因素的制约。通过前文分析，清代晋北地区农业生产技术不仅受气候条件、土壤状况、水环境、地形地貌等多项自然环境因素制约，清政府的土地政策、田赋制度，清代晋北地区的土地关系、政区变动、人口条件、战争战乱、风俗习惯等多种人文社会因素对技术的变化发展也有诸多制约。除此之外，清代社会制度及科举制度等激励政策并不利于技术改良和发展，反而多有限制。土地政策、田赋制度等对于技术层级的影响比较好理解，都是涉及农业生产内生问题，人口和战争层级则更直接，涉及劳动力、劳动环境的问题。土地关系对技术层级的影响作用，主要表现在对劳动力生产积极性的制约上，即同样耕种土地，假若是租种他人土地的佃户耕种，“不能像种自己的下苦，不深耕，不细锄，连粪土也不肯多下些”①，农户不增加生产过程中的技术投入，自然也不会对技术改良和发展给与过多的热情和关注。

二、激励机制

驱动力系统中各驱动层级、同一驱动层级各驱动要素之间存在激励、促进关系，时常这种关系具有相互性，形成一种相互促进的激励机制。

（一）制度层级对于技术生产、人口等社会经济层级的激励作用

清初，为了恢复明末遭受严重破坏的农业生产，清政府采取鼓励垦荒的土地政策，承认垦荒者的土地所有权，并在一定年限内免于升科，国家帮助恢复生产，这种鼓励垦荒的政策一直延续到乾隆时期。随着垦荒条例的实施，社会经济逐渐有所好转，清代晋北地区的耕地数有所增加，显示了垦荒政策带来的积极作用。随着社会经济的好转，鼓励垦荒政策的推行，逃亡的民众逐渐回归故里，投入当地生产劳动中，区域人口数有所增加，这在前文因素分析中已有展现。同时，清康熙时期推行“滋生人丁永不加赋”政策以后，人口呈日益增多的趋势，说明清初推行的一系列休养生息的政

---

① 山西农学编辑会编，《山西农学耕种论》，第一章《总说》，1912年。

策有利于社会经济的发展,制度层级对于农业生产、社会经济层级的发展具有激励作用。

(二)同一驱动层级内各因素之间的激励作用

制度政策层级内,卫所屯田的行政化,即行政区划变动对于区域土地关系的形成、田赋制度的实施具有一定促进作用。卫所屯田在清代的改制是逐渐完成的,推行的过程中也遇到若干问题,如屯地改民地之后的管理及征税问题,类似于雍正年间新设的右玉、左云、平鲁等县,因为向来为边地,田土大半为军屯地,所以一旦行政建制改变以后,地区征税问题就显得较为棘手,需要及时处理。针对这种历史遗留问题,清政府通过设置地方行政组织以及调整赋税额度来缓解矛盾。如安东中屯卫归并州县后,州牧控制鞭长莫及,地方事务繁杂,于是在雍正九年奏请添设巡检司,以"稽查匪类,催比钱粮"①。行政区划的变革和地方行政组织的变革都属于地方行政制度的变革,作为调节、传达以及具体政策实施的主体,地方政府、县级以下行政组织的建立与完善,对于国家政策制度的执行、协调,对于地方管理等方面,都具有重要的意义。

三、反馈机制

信息反馈就是系统的输出和输入之间,以及系统之中的不同要素、不同关系之间的相互作用。就其反馈的形式看,最基本的就是A作用于B,B又反作用于A,具有循环的形式,这里不仅指输入和输出不断相互作用的循环,也指系统中不同要素、不同关系之间的相互作用的循环②。清代晋北地区土地利用变化驱动力系统中也存在这种反馈机制。

(一)环境层级中灾变环境下人类社会的应对活动

应对属于一种反馈机制。自然灾害的发生属于突发环境事件,对农业生产和民众生活造成很大的破坏和影响。针对灾害种类的多样性及复杂性,救灾制度表现为一定的整体性、系统性及灵活性。旱灾、水灾、地震灾害、蝗灾等灾害发生后,政府及民间形成多种方式的勘灾救灾及一系列的防灾减灾措施,通过长期的生产实践,各项制度日渐成熟,形成了一整套的行为规范及制度体系,这种制度体系又反作用于环境层级,形成一种循环作用。实际上这种关系就是环境层级作用于社会经济、制度层级以及技术

① 乾隆《应州续志》卷3《田赋》,乾隆三十四年刻本。

② 魏宏森、曾国屏著:《系统论——系统科学哲学》,北京:清华大学出版社,1995年,第304页。

层级,而各层级会产生不同的信息反馈,视为一种反馈机制。如救灾勘灾制度的制定实施,水利设施的修建,作物种植结构的改变等等,都是一种信息反馈。

(二)政策实施过程中不断调整的反馈机制,形成环境—政策—环境循环模式

如清政府对于长城内外地区的垦殖政策和管理问题。明末清初经过战乱侵扰和自然灾害的破坏,社会经济受到极大的打击,清政府采取与民休息的制度政策,鼓励垦荒,减免赋税,以促进社会经济的发展,生活日渐平稳,土地垦殖日渐拓展,却由于区域土地承载力、赋税征收等问题的矛盾,大量民众走出口外谋生。随着口外地区的不断开发,清政府不得已调整对口外地区的各项制度政策,包括土地垦殖政策、户籍政策、行政区划的设置等方面,进而影响长城内外地区的社会经济发展,这种制定、调整、再制定的过程属于一种反馈机制。

除此之外,田赋制度在清代晋北地区的推行过程,也反映了地方民众对于制度层级的信息反馈情况。摊丁入亩制度在山西的推行受到不小阻力,一方面是由于环境的制约,一方面是历史制度的遗留,结合地区经济发展水平,摊丁入亩制度实施过程中,地方民众对于这个制度的推行,起到一定反向作用,致使该项制度在山西地区推行缓慢,有的地方州县甚至到道光年间才开始执行,并且不少州县只是部分实行分摊,并不是全额摊入。

第三节　驱动力系统的运行方式

一、整体性机制

整体性是系统最为鲜明、最为基本的特征之一,系统之所以成为系统,首先就必须要有整体性。系统的整体性原理指的是,系统是由若干要素组成的具有一定新功能的有机整体,各个作为系统子单元的要素一旦组成系统整体,就具有独立要素所不具有的性质和功能,形成了新的系统的质的规定性,从而表现出整体的性质和功能不等于各个要素的性质和功能的简单加和。①

① 魏宏森、曾国屏著:《系统论——系统科学哲学》,北京:清华大学出版社,1995 年,第 201 页。

正因为如此，前文有关驱动力因素部分的分析中，发现各种驱动因子确实都与区域土地利用变化情况相关，都会对其变化产生一定的影响，但同时发现每一项驱动因子的影响作用都不能独立发生，而是或者受其他因素制约，或者作用于其他因素之上间接发生，又或者是和其他驱动因子相互组合、相互作用共同产生驱动力。例如我们前面分析的制约机制，这种机制广泛存在于诸驱动因素的相互关系之中，农业生产内生条件诸多要素直接受制于区域自然环境，农业种植技术、种植制度等重要内容直接与环境条件相关，环境因素对于制度、政策等因素的执行过程具有一定的干预制约作用，同时，人口因素对于技术的形成、改良，对于政策的实施也都具有一定的影响作用。再诸如风俗习惯、民族宗教等因素对于长期以来农业生产方式的形成、制度的制定以及具体施行等方面都存在一定的影响。凡此种种，都说明清代晋北地区土地利用变化驱动力系统的整体性原则，各种驱动因素在相互制约、相互影响下共同产生合力，对区域土地利用产生影响。

系统之所以有整体行为，是因为系统内部要素之间存在着复杂的非线性相互作用，这种非线性相互作用，作用的总和不等于每一份作用相加的代数和。相互作用是矛盾双方的吸引和排斥、竞争和协同。线性相互作用基础上的对立双方是可以分离开的，而非线性相互作用基础上的双方则是难以截然分开的。[①] 这也是为什么土地利用变化驱动力系统中每一项驱动因子都无法独立完成驱动作用的原因。非线性相互作用强调各驱动因子之间的关系不是简单的叠加，而是一种既有竞争又有协同，既有制约又有激励的一种相互关系。在土地利用变化驱动力系统中，环境因素制约制度因素的制定及执行，而制度执行后，结合人口因素、技术因素等又对环境因素产生反馈，继而又产生制度制定的诉求，往复循环，不断运转。

整个驱动力系统是一个有机整体，各种驱动要素间存在非线性的相互作用关系，这种相互作用包括相互激励、相互竞争、协同合作，最终形成驱动力合力，参与到外界更广阔的社会和环境系统中去，驱动力系统的开放性就此展现，也正因为如此，驱动力系统才能够保持稳定和不断发展。

二、竞争与协同机制

驱动力系统中各个因素之间是非线性相互作用关系，其中的竞争与协

① 魏宏森、曾国屏著：《系统论——系统科学哲学》，北京：清华大学出版社，1995 年，第 318 页。

同机制就体现了各因素之间既相互区别、相互分离，又相互协调、相互转化的复杂互动关系。竞争是相互联系的个体之间的一种基本关系，就是一种相互联系、相互作用的关系，指的是一种过程的差异。而协同反映的是事物之间、系统或要素之间保持合作性、集体性的状态和趋势，这与竞争反映的事物、系统或要素保持的个体性的状态和趋势正好相反①。在驱动系统中，每项驱动因素都是一个单独的存在，在驱动系统中具有一定的层级和位置，每项驱动因素所发挥的作用以及产生作用的过程都不尽相同，具有差异性。如环境因素、人口因素、制度政策、技术因素、风俗习惯等各项驱动因子，都以各自不同的作用方式位于系统之中，又如构成环境驱动力系统的气候、土壤、水文等驱动因素，相对于其他因素，每一项都具有各自独特的要素特征，参与环境驱动力的形成过程。与此同时，气候、土壤、水文等因素之间，又存在相互作用、相互影响的关系，气候中的气温和降水对于土壤、水文环境等都有直接的意义。同样，自然环境因素作为一项驱动因素参与到更广泛的驱动力系统中，对于制度、技术、风俗习惯等诸多驱动因素具有制约作用，同时又与制度、人口等因素相互协调、相互组合，形成一种非线性相互作用关系，参与驱动力形成过程，对区域土地利用产生影响。

如自然灾害的频发与社会响应问题，反映了环境、政治制度、社会经济文化等驱动因素之间的互动效应。以分析较多的干旱灾害为例，整个清代晋北地区达到平均每2.88年一次，其中还发生过5次特大旱灾，这与小冰期的气候特征密不可分，与降水量年内季节分配不均和降水变率大等因素相关，也与区域地形地貌有关系，但同时还要注意到人类活动对环境变迁的影响。结合土地垦殖内容的讨论，晋北地区的耕地数量在乾隆时期达到峰值后没有继续增加，并有逐渐减少的趋势，而旱灾频次较高的时期主要在康雍乾时期，清中后期多发等级偏高的旱灾，均显示清初鼓励垦荒政策下的人类活动对环境变化产生了一定的作用。

其他各驱动因素之间也存在这种竞争和协同的相互作用关系，政治因素、制度因素、行政区划的设置和变动等驱动因素对于区域人口变迁、农业技术改良与发展、宗教影响等方面都会产生某些限制作用，体现在管理、制约、反馈等诸多方面，同时，人口变迁与技术进步又是相互竞争、相互协调的作用关系，民族和宗教、民俗等驱动因素也是既独立又合作的相互关系参与到政策实施、技术改良等相互作用的过程中来，形成一种相互组合、相

---

①　魏宏森、曾国屏著：《系统论——系统科学哲学》，北京：清华大学出版社，1995年，第315页。

互互动、共同参与的驱动机制过程,这种复杂的既矛盾又统一的参与过程,就是土地利用变化驱动力的形成过程,也就是驱动力系统的运行方式和形成机制。

人类活动与环境、环境与社会的关系在土地利用及其驱动力机制研究中表现得更为直观和突出,土地利用就是人类活动作用于环境的过程和结果,各驱动因素之间的相互关系、驱动机制就是人地关系、环境与社会关系的充分体现。一方面,人类活动对于环境变化有影响,比如在山区的滥砍滥伐造成森林分布萎缩,林区大量减少;晋西北的土地垦殖会引起水土流失问题①;土地垦殖造成牧马草场的衰退与减缩,尤其表现在口外地区大量的牧地被开垦;大量的煤炭开采造成山体空虚,时而引发地动等等。另一方面,环境对于人类活动的制约、竞争性表现较强。如农作物种植结构就受到区域自然环境的深刻制约,田成一季,棉桑不产;山区的农业生产极为受限,可耕地缺乏,坡地垦殖受限,更为季节性降水所引发的洪涝灾害所威胁;其他自然灾害诸如风沙灾害、干旱灾害、雹灾霜灾等都会严重影响人类活动。同时,在区域环境下,人类社会对环境变化有一定的适应和响应,进行一定的行为选择。如盐碱地改良技术,盐碱地不利于农作物的种植,乡民挖沟灌水排碱,使其能够适于作物生长,或者利用这种土性煮盐,生产土盐以谋生路。又如区域土地承载力有限,民众以走西口来寻找生机;洪涝灾害常发的山区,人们顺势引水或筑堤以杀水性,减少骤然发水的危险;旱灾、震灾等灾害发生后,人们积极采取措施应对,将损失降到最低等等。以上所述之环境对人类活动的制约,人类活动对环境所产生的影响,以及一定区域环境下人类社会的适应与应对,实际就是系统运行机制中制约与激励、竞争与协同关系的充分体现。

---

① 土地垦殖引起水土流失的程度问题,学术界存在一定争议,如王尚义教授等就认为在坡地的开垦时代在清乾隆至光绪朝之间,土壤侵蚀量比明代之前略有增加,但仍不在侵蚀总量中占主要成分(参见王尚义等《六百年来汾河上游人口压力增长与环境状态演变之关系》,《地理研究》,2007 年第 26 卷第 3 期,第 452—460 页)。辛德勇先生以扎实详尽的文献解读,否认了黄河在八百多年的时间内长期保持安流的局面与黄河中游地区土地利用方式的转变相关这一判断,也否认了黄河长期安流与王景治河之间的必然联系,并且指出了两种说法所存在的共同问题,即将一系列复杂因素综合作用形成的现象,片面归结为其中某一项因素,所以最终辛德勇先生提出,就目前的研究成果看,只能说是多重因素综合作用的结果,并且列举了一些原因,但认为目前还不能清楚判明其中哪一项是发挥最关键作用的影响因素(详见辛德勇:《由元光河决与所谓王景治河重论东汉以后黄河长期安流的原因》,《文史》,2012 年第 1 辑,第 5—52 页)。以上问题的讨论,实际上也是关于各驱动因素之间的相互关系、运行机制等驱动力系统问题的讨论。

三、主从驱动机制

在不同的时间、空间尺度下,各项驱动因素在整个土地利用变化驱动力系统中做出的贡献有所不同,一定时段、空间范围内起主导作用的驱动因子,在另一种时空范围下考察,发现其主导地位会发生变化,虽参与系统运行,但贡献有所改变,而此时其他较为活跃的驱动因子在驱动系统运行中贡献相对突出。根据不同的时间研究尺度,得出的研究结论不尽相同,同时,对不同的区域进行研究,得出的结论亦有所不同。一般认为,自然驱动力的影响持续且相对稳定,发挥累积效应,影响土地利用格局,在长时段上居于主导地位;人为驱动力则相对活跃,不断促进土地利用方式的变化,短期内对于土地利用的变化影响较大。

就时空范围看,本研究属于小尺度下传统农业时期土地利用变化及其驱动力讨论,通过前文分析,在上述认识的基础上,得出一些较为细致的体会。首先,自然驱动力的影响较大,制约作用突出,对土地利用格局及其变化影响深远。其次,驱动系统中的激励与反馈机制多与制约机制密切相关,普遍表现为制约机制下的激励与反馈,即制约下的相互促进、相互协调及相互作用,主导作用明显。再者,制度因素、人口因素、战争和社会动乱等部分人为因素在短时段上具有一定活跃性,但持续作用时间不长,驱动作用有限。最后,各项驱动因素在激励与反馈,竞争与协同等非线性相互作用下,主从驱动力会发生改变和转换,讨论驱动系统运行机制要放到一定的时空尺度下进行讨论。

第四节　小结

土地利用变化的驱动力主要可以划分为自然驱动力和人为驱动力,各大驱动力下又有多种驱动因素,探讨各驱动因素在驱动系统中所处的位置,各驱动因素之间的相互关系,以及具体以什么方式运行的运行机制问题,是土地利用变化驱动机制研究所要讨论的主要问题。

依据系统的层次性原理,结合研究实际,对整个驱动力要素进行层级划分。首先将自然环境因素视为第一层级,其下又包含有气候、土壤、水文等要素,同时还包括自然灾害的突变因素。该层级在整个土地利用变化驱动力系统中表现为较强的制约作用,其他诸多人为因素都受其制约或与之互动。自然灾害的突变影响与自然常态因素相结合,综合作用于土地利用。其次将土地垦殖政策、田赋制度、卫所行政化等制度政策视为第二层级，即政治制度层级。该层级内各驱动因素对于历史时期土地利用变化起到比较大的激励作用和管理作用，在人为驱动因素中具有比较重要的地位。再者，人口因素和战乱因素被视为一个层级的驱动因素进行讨论，为第三层级，该层级与政治制度、环境层级的实施关系密切，对土地利用变化具有较为直接的驱动作用。然后将技术因素视为一个层级，为第四层级。传统社会技术的形成和发展与环境因素、人文因素等有着比较密切的关系，机理较为复杂，同时技术因素对于土地利用的驱动作用受其他驱动因素的影响也较为明显，属于一种累积效应。最后，将民族、宗教、风俗习惯等社会文化方面的驱动因素视为第五层级，该层级的影响表现为长期性和复杂性。

清代晋北地区土地利用变化的各驱动因素之间的关系，主要表现为制约机制、激励机制和反馈机制。制约机制主要体现在环境层级对部分层级的产生、发展所起的制约作用，环境层级对于部分层级要素发挥驱动作用时具有一定制约作用，以及制度层级、社会层级对于技术层级的制约。如环境层级对技术层级的制约作用直接表现在对技术层级若干要素的形成与发展方面，环境层级对于制度层级中土地关系、土地制度特征的制约作用，以及制度政策层级、技术层级、社会文化层级等驱动作用的发挥要受到环境层级的制约等。

激励机制主要体现在制度层级对于技术生产、人口等社会经济层级的激励作用，和同一驱动层级内各因素之间的激励作用。如垦荒政策和田赋制度的改革，对于区域社会经济发展具有一定的推动作用。而在同一政治制度层级内，行政区划的变动对于区域土地关系的形成、田赋制度的实施等也具有一定促进作用。

反馈机制指的是一种作用与反作用，体现在环境层级中灾变环境下人类社会的应对活动，这种应对活动属于一种反馈，以及政策实施过程中不断调整的反馈机制，形成环境—政策—环境循环模式。如清政府对于长城内外地区的垦殖政策和管理问题，以及由此所引发的人口移动、政策调整、长城内外地区的社会经济发展等问题，就属于一种循环反馈机制。

讨论驱动力系统的运行方式，首先需要明确系统的整体性机制，并且这种整体性是在各驱动因素之间非线性相互作用的基础上构成的系统整体。系统内的各驱动因子都不是孤立地发挥驱动作用，而是在与其他驱动因子之间相互组合、相互作用的过程中形成整体驱动力，构成整个驱动力系统。这种非线性相互作用强调各驱动因子之间的关系不是简单的叠加，而是一种既有竞争又有协同，既有制约又有激励的一种相互关系。其次，系统运行中的竞争与协同机制，体现了各因素之间既相互区别、相互分离，又相互协调、相互转化的复杂互动关系。各项驱动因素在驱动系统中具有一定的层级和位置，各自发挥的作用及作用的过程都具有差异性，同时，各驱动因素之间存在相互协调、相互组合的作用过程，以此参与到驱动力的形成过程中。最后，我们需要关注到驱动力系统中主从驱动机制问题，不同时空尺度下，各驱动因子在系统合力形成过程中所做的贡献有所不同。就清代晋北地区土地利用变化驱动力系统而言，自然驱动力的影响较大，制约机制较为突出，不仅在长时段上处于主导地位，在短时段上一样决定和影响着土地利用格局变化，系统运行机制中普遍表现为制约机制下的激励与反馈，制约机制下的竞争和协同。政治、制度、人口、技术、经济、文化等人为因素在一定时段上具有相对活跃性，但未能持续发挥作用。各项驱动因素在激励与反馈，竞争与协同的相互作用过程中，主从驱动力会发生改变和转换。不断作用过程中，形成驱动力合力，参与到外界更广阔的环境和社会系统运行中去，在此开放性的基础上，驱动力系统得以保持稳定和不断发展。

结　论

一、清代晋北地区土地利用状况及变化

秉承土地具有其自然和社会双重属性的研究初衷,根据研究工作的客观需要,本书开篇即对区域自然环境、土地关系、土地登记制度等与土地利用研究关系密切的问题进行深入探讨,并且得出一定认识。

清代整体处于气候寒冷期,晋北地区地形地貌复杂多样,降水年季分配不均,山地降水多于平地,境内水环境、土壤、植被等区域差异表现明显。自然灾害讨论中主要对旱灾进行统计分析,认为旱灾发生频次整体平稳中稍有下降;旱灾发生等级稍呈上升趋势,并将重建旱灾序列与现有雨季序列比对,结果呈现一致性,较好地说明清代晋北气候特征及变化情况。土地的自然属性与土地利用关系密切,并初步分析该环境条件对于区域土地利用尤其是农业生产的影响。

区域土地关系研究中重点关注土地所有权变动、土地买卖,土地租佃以及国家在各环节的管理等问题。土地所有权变动方面,主要从国家层面所有权的变化和土地私有下所有权的变动来分析。清代晋北地区官田向民田的转化主要表现为卫所屯田、赡军地、牧场地等官田民地化,其中牧场地的民地化反映了晋北地区的农牧转换问题。土地私有下的土地所有权变动,主要表现为土地买卖、典卖等造成的所有权变动,这种变动与区域环境密切相关,反映了农业生态条件对于土地买卖的影响,而土地频繁买卖影响农户在农业生产中的投入,不利于农业经济的发展。

土地租佃方面,主要关注了清代晋北地区永佃制的情况和土地租佃的区域差异问题,认为清代晋北地区存在永佃制,但分布具有区域性,并且存在不完全永佃和地域特色的永佃,该特色的形成与农业生产环境有关,也与清政府在这一地区的土地管理、土地政策有关,反映了区域经济的落后。土地分配与租佃制度存在区域差异,总体而言,境内分成租制比较普遍,反映了当地乡民对于区域环境的认知,分租制可以相应减少对于农业生产风险的承担。分成租制的租佃关系对生产力有一定影响,同时不能以单一的因素来解释租佃关系的形成。清政府对土地买卖、租佃的管理主要体现在契税的征收,国家层面的管理需要和地方实情相结合,显示出政府税收的

导向控制和地方环境的整体制约。晋北土地关系的形成与区域生态环境密不可分,会对区域土地利用产生影响。

通过对明清时期山西地区土地清丈、政府对于土地登记的管理以及地方社会的自主性等问题的讨论,对明清山西土地登记制度提出若干看法,包括对于明代万历山西清丈的认识,对于明清山西土地登记制度的认识,以及对于山西册载田赋数据的评价。认为明清山西折亩的形式主要有三种,即丈量标准尺度不一形成折亩,将土地数字合至“原额”形成折亩,以及不同生产力地亩与纳税亩的折算。民间亩制习惯复杂多样,区域特征明显,形成的折亩比率也多种多样。段、垧、壤、堆等大亩亩制习惯的普遍应用,反映了山西区域折亩习惯的存在。土地清丈反映了对民间丈量习惯及田赋税额的遵从。土地清丈后的鱼鳞图册并不作为赋税征收的依据,大多用于土地买卖的计量,田赋征收依旧维持原额摊派至地亩。整体来讲,通过改变丈量弓尺、设定不同的亩制、将标准地亩折成纳税地亩以及采用级差赋税的办法,最终实现清代山西建立在折亩基础上级差赋税的确定。基于以上讨论,认为册载田赋数据与实际地亩数存在差距,但是册载田赋数据的变化可以反映土地利用变化的趋势,同时由于地方习惯的复杂性,目前情况下可以对部分州县土地数据进行修订。

在以上工作的基础上,对清代晋北地区土地利用状况及变化情况进行深入研究,得出以下结论和认识。

从土地利用变化情况看,清代晋北地区的土地垦殖过程总体分为明末清初的土地抛荒期,清初至乾隆时期的土地复垦期,以及乾隆以后的土地垦殖下降期等三个阶段。清初的土地复垦带来了一定数量的耕地增加,至乾隆时期达到峰值,但是在后续的一百多年里,晋北地区的土地垦殖并没有太大的变化,受光绪初年大旱灾的影响,土地数字出现细微波动,整体呈下降趋势。垦殖率方面存在区域差异,但整体显示垦殖率不高。区域内耕地主要集中于忻定盆地、大同盆地及晋北高原的部分地区,耕地比例较低,农业生产不发达。

从农地利用的状况看,清代晋北地区的主要农作物种植和分布既具有北方传统旱作农业的特点,同时又具有一定的区域特性。晋北地区地广人稀,农业多以粗放型经营为主,作物种植结构单一,种类有限,莜麦、胡麻等特色耐寒耐旱作物广泛种植。清初到清末的近三百年中,晋北地区农业生产出现了一些改变,主要表现在作物种植结构的调整方面。马铃薯在晋北地区的广泛种植,改变了区域种植结构及民众的饮食习惯,反映美洲作物传入后带来的深刻影响。晚清时期罂粟在晋北地区的广泛种植,同样引起了作物种植结构的改变,对社会经济也产生了一定的影响。清代晋北地区基本是一年一熟制,耕作粗放,精耕细作程度不高。

从土地利用的空间格局看,清代晋北地区土地利用方式的区域差异比较明显,农林牧分布各不相同。农业生产区域差异表现明显,环境条件对于区域农业发展影响巨大,不仅反映在作物种类、作物种植结构等生产方面,更体现在区域农业生产方式、技术方法等诸多方面。土地垦殖伴随着一定程度的农牧、农林转化,并且与周边地域土地利用状况密切相关。清代晋北地区的林地主要分布在管涔山、芦芽山、五台山等山区,晋西北宁武、兴县等地的农林转化比较突出,反映了土地垦殖对环境的影响。草场分布比较广泛,晋北大朔地区、晋西北宁武、保德等地,五台山地区等都广泛分布草地资源,所以这些地区牧业非常普遍和发达,也充分体现研究区域农牧交错的地域特征。雁北、晋西北、五台山等地广泛分布煤炭资源,晋北土盐主要分布于大同盆地和忻定盆地,也与区域土地利用问题密切相关。

从长时段及空间整体上看,山西北部地区位于农牧交错带。农牧分界线的进退,反映了历史上我国北部气候环境以及农业民族和游牧民族之间政治、经济势力消长的变化。史念海先生曾对汉唐农牧分界线的变迁做过详细论述,晋北地区就位于农牧交错地带。据邹逸麟先生研究,明清时期在农耕区和牧业区之间的农牧过渡带有过一定变化,15 世纪初明朝卫所内迁的主要原因在于气候转寒,而在康熙末期至乾隆中叶的 18 世纪,我国北方气候一度转暖,因此农牧过渡带北界有可能到达无灌溉旱作的最西界①。实际上,农牧交错带的这种提法本身就反映了区域内农业、牧业、林业等交错分布的一种状态,这种状态显示了一定的过渡性,更显示了波动性和敏感性,例如长期以来农耕文化和游牧文化在这一区域的此消彼长、区域生态环境容易受到冲击和破坏等等,都充分说明了这一点。区域内这种敏感性表现比较广泛。

二、清代晋北地区土地利用变化的驱动机制

通过对清代晋北地区土地利用变化的自然驱动力和人为驱动力及其下各项驱动因素的详细考察,并运用系统论的相关理论,对各驱动因素在驱动力系统中所处的位置进行分析,对各驱动因素之间的相互关系、运行

---

① 邹逸麟:《明清时期北部农牧过渡带的推移和气候寒暖变化》,《复旦学报(社会科学版)》,1995 年第 1 期,第 25—33 页。

方式、过程机理等进行深入探讨,得以对清代晋北地区土地利用变化的驱动机制有了较为全面及深入的认识。

对自然驱动力的讨论包括自然常态与自然灾害两部分。自然常态方面主要反映自然环境的制约作用,气候、土壤、地貌等自然因素在区域土地利用中对耕地数量、分布以及土地类型等方面有着较为直接的制约与影响,同时对于作物布局、种植制度及土地生产力等方面的影响也较为深远。灾变环境下,自然灾害会造成农业生产力的下降及土地承载力的下降,致使区域内人口外流现象较为突出。自然驱动因素直接影响了清代晋北地区土地利用的分布格局和变化特点,是区域土地利用变化的直接制约因素。

同时关注了灾变环境下的社会响应和区域环境下的技术选择。灾变环境下,旱灾、水灾、地震灾害、蝗灾等灾害发生后,政府及民间有多种方式的勘灾救灾及各种防灾减灾措施,并逐渐形成了一系列的行为规范及制度体系,集中反映了人类社会对于环境变化的行为响应。农业技术的环境选择问题,实际就是对一定区域环境下人群适应及响应的分析。受自然因素与人文因素等多种因素的影响,清代晋北地区的农作方式显得较为粗放,农业技术的区域不平衡性也较为突出。有清一代,晋北地区的农业生产并没有实质性的改变,依然保持传统农业的基本特征。

人为驱动因素的考察,主要来自对土地垦殖政策、政区变动、田赋制度、人口、战争、技术、民族、宗教、风俗等驱动因素的讨论,初步关注各驱动因素之间相互关系及互动机制问题。各驱动因素实际都无法独立完成驱动作用,所以这里从整体性的角度来进行总结。

面对经过明末农民战争、清军入关以及清王朝建立之初各地农民起义不断而日渐凋敝、残破不堪的社会现实,清初大力推行土地开发和土地复垦政策,鼓励垦荒、摊丁入亩、续生人丁永不加赋等政策制度逐步在晋北地区得到推行和落实,随后晋北地区深受战争创伤、人口锐减、百姓流离失所、土地严重抛荒的现象得以缓解。同时清初地方行政区划的变动对于区域社会经济的发展也多有影响。清王朝建立之后,统一了长城内外,改变了明王朝和蒙古鞑靼在北方边境相对峙的局面,清政府对于北方边界地区的管理与明代大不相同。由于军事形势发生变化,明朝大力推行的卫所制度在清朝逐渐退出历史舞台,清王朝对卫所或裁撤或改设县制,将其地方行政化,完成地方行政系统的统一。晋北地区行政区划的变动隐含了国家行政区划制度对区域土地利用变化的影响,卫所行政化带来的不仅是政区变动,更是对土地所有管理的变化。而围绕土地所形成的土地买卖、租佃制度既是社会生产力的反映，又会在农业生产方式、经营投入、生产率等方面影响区域土地利用，充分体现区域环境的制约。

经过康熙、雍正、乾隆三朝的经营，晋北的土地垦殖较之于清初有了一定程度的提高，但是从一些州县的实际土地垦殖情况又可以看出，这种土地开发政策实施没有多久，区域内土地承载力已经饱和，到了无地可垦的境地，并且出现了不断的、持续到清末的人口外迁。土地承载力的下降表现了政策制度、人类活动与区域环境的叠加效应。究其原因，晋北地区寒冷干旱，沙碛硗确，风高霜早，农业生产环境不理想。在这样的区域环境下倡导发展农业，原本作物种植结构单一，田成一季，广种薄收，亩产量低的粗放式农业经营，一旦发生自然灾害等环境灾变事件，就会产生很严重的影响。农业抗灾能力弱，土地承载力下降，人口逐渐外流，成为一种"走西口"的生存习惯。"走西口"人口迁徙活动从雍正时期就开始出现，乾隆时逐渐增多，主要以山西中部、北部地区的民众为主。百姓出口谋生的方式以垦种口外土地为主，清政府对于民众出口外谋生和对口外土地垦殖的政策也一直处于摇摆之中，最终于光绪年间全面放垦蒙地。

在这期间，清王朝在全国范围内推行了耗羡归公、摊丁入亩等田赋制度重大变革政策。耗羡归公一定程度上调整了赋税的附加税征收，实际作用具有相对局限性，而摊丁入亩的实施在山西则呈现出一种迟滞的状态，尤其在北部地区，推行得非常缓慢。这种缓慢充分体现了区域自然、人文环境对于制度政策实施的制约性，也与同时期晋北地区人口移动密切相关。其他诸如民族、宗教、民俗等方面因素对于土地利用的驱动作用显示出一定的历史时效性，这种作用在长期与区域环境、制度政策、人口变化等多方面因素互动影响的过程中形成，共同作用于区域土地利用。

所以，各驱动因素，包括自然驱动因素和人为驱动因素，都不是孤立地对土地利用变化产生作用，而是在一定的运行机理下，按照一定的运行方式形成驱动力系统，参与土地利用变化过程。通过相关理论的运用，并结合研究实际，对清代晋北地区土地利用变化的驱动力机制问题得出以下认识。

首先，各驱动因素在驱动系统中具有一定的层级和位置。自然环境因素为第一层级，包含气候、土壤、水文等常态要素和自然灾害的突变因素，该层级在整个土地利用变化驱动力系统中表现为较强的制约作用。土地垦殖政策、田赋制度、卫所行政化等制度政策为第二层级，即政治制度层级。该层级内各驱动因素对于历史时期土地利用变化起到比较大的激励作用和管理作用，在人为驱动因素中具有比较重要的地位。人口因素和战乱因素被视为一个层级进行讨论,为第三层级,该层级与政治制度、环境层级的实施关系密切,对土地利用变化具有较为直接的驱动作用。技术因素为第四层级,传统社会农业技术的形成和发展与环境因素、人文因素等有着比较密切的关系,机理较为复杂,同时技术因素对于土地利用的驱动作用受其他驱动因素的影响也较为明显,属于一种累积效应。民族、宗教、风俗习惯等社会文化方面的驱动因素为第五层级,该层级的影响表现为长期性和复杂性。

其次,驱动力系统中各驱动因素的相互关系,主要表现为制约机制、激励机制和反馈机制。制约机制主要体现在环境层级对部分层级的产生、发展所起的制约作用,对部分层级要素发挥驱动作用时具有一定制约作用,以及制度层级、社会层级对于技术层级的制约等方面。激励机制主要体现在制度层级对于技术生产、人口等社会经济层级的激励作用,和同一驱动层级内各因素之间的激励作用。激励机制在各驱动因素之间存在较为广泛,表现为一种协同效应。反馈机制指的是一种作用与反作用,体现在环境层级中灾变环境下人类社会的应对活动,以及政策实施过程中不断调整的反馈机制,形成一种反馈循环模式。反馈机制在各驱动因素之间的关系上表现也较为明显,不仅在各驱动因素的互动关系上,还表现在驱动力系统参与外部环境系统的运行过程中,同样表现为这种反馈机制,如以土地利用为主的人类活动作用于区域环境,引起环境变化,包括自然灾害的发生,形成反馈,再作用于人类社会,引起人类活动包括土地利用的改变,如此循环往复,系统不断运转。

再者,驱动力系统是在各驱动因素之间非线性相互作用的基础上构成的系统整体。非线性相互作用即强调各驱动因子之间的关系不是简单的叠加,而是一种既有竞争又有协同,既有制约又有激励的一种相互关系。系统运行中的竞争与协同机制,体现了各因素之间既相互区别、相互分离,又相互协调、相互转化的复杂互动关系。如自然环境因素对于制度、技术、风俗习惯等诸多驱动因素具有制约作用,同时又与制度、人口等因素相互协调、相互组合,形成一种非线性相互作用关系,参与驱动力形成过程。政治制度因素与人口因素、技术因素等也多有这种竞争与协同的相互关系,既限制又合作,正是在这种复杂的参与过程中,驱动力系统得以运行及发挥作用。

最后,依据各驱动因素在驱动力系统中的不同贡献,对清代晋北地区土地利用变化的主从驱动力进行分析。自然驱动力的影响较大,制约作用突出,对土地利用格局及其变化影响深远,并且系统中的激励与反馈机制多与制约机制密切相关，普遍表现为制约机制下的相互促进、相互协调及相互作用，明显占有主导地位。制度因素、人口因素、战争和社会动乱等部分人为因素在短时段上具有一定活跃性，但持续作用时间不长，所以在相对较短的时期内，人为因素起到一定的主导作用，但作用有限，且未能持续，主从驱动力发生转换。时空尺度对于讨论驱动系统运行机制问题非常重要。各驱动因素在这种非线性相互作用、主从驱动力的相对转换下，形成驱动力系统合力，参与到外界其他系统的运行中，驱动力系统得以保持稳定和不断发展。

参考文献

一、正史、政书、类书

(清)张廷玉等:《明史》,中华书局 1974 年版。

赵尔巽等:《清史稿》,中华书局 1977 年版。

(清)席裕福、沈师徐辑:《皇朝政典类纂》,文海出版社 1982 年版。

(清)陈梦雷、蒋廷锡编:《古今图书集成》,中华书局 1934 年影印本。

(清)昆冈等修:《钦定大清会典事例》,光绪重修本。

(清)贺长龄、魏源辑:《皇朝经世文编》,道光年间刻本。

(清)葛士濬编:《皇朝经世文续编》,光绪二十四年上海书局石印本。

《清朝文献通考》、《清朝续文献通考》、《清朝通典》、《清朝通志》,20 世纪 30 年代商务印书馆"十通"本。

二、实录、奏折、档案

《清实录》,中华书局 1986 年版。

中国第一历史档案馆:《雍正朝汉文谕旨汇编》,桂林:广西师范大学出版社,1999 年。

中国第一历史档案馆编:《清宫珍藏杀虎口右卫右玉县御批奏折汇编》,北京:中华书局,2010 年。

中国科学院地理科学与资源研究所、中国第一历史档案馆:《清代奏折汇编——农业·环境》,北京:商务印书馆,2005 年。

黑龙江省档案馆编:《满铁调查报告(第一辑)》,影印本,桂林:广西师范大学出版社,2005 年。

山西省档案馆藏:契约汇集案卷,全宗号:B33,目录号:1,案卷号:34、36、37、38。

山西省档案馆藏:晋西北行署案卷,全宗号:A88,目录号:1—6,案卷号:4、7、18、29。

杜家骥编:《清嘉庆朝刑科题本社会史料辑刊》,天津:天津古籍出版社,2008 年。

谢国桢编:《清初农民起义资料辑录》,上海:上海人民出版社,1957年。

中国第一历史档案馆、中国社会科学院历史研究所编:《清代地租剥削形态》,北京:中华书局,1982年。

中国第一历史档案馆、中国社会科学院历史研究所合编:《清代土地占有关系与佃农抗租斗争》,北京:中华书局,1988年。

中国人民大学历史系、中国第一历史档案馆合编:《清代农民战争史资料选编》,北京:中国人民大学出版社,1984年。

中国人民大学清史研究所、档案系中国政治制度史教研室合编:《清代的矿业》,北京:中华书局,1983年。

三、文集、丛书、农书

(清)顾炎武著,华忱之点校:《顾亭林诗文集》,北京:中华书局,1983年。

(清)陆耀:《切问斋集》,乾隆五十七年刻本,收于四库未收书辑刊编纂委员会编:《四库未收书辑刊》十辑十九册,北京:北京出版社,1997年。

(清)王锡祺辑:《小方壶斋舆地丛钞》,杭州:杭州古籍书店,1985年。

(清)《曾忠襄公批牍》,光绪二十九年曾忠襄公全集本。

(清)顾炎武著,黄汝成集释:《日知录集释》,石家庄:花山文艺出版社,1990年。

萧荣爵编:《曾忠襄公奏议》,沈云龙主编:《近代中国史料丛刊》,台北:文海出版社,1966年。

苑书义、孙华峰、李秉新主编:《张之洞全集》,石家庄:河北人民出版社,1998年。

中国社会科学研究所清史研究室编:《清史资料》,北京:中华书局,1980—1989年。

李文治编:《中国近代农业史资料(第一辑 1840—1911)》,北京:生活·读书·新知三联书店,1957年。

章有义编:《中国近代农业史资料(第二辑 1912—1927)》,北京:生活·读书·新知三联书店,1957年。

章有义编:《中国近代农业史资料(第三辑 1927—1937)》,北京:生活·读书·新知三联书店,1957年。

(北魏)贾思勰著,缪启愉校释:《齐民要术校释》,北京:中国农业出版社,1998年。

(明)宋应星著,管巧玲等注释:《天工开物》,长沙:岳麓书社,2001 年。

(明)徐光启著,石声汉校注:《农政全书校注》,上海:上海古籍出版社,1979 年。

(清)祁寯藻著,高恩广、胡辅华注释:《马首农言注释》,北京:中国农业出版社,1999 年。

(清)黄辅辰编,马宗申校释:《营田辑要校释》,北京:农业出版社,1984 年。

(清)吴其濬:《植物名实图考》,中华书局重印商务印书馆旧本,1963 年。

四、方志、调查资料、碑刻

(明)李侃修,胡谧纂:成化《山西通志》,明成化十一年,四库全书存目丛书本。

(清)穆尔赛等修,刘梅等纂:康熙《山西通志》,康熙二十一年刻本。

(清)觉罗石麟修,储大文纂:雍正《山西通志》,雍正十二年刻本。

(清)曾国荃、张煦等修,王轩、杨笃等纂:光绪《山西通志》,光绪十八年刻本。

(清)海宁辑:《晋政辑要》,光绪十三年刻本。

(清)李培谦、华典修,阎士骧、郑起昌纂:道光《阳曲县志》,道光二十三年刻本。

(明)高汝行纂修:嘉靖《太原县志》,明嘉靖三十年,《天一阁藏明代地方志选刊》本。

(清)员佩兰修,杨国泰纂:道光《太原县志》,道光六年刻本。

(清)王嘉谟纂修:康熙《徐沟县志》,康熙五十一年刻本。

(清)王勋祥修,泰宪纂:光绪《补修徐沟县志》,光绪七年刻本。

刘文炳纂修:民国《徐沟县志》,民国二十八年铅印本。

(清)王勋祥修,王效尊纂:光绪《清源乡志》,光绪八年刻本。

(清)胡文烨等纂修:顺治《云中郡志》,顺治九年刻本。

(清)黎中辅纂修:道光《大同县志》,道光十年刻本。

(清)张坊纂修:乾隆《天镇县志》,乾隆十八年刻本。

(清)洪汝霖、鲁彦光修,杨笃纂:光绪《天镇县志》,光绪十六年刻本。

(清)宋起凤原本,岳宏誉增订:康熙《灵丘县志》,康熙二十三年刻本。

(清)雷棣荣、严润林修,陆泰元纂:光绪《灵丘县补志》,光绪七年刻本。

(清)李长华修,姜利仁纂,汪大浣续修:光绪《怀仁县新志》,光绪三十一年刻本。

(清)马俊显、刘熙春纂修:宣统《怀仁县志》,宣统二年铅印本。

(明)刘以守纂修:崇祯《山阴县志》,崇祯二年刻本。

(清)房裔兰修,苏之芬纂:雍正《阳高县志》,雍正七年刻本。

(清)李焕斗修,王五鼎纂:康熙《广灵县志》,康熙二十四年刻本。

(清)郭磊等纂修:乾隆《广灵县志》,乾隆十九年刻本。

(清)杨亦铭等纂修:光绪《广灵县补志》,光绪七年刻本。

(清)张崇德纂修:康熙《浑源州志》,康熙元年刻本。

(清)桂敬顺纂修:乾隆《浑源州志》,乾隆二十八年刻本。

(清)贺澍恩修,程续等纂:光绪《浑源州续志》,光绪七年刻本。

(明)田蕙纂辑,王有容校刊:《应州志》(万历二十七年),1984年应县县志办公室标点铅印本。

(清)吴炳纂修:乾隆《应州续志》,乾隆三十四年刻本。

(清)汤学治纂修:光绪《应州再续志》,光绪八年刻本。

(清)刘士铭修,王霷纂:雍正《朔平府志》,雍正十一年刻本。

(清)侯树屏纂修,方叔裔续修:康熙《朔州志》,顺治十七年刻本,康熙十二年增刻本。

(清)王嗣圣修,王霷纂:雍正《朔州志》,雍正十三年刻本。

(明)宋子质修,王继文纂:万历《马邑县志》,万历三十六年刻本。

陈廷章修,霍殿鳌纂:民国《马邑县志》,民国七年铅印本。

(清)袁大选修,李翼圣纂,侯凯增订:嘉庆《左云县志》,雍正七年修,嘉庆八年增修本。

(清)李翼圣原本,余卜颐增修,蔺炳章增纂:光绪《左云县志》,光绪七年增修嘉庆本,民国间石印本。

(明)杨维岳纂修:万历《忻州志》,万历三十六年刻本。

(清)周人龙原本,窦容邃增订:乾隆《忻州志》,乾隆十二年刻本。

(清)方戊昌修,方渊如纂:光绪《忻州志》,光绪六年刻本。

(清)王时炯修,牛翰垣纂:康熙《定襄县志》,康熙五十一年刻本。

(清)王时炯原本,王会隆续纂修:雍正《定襄县志》,雍正五年刻本。

(清)郑继修等修,邢澍田纂:光绪《定襄县补志》,光绪六年刻本。

(清)黄图昌纂修:康熙《静乐县志》,康熙三十九年原本,民国间石印本。

(清)梅廷谟修,俎夏鼎纂:雍正《续静乐县志》,雍正八年刻本。

(清)吴重光纂修:乾隆《直隶代州志》,乾隆四十九年刻本。

(清)俞廉三修,杨笃纂:光绪《代州志》,光绪八年刻本。

(清)周三进纂修:康熙《五台县志》,康熙二十六年刻本。

(清)王秉韬纂修:乾隆《五台县志》,乾隆四十五年刻本。

(清)徐继畬纂修,孙汝明、王步墀续修:光绪《五台新志》,同治四年修,光绪九年续修刻本。

(清)邵丰鍭、顾弼修,贾瀛纂:乾隆《崞县志》,乾隆二十二年刻本。

(清)赵冠卿、龙朝言修,潘肯堂等纂:光绪《续修崞县志》,光绪八年刻本。

万历《繁峙县志》,李裕民点校,李宏如倡印,内蒙古人民出版社,2003年。

(清)吴其均纂修:道光《繁峙县志》,道光十六年刻本。

(清)何才价修,杨笃纂:光绪《繁峙县志》,光绪七年刻本。

(清)王克昌修,殷梦高纂:康熙《保德州志》,康熙四十九年刻本。

(清)王克昌原本,王秉韬续纂修:乾隆《保德州志》,乾隆五十年增刻康熙本。

(清)吴大猷编:光绪《保德州乡土志》,光绪三十三年修,民国五年石印本。

(清)曹春晓纂修:道光《河曲县志》,道光十年刻本。

(清)金福增修,张兆魁、金钟彦纂:同治《河曲县志》,同治十一年刻本。

(清)崔长清等修,谷如墉纂:光绪《神池县志》,光绪六年修,民国抄本。

(清)吴光熊修,史文炳纂:光绪《岢岚州志》,光绪十年刻本。

(清)秦雄褒纂修:乾隆《五寨县志》,乾隆十六年刻本。

(清)明卢承业原本,清马振文增修:道光《偏关志》,明万历三十一年修,清道光二十六年增修。

(清)谢汝霖纂修:康熙《永宁州志》,康熙四十一年刻本。

(清)姚启瑞修,方渊如纂:光绪《永宁州志》,光绪七年刻本。

(清)程云修,孙鸿淦纂:雍正《兴县志》,雍正八年刻本。

(清)程云原本,蓝山增修:乾隆《兴县志》,乾隆二十八年增刻本。

(清)张启蕴修,孙福昌、温亮珠纂:光绪《兴县续志》,光绪六年刻本。

石荣暲编:民国《合河政纪》,中国方志丛书·华北地方·第七一号,据民国十六年铅印本影印,成文出版社,1968年。

(清)沈继贤修,常大昇纂:雍正《重修岚县志》,雍正八年刻本。

(清)贾酉、张乾元修,张华、皇甫奎纂:乾隆《浮山县志》,乾隆十年刻本。

(清)孙和相修,戴震纂:乾隆《汾州府志》,乾隆三十六年刻本。

(清)钟秀、张会纂:咸丰《古丰识略》,咸丰十年影印本,民族文化宫图书馆,1981年。

(清)马丕瑶、魏象乾修,张承熊纂:光绪《解州志》,光绪七年刻本。

(清)马家鼎、白昶修,张嘉言、祁世长纂:光绪《寿阳县志》,光绪八年刻本。

(清)文秀修,卢梦兰纂:光绪《新修清水河厅志》,光绪九年刻本。

(清)光绪《归绥道志》(光绪三十三年),呼和浩特:远方出版社,2007年。

张赓麟、黄廷槐修,董重纂:民国《介休县志》,民国十九年铅印本。

李凯明修,耿步蟾纂:民国《灵石县志》,中国方志丛书·华北地方·第八七号,据民国二十三年铅印本影印,成文出版社,1968年。

石璜纂修:民国《平顺县志》,中国地方志集成·山西府县志辑42,据民国间修整理铅印本影印,凤凰出版社,2005年。

胡宗虞修,吴命新等纂:民国《临县志》,民国六年铅印本。

李裕民辑:《山西古方志辑佚》,山西省地方志编纂委员会办公室(内部),1985年。

太原地方志编纂委员会整理:《太原府志集全》,太原:山西人民出版社,2005年,包括永乐、万历、顺治、乾隆《太原府志》。

山西省史志研究院编:《山西旧志二种》,中华书局,2006年。

山西省宁武县地方史志编纂委员会编:《宁武旧志集成》,四川出版集团巴蜀书社,2010年,包括明至清《三关志·宁武地理总考》、康熙《山西宁武守御所志》、乾隆《宁武府志》、咸丰《续宁武府志》、《山西宁武府忠义孝弟祠观法录》。

(清)雍正《山西省赋役全书》,雍正十二年刊本。

(清)《阳曲县丈清地粮图册》,光绪十八年刻本(据光绪十一年抄本刊印)。

(清)《解州丈清地粮里甲图说》,光绪七年刻本。

山西农学编辑会编:《山西农学耕种论》,1912年。

山西农学编辑会编:《山西农学农具图说》,1912年。

山西省政府视察股汇填:《山西省各县产物调查表》,1932年。

周宋康编:《山西》,北京:中华书局,1939年。

实业部国际贸易局编:《中国实业志(山西省)》,1937 年。

山冈师团编,山西省史志研究院编译:《山西大观》,太原:山西古籍出版社,1998 年出版,内部发行。

山西省史志研究院编:《山西通志》,北京:中华书局,1999 年。

山西省政协《晋商史料全览》编辑委员会、大同市政协《晋商史料全览》编辑委员会编:《晋商史料全览·大同卷》,太原:山西人民出版社,2006 年。

李文海主编:《民国时期社会调查丛编》(二编)《乡村经济卷》,福州:福建教育出版社,2014 年。

施沛生编:《中国民事习惯大全》,上海:上海书店出版社,2002 年。

前南京国民政府司法行政部编,胡旭晟、夏新华、李交发点校:《民事习惯调查报告录》,北京:中国政法大学出版社,2005 年。

萧峥主编:《民国二十年代中国大陆土地问题资料》,台北:成文出版社,1977 年。

山西省农业建设厅、统计局编印,《山西省农林水利统计资料汇编(战前—1956 年)》,1957 年 11 月。

张正明、科大卫主编《明清山西碑刻资料选》,太原:山西人民出版社,2005 年。

张正明、科大卫、王勇红主编:《明清山西碑刻资料选(续一)》,太原:山西古籍出版社,2007 年。

张正明等编著:《明清山西碑刻资料选(续二)》,太原:山西经济出版社,2009 年。

五、著作

[法]克拉瓦尔著,郑胜华等译:《地理学思想史》,北京:北京大学出版社(第三版),2007 年。

[美]白凯著,林枫译:《长江下游地区的地租、赋税与农民的反抗斗争:1840—1950》,上海:上海书店出版社,2005 年。

[美]卜凯主编《中国土地利用统计资料(1929—1933)》,上海:商务印书馆,1937 年。

[美]卜凯著,张履鸾译:《中国农家经济》,上海:商务印书馆,1936 年。

[美]德怀特·希尔德·珀金斯著,宋海文等译:《中国农业的发展(1368—1968 年)》,上海:上海译文出版社,1984 年。

[美]韩森著,鲁西奇译:《传统中国日常生活中的协商:中古契约研

究》,南京:江苏人民出版社,2008年。

[美]黄宗智:《华北的小农经济与社会变迁》,北京:中华书局,1986年。

[美]王业键著,高风等译:《清代田赋刍论(1750—1911年)》,北京:人民出版社,2008年。

[美]西奥多·W·舒尔茨著,梁小民译:《改造传统农业》,北京:商务印书馆,1987年。

[美]伊利、莫尔豪斯著,滕维藻译:《土地经济学原理》,北京:商务印书馆,1982年。

[英]R.J.约翰斯顿著,唐晓峰等译:《地理学与地理学家:1945年以来的英美人文地理学》,北京:商务印书馆,第四版,2010年。

[英]阿兰·R.H.贝克著,阙维民译:《地理学与历史学:跨越楚河汉界》,北京:商务印书馆,2008年。

安介生:《历史地理与山西地方史新探》,太原:山西人民出版社,2008年。

安介生:《历史民族地理》,济南:山东教育出版社,2007年。

卜风贤:《周秦汉晋时期农业灾害和农业减灾方略研究》,北京:中国社会科学出版社,2006年。

曹树基、刘诗古:《传统中国地权结构及其演变》,上海:上海交通大学出版社,2014年。

陈登原:《中国田赋史》,北京:商务印书馆,1998年。

陈奇猷校释:《吕氏春秋校释》,上海:学林出版社,1984年。

樊树志:《中国封建土地关系发展史》,北京:人民出版社,1988年。

傅衣凌:《明清农村社会经济》,北京:生活·读书·新知三联书店,1961年。

傅伯杰、陈利顶、丘杨等著:《黄土丘陵沟壑区土地利用结构与生态过程》,北京:商务印书馆,2002年。

高王凌:《租佃关系新论——地主、农民和地租》,上海:上海书店出版社,2005年。

葛剑雄主编,葛剑雄、吴松弟、曹树基著:《中国移民史》,福州:福建人民出版社,1997年。

葛剑雄主编,曹树基著:《中国人口史》第5卷《清时期》,上海:复旦大学出版社,2000年。

葛剑雄主编,侯杨方著:《中国人口史》第6卷《1910—1953年》,上海:

复旦大学出版社,2001 年。

葛全胜等:《过去三百年中国土地利用变化与陆地碳收支》,北京:科学出版社,2008 年。

葛全胜等:《中国历朝气候变化》,北京:科学出版社,2010 年。

顾诚:《南明史》,北京:中国青年出版社,1997 年。

顾功叙主编:《中国地震目录》,北京:科学出版社,1983 年。

郭文韬编著:《中国古代的农作制和耕作法》,北京:农业出版社,1981 年。

郭裕怀、刘贯文主编:《山西农书》,太原:山西经济出版社,1992 年。

韩昭庆:《荒漠 水系 三角洲——中国环境史的区域研究》,上海:上海科学技术文献出版社,2010 年。

韩茂莉:《宋代农业地理》,太原:山西古籍出版社,1993 年。

韩茂莉:《辽金农业地理》,北京:社会科学文献出版社,1999 年。

何炳棣:《中国古今土地数字的考释和评价》,北京:中国社会科学出版社,1988 年。

何炳棣著,葛剑雄译:《明初以降人口及其相关问题 1368—1953》,北京:生活·读书·新知三联书店,2000 年。

贺扬灵:《察绥蒙民经济的解剖》,商务印书馆,1935 年。

侯仁之、邓辉主编:《中国北方干旱半干旱地区历史时期环境变迁研究文集》,北京:商务印书馆,2006 年。

侯甬坚:《历史地理学探索(第二集)》,北京:中国社会科学出版社,2011 年。

黄鉴晖:《明清山西商人研究》,太原:山西经济出版社,2002 年。

李并成:《河西走廊历史时期沙漠化研究》,北京:科学出版社,2003 年。

李令福:《明清山东农业地理》,台北:五南图书出版有限公司,2000 年。

李孝聪:《中国区域历史地理》,北京:北京大学出版社,2004 年。

梁方仲:《中国历代户口、田地、田赋统计》,上海:上海人民出版社,1980 年。

林蒲田:《中国古代土壤分类和土地利用》,北京:科学出版社,1996 年。

刘翠溶、伊懋可主编:《积渐所至:中国环境史论文集(上、下)》,台北:中央研究院经济研究所,1995 年、2000 年。

刘东生:《中国的黄土堆积》,北京:科学出版社,1965 年。

鲁西奇:《区域历史地理研究:对象与方法——汉水流域的个案考察》,南宁:广西人民出版社,1999 年。

吕卓民:《明代西北农牧业地理》,台北:洪叶文化事业有限公司,2000 年。

牛平汉主编:《清代政区沿革综表》,北京:中国地图出版社,1990 年。

彭雨新:《清代土地开垦史资料汇编》,武汉:武汉大学出版社,1992 年。

秦晖、苏文:《田园诗与狂想曲:关中模式与前近代社会的再认识》,北京:中央编译出版社,1996 年。

瞿大风:《元朝时期的山西地区 政治·军事·经济篇》,沈阳:辽宁民族出版社,2005 年。

山西省地图集编纂委员会编:《山西省历史地图集》,北京:中国地图出版社,2000 年。

山西省水利厅水旱灾害编委会:《山西水旱灾害》,郑州:黄河水利出版社,1996 年。

山西省史志研究院编:《山西通史·第 5 卷 明清卷》,太原:山西人民出版社,2001 年。

山西省考古研究院,山西省考古学会编:《山西考古报告集 三晋考古第 4 辑上》,上海:上海古籍出版社,2012 年。

山西省考古研究所编:《山西考古四十年》,太原:山西人民出版社,1994 年。

史念海:《黄土高原历史地理研究》,郑州:黄河水利出版社,2001 年。

史念海:《黄土高原森林与草原的变迁》,西安:陕西人民出版社,1985 年。

史培军、宫鹏、李晓兵等著:《土地利用/覆盖变化研究的方法与实践》,北京:科学出版社,2000 年。

谭其骧:《长水集》,北京:人民出版社,1987 年。

唐力行主编:《国家、地方、民众的互动与社会变迁》,北京:商务印书馆,2004 年。

唐启宇编著:《中国农史稿》,北京:农业出版社,1985 年。

唐文基:《明代赋役制度史》,北京:中国社会科学出版社,1991 年。

王建革:《传统社会末期华北的生态与社会》,北京:生活·读书·新知三联书店,2009 年。

王杰瑜:《政策与环境:明清时期晋冀蒙接壤地区生态环境变迁》,太原:山西人民出版社,2009 年。

王利华主编:《中国历史上的环境与社会》,北京:生活 · 读书 · 新知三联书店,2007 年。

王尚义:《晋商贸易活动的历史地理研究》,北京:科学出版社,2004 年。

王社教:《苏皖浙赣地区明代农业地理研究》,西安:陕西师范大学出版社,1999 年。

王万茂主编:《土地利用规划学》,北京:科学出版社,2006 年。

王学典主编:《述往知来——历史学的过去、现状与前瞻》,济南:山东大学出版社,2003 年。

王毓瑚编著:《中国农学书录》,北京:中华书局,2006 年。

王毓铨:《明代的军屯》,北京:中华书局,1965 年。

魏宏森、曾国屏:《系统论——系统科学哲学》,北京:清华大学出版社,1995 年。

吴宏岐:《元代农业地理》,西安:西安地图出版社,1997 年。

温泽先主编:《山西科技史》,太原:山西科学技术出版社,2002 年。

行龙主编:《近代山西社会研究》,北京:中国社会科学出版社,2002 年。

行龙:《走向田野与社会》,北京:生活 · 读书 · 新知三联书店,2007 年。

夏湘蓉、李仲均、王根元编著:《中国古代矿业开发史》,北京:地质出版社,1980 年。

夏纬瑛校释:《吕氏春秋上农等四篇校释》,北京:中华书局,1956 年。

萧正洪:《环境与技术选择:清代中国西部地区农业技术地理研究》,北京:中国社会科学出版社,1998 年。

许道夫:《中国近代农业生产及贸易统计资料》,上海:上海人民出版社,1983 年。

徐月文主编:《山西经济开发史》,太原:山西经济出版社,1992 年。

许牧、张小华主编:《中国土地管理利用史》,北京:中国农业科技出版社,1995 年。

严星、林增杰主编:《地籍管理》,北京:中国人民大学出版社,1990 年。

杨国桢:《明清土地契约文书研究》,北京:人民出版社,1988 年。

杨伟兵:《云贵高原的土地利用与生态变迁(1659—1912)》,上海:上海人民出版社,2008 年。

姚蒙:《法国当代史学主流——从年鉴派到新史学》,台北:远流出版事业股份有限公司,1988 年。

翟旺、米文精:《山西森林与生态史》,北京:中国林业出版社,2009 年。

张传玺:《契约史买地券研究》,北京:中华书局,2008 年。

张海瀛:《张居正改革与山西万历清丈研究》,太原:山西人民出版社,1993 年。

张萍:《地域环境与市场空间:明清陕西区域市场的历史地理学研究》,北京:商务印书馆,2006 年。

张闻天选集传记组、中共陕西省委党史研究室、中共山西省委党史研究室编:《张闻天晋陕调查文集》,北京:中共党史出版社,1994 年。

张研:《清代经济简史》,郑州:中州古籍出版社,1998 年。

张正明、赵云旗编:《山西历代人口统计》,太原:山西人民出版社,1992 年。

赵冈、陈钟毅:《中国土地制度史》,北京:新星出版社,2006 年。

赵冈:《中国传统农村的地权分配》,北京:新星出版社,2006 年。

中国气象灾害大典编委会编:《中国气象灾害大典(山西卷)》,北京:气象出版社,2005 年。

周昕:《中国农具发展史》,济南:山东科学技术出版社,2005 年。

周振鹤:《中国地方行政制度史》,上海:上海人民出版社,2005 年。

周振鹤主编,郭红、靳润成著:《中国行政区划通史 · 明代卷》,上海:复旦大学出版社,2007 年。

六、论文

李辅斌:《清代河北山西农业地理研究》,陕西师范大学博士学位论文,1992 年。

张慧芝:《明清时期汾河流域经济发展与环境变迁研究》,陕西师范大学博士学位论文,2005 年。

赵赟:《苏皖地区土地利用及其驱动力机制(1500—1937)》,复旦大学博士学位论文,2005 年。

傅辉:《明以来河南土地利用变化与人文机制研究》,复旦大学博士学位论文,2008 年。

璀伯(口译陶履恭,笔述王延祉):《山西旅行谈》(宣统二年四月初七日本会特别讲演),《中国地学杂志》,1910 年 5 期。

范郁文：《晋北边境三县农民生活概观》,《新农村》,1935 年第 24 期。

复宿：《晋北盐务调查》,《新农村》,1933 年第 3、4 期合刊。

关楚珍：《改良山西砂土粘土碱土之方法》,《山西农学会刊》,1939 年第 1、2 期合刊。

李秉：《山西神池县马铃薯的栽培及利用》,《农业推广通讯》,1944 年第 8 期。

梁祥厚：《晋北忻定盆地概略》,《西北论衡》,1937 年第 5 期。

默人：《山西五寨农村概况》,《申报月刊》1935 年 7 月 15 日,第 4 卷第 7 号。

祁之晋：《"土地村有"下之晋北农村》,《国闻周报》,1936 年第 11 期。

吴亿：《晋北人民的饭食》,《西北论衡》,1937 年第 4 期。

安介生、李钟：《清代乾隆晋中田契"契尾"释例》,《清史研究》,2010 年第 1 期。

卜风贤：《重评西汉时期代田区田的用地技术》,《中国农史》,2010 年第 4 期。

曹树基：《苏南地区"田面田"的性质》,《清华大学学报(哲学社会科学版)》,2007 年第 6 期。

曹树基：《两种"田面权"与浙江的"二五减租"》,《历史研究》,2007 年 2 期。

曹树基：《传统中国乡村地权变动的一般理论》,《学术月刊》,2012 年第 12 期。

陈锋：《清代亩额初探——对省区"折亩"的考察》,《武汉大学学报(社会科学版)》,1987 年第 5 期。

陈明光、郑学檬：《中国古代赋役制度史研究的回顾与展望》,《历史研究》,2001 年第 1 期。

樊树志：《万历清丈述论——兼论明代耕地面积统计》,《中国社会经济史研究》,1984 年第 2 期。

方行：《清代租佃制度述略》,《中国经济史研究》,2006 年第 4 期。

傅辉：《明代土地数据登记制度研究——以洪武二十六年河南数据为例》,《人文杂志》,2007 年第 1 期。

葛全胜等：《20 世纪中国土地利用变化研究》,《地理学报》,2000 年第 6 期。

葛全胜等：《过去 300 年中国部分省区耕地资源数量变化及驱动因素分析》,《自然科学进展》,2003 年第 8 期。

顾诚:《明帝国的疆土管理体制》,《历史研究》,1989年第3期。

郭红、于翠艳:《明代都司卫所制度与军管型政区》,《军事历史研究》,2004年第4期。

郭声波:《明清四川地亩数的评价及其它》,《中国史研究》,1990年第2期。

郭智勇:《略述山西史前考古学文化的分布与演变》,《沧桑》,2014年第1期。

郝志新、郑景云、伍国凤等:《1876—1878年华北大旱:史实、影响及气候背景》,《科学通报》,2010年第23期。

何炳棣:《美洲作物的引进、传播及其对中国粮食生产的影响》,《世界农业》,1979年第6期。

何凡能等:《从康雍乾垦殖政策看中国清前期垦荒发展趋势》,《地理研究》,2005年第6期。

何凡能等:《近70年来中国历史时期土地利用覆被变化研究的主要进展》,《中国历史地理论丛》,2019年第4辑。

侯甬坚:《一方水土如何养一方人——以渭河流域人民生计为例的尝试》,《社会科学战线》,2008年第9期。

胡英泽:《流动的土地与固化的地权——清代至民国关中东部地册研究》,《近代史研究》,2008年第3期。

贾兰坡、尤玉桂:《山西怀仁鹅毛口石器制造场遗址》,《考古学报》,1973年第2期。

李超荣:《石球的研究》,《文物季刊》,1994年第3期。

李大海:《山地垦荒与社会变迁:清代黄龙山区地方开发史的再考察》,《中国社会经济史研究》,2010年第2期。

李辅斌:《清代河北山西粮食作物的地域分布》,《中国历史地理论丛》,1993年第1期。

李根蟠:《二十世纪的中国古代经济史研究》,《历史研究》,1999年第3期。

李三谋、李震:《清代永佃权性质重探》,《中国农史》,1999年第3期。

李三谋:《清代晋北农业概述》,《古今农业》,1998年第1期。

刘纪远等:《LUCC时空过程研究的方法进展》,《科学通报》,2009年第21期。

刘燕华等:《关于中国全球环境变化人文因素研究发展方向的思考》,《地球科学进展》,2004年第6期。

马宁、裴树文、高星:《许家窑遗址74093地点1977年出土石制品研究》,《人类学学报》,2011年第3期。

邱仲麟:《明代长城沿线的植木造林》,《南开学报(哲学社会科学版)》,2007年第3期。

史建云:《近代华北平原地租形态研究——近代华北平原租佃关系探索之一》,《近代史研究》,1997年第3期。

王建革:《人口、生态与地租制度》,《中国农史》,1998年第3期。

王社教:《清代山西的田地数字及其变动》,《中国农史》,2007年第1期。

王社教:《作为研究方法的历史地理学》,《陕西师范大学学报》(哲学社会科学版),2010年第6期。

王晗、郭平若:《清代垦殖政策与陕北长城外的生态环境》,《史学月刊》,2007年第4期。

萧正洪:《清代陕南的土地占有关系与农业经营》,《中国经济史研究》,1994年第1期。

辛德勇:《由元光河决与所谓王景治河重论东汉以后黄河长期安流的原因》,《文史》,2012年第1辑。

许檀:《清代山西归化城的商业》,《中国经济史研究》,2010年第1期。

叶瑜等:《东北地区过去300年耕地覆盖变化》,《中国科学D辑:地球科学》,2009年39卷3期。

仪明洁、高星、裴树文:《石球的定义、分类与功能浅析》,《人类学学报》,2012年第4期。

于天、曹银贵、许靖雪:《基于不同尺度的中国耕地变化驱动力研究进展》,《中国农学通报》,2016年第4期。

杨红娟、侯甬坚:《清代黄龙山地垦殖的政策效应》,《中国历史地理论丛》,2005年第1辑。

翟乾祥:《马铃薯引种我国年代的初步探索》,《中国农史》,2001年第2期。

张萍:《风俗所见黄土高原土地利用方式的差异——以民国时期陕北为例》,《陕西师范大学学报(哲学社会科学版)》,2009年第3期。

张晓虹、满志敏、葛全胜:《清代陕南土地利用变迁驱动力研究》,《中国历史地理论丛》,2002年第17卷第4辑。

张晓虹、庄宏忠:《天主教传播与鄂尔多斯南部地区农牧界线的移动——以圣母圣心会所绘传教地图为中心》,《苏州大学学报(哲学社会科学版)》,2018 年第 2 期。

赵珍:《清代西北地区的农业垦殖政策与生态环境变迁》,《清史研究》,2004 年第 1 期。

赵赟:《技术误差:折亩及其距离衰减规律研究——明清土地数据重建的可行性研究之一》,《中国社会经济史研究》,2007 年第 3 期。

赵赟、满志敏、葛全胜:《徽州地区土地利用变化驱动力分析(1500—1900)》,《复旦学报(社会科学版)》,2002 年第 5 期。

竺可桢:《晋西北地区水土保持工作视察报告》,《科学通报》,1955 年第 12 期。

竺可桢:《中国近五千年来气候变迁的初步研究》,《考古学报》,1972 年第 1 期。

邹逸麟:《明清时期北部农牧过渡带的推移和气候寒暖变化》,《复旦学报(社会科学版)》,1995 年第 1 期。

[英]A. R. H. 贝克著,阙维民译:《论历史地理学的实践与原理》,《历史地理》,第 14 辑,上海:上海人民出版社,1998 年。

[英]汤森·克莱尔著,张青瑶译:《郡与区域——1700—1830 年中英格兰东部地区的移民关联》,《历史地理》,第 24 辑,上海:上海人民出版社,2010 年。

He Fanneng, Li Meijiao, Li Shicheng, Reconstruction of Lu-level cropland areas in the Northern Song Dynasty (AD 976—1078). *Journal of Geographical Sciences*, 5(2017)606—618.

Xiaohong Zhang, Tao Sun, Jianping Xu, The relationship between the spread of the Catholic Church and the shifting agro-pastoral line in the Chahar Region of northern China, *Catena*, 134(2015) 75-86.

Ge Q S, Hao Z X, Tian Y Y et al. The rainy season in the Northwestern part of the East Asian Summer Monsoon in the 18th and 19th centuries. *Quaternary International*, 229(2011)16-23.

Yu Ye, Xiuqi Fang, Land use change in Northeast China in the twentieth century: a note on sources, methods and patterns, *Journal of Historical Geography*, 35 (2009) 311-329.

Madelene Ostwald, Deliang Chen, Land-use change: Impacts of climate variations and policies among small-scale farmers in the Loess Plateau, China, *Land Use Policy* , 23(2006) 361-371.

Xunming Wang, Fahu Chen, Zhibao Dong, The relative role of climatic and human factors in desertification in semiarid China, *Global Environmental Change*, 16(2006) 48-57.

Weijian Zhou, M. John Head, Lin Deng, Climate changes in northern China since the late Pleistocene and its response to global change, *Quaternary International*, 83-85(2001) 285-292.

后　记

这本小书是在我博士学位论文的基础上修改而成的。自 2012 年博士毕业至 2016 年获得国家社科基金后期项目资助,其间几易文稿,到如今终将付梓,恍然已有十年光景,若再加上开题定稿,更是有些时日。多年的学习成果基本都在书中体现,若略论浮云流水,此作当能聊以慰藉。

从小到大,我的求学之路还算顺畅,常感上苍眷顾,多得贵人相助,内心比较知足。2001 年起追随王社教研究员开始我的历史地理学研修之路,幸得业师指点,硕、博毕业,取得学位,对于历史地理研究也渐渐有所积累,稍有心得,同时对于劳和获的体会也更进一步。业师是我国历史地理学创始人之一史念海先生的得意门生,蒙业师不弃,让我能够忝列门墙,与有荣焉。感谢业师长期以来对我的指导和教诲!业师严谨求实、敏捷思辨的治学态度及方法、踏实宽厚的为人品格对我都深有影响,尤其在入门之初,业师就要我将“宁可劳而不获,不可不劳而获”之语谨记于心,自此,这句顾颉刚先生赠予史念海先生的箴言始终伴随我的学习生涯。现在看来,这不仅仅是一种严谨踏实的学习态度,更是一种难能可贵的人间大智慧。

长久以来,我对历史地理学有着浓厚的兴趣,尽管谈起初心,完全是因为觉得“既讲历史又看地理,一定很有意思”,现在想想,或许正是这“有意思”的第一道光,让我在今后并不容易的研修之路上得以持续前行。历史地理学带有很强的学科综合性,研究历史时期土地利用问题让我深刻感受到这一点。土地利用这一问题本身就体现了天、地、人等多种因素的综合,探讨土地利用过程、变化及其驱动因素、机制等问题更是一项多学科交叉综合研究,要把这些问题说清楚,并非易事,尤其要把历史时期北方农牧交错地区土地利用问题说清楚,更具有一定难度。所幸得业师相助,选题、撰写及修改过程中,王老师都细致指导,多次与我讨论文章写作思路及方法,耐心解答我诸多困惑与疑问,并细心助我调整篇章结构至最后定稿,在此我首先要对王老师致以真挚感谢。

多年来我一直在陕西师范大学西北历史环境与经济社会发展研究院(中心)学习和工作,有幸经历单位多年的卓越发展,倍感荣耀。感谢西北研究院诸位领导和师长给予我极大的支持和爱护,创造了良好的科研条件和环境,在此深表感谢。感谢朱士光教授、萧正洪教授、侯甬坚教授、吴宏岐教授、李令福教授、唐亦功教授、艾冲教授、张萍教授、卜风贤教授、刘景纯教授、张力仁教授等诸位老师的授课和指导,对我拓宽学术视野及论文写作都极有帮助。感谢李并成教授、吕卓民教授、鲁西奇教授、徐少华教授、郭声波教授、王建革教授、周宏伟教授等诸位老师对我论文修改和日常科研所提供的诸多建议和帮助,让我深受感动和鼓舞。感谢肖爱玲、史红帅、张莉、崔建新、高升荣、杜娟、李大海、屈亚婷、穆兰等诸位老师,诸位亦师亦友,对我帮助良多,在此深表谢意。同时还要感谢单位办公室及资料室的诸位老师,老师们多年来对我的学习和工作给予了诸多支持与帮助,在此一并致谢。

得知我的研究题目,大家都问我是否在写家乡的故事,虽然很遗憾不是肯定的回答,但是论文背后有太多山西乡亲的热情支持与帮助!在山西考察和开会期间,时任太原师范学院张慧芝教授、王杰瑜教授,复旦大学安介生教授,山西大学胡英泽教授、张俊峰教授、周亚教授,忻州师范学院赵淑清博士等诸位老师都给予我大力支持、指导与帮助;山西省地方志办公室任根珠主任热情接待并慷慨赠书;山西省档案馆查阅室、山西省图书馆古籍部、山西大学图书馆古籍部、大同市档案馆查阅室的诸位老师在我搜集资料方面提供了不少便利,在此一并致谢。

求学路虽苦,同门情谊长。感谢师兄王永飞、师姐潘明娟、刘立荣的关心与爱护,感谢刘炳涛、程森、岳云霄、赵荣芳、冯䙰、王友华等师弟师妹们长久以来的支持与帮助。同时还有不少学界同好的大力支持,感谢傅辉博士热情耐心的指导,感谢孙靖国博士的热心帮助,感谢熊亚平、杨建庭、初建朋、李刚等同学友人的无私帮助。学海无涯,情义无价!

书稿日臻完善的过程,得到诸多老师的指导与帮助。博士论文外审期间,匿名评审专家提出的诸多建设性的指导意见,对论文继续修改大有裨益;以论文为基础申请国家社科基金后期资助项目时,匿名评审专家提出了若干细节性的指导意见,对于书稿的修改完善大有帮助;在伯克利访学期间(2018—2019),得到叶文心教授、邢幼田教授的热情指导,对拓宽书稿修改思路大有帮助,伯克利东亚图书馆何剑叶女士在我查阅资料时提供诸多便利,在生活上亦给予我诸多帮助;疫情期间,国家图书馆古籍部、陕西师范大学图书馆的诸位老师对我提出的文献传递申请给予了诸多便利与帮助,使书稿得以顺利修改完成。书稿即将出版之际,对诸位老师致以诚挚的谢意,感谢诸位老师的指导与帮助。

本书在国家社科基金后期资助项目的资助下出版,得到陕西人民出版社关宁女士的热情支持与帮助，在此深表谢意。

忆天山风雪，念戈壁明月。感谢家人多年的支持与陪伴！此时恰逢稚子归来，看到书稿即成，喜不自禁拍手："哇，妈咪，太棒了！"我笑而不语，心里感慨万千，我要将这本小书、掌声和微笑，献给家人与诸君，愿风调雨顺，国泰民安！

张青瑶

2021 年 9 月于陕师大・长安